山东省临沂市平邑县武合镇

孟家庄村志

孟家庄村志编纂委员会 编

方志出版社

图书在版编目（CIP）数据

孟家庄村志 / 孟家庄村志编纂委员会编. -- 北京 ：方志出版社，2020.1
ISBN 978-7-5144-3853-6

Ⅰ. ①孟… Ⅱ. ①孟… Ⅲ. ①村史—平邑县 Ⅳ. ①K295.25

中国版本图书馆CIP数据核字(2020)第006251号

孟家庄村志

编　　者：孟家庄村志编纂委员会
责任编辑：刘方圆
出 版 者：方志出版社
地址　北京市朝阳区潘家园东里 9 号（国家方志馆 4 层）
邮编　100021
网址　http://www.fzph.org
发　　行：方志出版社图书经销中心
电话（010）67110500
经　　销：各地新华书店
印　　刷：廊坊市旭日源印务有限公司
开　　本：787×1092　1/16
印　　张：25.5
字　　数：653 千字
版　　次：2020 年 1 月第 1 版　2020 年 1 月第 1 次印刷
印　　数：0001～1500 册

ISBN 978-7-5144-3853-6　定价：398.00 元

山东平邑籍中将、中国人民武装警察部队原副司令员刘红军题词

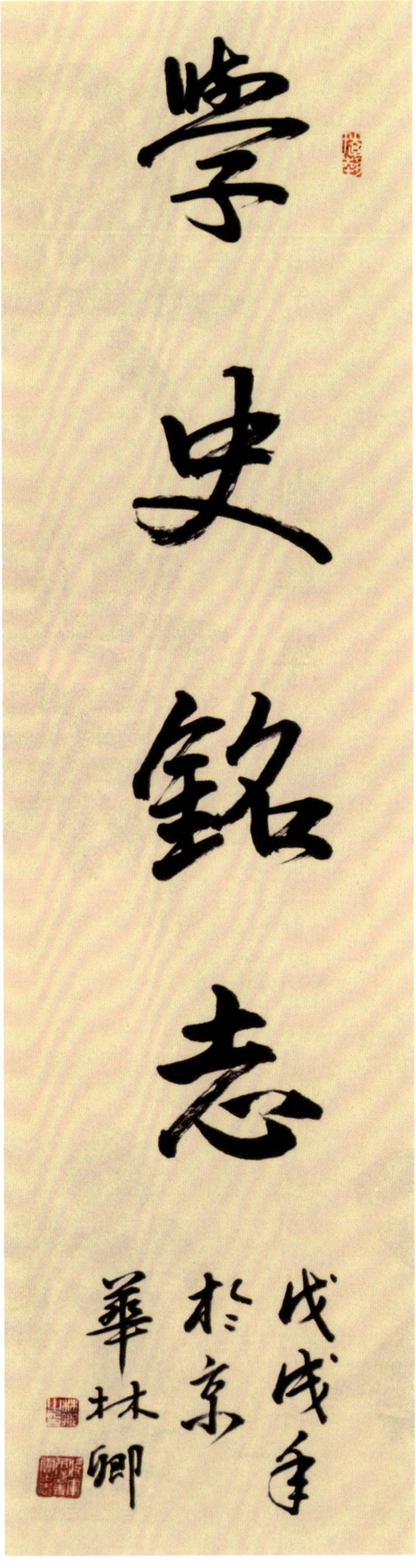

山东平邑籍少将、中国人民武装警察部队总部政治部副主任林卿题词

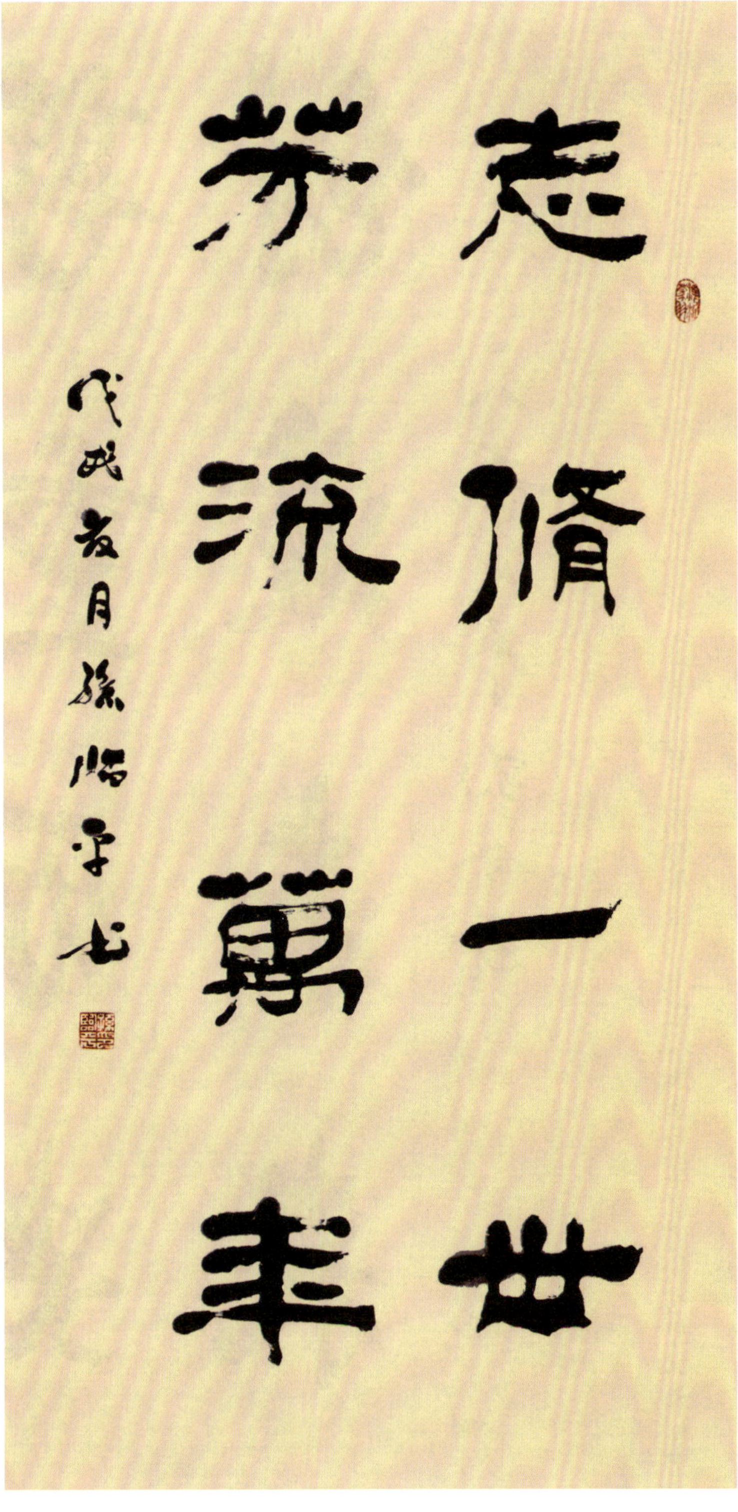

山东平邑籍少将、解放军报社原总编辑孙临平题词

山东平邑籍少将、中国人民革命军事博物馆原馆长、中国人民革命军事博物馆书画院原院长孔令义题词

平邑县地图

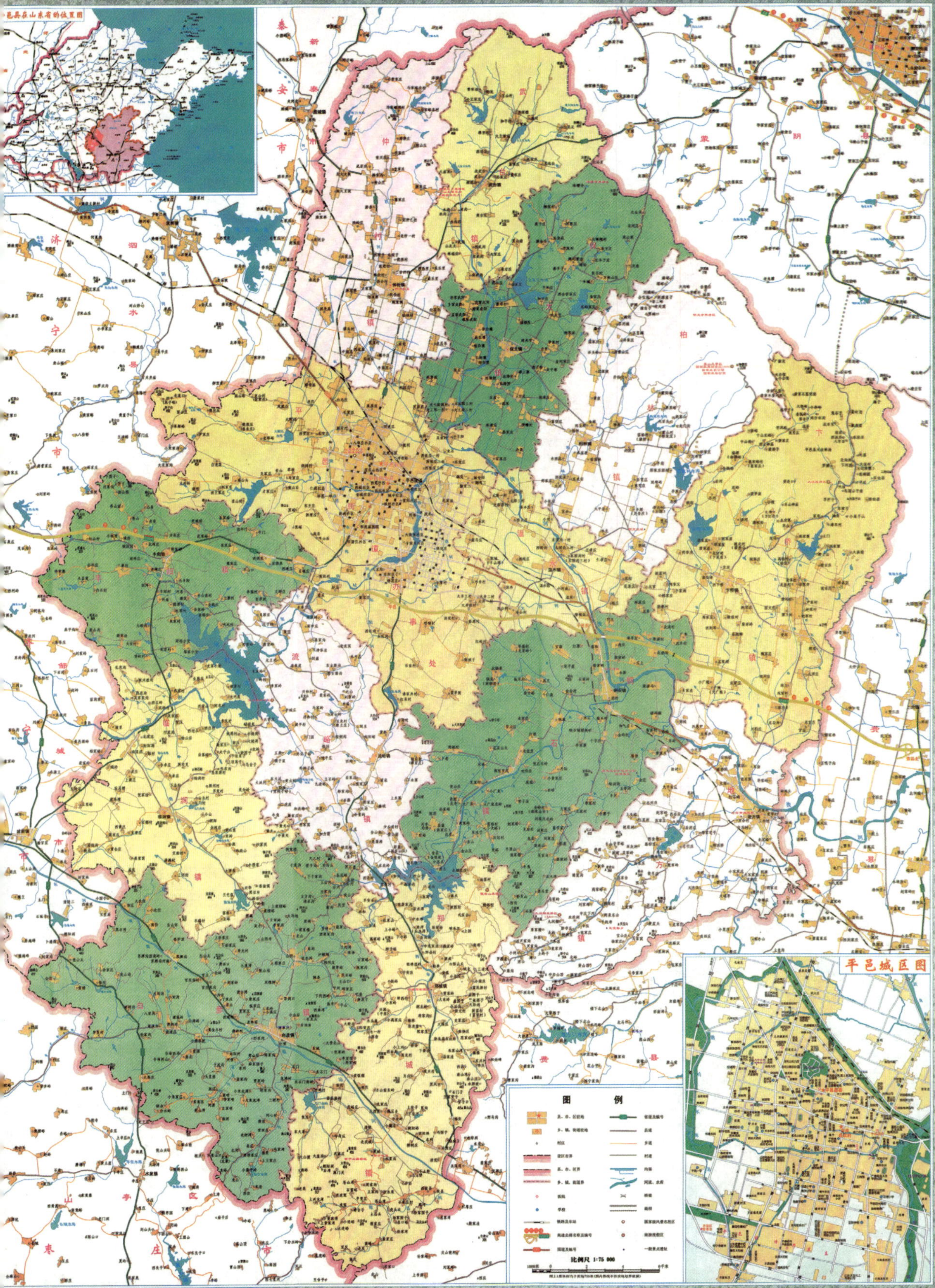

统一书号:1280754 · 554　2014年8月第1版　2014年8月第1次印刷　印数:0001~5000　定价:20.00元　覆膜精装定价:68.00元
审图号SG(2014)054号

平邑县国土资源局组编　山东省地图院编制　山东省地图出版社出版 · 印刷　发行
地址:济南市二环东路6090号
电话:0531-88930993　邮编:250014

孟家庄全景
（石绍玉摄于 2018 年 6 月 12 日）

孟家庄居住区全貌
（石绍玉摄于 2018 年 6 月 12 日）

孟家庄山林全景（石绍玉摄于2018年6月12日）

大王庄水库全景（石绍玉摄于2018年6月12日）

坐落在孟家庄土地上的武台革命烈士陵园
（王庆安摄于 2018 年 5 月 8 日）

白马河（王庆安摄于 2018 年 6 月 10 日）

大口井（王庆安摄于 2018 年 2 月 17 日）

神墨连心桥（王庆安摄于 2018 年 6 月 10 日）

村东南白马河上的水泥桥（王庆安摄于2018年1月27日）

孟家庄工作区和村两委办公室（王庆安摄于 2017 年 10 月 29 日）

咸家庄完小（王庆安摄于 2017 年 11 月 10 日）

学校操场（王庆安摄于 2018 年 6 月 10 日）

扬水站（石绍玉摄于 2018 年 6 月 12 日）

红十字博爱卫生站（王庆安摄于 2018 年 2 月 17 日）

穿村而过的 335 省道（王庆安摄于 2018 年 2 月 17 日）

广场（王庆安摄于 2018 年 6 月 16 日）

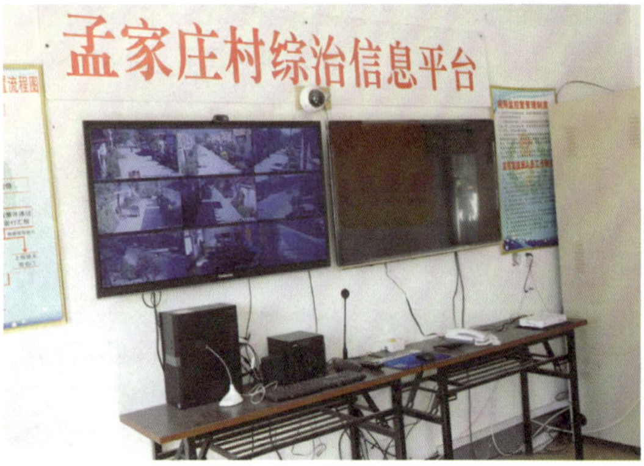

综治信息平台（王庆安摄于 2017 年 10 月 31 日）

村两委院内的水杉树
（王庆安摄于 2017 年 12 月 19 日）

高音喇叭
（王庆安摄于2017年10月31日）

治安巡逻队防御工具
（王庆安摄于 2017 年 10 月 31 日）

村内南北大街（王庆安摄于 2017 年 10 月 29 日）

村内东西大街（王庆安摄于 2018 年 6 月 16 日）

村内小巷（王庆安摄于 2017 年 10 月 29 日）

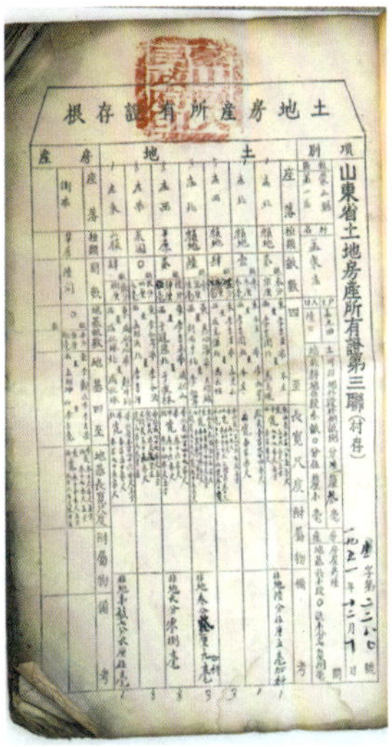

1951 年发放的土地房产所有证存根
（王庆安摄于 2017 年 12 月 19 日）

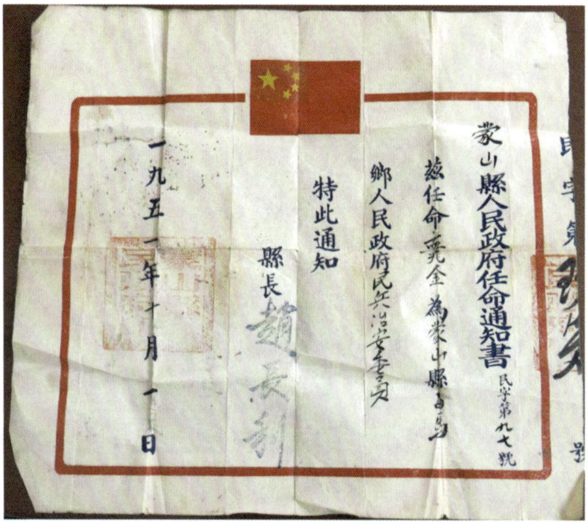

1951 年的孟兆金任命书（王庆安摄于 2017 年 12 月 19 日）

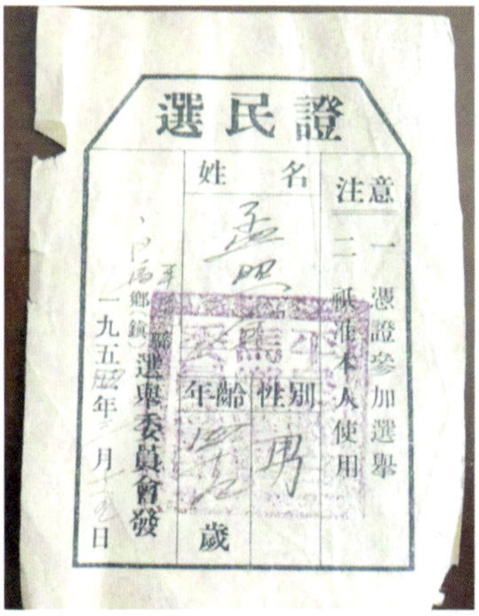

1954 年的选民证
（王庆安摄于 2017 年 12 月 19 日）

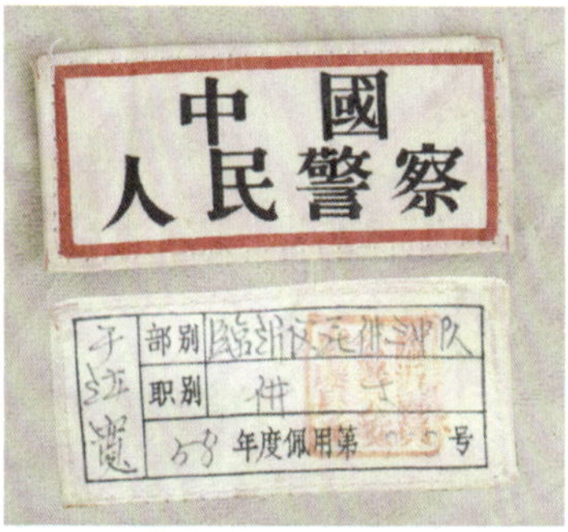

1958 年的于汝宽胸牌（王庆安摄于 2017 年 12 月 19 日）

1959 年的结婚证
（王庆安摄于 2017 年 12 月 19 日）

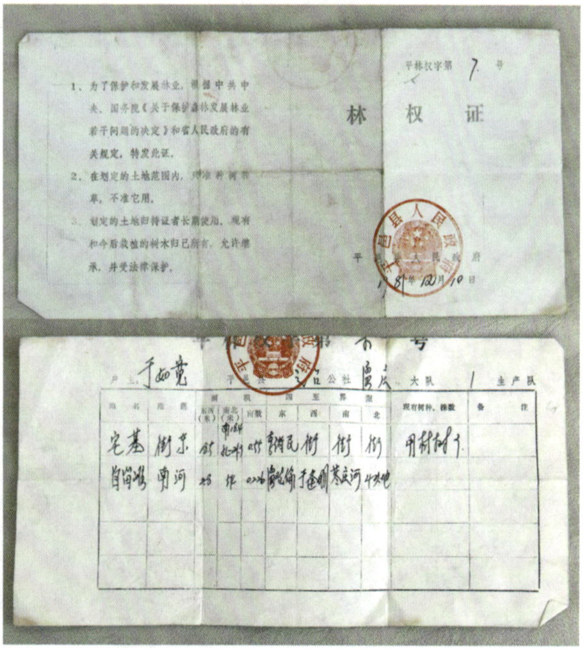

1981 年发放的林权证（王庆安摄于 2017 年 12 月 19 日）

第一书记杨大鹏（右）、第一副书记王静波（左）研究工作

（石绍玉摄于 2018 年 6 月 12 日）

孟家庄工作区书记刘玉朋（右）和孟家庄党支部书记李绪国（左）在研究工作（王庆安摄于 2018 年 1 月 27 日）

孟家庄第一书记和党支部成员现场办公

（王庆安摄于 2018 年 5 月 8 日）

驻村指导员王艺潼（王庆安摄于 2018 年 1 月 27 日）

中共孟家庄支部成员：书记李绪国（中）、委员李华（右）、李锋（左）
（王庆安摄于 2018 年 1 月 27 日）

孟家庄村民委员会成员：主任李华（左）委员咸会德（右）、李绪连（中）
（王庆安摄于 2018 年 1 月 27 日）

历任党支部书记

孟宪璞

1951.1—1959.11

魏长乾

1959.11—1969.3

1971.1—1985.2

李继川（村革委会党的核心小组组长）

1968.3—1970.12

孟庆良

1985.3—1988.2

1994.3—2001.3

李继伦

1988.3—1992.12

咸立和

1993.1—1994.3

李绪排

2001.3—2013.1

李绪国

2013.1—

历任村政领导

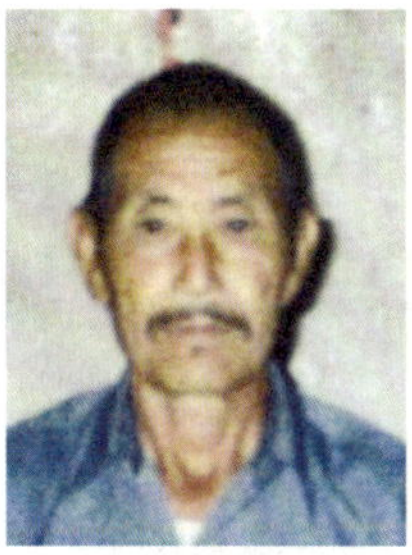

李继本
大队长
1958.10–1966.10

咸光谦
革委会主任
1966.10–1968.3

于汝宽
革委会主任
1968.3–1972.10

咸立和
管委会主任 1982.12–1984.3
村委主任 1990.3–1994.3

孟庆良
村委主任
1984.3–1987.3

孟宪学
村委主任
1987.3–1990.3

李绪排
村委主任 1994.3–2002.3
村委主任 2004.3–2014.3

李绪班
村委主任 2002.3–2004.3
村委主任 2014.3–2018.1

李　华
村委主任
2018.1–

2018 年 1 月 5 日，平邑县县委书记王君师（右一），县委常委、县委办公室主任陈成才（右二）等领导到孟家庄村调研支部换届工作，武台镇党委书记宋晓莉（左三）、镇长孙令军（左一）、武台镇党委副书记吴翠羽（左二）陪同　（石冰心摄于 2018 年 1 月 5 日）

平邑县政协主席孙伟（右一）到孟家庄调研，武台镇党委书记宋晓莉（右二）、村支部书记李绪国（左一）陪同　（石冰心摄于 2018 年 6 月 8 日）

2018年5月9日，平邑县委常委、市派平邑县、蒙山旅游区第一书记工作大组长王开峰（右二），县委组织部副部长宋云飞（右一），武台镇党委书记宋晓莉（左二），武台镇党委委员、组织委员郑坤（左一）到孟家庄现场办公调研 （石冰心摄于2018年5月9日）

2018年6月12日上午，临沂市商务局局长、党组书记吴昌力（右三）到孟家庄调研，市商务局党组成员、工会主任邱云亮（右四），平邑县县委常委、市派驻平邑县、蒙山旅游区第一书记工作大组长王开峰（右五），武台镇党委书记宋晓莉（左一）等陪同

（石冰心摄于2018年6月12日）

一九九〇年十月咸立和（右）在白马关工程工地上

（照片由咸立和提供）

一九九一年村干部工作照

左起：李绪国、李绪排、咸立和、李继伦、孟庆良、李绪华

（照片由李绪排提供）

一九九二年孟家庄南河修水坝工程现场

（照片由咸立和提供）

村民在新建成的水渠边合影

（照片由孟庆良提供）

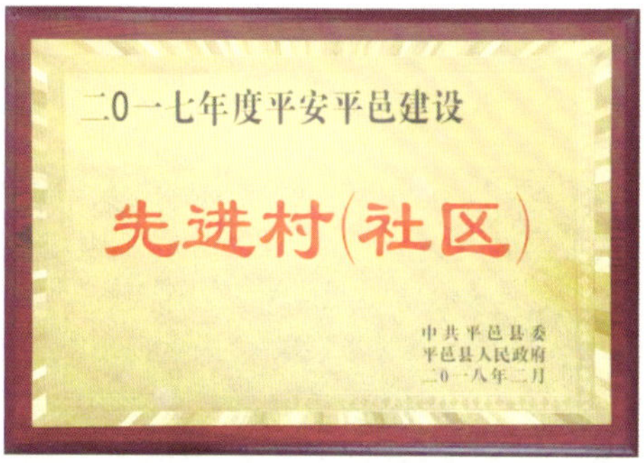

孟家庄近年获得的部分荣誉奖牌

玉皇山庙会（王庆安摄于 2018 年 2 月 21 日）

村民看大戏（王庆安摄于 2018 年 2 月 21 日）

快乐的村民（王庆安摄于 2018 年 3 月 17 日）

广场舞队在玉皇山庙会上表演（王庆安摄于 2018 年 2 月 21 日）

公事上忙碌的厨师（王庆安摄于 2018 年 2 月 22 日）

村民聚餐（王庆安摄于 2018 年 2 月 22 日）

家堂桌子上祭祀祖先的供品（王庆安摄于 2018 年 2 月 17 日）

武台大集（王庆安摄于 2018 年 2 月 11 日）

粉皮（王庆安摄于 2017 年 10 月 29 日）

锅饼（王庆安摄于 2018 年 2 月 11 日）

咸菜（王庆安摄于 2018 年 5 月 8 日）

村民纳的鞋底（王庆安摄于2018年6月23日）

村民自制的布鞋（王庆安摄于2018年6月23日）

村民绣的枕头顶花（王庆安摄于2018年6月23日）

村民家的炊具（王庆安摄于 2018 年 5 月 18 日）

卖豆腐敲的梆子
（王庆安摄于 2018 年 2 月 10 日）

村民用的烟袋
（王庆安摄于 2018 年 5 月 18 日）

盛放粮食的陶罐、陶缸（王庆安摄于 2018 年 3 月 17 日）

村民家养的鹅、鸭（王庆安摄于 2018 年 2 月 21 日）

村民家养的鸡（王庆安摄于 2018 年 2 月 8 日）

村民家养的羊（王庆安摄于 2018 年 1 月 27 日）

1998 年，李绵军创办珠心算培训班，授课现场 （照片由李绵军提供）

1997 年， 山东省级优秀教练颁奖现场——李绵军带领临沂珠算集训队出赛，囊括当年省级比赛所有奖项 （照片由李绵军提供）

2014 年 4 月，李绵军应邀做客新西兰某华人广播电台，介绍中国珠算与珠心算

（照片由李绵军提供）

2016 年 2 月，神墨与美国巴纳德小学签约合作，同年 10 月，神墨珠心算被巴纳德小学纳入正式课程体系。（照片由李绵军提供）

2017年12月19日，孟家庄村志启动仪式会场（尤守民摄于2017年12月19日）

部分村志编委会成员合影，左起依次为：李绵洪、李绪国、孙令军（武台镇镇长）、杨兴文、徐兴东、李绵军、王庆安、张峰、李锋
（尤守民摄于2017年12月19日）

参加村志启动仪式人员合影留念（尤守民摄于2017年12月19日）

主编徐兴东、张峰，编务李彦超入户调查（王庆安摄于2018年5月18日）

神墨教育集团顾问杨传珍先生（左二）在村志编纂人员李绪国（右二）、李绵军（右一）、王庆安（左一）等陪同下实地察看孟家庄山林　（李华摄于2018年4月6日）

交流采访材料，左起王玉珍、李绵军、王庆安、李华

（刘丽娟摄于 2018 年 4 月 6 日）

副主编王庆安（左）、薛玉记（右）在孟家庄

（石绍玉摄于 2018 年 6 月 12 日）

2018 年 11 月 23 日，《孟家庄村志》评审会在平邑县志办会议室召开，图为会议现场

（王庆安摄于 2018 年 11 月 23 日）

《孟家庄村志》编辑人员合影（左起：薛玉记、张峰、徐兴东、王庆安、刘丽娟）

（张洪建摄于 2018 年 11 月 23 日）

《孟家庄村志》评审会参会人员合影（前排左起：李绪国、孙令军、黄新岩、徐兴东、王开峰、巩祥军、张峰，后排左起：李强、田苗苗、李锋、薛玉记、韩苏蔚、闫志强、王庆安、刘丽娟、张洪建）（李彦超摄于2018年11月23日）

《孟家庄村志》编纂委员会

主　　任	李绪国　李绵军
副 主 任	李绪班　李　华　李绵洪
委　　员	李　锋　咸会德　李绪连
	李绪财
主　　编	徐兴东　张　峰
副 主 编	王庆安　薛玉记
特邀编审	杨兴文　王有瑞
编　　辑	徐兴东　王庆安　薛玉记
	张　峰　刘丽娟
编　　务	陈　涛　李彦超

序 一

2017年秋天，孟家庄党支部书记李绪国同志告诉我：李绵军先生有意出资为孟家庄编一部村志。我感到非常高兴。绵军先生志存高远，帮助我们启动了一项重要的文化工程。至今尚不足八个月的时间，一部五六十万言的村志书稿就已摆在了我的面前，工作效率之高，着实令我吃惊！当然也令我惊喜不已！

中国过去是一个典型的农业国，中国社会是一个乡土社会，乡土文化是中国文化的重要根基。在孟家庄建村二百余年的历史里，孟家庄人不忘初心，艰苦奋斗，从一穷二白到文明富裕，创造了一个又一个的奇迹，留下了丰厚的物质财富和灿烂的精神文明。因此，用村志的形式把孟家庄人的奋斗历程和辉煌成就记录下来，传承下去，是一件很有意义的事情。编纂《孟家庄村志》是为了继承前人的优良传统，也是为了总结孟家庄发展和建设的经验教训，研究孟家庄发展和建设的规律，为我们以后的决策和发展积累重要史料。

翻阅书稿发现，《孟家庄村志》以丰富的资料记述了孟家庄从清代以来，特别是在土地改革、人民公社、到家庭联产承包责任制、改革开放等不同阶段的发展变化过程，回忆了孟家庄人在革命战争年代、社会主义建设和改革开放等不同历史时期“吃苦耐劳、坚韧不拔、开拓进取”的光荣传统，以及从孟家庄走出去的优秀人才继承和发扬孟家庄精神，发挥自己特长，抢抓机遇，艰苦创业，走出乡村，走向世界的感人事迹。本志详细介绍了孟家庄的民风民俗，可谓内容丰富、结构宏大、语言简明、通俗易懂，读来既倍感亲切、熟悉，又深受感染、教育，既是孟家庄人缅怀先辈、寻根觅祖的重要依据和资料，也是远离家乡的游子认识家乡、了解家乡的一份珍贵礼物。

编写村志是一项重大的文化工程，其意义是广泛而深远的。早在1964年，毛泽东主席就说过：“研究现代史不能不去搞家史、村史，从研究最基础的历史——村史的微观入手，这是进而研究整个宏观社会的历史基础”。乡村社会的变迁始终是中国历史变迁的主体内容之一，这不仅因为在区位结构中乡村占绝对的多数，而且因为乡村的生活模式和文化传统更深层次地反映了中国历史文化传统。即使对于整个近代而言，现代化和城市化进程，本质上也是乡村社会变迁的过程。20世纪以降中国历史变革的走向、规律及其独有的特征，如果不从乡村社会研究入手，就很难真正获得符合中国实际的具有历史价值的认识。

存史有益于资政，对于我们这些常年工作在农村基层的干部，尤其具有借鉴意义。我们身在基层，肩负一方兴衰。一政一策，一举一动，关乎民生福祉，责任何其重大！历史上既有正面的经验，也有反面的教训，我们岂能不慎之又慎？

这本志书对我们实施乡村振兴战略，全面建设产业兴旺、生态宜居、乡风文明、治理有效、生活富裕的美丽乡村，必将产生积极的推动作用。特别是李绵军先生为生于斯长于斯的家乡，编写这样一部高质量的村志，对于促进孟家庄文化旅游事业的发展，对于促进李绵军先生教育事业的发展,都具有非同寻常的意义。而且随着时间的推移，这个意义将会越来越清楚地显示出来。

目前，孟家庄村的发展又到了非常关键的转型时期。需要我们上下齐心，协力奋进，再创辉煌。我坚信，孟家庄人一定会再一次凝聚共识，志存高远，开拓创新，走在前列。

在村志即将付梓之际，衷心感谢李绵军先生慷慨出资，感谢为村志编纂工作付出辛勤劳动的同志，祝愿孟家庄发展得越来越美好！

中共平邑县武台镇委员会书记 徐晓新

二〇一八年六月

序　二

经过7个多月紧张忙碌的工作,《孟家庄村志》终于编纂完成,就要付梓面世了。这是孟家庄建村至今编纂的第一部村志,具有开创性的重要意义,是一件可喜可贺的大事。

孟家庄地处平邑县北端,地域狭小,自然条件较差。但是孟家庄人勤劳勇敢,坚韧不拔,在各个历史时期都不断迈步前行。革命战争年代,孟家庄人在中国共产党领导下,不畏艰险,进行土地改革,积极参军支前,为革命作出了重要贡献。社会主义建设时期,孟家庄人连续多年整山治水,改造自然,同时大胆探索,因地制宜,发展副业,取得了突出成绩。改革开放以来,孟家庄人开拓进取,敢为人先,迅速在发展农村经济的大潮中找到了自己的位置,成为新时代的弄潮儿。尤为可喜的是,以李绵军为代表的从孟家庄走出去的优秀儿女,继承和发扬了孟家庄的优良传统,迅速而茁壮地成长着。他们通过艰苦卓绝的努力,在各自的岗位上辛勤工作,取得了令人敬仰的好成绩,得到单位和社会的认可和尊重。特别值得一提的是李绵军,把自己从小喜欢的事情发展成一种伟大的事业,开发智力,开启智慧,不仅造福祖国,而且走向世界,造福人类,成为家乡的骄傲。尤为难得的是,他们成功不忘家乡,经常反哺家乡,在家乡扶危济困,捐资助学,帮助家乡进行美丽乡村建设。我们可以自豪地说:一代又一代的孟家庄优秀儿女,在建设家乡、奉献社会中,问心无愧,功劳卓著。

编写《孟家庄村志》,起自绵军动议,得到了全村人的称赞和支持。2017年10月,村志编写人员进村,开始紧张忙碌的工作:深入各家各户采访,走遍沟沟壑壑调查,夜以继日地整理资料,修改书稿。历时6个多月,书稿初成,又进入紧张忙碌的审阅、编辑、修改阶段,现在终于完成。综览全书,观点鲜明,资料翔实,归类得当,是一部反映孟家庄兴衰变化、人丁繁衍、文化昌盛,生活由贫困到富裕的大制作。《孟家庄村志》的出版，对于振奋全村居民的精神，陶冶居民情操，提高居民文化素养，增强居民自信心和自豪感，发展繁荣村居经济，具有宝贵价值和深远意义，为振兴孟家庄提供了宝贵的经验和教训，同时也激励我们，牢记先祖之创成，站高望远，开拓前进，永不懈怠。也必将激励世世代代的孟家庄居民热爱家乡，建设家乡，焕发出昂扬奋发的创业热情，创造出更加富裕、文明的新生活。

前事不忘，后事之师。我们现在正处在一个伟大的变革时代，一个不断创造奇迹的时代。衷心希望《孟家庄村志》能成为广大读者了解、认识、研究孟家庄的良师益友，也竭诚欢迎海内外各界朋友来孟家庄观光、投资、开发、建设，使其成为一个更加繁荣，更加富饶，更加文明和谐的美丽乡村。

在《孟家庄村志》编纂过程中，本书主编徐兴东先生，百忙中多次莅临孟家庄，亲自指挥调度，统筹、指导编写工作；著名民俗专家王庆安先生、薛玉记先生集采、写、编于一身，不辞劳苦，呕心沥血，为本书付出了大量的心血和汗水。临沂市委党史研究室副主任杨兴文先生，亲自到孟家庄指导编写工作，并参与审稿工作。临沂神墨教育培训学校校长张峰先生，为村志的编写提供了具体而贴心的服务。村内许多老党员、老干部、老同志为村志提供了大量宝贵的资料，使我们的志书更翔实更完善。中国人民武装警察部队原副司令员刘红军中将、中国人民武装警察部队总政治部副主任林卿少将、中国人民革命军事博物馆原馆长、中国人民革命军事博物馆书画院原院长孔令义少将欣然为《孟家庄村志》题词；解放军报社原总编辑孙临平少将为《孟家庄村志》题写书名并题词，既为我们的志书增添了靓丽色彩，也是对我们的巨大鼓励。《孟家庄村志》的编写还得到了许多领导和部门的大力支持和热情指导，得到许多专家、学者及社会各界人士的热心帮助，在此，我代表孟家庄党支部、村委会向所有为《孟家庄村志》作出贡献的同志们表示衷心的感谢！

中国共产党孟家庄支部书记 李尚国

二〇一八年六月

序 三

我出生在孟家庄。孟家庄是沂蒙山区普普通通的一个小山村，16岁以前，我主要就生活在这个小山村里。从很小的时候，就要参与农业劳动。农村的活儿很辛苦，农忙的时候，三顿饭都无法按时吃，得接就活儿。那时候长辈经常告诉我：要想离开农村，就得好好上学，等考上学离开农村，就不用受这种罪了。我也曾激励自己好好上学，上好了学将来离开农村到城市里上班。后来我真的考上了学，离开了那个生我养我的小山村。再后来我到了北京，到过很多大大小小的城市，也到过国外许多城市。可是奇怪的是，无论走到哪里，心里忘不了的，心心念念牵肠挂肚的，经常魂牵梦绕的，偏偏还是这个小山村。后来我终于想明白了：我的祖先在这里，我的父母在这里，我的根在这里。我就像一只飞上天空的风筝，无论飞得多么高多么远，另一端牵着我的，永远是孟家庄，是那片养育我的并不肥沃的土地。故乡有我儿时的足迹，有我童年的幻想。虽然我的事业和天地在他乡，但是，让我刻骨铭心时刻挂念的，唯有故乡。

近些年我在世界各地奔走，每当想起我们村，想起那些已经过世的老人，以及那些我未曾见过的更老的先人们，想起他们创业的艰难甚至挣扎，想起我们村的来历和发展过程，想起我们村的风俗人情，甚至村头路边的野花野草，还有各种熟悉的禽兽昆虫，内心就激动不已。我有时想，我们这些走出孟家庄的人，对家乡还恋恋不舍，但是我们的后代，会慢慢疏远了故乡吧。怎么样才能让那个遥远的山村在他们的生命里也留下刻骨铭心的记忆呢？我常常想，如果有一部记述这些山川地貌、家族变迁、生产方式、风土人情的书，该有多好啊！当我知道有一种叫“村志”的书，就是记述村的历史和现状，几乎是关于一个村的百科全书的时候，我的心情是多么激动！我决心请人为我们孟家庄编写这样一部村志。

虽然村志编写涉及时间跨度大，头绪众多，内容繁杂，是一项耗时长、费工多的大工程，但我还是恨不得手上立刻就能捧着这样一部书！衷心感谢临沂市政协常委、文史委主任徐兴东先生和他的伙伴们，他们帮我实现了这一夙愿！他们在如此短促的时间内，夜以继日地辛勤工作，完成了这一艰巨的任务。举凡与我们孟家庄有关的事项，位置沿革、自然地理、村政村务、家族干支、农林牧渔、工商贸易、文化教育、民风民俗、人物介绍，等等，全都梳理有序，准确详细地记录在了书中。他们的敬业精神和专业素养令我钦佩！

村庄是人类社会构成的起点，是庞大社会体系的基本单元。这部全面记述村庄历史现状的村志，是一份非常重要的历史文献资料，这份资料将会随着时间的流逝而变得更加宝贵。现在看，也许《孟家庄村志》所记之事没有多少稀奇之处，但再过 30 年、50 年，甚至一两百年以后，后人阅读《孟家庄村志》的时候，就会感到非常珍贵，特别是其中的一些细枝末节，会成为研究当今历史的权威资料。我们应当珍惜这一成果，使之代代相传。

现实是历史的延伸，历史是未来的向导。这本村志不仅为我们这些走出孟家庄的游子，提供了一种回望家乡，传承记忆，记住乡愁的载体，给予远离家乡、身处急剧变革时代和快节奏生活中的我们以心灵的安慰；同时，也有助于我们继承世世代代孟家庄人的优良传统，激发弘扬爱家爱乡爱国的精神，凝聚各方力量、共建美好家园。

衷心祝愿孟家庄的父老乡亲们日子越来越好，生活越来越幸福！

衷心祝愿孟家庄的各项事业发展更快，明天更加美好！

北京神墨教育集团董事长 李绵軍

二〇一八年六月

凡　例

一、本志的编纂以马列主义、毛泽东思想、邓小平理论、“三个代表”重要思想、科学发展观、习近平新时代中国特色社会主义思想为指导，坚持辩证唯物主义和历史唯物主义的立场、观点和方法，坚持实事求是、求真存实的原则，力求思想性、资料性、科学性和实用性相统一。

二、本志以尽可能翔实的资料，努力客观、系统地记述孟家庄的历史与现状，坚持详今略古，坚持突出地方特点和时代特点。

三、本志断限，上自清代乾隆年间孟家庄建村起，下至2018年初。大事记和个别章节延至2018年6月，未注明时间的默认为志书下限。

二、本志采用述、记、志、传、图、表、录等体裁，横排门类，纵述史实，纵横结合。以志为主，述以总摄全志，记以综记大事，志以记述专项事业，传以收载人物，附录辑存文献，图表随文插入，以求图文互解。采用章、节、目结构，共设13章，首为概述、大事记，末为文献辑存。

五、本志资料主要来源于采访调查以及《平邑县志》《中共平邑县党史大事记》《中国共产党山东省平邑县组织史资料》《临沂百年大事记》《费县志》等有关文献。对有关部门、知情人提供的资料，经考证鉴别后录用，入志资料不注明出处。

六、本志采用图片主要来源于村民提供和编者采编期间拍摄照片。村民提供照片标明提供者姓名，编者拍摄照片除署拍摄者姓名外，还注明拍摄时间。

七、入志人物的编写坚持生不立传的原则，分别设“人物传略”和“人物简介”两节。其中当代人物涉及面较宽，以突出记述典型人物在社会主义革命和建设时期特别是改革开放以来为村居发展做出的突出贡献。

八、本志采用语体文、记述体。

九、本志民国前使用朝代年号纪年，并括注公元纪年。

十、本志计量单位采用法定计量单位，农田土地面积沿用“亩”为计量单位。

目 录

概　述

孟家庄隶属山东省临沂市平邑县武台镇。位于临沂市西北 80 余公里的蒙山南麓。距离平邑县城 20 公里。地域面积 1560 亩，其中村庄占地 130 亩，可耕地 830 亩，山林地 600 亩。311 户，865 人。境内四季分明，具有冬季寒冷、夏季炎热、光照充足、无霜期长的特点。

清朝以前，就有人在此居住，后来逐渐失传。乾隆年间，孟姓、李姓人先后迁居此地建村，因孟姓迁来较早取名孟家庄。其后又陆续有孟姓另一支、咸姓、高姓、孙姓、于姓、魏姓、赵姓等迁居此地。一代一代繁衍生息，形成现在村庄。

孟家庄一带是沂蒙山区最早的革命根据地之一。抗日战争时期，费县、费北县、蒙山县委、县政府的干部和军人经常在孟家庄一带活动。孟家庄也数次沦为战场。孟家庄较早建立了中国共产党的地下组织，许多人参军参战，奋勇支前，或者互相帮助，努力生产，为抗日战争和解放战争的胜利作出了巨大贡献。

中华人民共和国成立以来，孟家庄人在历代党支部和村干部的坚强带领下，整山治水，发展经济，建设美丽乡村，改善人民生活，顺应先进文化方向，创造了辉煌业绩，涌现出许多可歌可泣的动人故事。

早年间，孟家庄房屋破旧，大小不一，高低不齐，街巷杂乱，坑洼不平。1988 年，村两委排除重重困难，对村庄布局进行整体规划，经过数年艰苦努力，孟家庄村容村貌彻底改观。如今的孟家庄，已经成为街巷整齐，宽阔平坦，干净整洁，出行便捷，居住安全舒适的美丽乡村。

孟家庄地处丘陵山区，历史上以农业为主。早年以种植小麦、玉米、地瓜、花生、大豆、高粱等为主。粮食产量低，收入极其微薄。直到 20 世纪 60 年代，群众的温饱问题仍然没有解决。1978 年实行改革开放后，开始在土地上进行多种经营，居民收入明显增加。近年主要种植黄桃。其黄桃品质上乘，色鲜味美，知名度很高。

孟家庄虽然偏僻，但是域内群众思想并不保守，早在 20 世纪 60 年代初期，就开始尝试发展副业。之后以油坊、面粉加工、做豆腐、粉皮、饲养猪、羊等为代表的集体副业逐渐兴起，副业收入逐渐积累，经济收入增加，群众生活有所改善。特别是改革开放以后，怀揣美好梦想的孟家庄人八仙过海，各显其能，进行了各种各样的探索与尝试，其中甘苦非有亲身经历者难以体会。经过一段时期的摸索与磨合，孟家庄人纷纷在经济大潮中找到了适合自己的位置。孟家庄呈现出一派产业兴旺的喜人景象。2017 年，村民人均纯收入 10600 元。

孟家庄人在不断地开拓进取中展现出了鲜活的精神风貌和高尚的文化品格。孟家庄人以幽默面对艰难，用歌舞表达欢乐，有信仰，有坚守，不怕流汗，勇于探索，敢于牺牲，追求丰裕美满的生活幸福的同时，也尽情地抒写着生命的自由畅达。

孟家庄地处绵亘百余里的秀丽蒙山之阳，风光旖旎，空气尤其清新；村域临近颛臾国、南武阳等古文化遗址，历史人文积淀丰厚；民风淳朴善良，居民勤劳勇敢，热情好客；周边旅游资源非常丰富，交通非常便利，其文化旅游开发具有广阔而美好的前景。

一代代孟家庄人吃苦耐劳，坚韧不拔，开拓进取，活出了自己的精彩。孟家庄的未来也一定会变得更加美好！

大事记

清朝乾隆年间（约 1770 年）孟姓人孟子第 66 代孙孟衍长由今平邑街道西张庄村迁居此地。孟家庄村名由此而来。

乾隆年间（约 1790 年）李姓人李復宝妻携李万言、李万语二子由今平邑县武台镇西武沟村迁居孟家庄。

道光年间（约 1830 年），孟氏家族孟子第 69 代孙孟传琚、孟传扬由今平邑县西张庄村迁居孟家庄。

咸丰年间（约 1860 年），高姓人高明德由今平邑县武台镇万山庄村迁入孟家庄。

光绪年间（约 1888 年）孙姓人孙宗绪由今平邑县武台镇西孙家庄村迁居孟家庄。

光绪末期（约 1908 年），咸姓人咸士爱由今平邑县武台镇咸家庄村迁居孟家庄。

中华民国初期（约 1913 年）魏姓人魏太凤由今平邑县武台镇北武台村迁入孟家庄。

1924年

3 月，费县当局强制女子放足、男子剪发辫，孟家庄村民始行。

1928年

是年匪患特别严重。孟家庄村民为免遭土匪祸害，纷纷四处躲避，以致村内长时间无人居住。大年三十，村民不忍放弃请家堂活动，等到天黑以后，悄悄回村请家堂，回村时只见野草遍地，走路时蓬蒿剐人，一片凋敝景象。

1930年

村人李继先随姊离开孟家庄去往北京。

村人李如槐在孟家庄李继田宅开办私塾。

1932年

武台人于逢俊在孟家庄西大路西至村西河边购买土地 18 亩，并在紧邻大路处建北屋四间，后又盖起东屋四间，开起烧饼果子铺，村民称西饭铺子。于家自此迁入孟家庄。

1935年

于逢俊在西饭铺子西紧挨着建起三大间北屋，建成后其胞弟于逢明到此居住，杀猪为业。自此于逢明一家迁入孟家庄。

1938年

3月3日，八路军山东抗日游击第四支队二大队由中共山东省委书记黎玉、四支队副司令员赵杰率领，经白马关和孟家庄，进驻蒙山前万寿宫、柘沟一带，发展党的组织，开辟抗日革命根据地。冬天，费县四区、五区游击大队成立。孟家庄青年孟宪龙加入费县五区游击大队。

12月，日军于仲村安设据点，驻日军一个小队，30人左右，设“红部”，扶持伪政权及武装。后在武台、白马关等地建起多处炮楼。孟家庄有村民被抓去建造炮楼。

1939年

7月1日，孟家庄村民孟宪龙加入中国共产党，他是孟家庄第一位中国共产党员。

1940年

6月，鲁南区党委决定，建立费南、费北县。孟家庄所在的仲里一带（又称仲里区）属费北县。年底，费北县的乡、村抗日政权大部分建立。

8月，费北行署建立。孟家庄隶属费北行署仲里区白马乡。白马乡驻地即孟家庄。

是年，李继田任孟家庄村民启蒙教师，配合抗日政权宣传抗日救国。

1941年

1月21日，费北县委、行署整顿区乡组织，重新划分区乡。由共产党员担任区乡长，基层政权性质从此发生根本变化。同时，为了斗争方便，费北县划为仲里、保太、固城、卞桥、上冶5个区，每区又划分为4~5个乡。孟家庄从此隶属中国共产党领导下的费北县仲里区白马乡。白马乡办公地点设在孟家庄，孟家庄第一位共产党员孟宪龙任白马乡党支部书记，当时党内职务保密，公开身份是乡文书。

1月下旬，经孟宪龙介绍，孟昭金加入中国共产党。孟昭金入党后，孟家庄党小组成立，孟宪龙兼任党小组长，孟昭金为党小组成员。当时处于秘密状态，村民并不知情。

1943年

春，中共费北县主力部队转移，日伪军不间断地“扫荡”，加强对蒙山的压迫式封锁。日本侵略者先后于正月、五月、十月三次到孟家庄强抢财物。每次出动五六辆或七八辆汽车，50~80人，挨家挨户搜索粮食畜禽。村民闻讯纷纷逃避到村外山中。孟家庄财产损失严重，幸无人员伤亡。

11月，驻白马关日军撤走后，仲村至白马关一带仅有伪军驻守。

1944年

1月1日，驻白马关据点伪军中队长巩庆德率169人反正抗日。孟家庄村民在经受了日伪军长达6年之久的统治蹂躏之后，终于获得解放。

1月，共产党员孟昭金担任庄长，开始领导村民进行土地改革。孟家庄成立了贫农协会、民兵、妇救会、儿童团等组织，高汗祥担任贫农协会主任，孟宪伦担任民兵队长，咸会莲担任妇救会长，李绪谦担任儿童团长。

春，费北县抗日民主政府进行第一次土地改革运动时，为鼓励群众植树造林绿化荒山，推出无主荒山“谁造（林）谁得”的措施。当时在白马乡担任党支部书记兼文书的孟家庄人孟宪龙主持将近800亩荒山划归孟家庄名下。此后孟家庄人持续不断地在上面植树造林，并且选派认真负责的人看护，使之成为植被保护最好的地段。树木渐渐长成后，每年秋天树木落叶后至春天，放山开禁，允许孟家庄村民到山上拾柴火。

4月，孟家庄村民李绪奎参加八路军。

10月，高汗仓亲自将堂弟高汗富送去参加八路军。封振武司令员提笔为高汗仓写了“送弟参军”四个字。高汗富参加八路军后曾经参加摸李家庄日本炮楼行动。

1945年

春，李继新接任儿童团长。

1946年

1月，费北、费东两县合并成立蒙山县，县政府先驻上冶，后迁西荆埠。泰宁县撤销，仲里区划归蒙山县。孟家庄隶属蒙山县第一区（仲里区）白马乡。

春，鲁中区修复蒙阴至仲村段公路。公路穿孟家庄而过。

4月13日，孟家庄村冬学的全体师生和村干部、民兵一起，敲锣打鼓到武台参加仲里区在武台召开的“四八”遇难烈士追悼大会，悼念叶挺、王若飞、秦邦宪、邓发等先烈。

1947年

4月22日，国民党军第十一旅进犯白马关。为打破国民党对山东根据地的重点进攻，华东野战军于22日发动泰蒙战役，歼灭泰安守敌整编第七十二师。华野九纵某部第二营奉命在白马关阻击北上增援泰安的国民党整编第十一师。4月23–30日，华野勇士经过7天7夜顽强阻击，将整编第十一师阻挡在白马关前，胜利地完成了阻击任务。史称白马关阻击战或黑山阻击战。牺牲的烈士被安葬在孟家庄西武台烈士陵园。阻击战期间，解放军的部分军服存在孟家庄魏长乾家，被国民党炮火击中焚毁。

4月26日（农历三月初六），咸家庄村民赵述芹家房子被国民党军队炮弹炸为废墟，因赵家当时正为孟家庄李如桂家放羊，经过协商，赵述芹一家于当年6月22日（农历五月初四）迁至孟家庄居住。

12月，于逢英担任孟家庄妇救会长。

是年冬天，孟家庄村民李继军被国民党军抓到下关村南崖修工事。国民党军退却时将其裹挟到仲村参军，仲村解放后，李继军加入中国人民解放军，曾参加抗美援朝战争。

1948年

1月，李继保接任孟家庄儿童团长。

3月24日，仲村解放。蒙山县全境宣告解放。

8月，于蒙山建万寿宫林场，为省实业厅重点指导单位之一。同时，建大洼林场、海螺寺林场。孟家庄村的山场所在地大望山紧挨海螺寺林场。

1949年

解放前，泗水南鼎人王文贞在孟家庄租李绪谦的两间东屋行医。叶家庄人冯常长在玉皇山修道。冯常长去世后，泗水人宋真聚在玉皇山修道。

9月，孟家庄党小组公开，党小组长孟昭金，成员孟宪龙（兼）。

10月，孟家庄儿童团更名为“孟家庄少年儿童队”。

12月，咸化玉由孟宪龙、孟昭金介绍加入中国共产党。

是年,李继本加入中国人民解放军。

1950年

春天，孟家庄新民主主义青年团团支部建立。团支部书记李继聚。

秋天，咸家庄负责人在酒桌上谈及自己村庄没有地方拾柴火，请求孟家庄当时的负责人孟昭金贴换给咸家庄一片山场供村民拾柴火。孟昭金答应，贴换给咸家庄山地近200亩。

是年，白马乡在孟家庄南社成立小学,称“孟家庄小学”,为1~2年级初小，首任教师为周敦彬、翟昌富。

1951年

1月，孟宪璞经孟宪龙介绍加入中国共产党,孟家庄党小组升格为党支部，孟宪璞担任党支部书记。

2月，王永珍担任孟家庄妇联主任。

2月，于汝宽加入中国新民主主义青年团。

5月，抗美援朝开始，孟家庄村民李继军参加抗美援朝战争。

7月4日，魏长乾、于汝宽、李继昌参加中国人民解放军，成为山东省临沂专区公安队战士。

8月，政府发行毛主席标准像，孟家庄每户送达一张。

10月1日，孟昭金被蒙山县人民政府任命为白马乡民兵治安委员。

10月，李如芝担任庄长。

12月10日，孟家庄村民领到了盖有蒙山县人民政府红章、县长赵长利蓝章的“山东省土地房产所有证”。

1952年

3月，蒙山县撤销，仲村区并入平邑县。孟家庄隶属平邑县9区白马乡。

9月，李继宝担任民兵队长。

1953年

3月，平邑县宣传贯彻《中华人民共和国婚姻法》干部到孟家庄宣传婚姻法。

春，孟宪龙在准备维修玉皇山小学时，误将土坯脱制在已播种的苗圃里；又因性格刚强与林业部门汪姓领导发生口角，矛盾升级，终被以破坏林业生产罪起诉判刑。刑满出狱后去东北谋生。孟昭金负连带责任被开除党籍。

5月，魏长发在白马乡由东近台人乡团总支书记赵吉良介绍加入中国新民主主义青年团。

8月，平邑县改属临沂专区。孟家

庄隶属平邑县9区白马乡。

8月，孟家庄少年儿童队更名为“孟家庄中国少年先锋队”，活动纳入小学管理。

1954年

3月，孟家庄村民领到了盖有“平邑县白马乡选举委员会”大印的选民证。

春，孟家庄小学迁往咸家庄。

春，高汗祥、咸化贵、咸化山、咸光滨、孟照坤、孟宪伦、高汗仓、高汗杰等人合资，从仲村提酒卖酒，盈利按股分红。该活动到1955年成立初级社时停止，相关器具一并入社。

12月，政府实行统购统销，孟家庄纳入管理。

冬，平邑全县大办初级农业生产合作社，实行土地、部分农具、大牲畜入股。孟家庄开始酝酿成立初级农业生产合作社。

1955年

2月，平邑县开始实行义务兵役制，孟家庄村民李继现、孟宪文应征入伍。

3月，孟家庄在原有的互助组基础上，实行土地、部分农具、大牲畜入股，成立了两个农业初级合作社，南社社长由村党支部书记孟宪璞担任，高汗祥担任副社长兼管副业，办公地点在土改时没收的李如堂家宅院；北社社长由李如芝担任，李继本担任副社长，办公地点在土改时没收的李如堂家另一处宅子。

3月，魏长发担任白马乡武装副队长（队长是东近台人赵怀军）、白马乡中国新民主主义青年团总支副书记、白马乡公安员，同时担任孟家庄初级农业合作社社委会成员，分管治安工作。

1956年

11月，孟家庄两个农业初级合作社合并为孟家庄高级农业合作社，农具，牲畜等入社作价，土地入社归集体所有。劳动力出勤记工分，年底结算。孟宪璞任社长，李继本、高汗祥任副社长，办公地点在原南社办公室（原李如堂家）。

12月，魏长发由孟家庄党支部书记、孟家庄高级农业合作社社长孟宪璞和共产党员咸化玉介绍加入中国共产党。

1957年

8月，高宗莲担任孟家庄妇联主任。

10月，开始修建大王庄水库。孟家庄参加人员由魏长乾带队。建成后水库的水通过明渠引流到了孟家庄。

1958年

3月7日，平邑撤销全县16个区的建制，改划为25个乡镇，仲村区划分成仲村、武台和李家庄3个乡。孟家庄隶属武台乡。

9月，李增香担任孟家庄妇联主任。

9月，孟家庄执行上级要求，适龄人员参加了民兵组织，民兵队长依然由李继宝担任。

9月，孟家庄再次成立小学，为村办复式初小（1-2年级）。

10月7日，平邑县人民委员会决定将25个乡（镇）合并为19个乡（镇）。月底，全县先后有16处人民公社成立。

武台人民公社成立后，成立孟家庄生产大队管理委员会，简称孟家庄大队，隶属平邑县武台公社白马乡。孟宪璞任党支部书记，李继本任大队长。

10月，武台公社在孟家庄北成立炼钢厂，建起五六座土高炉，占地上百亩，从炼钢厂到铁矿场修起东西3公里长的轱辘马道，从附近各村抽调的炼钢人员住在孟家庄村内各家腾出的闲屋内，村内和河边的树木被砍伐一空。1959年春天挨饿时炼钢厂停工。

是年，庄稼长势喜人，产量高，但由于忙于“大炼钢铁”，地瓜、花生从地里刨出来堆成大堆后埋在地里，冬天全部腐烂，导致1959年春天生活极度困难。

10月，孟家庄成立农村集体食堂，社员集体就餐。孟家庄设东食堂、西食堂。东食堂位于后来高汗仓居住处，咸化东、咸光在先后担任食堂主任，李绪运、孟宪章、孟宪文先后担任食堂会计。西食堂位于现孟宪学居住处，孟宪璞担任食堂主任，李继运任食堂管理员。开饭时间为早饭8点，午饭12点，晚饭时间相对灵活。开饭时村民到食堂打饭，然后把饭带回自己家吃。

是年，孟家庄成立一支除“四害”青年突击队，两支卫生积肥专业队，扫除垃圾，改造厕所，达到“五洁四无”(“五洁”：街道、厕所、室内、室外、厨房清洁；“四无”：无苍蝇、蚊子、老鼠、麻雀)标准。孟家庄村通过会议、黑板报、标语、宣传栏等方式进行宣传，发动全村村民积极参与。

1959年

6月7日，雹灾。

秋后，在平邑县唐村水库工地上，孟宪章任武台公社工地总会计。

12月，村支书孟宪璞和李济运被济南钢铁厂招为炉前工。魏长乾接替孟宪璞担任村党支部书记。

1960年

3月，孟家庄集体食堂解散。

4月，划分自留地、自留园。自留地每人5厘，自留园每人3厘。自留地处于偏远、零散不便耕种之处，自留园处于村南水汪边便于水浇之处。

是年秋，孟宪章任孟家庄大队会计，任职至1964年。

是年，李继亮初中毕业，是孟家庄第一个初中生。

1961年

4月，武台公社管委会在孟家庄土地上建立武台烈士林，占地2600平方米。林内有民国32年6月建立的“黑山战斗殉国烈士纪念碑”1座，林内安葬着抗日战争时期的黑山战斗、白马关战斗和解放战争时期黑山阻击战英勇献身的革命烈士。

5月，平邑县14处人民公社改为14个区，区下设101处人民公社，公社下设生产大队。孟家庄大队隶属平邑县武台区咸家庄公社。白马乡撤销，原白马乡办公地点迁往咸家庄，办公设施并入咸家庄公社。

7月17日，暴雨。孟家庄无人员

伤亡。

7月23日，平邑县委召开三级干部会议，传达中央工作会议和省委三级干部会议精神。会后执行“三级所有，队为基础”的人民公社生产体制，将716个生产大队，2727个生产队改为1028个生产大队，4152个生产队。孟家庄村由2个生产队改为4个生产队。一队队长孟宪伦，二队队长李继清，三队队长李绪恩，四队队长李继军。

1962年

10月，孟家庄办起油坊。

11月18日晚，狂风暴雨。孟家庄瓜干霉烂严重。

是年，平邑县电影队到孟家庄放电影，放映的是《李双双》，放映地点在村东河滩，在两棵树之间悬挂银幕放映。这是历史上第一次在孟家庄放电影。

1963年

4月，孟家庄开展“学习雷锋”的活动。

1964年

1月10日，社会主义教育运动开始，上级部署四清（清账目、清工分、清仓库、清财物）工作。孟家庄成立四清工作组，咸光谦担任组长，高宗玉担任副组长，逐队进行四清工作，历时1年多，至1965年4月结束。

4月，魏长发进入武台粮管所担任营业员。

10月下旬，孟家庄开始整修村西、村北农田。自此直至1971年底，前后8个秋冬，每年约90天，每天出工约300人。整修任务有三：1. 深翻。深翻深度约0.5米；2 . 整零。将零碎地块间的石岗挖出击碎，将地块整成大片；3. 整平。削高填低。有些地方填埋2米多。整修完成后，村西增加土地50亩，村北增加土地40亩。先后投入人工约300人 ×90天 ×8年 =216000（个）。这项工作后来并入“农业学大寨”运动中，又称整大寨田。

是年，全县开展以“三管、两灭”(“三管”：管水、管粪、管饮食；“两灭”：灭蝇、灭蚊)为重点，以积肥为中心，以防病为目的的爱国卫生运动。孟家庄村改良厕所约100余个，建公共厕所2个，沤肥池4个，对粪便统一管理。

1965年

4月20日，高宗玉经推荐参加平邑县水利技术培训班，结业后留水利工程队工作。

7月21–27日，连降暴雨，损坏房屋7间，刮倒冲坏树木若干。

9月，李绪坤去平邑读工读师范。至1968年7月毕业。

9月，李绪林考入平邑县第一中学。

是年，李继聚接手主管副业，在大队副业组院内靠南墙建起长20米、宽6米的5间敞篷，安装一台12马力单缸140柴油机，用柴油机带动地杠，地杠带动面粉机一台、粉碎机一台（用于粉碎地瓜干、饲草）、棉花去籽机一台、弹花机一台、花生米压辊机一台，为油坊挤压花生米。后来又办起染坊。使孟家庄的副业规模逐渐扩大，集面粉加工、棉花加工、油坊、木匠铺、挂面坊、染坊于一体，档次高，盈利可观。

1966年

9月3日，县委布置平邑一中、平邑师范和县直机关成立"红卫兵"组织。之后各中学普遍建立了"红卫兵"组织。孟家庄红卫兵成立"9·3""9·4"派，开始闹派性。

10月，孟家庄大队成立革命委员会，咸光谦担任主任；李继聚担任副主任，主管副业。

秋，孟家庄群众学习毛主席著作形成高潮，人人背"老三篇"（毛泽东主席的文章《为人民服务》《纪念白求恩》《愚公移山》)，唱语录歌，戴毛主席像章。后又兴起"早请示，晚汇报"，学习活动流于形式。至1970年底，此风渐衰，林彪事件后停止。

是年冬天，孟家庄成立毛泽东思想文艺宣传队。地点在南社，主要以演戏为主。队长是孟昭存。排演的剧目为豫剧《红灯记》《智取威虎山》《沙家浜》。宣传队共30余人。

1967年

1月，在"全面夺权"影响下，刮起了"罢官风"，各级干部挨批挨斗。孟家庄大队书记魏长乾、大队长李继本多次被批斗。

2月，于汝宽回孟家庄居住，3月起担任孟家庄民兵队长。

1968年

3月，于汝宽接任孟家庄大队革命委员会主任。李继聚继续担任副主任。同时，成立孟家庄革命委员会党的领导核心小组，李继川任组长。

秋，孟家庄购买八马力拖拉机一台，是武台区第一台拖拉机，村民称之为"铁马八"，李绪松、李绪清先后担任过拖拉机手。

是年，远在东北的孟家庄村民孟宪振购买大国防自行车一辆、二手罗马手表一块，这是孟家庄村民购买的第一辆自行车、第一块手表。罗马手表后来转卖给了建材701矿邵姓工人。

1969年

5月，孟家庄民兵队升格为民兵连，李绪省担任民兵连长。

是年，全县农村实行合作医疗制度。孟家庄卫生室成立，位置在原老槐树底李绪京家的宅子里，现咸立海宅处。咸化智担任首任卫生员，时称"赤脚医生"。

1970年

8月，孟家庄家家户户安装小喇叭，平邑县广播站每天早中晚三次转播中央人民广播电台"新闻和报纸摘要"，然后播放"平邑新闻"。

1971年

1月，魏长乾任党支部书记，咸化东、李继川、李继本任党支部委员。

2月，高宗莲担任妇联主任。

4月20日，平邑县13个区的建制撤销，改为15个人民公社。孟家庄隶属武台公社咸家庄管理区。管理区办公地点在咸家庄。

1972年

3月，孟家庄干部群众普遍学习中共中央[1972]4号文件，掀起批判林彪反革命政变纲领《“571”工程纪要》高潮。

5月，孟庆良担任孟家庄大队团支部书记。

10月，咸化东担任孟家庄大队革命委员会主任。李继昌任大队副业会计。

是年，孟家庄大队实行合作医疗。

是年，孟家庄将孟家庄小学迁到泉子北。

是年，小学学制由六年半改为五年半。

1973年

是年，平邑县收购刺槐叶粉275万公斤出口日本。孟家庄学生在学校组织下捋刺槐叶，晒干后卖给收购站。

是年，小学学制由五年半改为五年。

1974年

2月，全国开展“批林批孔”运动，孟家庄大队开始组织相关活动。1975年春基本结束。

春，孟庆良任大队会计。

8月，咸家庄管理区迁到孟家庄，管理区名称由“咸家庄管理区”更名为“孟家庄管理区”，办公地点即现村两委院。咸家庄完小戴帽初中班迁往孟家庄，组建咸家庄联中。

8月，中小学由冬季招生改为秋季招生。

1975年

3月，李绪朋担任孟家庄大队团支部书记。

10月，孟家庄的社员参加了公社组织的改河工程，但孟家庄东的白马河未列入此次改造计划。

是年，孟家庄第三生产队因为副业发展好，购进了一台8马力拖拉机。这是生产队级的单位第一次拥有拖拉机。

是年，位于孟家庄的咸家庄完小开始建设。

1976年

4月，李继伦担任孟家庄大队革委会成员、民兵连长。一排长李绪秀，二排长孙述祥，三排长李绪宝，四排长李绪班。

秋，孟宪章代理孟家庄小学学校负责人。

7月28日，凌晨3时42分，唐山大地震，随后孟家庄大队以生产队为单位搭建防震棚，后来各家搭建防震棚。

7月28日，特大暴雨。孟家庄有房屋、树木被毁，无人伤亡。

9月9日，毛泽东主席逝世。孟家庄大队设立灵堂，举行悼念活动。18日，村民集会收听首都百万群众举行毛泽东主席追悼大会实况广播。

10月，中共中央粉碎江青反革命集团。“文化大革命”结束。孟家庄举行了揭批江青反革命集团的活动。主要是组织学习文件和报纸。

10月，李绪孝被推荐到临沂卫校学习。

1977年

2月，平邑县火化场建成。3月20日开始在全县范围内实行火化制度。孟家庄村民李继太为本村火化的第一人。

10月，孟家庄征得建材701矿同意，将建材701矿通往水沟村的输水用电专线接入孟家庄，结束了孟家庄不通电的历史。

是年，孟家庄第三生产队购买柴油机动力大功率喷灌。

1978年

春，孟家庄筹资建设大王庄水库扬水站。国家扶持一台295型柴油机。用工约1000个。可浇地250亩，至今仍在使用。

春，李继伦担任孟家庄大队革委会副主任（村民称之为“副大队长”）、民兵连长，包第四生产队。革委会当年12月改称管理委员会。

4月1日，李绪林考入山东省昌潍师范专科学校化学系，1980年1月15日毕业。李绪林是中华人民共和国成立后孟家庄第一个大学生。

6月，孟家庄用2亩地和县供销社换取扩大机一台，孟家庄从此用上了大喇叭。

7月1日，暴风。房屋、树木、水果损失严重，无人伤亡。

11月，李继伦调到孟家庄管理区担任计划生育网长。

12月18-22日，中国共产党第十一届中央委员会第三次全体会议在北京举行。之后孟家庄大队革命委员会更名为孟家庄生产大队管理委员会。原革委会主任咸化东转任管委会主任，但人们习惯上还是称之为“大队长”。

是年底，孟家庄落实中共中央《关于地主、富农分子摘帽问题和地、富子女成分问题的决定》。

1979年

3月13日，天降冰雹，孟家庄麦田损失严重。

12月，发放“独生子女证”，孟家庄村的独生子女户领到了独生子女证。

是年，开始提倡“一对夫妻只生一个孩子”。

1980年

1月15日，李绪林从山东省昌潍师范专科学校化学系毕业，就职于武台中学。

3月，李绪排担任民兵连长。

是年，孟家庄将孟家庄小学迁到李家林。

是年，李绪训办理手工业营业执照，赶集打铁。李绪亮与李绪宝、李绪增、李绵礼合作建立石棉加工坊。李绪恩家庭豆腐坊开业。

1981年

8月，咸家庄完小迁往孟家庄与孟家庄联中合并，称“咸家庄完小”。

10月，孟家庄大队实行联产承包责任制，由于以生产队为单元运作，各生产队土地数量存在差异，最终导致全村人均土地数量不一。当年冬天将集体土地、农具、生产资料等全部作价均分。

因为麦子还生长在地里，议定只分地不分麦子，等下一年收割后再分。

10月，李绪民承包生产队6亩机动地。

10月，孟家庄村民李绪会购买三环牌二手三轮车一辆，这是孟家庄村民购买的第一辆三轮车。

是年，于孝恩花1.1万元购买二手50马力拖拉机一台，用于运输石棉、豆子、豆饼、花生饼等，这是孟家庄村民购买的第一辆拖拉机。李绪省购买面条加工机一台，建立家庭面条加工点。

1982年

2月，李绪班发起成立孟家庄建筑队，主要承揽本村居民建房及村内重要基础设施建设工程。建筑队直到2015年2月因效益不佳解散，前后延续33年。

4月，咸立和担任孟家庄团支部书记。

春，咸会德与咸立孝、孙述清、孙述运4人合作，在村南路东设摊，搞汽补轮胎。

6月，孟家庄村民最后一次从生产队分到麦子。从此以后，在分得的土地上播种、管理、收获，出售等事宜由村民自主决定。

9月，咸化凤担任孟家庄妇联主任。

12月，咸立和担任孟家庄大队管委会主任。

是年，于孝恩购买二手解放牌拖挂汽车一辆，跑东北、上海等地，用于运送石棉、水果等物资，这是孟家庄村民购买的第一辆汽车。

是年，李绪民兄弟四人承包生产队的油坊，后来又改包为买。1999年，李绪民个人买断油坊，在原有3股油榨的基础上，以4000元价格添购2台气榨。油坊经营至2009年。油坊收入约1万元/年。

是年，咸立孝购买了一台泰山牌12英寸黑白电视机，村民争相观看，咸立孝不胜其扰，不得不采取卖票的方式限制观看人数。

是年，村医疗站改为承包制。“赤脚医生”改称“乡村医生”。李绪如与李继忠分别经营自己的诊所。不久，李继忠移民辽宁。

1983年

春天，孟家庄村民李继聚建立孟家庄起重机械修配厂，有员工3名。1993年因李继聚本人身体不佳停产。李绪民种植葡萄。

7月，李绵忠到铁木业社学木工谋生，主要学做门窗家具。

11月，孟庆珠退伍学做木工。

12月，孙述清、孙述运到村北路西另设点搞汽补轮胎，咸会德与咸立孝仍在原址做。

1984年

3月，全国实行村民委员会制度，根据上级部署，撤销孟家庄生产大队管理委员会，同时成立孟家庄村民委员会，下设4个村民小组。当月进行首届村委会选举，孟庆良当选首届村委会主任。

8月，咸立孝退出汽补轮胎铺另谋出路，咸会德继续经营，并增加了自行车修理业务。

是年，李绪军投资3000余元，购置机器，经营面粉加工、煎饼糊加工。

是年，李继林购买日本产12英寸彩色电视机一台。

1985年

3月，进行村党支部选举，孟庆良当选孟家庄党支部书记，李绪华、李绪国当选党支部委员。

5月13日，孟家庄贯彻执行中央[1985]1号文件精神，将土地承包期由原来的17年延长到30年，从事林果生产的承包期延长到50年。

是年，于孝恩去广东汕头做专职客运司机，年薪2万余元。

1985–1988年间，孟家庄修建了西沟子桥，修通了孟家庄至大王庄的路，启动了村宅布局规划改造。

1986年

春，孟家庄村民李绪会投资1万元，购买泰山牌12马力方向盘式拖拉机一辆，这是孟家庄村民购买的第二辆拖拉机。

春，于孝恩开始辗转临朐、泰安、新泰、临沂、日照、泗水间，从事高频电路配电控制器（变频器前身）维修保养工作，此项工作一直持续到1990年底。

8月，咸家庄完小停招初中生。

是年，孟家庄小学开始招收学前班，教师是孟飞。

1987年

3月，李绪国担任孟家庄团支部书记。

7月，李绵厚进入武台电镀厂当工人，历任工人、业务员、电镀车间班长职务，1992年5月被派往济南山东省电镀技术培训班学习半年，然后去武汉长江化工厂、上海缝纫机十四厂实习1个多月，1993年2月返厂担任副厂长，分管技术，管理车间。

是年，李绪亮购买机器以黄豆为原料生产植物肉。

1988年

2月，孟庆良被平邑县委、县政府授予计划生育先进工作者称号。

3月，村两委换届，李继伦、孟宪学、孟庆良当选党支部成员，其中李继伦担任村党支部书记，孟宪学担任村民委员会主任，孟庆良担任村党支部副书记主抓计划生育。另有咸立和当选村民委员会委员，李绪国担任村会计，李绪排担任民兵连长。

是年，孟家庄党支部、村委对村庄布局进行规划，村庄形成现在格局。

是年，家家户户在自家院内打压水井，一般打到5~6米深。

1989年

3月，咸立玲担任孟家庄妇联主任。

是年，李绪军投资7000元，购买一台12马力拖拉机，为人运肥运粮，打场耕地，赚取运费。

1990年

3月，村两委进行换届选举，李继伦、咸立和、孟庆良当选党支部成员，其中李继伦担任村党支部书记，咸立和担任村民委员会主任，孟庆良担任村党支部副书记。另有孟宪学当选村民委员会委员，李绪国担任村会计，李绪排担任民兵连长。

3月，李绪朋担任孟家庄团支部书记。

春天，新当选的两委带领村民将村东南约20亩的大汪填平，在其北部划出大片宅基地，南部作为农田承包给村民。

9月，李绵军以数学、英语两科全县第一名的成绩被山东省临沂供销学校财会专业录取；咸华考入费县师范；李伟考入临沂农校。

10月，在村西南角打大口井一眼，直径9米，深9米。修桥两座。

1991年

2月20日，咸立和被武台乡党委、政府评为1990年度先进工作者。

4月，每村民小组各打大口井一眼，直径不足2米，深9米。

4月，李绵军参加临沂供销学校全校珠算比赛，囊括珠算加减乘除和传票五个项目的冠军和全能冠军。

6月，李绵军在6分钟内将规定20分钟完成的珠算3–1级定级题目轻松完成，创造了连毕业生都无法完成的最佳纪录，被鉴定为能手一级。

1992年

4月，孙绍英担任孟家庄妇联主任。

4月，在村前白马河中修建两个长15米、底宽3米、顶宽1.2米、高2.5米的“河碉”。

5月，李绵军首次参加山东省珠算比赛，获得二等奖。

6月，李绪国建成4间平房，楼房式设计，上下钢筋水泥圈梁，20根钢筋水泥立柱。此后村民纷纷效仿，一时形成风气。

9月，李绵洪考入聊城师范学院化学教育专业。

10月，修建烈士陵园前水渠（宽、高各60厘米）300余米。

是年，丁孝恩在村委院内安装了4位数小型程控交换机，初装费300元，本村内打电话不产生费用。以此为契机，孟家庄有七八十户人家安装了电话。该交换机一直沿用到2008年才撤除。

是年，李绵忠买了一台长虹牌彩色电视机。

1993年

1月，咸立和任支部书记，孟庆良任党支部副书记（兼），孟庆良、李绪排任党支部委员。

2月11日，咸立和被武台乡党委评为1992年度优秀党员。

2月，孟庆良被中共武台镇党委、政府表彰为1992年农村工作先进工作者。

7月，李绵军从临沂供销学校毕业，分配到临沂市商业食品公司，负责与银行的结算业务。

9月，高西志考入曲阜师范大学物理教育专业；李绵玉考入临沂师专数学教育专业。

1994年

2月，李绪连担任孟家庄妇联主任。

3月，孟庆良担任支部书记，李绪排、李绪国担任党支部委员。

3月，李绪华担任孟家庄民兵连长。

3月，孟家庄村民李继聚创建的孟家庄起重机械修配厂在平邑县西张庄重新开工。

夏，孟家庄发生洪灾。

9月，高西波考入天津市中国民用航空学院（现为中国民航大学）航空机械电气系飞机电气设备维修专业。毕业后就职于临沂国际机场。

9月，李绵伟进入山东中医学院（1995年更名山东中医药大学）进修中医专业，1997年获得中医专业中专学历，并考取乡医合格证。

12月，孟家庄村民李绪会（李继聚之子）在平邑县龙华罐头厂（驻西张庄）租赁场地2000平方米，开始从事石材荒料到工程板、异形材加工工作。

是年，李绪国、李绪会率先安装程控电话。

1995年

6月，孟家庄村民李绪会到上海龙吴路租赁场地4000平方米，从平邑将大理石半成品运到上海打磨出售，年盈利五六十万元。至1996年，发展到年盈利百万元左右。

1995–1997年，李绵军连续3年获得山东省行业比赛一等奖，并被评为技术能手。

是年，由李绪排出面联系，组织孟庆良、于孝恩、李绪民、李绪水、李绪怀、孟宪学等10户人家安装了程控电话。

是年，村民委员会主任李绪排、开大车的李绪怀、李绪孔等人购买了BB机。

1996年

7月，李绵军印制了10000份招生简章，准备和好友闵祥飞一起举办珠心算暑假培训班，结果只招了4名学生。

8月，李绵军调入山东省临沂供销学校，从事珠算教学。

是年，李绪军投资2.6万元购买一辆黑豹车，在平邑与武台间拉客。

是年，在武台电镀厂担任副厂长的李绵厚和做大理石加工生意的李绪会先后购买了大哥大。

1997年

春天，村两委调整土地。由于1981年、1982年实行家庭联产承包责任制分责任田时，是以生产队为单元运作的，而各生产队土地数量存在差异，最终导致全村人均土地数量不一致，土地数量少的村民很有意见。村两委经过调研作出决定，将所有土地全部收归村集体，然后按照每人8分4厘的标准重新分给村民。

3月1日，《山东省乡镇卫生院管理办法》出台，孟家庄实施新型农村合作医疗制度。

9月，李绵洪通过参加大学毕业生讲课比赛，以第一名的成绩被临沂第二中学录用。

是年，李绵军担任珠算集训队教练，

训练的队员在临沂市比赛中种囊括所有奖项。

是年，孟家庄小学迁到S335省道西侧的老村委旧址。

是年，完成旧村改造。孟家庄街道宽敞畅通，院落整齐，地势由东北向西南逐级均匀降低，排水畅通，面貌焕然一新。

1998年

3月，李绪班担任孟家庄民兵连长。

暑假，李绵军再次举办珠心算暑假培训班，招收学生达到48名。

1999年

2月，李绵军被山东省教育厅、财政厅和山东省珠算协会评为省级优秀教练。

3月，孟庆良被中共武台镇党委、政府表彰为1998年度社会治安综合治理先进个人。

3月，李绪国被中共武台镇委员会、武台镇人民政府评为“1998年度计划生育工作先进工作者”。

春，李绵军在临沂举办的周末班达到60人。

夏，李绵军在临沂市科技馆、市委老干部局举办两处暑假班，学员达到198名。

秋，李绵军除继续巩固周末班外，开始与驻城各大幼儿园所联合举办儿童珠心算实验班，招收学员800余名。

12月，孟家庄村民李绪会投入17万元，购买普通桑塔纳轿车一辆，是孟家庄村民购买的第一辆轿车。

是年，武台镇政府统一规划，村民集资、出工，对村东白马河进行改造。

是年底，孟家庄恢复合作医疗制度。个人诊所合并，由镇卫生院统一管理，李绪仁、李绵忠加入。

2000年

春，李绵军正式注册神墨（临沂）儿童心算学校。

6月，李绪国在335省道西建起二层楼房一座，是孟家庄村第一座楼房。

8月，孟家庄及附近村庄的小学并入咸家庄完小。

10月，孟家庄村民李绪会投入28万元，购买帕萨特轿车一辆，是孟家庄村民购买的第一辆高档轿车。

是年，在烟台工作的李绪章将自己用过的一部手机送给了李锋。李绵厚、李绪会也更换了小巧轻便、式样新颖的手机。当时手机在武台交不了话费，必须到平邑县城去交。

2001年

3月，李绪排任支部书记，李绪国、李绪班任党支部委员。

春，李绵军创办的神墨儿童心算学校开始向周边市县发展，先后在本市的部分县区、相邻的日照市、莒县等地设立教学点51处、130个班级，学员达4000余名。

秋，李绵军在国家商标局注册了神墨商标，开始形成神墨管理及运作体系，建立了神墨心算教育网站。

是年，小学学制由5年改为6年。

2002年

春，孟家庄人参与重修玉皇庙。

2月，李绪班被中共武台镇委员会、武台镇人民政府评为“2001年度农村工作先进个人”。

8月，神墨移师北京，与首都著名的学前教育机构联合成立了北京神墨心算教育研究中心，标志着神墨进入了一个崭新的时期。

2003年

3–6月，孟家庄投入“非典型肺炎”防控，无人患病。

4月，李绪班被中共武台镇委员会、武台镇人民政府授予“2002年度社会治安和信访工作先进个人”荣誉称号。

是年，孟家庄村民李绪会承揽河北省廊坊市东方大学城工程，因发包方不守信用出现巨亏，近乎倾家荡产。

2004年

1月，神墨心算教学法及系列教材通过天津教科院专家鉴定，成为当时全国唯一获得国家权威机构认证的珠心算品牌。

春天，国家实施村村通工程，国家补助一部分，村民筹集一部分，共投资20余万元，将村北至清河路（800×4米）、至咸家庄路（200×4米）硬化为水泥路面。

4月，孟家庄村民结束了几千年来农民种地交公粮的历史。

4月，村民每人集资15元，修建村东南跨河三孔桥一座，桥长26米，宽3米。

2005年

3月，李绪班被中共武台镇委员会、武台镇人民政府授予“2004年度平安武台建设先进个人”荣誉称号。

4月，北京神墨教育中心被评为“中国教育系统知名学校”，李绵军被评为“中国教育系统优秀校长”。

10月，村集体投资7万余元，硬化村北田间生产路，该路段长700米，宽4米。硬化时将路面平整后铺地窝石，以水泥灌注抹平。

是年，李绪如出资10万元，与亲友合资建起平邑县金利种鸡场。种鸡场是国家级畜禽标准化示范场，位于兖石公路（335省道）平邑蒙阴交界处蒙山白马关下，是山东省畜牧局批准的（种畜禽生产经营合格证：鲁Q 090913）集蛋种鸡养殖、孵化、种蛋销售为一体的标准化父母代种鸡养殖场。

是年，村里的年轻人已经大部分购买了手机。

2006年

7月，李绵军获颁北京大学管理学硕士学位。

7月，李扬考入中国林业科学研究院，2009年获森林培育专业硕士学位。

是年，平邑县推行新型合作医疗制度，孟家庄村民全部加入。

2007年

7月，神墨为普洱地震灾区捐款捐物。

8月25日，神墨支援西藏教育筹建“神墨希望学校”工作启动。

9月16日，李绵军受聘担任北京大学“MBA特聘导师”。

是年，孟家庄村民李绪会承揽上海世界博览会工程，至2010年完工。

是年，于孝恩开始将全部精力用于经营孟家庄维修点，承揽电气维修，汽车维修，机械制造与维修，钢结构房等业务。

是年，李锋花3700元组装了一台电脑，是孟家庄第一台电脑。当时用电话线上网。

是年，咸家庄完小（驻孟家庄）被评为平邑县依法治校示范学校。

是年，李绪如参股的“平邑县金利种鸡场”被市人民政府评为临沂市标准化畜禽养殖示范小区（场）、临沂市龙头企业。

2008年

9月，李振考入中国海洋大学，毕业后先后任职于临商银行、平安银行临沂分行、太平养老保险股份有限公司山东分公司。

是年，青年男女结婚时电脑成为必备嫁妆。到2018年，孟家庄已有手提、台式电脑100余台。许多人家中还安有WiFi，能支持电脑、手机、电视上网。

是年，李绪如参股的“平邑县金利种鸡场”被农业部确定为畜禽养殖监测信息统计点。

2009年

6月，李绪国被中共武台镇委员会评为“优秀共产党员”。

7月，神墨总部资助9万元支持西部教育。

9月，神墨从海外引进的艾莱克（Ilike）英语本土化工作取得重大进展，艾莱克英语团队成立。

10月，神墨总部从教育部引进的《6F全脑训练营》课程试点成功。神墨智慧分享门户网站——“神墨品牌网”“智慧分享网”正式上线。

是年，神墨算盘博物馆开始筹建，各界友人及盟校积极支持捐建。

是年，李绪如参股的“平邑县金利种鸡场”通过农业部“无公害鲜鸡蛋产地认定”和“无公害鲜鸡蛋产品认证”。

2010年

3月，李绵军对菲律宾进行学术访问。神墨启动覆盖全国的网络视频会议，全国盟校走入信息化沟通时代。

秋，李华组织自己的建筑工程队。

是年，孟家庄筹集资金30余万元，硬化村内大街。大街分为南北向、东西向两部分，南北大街长350米，宽10米，东西大街长300米，宽10米。两条大街分别位于村南北、东西向中间位置，于村正中形成十字交叉。硬化时将路面平整后以20厘米厚水泥、石子、沙混凝土摊铺抹平。

是年，手机在年轻人群中基本已经普及，部分老年人也开始购买手机。

是年，李绪如参股的“平邑县金利种鸡场”通过“国家首批标准化示范场”验收。

2011年

3月，上级以每公里6万元标准拨款，村两委又筹集部分资金，硬化村西烈士陵园前田间生产路，该路段长360米，宽4米。硬化时将路面平整后直接以20厘米厚水泥、石子、沙混凝土摊铺抹平。

5月，张维芳担任孟家庄妇联主任。

是年，村卫生室建起居民健康档案。

2012年

3月，神墨投入百万爱心物资，捐助全国56个民族的贫困地区。

6月，李绵军应邀参加由教育部基教司司长高洪主持的教育部专项座谈会。

是年，有线电视接入孟家庄，居民开通了有线电视。

是年，村集体投资10余万元，修建大街两侧排水沟1200米。

2013年

1月，李绪国任支部书记。李绪班、李锋任党支部委员。

3月，李绵军当选山东省政协委员。

4月，神墨教育为雅安地震灾区捐款153052元。

4月23日，孟家庄签订《户周边绿化苗木管理协议书》。

5月，李绵军捐资20万元，用于村内基础设施建设。

6月，孟家庄党支部书记李绪国被中共武台镇委员会评为“2013年度优秀党支部书记”。

7月，李绪连担任孟家庄妇联主任。咸会德任村保管员。

8月，李涛进入北京大学经济学院攻读EMBA，于2015年8月结业。

8月，美国、缅甸、葡萄牙、意大利、泰国、西班牙、印度尼西亚、菲律宾等八国华侨在中国珠算协会丁先觉会长带领下参观神墨珠算博物馆。

9月1日，孟家庄村民领到了集体土地使用证。

10月底，孟家庄组建两支广场舞舞队，2018年合为一支。舞队活动场地在孟家庄村北广场，一般在晚饭后跳2小时左右。常跳的舞蹈有《中国大舞台》《意乱情迷》《花桥流水》《过年好》《今年大吉》等。

11月，李绵军获2014年度“美国政府奖”并赴美国领奖。

是年，村两委团结带领村民，积极筹措资金，进行大规模基础设施建设。先后硬化村内副街3条，面积4000余平方米，硬化田间生产路（100×4米），绿化大街1400余平方米，重新安装路灯56盏，粉刷墙面4600余平方米，修建“神墨连心桥”一座，维修村党支部、村民委员会办公室9间150平方米，购买桌椅25套，设立党员活动室、便民服务室、夜间值班室，电网改造新上变压器一台，整理线路1200米256户。

2014年

2月，李绵军在美国圣迭戈大学讲解中国珠算与珠心算。

3月，孟家庄村委会向武台镇政府提出申请，开发335省道两侧地段。

3月，孟家庄获得美丽乡村建设奖，平邑县委、县政府奖励孟家庄10万元奖金，用于村内道路绿化、美化。

5月，李绵军捐资10万元，用于村内基础设施建设。

7月，村委会与村民制定《日常生活垃圾清理协议书》。

9月，李青考入中国政法大学，攻读法律硕士学位。

11月6日，李绪班在第十一届村民委员会换届选举中当选孟家庄村民委员会主任。

12月，孟家庄村民李绪会租赁济宁市泗水县泉林镇历山东村土地8亩，投资200余万元，成立磊霖石材有限公司，有员工20人，年盈利50万元左右，年上缴利税20余万元。

是年，村两委带领村民硬化村内背街小巷17000平方米，绿化副街1800平方米，砌垒村内街道两边排水沟1400米。

是年，孟家庄建成小操场一处，位于村东白马河边，面积1800平方米。

是年，李绪如参股的“平邑县金利种鸡场”资本重组,李绪如成为大股东。

是年，咸会德任治保主任。

2015年

3月31日，孟家庄村民领到了农村土地承包经营权证。

8月，孟家庄博爱卫生站立项，于同年10月动工兴建，12月竣工。

10月，投资3万余元，建设孟家庄幸福院，建筑面积120平方米，购买床15张，被褥15套，办公桌2套。

是年，孟家庄修建至大王庄水库的生产路（400×4米）。修建村东至东岭林场生产路。完成村内副街排水沟的砌垒等工程。完成沿路开发工程，规划沿街楼30栋。

是年，新型合作医疗制度改为居民医疗保险制度，孟家庄村民全部加入医疗保险。

2016年

1月22–24日，孟家庄遭遇极端低温天气。1月22日，天降大雪，东北风3~4级转北风3~4级，最低气温–11℃。23日，天气多云，北风4~5级转北风5~6级，最高气温–5℃，最低气温达到–16℃。24日，天气晴，西北风3~4级逐渐减弱到3级以下，最高气温–6℃，最低气温–12℃。此次极端低温天气过程大雪压塌了一些种植蔬菜和养殖的塑料大棚，连续三天最低气温突破–10℃，冻死了大批果树，村民损失惨重。

6月，孟家庄党支部书记李绪国被中共临沂市委授予“优秀共产党员”称号。

是年，中国红十字会捐助孟家庄7万元，建设博爱卫生站。卫生站位于村北335省道北侧，建筑面积160平方米（长12.6米，宽8.4米），地面高度高于335省道路面0.3米。8月，博爱卫生站完成室内外装修,9月20日完成搬迁。

是年，村委购买空调一台，旱厕改造90户。

2017年

3月，武台镇党建办王艺潼到孟家庄担任驻村指导员。

11月，硬化孟家庄至大王庄水库田间生产路（300×4米）。

12月19日，《孟家庄村志》编纂启动仪式在村委办公室举行，北京神墨教育集团董事长、山东省政协委员李绵军，临沂市政协常委、文史资料委员会主任徐兴东，临沂市委党史研究室副主任杨兴文，武台镇政府镇长孙令军，孟家庄党支部书记李绪国及村支部、村委成员、部分村民代表、《孟家庄村志》采编人员出席会议。启动仪式由北京神墨教育集团临沂分校校长张峰主持。

12月31日，孟家庄进行村党支部换届选举。李绪国、李华、李锋当选为党支部委员。李绪国任党支部书记，李华、李锋任党支部委员。

是年，孟家庄改造旱厕110户，全村旱厕改造完成80%。

2018年

1月27日，孟家庄第十二届村民委员会换届选举大会在孟家庄村委大院举行。李华当选村民委员会主任，李绪连、咸会德当选村民委员会委员。

3月中旬，平整村前通往董家庄、武台镇政府驻地孙家庄路基，准备硬化路面。

4月11日，19时53分，平邑县（北纬35.62度，东经117.76度）发生3.1级地震，震源深度约10公里。孟家庄有较强震感。

4月19日，临沂市商务局驻孟家庄第一书记杨大鹏、第一副书记王静波到孟家庄报到。

5月30日上午，民进临沂市委、北京神墨教育庆“六一”暨捐资助学活动在孟家庄小学举行。临沂市人大常委会副主任、民进临沂市委主委冯安，临沂市委统战部副调研员许金涛，民进临沂市委副主委张炳才、杜宝珍，民进会员、临沂神墨教育学校校长张峰，平邑县人大常委会主任、党组书记夏成光，县委常委、统战部部长、平邑街道党工委书记王力伟等出席，平邑县委副书记李志斌主持活动。捐助活动由北京神墨教育集团出资。共向武台镇所属各小学捐助学习用品价值30余万元。

6月12日上午，临沂市商务局局长、党组书记吴昌力到孟家庄调研。吴昌力现场查看了第一书记工作、生活场所，听取了第一书记任职规划、工作计划和前期工作情况汇报，实地考察了村容村貌，并与镇、村负责人和第一书记进行座谈交流，全面了解结对共建乡镇经济社会发展状况，听取意见建议，掌握共建需求。平邑县政协主席孙伟，县委常委、副县长徐涛，县委常委、市派驻平邑县、蒙山旅游区第一书记工作大组长王开峰，武台镇党委书记宋晓莉等陪同。

第一章 位置 沿革

第一节 位置 村域

孟家庄位于北纬 117.42°，东经 35.39°，海拔 182~195 米，地处沂蒙山区腹地的蒙山南麓，隶属于山东省临沂市平邑县武台镇，位于平邑县城北 20 公里处，南距武台镇 1.5 公里。孟家庄北枕蒙山西脊，东北距蒙山要隘白马关 5 公里，与蒙阴县接壤；东西皆有北南走向的蒙山支脉，成箕状向南敞开。南向为开阔平地。浚河支流白马河紧贴村东由北向南流淌。其北距离大王庄村 1 公里，东北距离白马关村 3 公里，向东 0.5 公里为咸家庄村，向南 1 公里为董家庄村，东南 10 公里为保太镇驻地。孟家庄距离京沪高速蒙阴出口 19 公里，距离日兰高速公路平邑出口 21 公里，即将开工修建的枣庄至淄博高速公路将在孟家庄村北不足 1 公里处设置出口；距离鲁南高铁蒙山站、规划中的济莱临高铁蒙阴站均在 20 公里左右，交通非常便利。

村庄南北长 350 米，东西宽 300 米，聚落大致为矩形，面积约 130 亩。主要街道三条，主街道南北街北端与 335 省道连接，由北向南穿村庄中心而过，长 350 米，宽 10 米；东西街西端与 335 省道连接，由西向东穿村庄中心而过，长 300 米，宽 10 米。两条街道于村庄中心处交汇，形成“十”字大街。村东街道由北向南，沿浚河支流白马河西岸，紧贴村边，长 120 米，宽 6 米。村西有 335 省道自东北白马关方向而来，沿村庄西侧穿过，向西南而去。平邑通往蒙阴县际公交班车经村西侧每隔 60 分钟一班对开。

孟家庄地域大致方形，东西、南北各 1500 米，面积 2 平方公里余。至 2017 年 11 月，全村有 311 户人家，共 865 人，多系汉族，大多为农业人口。村属土地有山林 600 亩，可耕地 830 亩。其中山岭地 600 余亩，土质为疏松的沉积岩风化土，多为红沙壤土，地下水埋深 20 米。村前 200 余亩为含沙黄黏土，地下水埋深 7 米。可自流灌溉土地在 1958 年大王庄水库建成前只有几十亩，大王庄水库建成后增加到 100 余亩；1978 年在大王庄水库东侧建起扬水站后，可灌溉土地达到 300 亩左右；1990 年秋和 1991 年春天，4 眼大、小口井建成后可灌溉土地面积又有增加；2010 年开始，村民在自己承包的地头打深水井浇地，可耕种土地水浇面积已经达到 700 亩左右。

农作物以小麦、玉米、花生、地瓜

为主，兼种谷子、棉花、大豆、黄烟等。近年大面积栽植黄桃。山林主要为马尾松林。房前屋后栽植银杏、国槐、石楠、金银花。

第二节　隶属沿革

夏、商、西周、春秋时期，地域隶属颛臾国。

战国时期，先属费国、鲁国，后属齐国。

秦朝属薛郡。

三国、两晋时期，地属南武阳县。

南宋、北齐时，地属武阳县。

隋开皇十八年（598 年），改武阳县为颛臾县。孟家庄地属颛臾县。

唐贞观元年（627 年），撤颛臾县并入费县。孟家庄地属费县。

此后历经五代十国、宋、元、明、清，至民国 28 年（1939 年），孟家庄地属费县仲里区。

1939 年 7 月，在康阜庄（位于孟家庄西南 5 公里）成立费县联合办事处。孟家庄隶属费县联合办事处。

1940 年 2 月，在大夫宁村（位于孟家庄东南 8.6 公里）成立费县抗日民主政府。孟家庄隶属费县抗日民主政府。

1940 年 6 月，中共山东分局根据抗日斗争需要，以费县境内西部滋（阳）临（沂）公路线段为界，路北置费北县，路南置费南县。费北县政府机构始称费北行署。1942 年 5 月，改为费北县抗日民主政府。1945 年 8 月，改称费北县政府，驻地在卞桥大、小公馆（村）一带（位于孟家庄东南 25 公里），孟家庄隶属鲁中行署费北县。

1946 年 1 月，撤销费北县、费东县，合置蒙山县。县人民政府先驻上冶（今属费县），后驻西荆埠。孟家庄隶属蒙山县第一区。

1952 年 3 月，蒙山县撤销，孟家庄划归平邑县 9 区白马乡。

1958 年 10 月，武台人民公社成立，孟家庄成立生产大队管理委员会，简称孟家庄大队，隶属平邑县武台公社白马乡。

1961 年 5 月，平邑县 14 处人民公社改为 14 个区，区下设 101 处人民公社，公社下设生产大队。白马乡撤销，改为武台区咸家庄公社，办公地点迁往咸家庄。孟家庄大队隶属平邑县武台区咸家庄公社。

1963 年 2 月 25 日，平邑县 15 个区调整为 13 个区，原魏庄、东阳两个区分别并入白彦、城关区，区以下辖 92 个人民公社。孟家庄大队隶属平邑县武台区咸家庄人民公社。

1970 年 4 月 20 日，平邑县 13 个区的建制撤销，改为 15 个人民公社。孟家庄大队隶属武台公社咸家庄管理区。管理区办公地点在咸家庄。

1974 年，管理区由咸家庄大队迁至孟家庄大队，名称由“咸家庄管理区”改为“孟家庄管理区”，下辖白马关、下关、咸家庄、东近台、西近台、孟家庄、董家庄、大王庄，管理区办公室设在孟家庄。

1984 年 3 月，全国实行村民委员会制度，孟家庄大队改称孟家庄村。

1985 年 8 月 31 日，武台人民公社更名为武台乡，孟家庄隶属平邑县武台乡。

1996 年 5 月 24 日，武台乡撤乡设镇，孟家庄隶属平邑县武台镇。

第三节 村庄演化

据平邑县西张庄《沂蒙孟氏支谱》记载：元末明初，孟氏 53 代孟缘迹，因避兵乱，自邹峄山头村迁徙至现平邑街道西张庄南定居，其定居地曰“孟家庄”。明建文四年（1402 年），朱棣南下亲征，讨伐建文帝（朱允炆）时，在孟家庄村北凤凰岭安营扎寨，分东帐房、西帐房两部。退兵后，东帐房、西帐房逐渐演变为东张庄、西张庄，延续至今。故有“先有孟家庄，后有西张庄”之说。

清乾隆年间（约 1770 年），孟姓人孟衍长由今平邑街道西张庄迁居此地，清乾隆后期（约 1790 年），李姓人李復宝妻携李万言、李万语二子由今武台镇西武沟村迁居此地建村，因孟姓迁来较早遂取名孟家庄。其后又陆续有孟姓另一支、咸姓、高姓、孙姓、于姓、魏姓、赵姓等迁居此地。至 1955 年，孟家庄共有 407 人，1974 年发展到 701 人，1985 年发展到 745 人，2017 年 11 月发展到 311 户，865 人。

孟氏迁居此地之初，仅仅一两户人家，居住于村庄现“十”字路西南片区西北角，后来李氏、咸氏、高氏、于氏等家族陆续迁入，集中居住在现“十”字路西略偏南一带。到 1950 年时，村内只有 80 多户人家。房屋都是用泥土夯筑的土墙，茅草覆顶，大小不一，高低不齐，以三间计，长不过 10 米，宽 3~5 米。大部分人家院墙都是用泥土夯筑的土墙，院墙高约 2 米，为防雨淋，墙头用蜀黍（高粱）秸做椽，蜀黍秸上面抹厚厚的半圆形掺杂麦穰和的泥，叫作坠墙头。少部分条件好的人家用石板坠墙头。大约 20% 的人家，院墙是用树枝插的篱笆。村内街巷七扭八拐，高低不平，人行其上，旱天一身土，雨天一身泥。1978 年改革开放后，村民居住条件逐渐好转。

1977 年 10 月，孟家庄征得建材 701 矿同意，将建材 701 矿通往水沟村的输水用电专线接入孟家庄，结束了家家户户点煤油灯的历史。1978 年 4 月，孟家庄用 2 亩地和县供销社换取扩大机一台，孟家庄从此用上了大喇叭。

到 20 世纪 80 年代，60 年代出生的人进入婚嫁期，对房屋的需求急剧增加。孟家庄于 1988 年对村庄布局进行整体规划，首先规划出两条宽 10 米、“十”字交叉的主要街道，然后依据地势规划出东西南北距离相等（每位宅基南北长 17 米、东西长 12 米）的宅基，村中道路大街宽 12 米（路面宽 10 米），小巷东西向 12 条，南北向 4 条，一律宽 6 米。村民建房时村集体负责平整土地，由北而南每一排比前一排低 10 厘米，以保证排水顺畅。至 2002 年村庄形成现在格局，占地约 130 亩。此后村民建房，房屋长度受地基限制，一般是 12 米，宽度逐渐加大到 5 米、5.5 米。到 1990 年，村民开始用砖建房，带出厦的房屋宽度达到6.5米。1992年6月，村民李绪国建起4间平房，楼房式设计，上下钢筋水泥圈梁，20根钢筋水泥立柱。此后村民纷纷效仿，一时形成风气。

2004年春天，国家实施村村通工程，国家补助一部分，村民筹集一部分，共投资20余万元，将村北至清河路（4×800米）、至咸家庄路（4×200米）硬化为水泥路面。

2010年，村集体多方筹集资金，投资30余万元，将村内两条主要街道硬化为水泥路面。2012年，投资10余万元，修建大街两侧排水沟1200米。2013年6月，村党支部、村委积极争取上级支持，带领村民多方筹集资金（其中李绵军捐资20万元），进行大规模基础设施建设。先后硬化村内背街小巷、村东侧南北向道路14000平方米，重建村办公室，修建“神墨连心桥”等，总投资100余万元。由于2013年工作出色，平邑县政府奖励孟家庄10万元奖金，用于村内道路绿化、美化。2014年，李绵军捐资10万元，村集体投资14万元，修建背街小巷两侧排水沟1400米。

2011年，村两委筹集资金10万元，硬化村西烈士陵园前田间生产路4×400米。2015年10月，村集体投资3万余元，建设孟家庄幸福院。2015年10月，村两委筹集资金4万元，将村西至大王庄路硬化为水泥路面（4×400米）。2017年11月，村两委再次筹集资金4万元，将剩余的300米至大王庄路硬化完。

第二章　自然环境

第一节　地质 地貌 气候

孟家庄地处蒙山南麓西端，地貌属中低山类型。孟家庄村域成坡状分布，地势西北高，东南低。高处海拔 195 米，低处海拔 182 米，村庄所在位置海拔 190 米左右。土地以山坡地为主。村北村西皆为坡地，主要是红沙壤土。村南为黄土，土层厚达 7 米。村东浚河支流白马河东有土地百亩左右，位于岭坡的部分为红沙壤土，河边为沙滩上面覆盖的黄土。

在孟家庄东略偏北 3 公里处大望山地段，有孟家庄 600 余亩山地，其地势东、北高西、南低，高处海拔 500 米，低处海拔 330 米，岩石以花岗岩为主，土质为红沙壤土，山下有铁矿石，但是品级低。

孟家庄在七八公里外的保太镇刘家村还有一块 30 余亩的土地，系历史上刘家村女性出嫁孟家庄男子时娘家陪嫁的土地。土地位于山岭坡上，土质为红沙壤土。

孟家庄属季风区域大陆性气候，具有冬季寒冷、夏季炎热、光照充足、无霜期长的特点。春季风大，雨少，回暖快，气候干燥，易春旱，且常出现倒春寒危害；夏季温度高，湿度大，雨量集中，灾害性天气频繁；秋季气温急降，雨量骤减，秋高气爽，旱涝无常，对“三秋”（秋收、秋耕、秋种）生产有一定的威胁；冬季天气寒冷，雨雪稀少，气候干燥，干冷期长。

第二节　自然资源

土地资源

孟家庄共有土地 1560 亩。其中，村庄 130 亩，可耕地 830 亩，山岭地 600 余亩，土质为疏松的沉积岩风化红沙壤土，地下水埋深 20 米。村前 200 余亩为含沙黄黏土，地下水埋深 7 米。山地 600 亩，位于村东 5 公里处大望山西部半山腰至山脚。山势巍峨，有雄浑气。植被茂密，空气清新。半山腰处有山泉，一年四季皆有泉水涌出，水质纯净，烧水无垢。

孟家庄 830 亩可耕地的分布，村东约 100 亩，村南约 150 亩，村西约 300 亩，村北约 250 亩，另外在保太镇刘家村附近有 30 余亩。村东、村西、村北均为红沙壤土，村南偏西部分为黄黏土，偏东原藕汪部分系用河沙土填埋而成。

水资源

孟家庄的地表水主要来自东边的浚河支流白马河和西北部 1 公里外的大王庄水库。

白马河发源于白马关，紧依孟家庄东流过，至孟家庄东南咸家庄河入之。南行至保太镇境内汇入浚河。浚河，旧称治水，是山东省平邑县境内最大河流。浚河东南行至费县境内汇入祊河。祊河又东南行至临沂市区汇入沂河。

孟家庄自建村以来，村民生活用水一直依靠白马河边泉水，村民称为“泉子”。泉子位于“神墨连心桥”西侧。早年用钩担挑着泥罐挑水，在泉边用葫芦瓢将水舀到泥罐里。20 世纪 70 年代起，逐渐换用铁皮筲，舀水的工具也逐渐换成了生铁或者铝舀子。进入 21 世纪后，开始使用塑料水桶和舀子。当时家家户户备有水缸，村民将水挑回家倒在水缸里。水缸有大有小，一般人家的水缸能盛三四挑子水，所以要往返三四次才能挑满水缸。由于村民挑水时间相对集中，大多数情况下需要排队挨号。遇到天气干旱，泉子出水慢，排队等待的时间就比平时长出很多。

1988 年，家家户户在自家院内打压水井，一般打到 5~6 米深。开始几年打井都是人工开窝，挖到合适深度后将塑料管埋入，上端和压水井头连接。1995 年以后，用机器在选定的位置打孔，将塑料管下到孔里，上端安装压水井。打井费用每钻深 1 米 40 元左右。

2010 年开始，时兴在自己承包地头打井浇地。钻深 40~60 米不等，有的直接将电动水泵下到井里，大部分人家只将塑料管下到井里，浇地时将电动或者汽油机水泵运到地头抽水浇地，浇完后即将水泵卸下运回家中，以防水泵被盗。浇地不交水钱。

大王庄水库位于孟家庄村北略偏西 1 公里处，始建于 1957 年秋末，建成于 1959 年春天。1971 年，平邑县水利局安排施工人员对水库大坝进行加固，当年 6 月加固完工。大王庄水库为小一型水库，流域面积 10.5 平方公里，设计标准 50 年一遇，校核 100 年一遇，坝高程 196.6 米，坝长 428 米，死水位海拔 187 米，死库容 3 万立方米，兴利水位海拔 192.9 米，相应库容 72.1 万立方米，校核水位 194.75 米，相应库容 131 万立方米，溢洪道底高程海拔 192.9 米，溢洪道宽 30 米，实泄洪量 146 立方米每秒。1978 年春，孟家庄筹集资金，出动 30 人，历时一个月，在大王庄水库东侧建起扬水站，修建水渠 1000 余米。国家扶持一台 295 型柴油机。通过明渠，将大王庄水库的水引流到孟家庄，灌溉土地 250 亩左右。联产承包责任制以前，浇地用水无偿，不必缴费。联产承包责任制之后，用水须缴费。后来渠道渐渐失修。2010 年，利用省综合农业开发资金更换了主管道。2018 年 4 月，又将已经损坏的水泥管道更换为 PE 管。

孟家庄紧傍白马河，村东南河边（今东西大街南、南北大街东）地势低洼处，原先有一处约 20 亩的水塘，村民称之为“汪”。该汪为四个生产队共有，里面种植莲藕。每年临近春节时，各生产队安排劳力将大部分藕扒出（少部分留在汪里做种），按人均2–2.5公斤分给村民过年，其余运到集市出售。汪里的鱼均为野生，数量不多，不值得分或卖，一般是参加扒藕的人员在扒完藕后以生产队为单位炖了会餐食用。该汪于1990年春被填平，小半划了宅基，大半改造为农田。

村西也有3个汪，大汪2亩多，二汪1亩左右，小汪半亩左右，均为村民挖土盖屋、垫猪、牛、羊圈留下的土坑积水而成。大汪归大队，二汪一、三生产队共有，小汪闲置。小汪于20世纪70年代中期被809地质队淘洗金刚石淤泥填平。大汪在1984–1988年间被村民孟庆良、孟照存、李继忠三人承包，每年承包费200元。1990年春天大汪被填平划了宅基。二汪至今犹在。

1978年以前，旱地种植庄稼基本靠天吃饭。1990年10月，村集体在村西南角打大口井一眼，直径9米，深9米。1991年4月，每村民小组各打大口井一眼，直径不足2米，深9米。大口井里的水主要用于浇地，用时各家自带抽水机抽水，无需交费。

自2010年起，居民开始在自己承包的地头打井用于浇灌庄稼，井深40~60米不等，出水量每小时20~30立方米。现在家家户户都在地头打井，用水非常方便。

矿产资源

铁矿

孟家庄所属山地有铁矿石，为“鸡窝子”矿，品位较低，仅10％左右，开采价值很小。1958年大炼钢铁时，曾以该矿为原料炼铁，结果劳而无功。1990年前后，又有村民开采，结果入不敷出。

生物资源

*野生动物

昆虫类

蝈蝈。村人称“乖乖子”，常捉养笼中，挂屋檐下，听其鸣叫。

瓢虫。村人称“花大姐”。

蝉。村人称其幼虫为“知了猴”“知了龟”；称其成虫为“知了”。早年夏初的黄昏清晨，村童常沿河岸田垄搜寻蝉幼，带回家中烹制佳肴。

螳螂。村人称“当螂”。

水黾。村人称“勾担挂子”。

蚁狮。村人称“沙狗子”。

椿象。村人称“臭妮子”“臭大姐”“放屁虫”。

金龟子。村人称食植金龟子“瞎闯子”。

蜣螂。称食粪金龟子蜣螂“屎壳郎”。

蚰蜒。村人称“草鞋底”。

白蚁。村人称“飞蚂蚁”。

隐翅虫。夏秋夜间趋光，被灯泡灼伤后极易落入人头颈部，皮肤被叮咬后易引肤炎症。体液强酸性，掌击使虫体破碎极易灼伤皮肤。村人夏夜灯下乘凉，常受其害。

东亚钳蝎。村人称“蝎子”。早年村人常于夏秋夜间捉之，或作菜肴，或卖药材。

尺蠖。尺蛾幼虫。村人称“吊死鬼子”。

蜱虫。村人称“鳖吃”。

虱子。早年生活条件差，村人不胜其扰。随着生活条件的提高和卫生观念的改善，寄生在村人身上的虱子已经绝迹。

天牛。村人称“咯吱牛子”。

胡蜂。村人称“马蜂”。

豆虫。村人称“蟒蛹”。

孟家庄常见的昆虫还有：蟋蟀、蝴蝶、蜻蜓、萤火虫、土元、蚂蚁、蜘蛛、红蜘蛛、蚯蚓、苍蝇、绿头苍蝇、蛆、蚊子、跳蚤、蜜蜂、蜗牛、蝼蛄、蜈蚣、蚕、花蚊子、紧紧子、牛虻、蠓虫、小咬、巴芥子、蚕蛾子、葫芦蛾子、麦蛾子、面蛾子、面虫、蛹子（牤牛）、臭虫、土蚕、地蛆、松毛虫等。

鱼类

白鲦。村人亦称“蹿鲦子”。

青梢红鲌。村人称“撅嘴链子”，喜食。

沙鳢。村人称“沙里趴”。

泥鳅。村人称“拧勾”。

瓦氏黄颡鱼。村人称“嘎牙子”。早年村南大汪里多有。

鸟类

云雀。村民称“亚兰子”。能在飞行中歌唱。能“悬停”于空中。村人偶于野外获其雏鸟，常养于家中。

山鸡。亦名雉鸡、野鸡。

喜鹊。 喜鹊在孟家庄是吉祥的象征，有村谚“喜鹊叫喳喳，喜事到了家”。

家燕。村人称“燕子”。常在靠近农田的村人屋檐下营巢繁殖。

麻雀。村人称“家雀儿”“家雀子”。

啄木鸟。村人称“掮打木子”。

树鹨。村人称“麦出溜子”。

戴胜。村人称“臭咕咕子”。

兽类

狼。栖息山林，多夜间活动。主要取食野兔、昆虫、老鼠等，也偷猎猪羊等家畜。进入21世纪后越来越少见，近年已近乎绝迹。

狗獾。村人称“獾子”。

黄鼬。村人称“黄鼠狼”。

孟家庄常见的动物还有：鲢鱼、鲤鱼、草鱼、鲫鱼、鲇鱼、黑鱼、鳝鱼、虾、螃蟹、蚌、螺、甲鱼、水蛭、虾婆、孑孓、要饭瓢；苍鹰、鹞鹰、黄鹰、猫头鹰、大雁、乌鸦、黄雀、野鸭、鸳鸯、黄鹂、杜鹃、布谷鸟、鸽子、画眉、白鹭、百灵等；青蛙、金钱蛙、癞蛤蟆；蛇、蜥蜴、壁虎；家鼠、田鼠、野兔、狐狸、野猪、蝙蝠、刺猬等。

*野生植物

草本

马唐。村人称“扁草”。

狗尾巴草。别名狗尾草，村人称“毛毛穗子”。

黄蒿。学名猪毛蒿。

白蒿。亦称白艾蒿。

茵陈。学名茵陈蒿，又名艾蒿。村人有“三月茵陈四月蒿”之说。

萹草。村民称“牛筋草”“顿倒驴”。

蒲公英。村人称“婆婆丁”。

荠菜。村人初春喜食野菜。

苦菜。孟家庄村人所谓苦菜有多种，一种是菊科苦苣属苦苣菜，学名苦定菜。

另一种是菊科乳苣属植物乳苣。

苍耳。村人称“粘抢子”。

牵牛花。村人称“喇叭花”。

葎草。村人称“拉拉秧”。

木贼草。村人称“截骨草”。

鸡眼草。村人称“掐不齐”。

麦蓝菜。村人称“馍馍留”。

篇蓄。村人称“猪牙草”。

益母草。村人常用草药。

水莎草。村人称“涝草”。

小蓟。村人称“萋菜”。

菊芋。村人称“鬼子姜”。

松蘑。村东松林多产。村人喜食。

马勃。村人称“灰包”。村人野外劳作，偶有小伤，以之止血。

凤仙花。村人称“指甲桃子”。

紫茉莉。村人称“懒老婆花”。每天下午5点左右做晚饭的时候才开花，开花较晚，好像一位懒惰拖拉、不愿做饭、不愿下地干活、出工很晚的老婆，故称之为懒老婆。

孟家庄常见的野生草本植物还有：车前草、野韭菜、野蒜、野菊花、栝楼、爬山虎、大蓟、蓬子菜、小蓬草、马齿苋、青蒿、灰菜、蒺藜、薄荷、扫帚苗、菟丝子、柴胡、黄花菜、鬼葛针、野鸡冠花、猫爪子花（白头翁）、蓑衣草、猫眼草、狗皮草、狼尾草、还阳草、金钱草、野草莓、地黄、紫苏、穿地龙、狼毒、蛤蟆眼（毛猴子眼）、芦苇锥子、罗罗网子、百合、紫苏、石竹子、姜棒（香附）、鸢尾（扁竹花）、山莴苣、商陆、白芷、徐长卿、多叶芦荟、蚊子草、银心菜、蜀黍苗、粗篷子棵、灯草、艾、剪子股、老芥棵、地丁、苦地丁、茅草、何首乌、洋金花、天麻等。

木本

小叶杨。孟家庄20世纪70年代以前河边地垄多有栽种。

香椿。又名香椿芽。村人多种，初春采食椿芽。

马尾松。孟家庄东山林主要树种。

酸枣树。野生山坡、旷野或路旁。儿童喜食熟果。20世纪村人常用镰刀割取灌木用于菜园篱笆。

黄荆。亦称荆条，村人称“荆棵”。

楝树。村人称“苦楝子”。

枫杨。亦名枰柳，村人称“小燕树”。

小叶鼠李。村人称“护山棘”。

紫薇。村人称“百日红”。

君迁子。村人称“软枣树”。

孟家庄常见的木本类野生植物还有：柳、榆、槐、椿、毛白杨、楸树、梧桐、洋槐、绵槐、竹子、花椒、连翘、油根子（流苏）、石榴、苹果、核桃、梨、桃、杏、栗、李、樱桃、海棠、山楂、甜茶、棠梨、桑树、枸杞、茶树、大叶黄杨、小叶黄杨（冬青）玉兰、蔷薇、木槿、木瓜、无花果、丁香、杜鹃、映山红、月季、蓖麻、葵花、紫荆等。

第三节　自然灾害

水　灾

1961年7月17日，仲村、武台、保太、白彦、郑城暴雨成灾，冲垮小水库3座，桥梁1座，淹地2万亩；倒塌房屋2300间；死9人，伤4人。孟家庄无房屋倒塌。

1962年11月18日晚，平邑县全县普降大雨，降雨量80~100毫米。卞桥、柏林、保太、武台、郑城、魏庄6个区社遭受狂风暴雨袭击，刮倒房屋2.5万多间，霉烂瓜干500万公斤。孟家庄瓜干霉烂严重。

1976年7月28日，仲村、保太、武台、城关公社降特大暴雨，雨量达250毫米。88个大队的8.1万亩农田受淹，倒塌房屋1331间，冲倒树木9.8万株，淹死4人，伤1人。孟家庄无人员伤亡。

旱 灾

1968年夏，平邑县全县干旱，河沟、塘坝、小水库绝大多数干涸，受灾面积达80多万亩。孟家庄村东白马河干涸，村前藕汪几乎见底。

风 灾

1978年7月1日，保太、郑城、武台、城关、东阳5个公社遭受暴风袭击，刮倒房屋5518间、树木1.6万棵，刮掉水果22.5万公斤，死1人，伤1人。孟家庄无人员伤亡，苹果园苹果损失严重。

雪 灾

2016年1月22日至24日，孟家庄村遭遇极端低温天气。1月22日，天降大雪，东北风3~4级转北风3~4级，最低气温-11℃。23日，天气多云，北风4~6级，最高气温-5℃，最低气温达到-16℃。24日，天气晴，西北风3~4级逐渐减弱到3级以下，最高气温-6℃，最低气温-12℃。此次极端低温天气过程大雪压塌了一些种植蔬菜和养殖的塑料大棚，连续三天最低气温突破-10℃，冻死了大批果树，村民损失惨重。

雹 灾

1959年6月7日，临涧、郑城、白彦、仲村、武台、保太、柏林等公社遭受雹灾，砸坏农作物5万亩，倒塌房屋128间，死3人，伤7人。孟家庄无人员伤亡，农作物损坏严重。

1972年9月17日，柏林、武台、地方、仲村、保太、卞桥6个公社降冰雹20分钟，农作物受灾面积14.8万亩，损失果品200万公斤，砸伤3人。孟家庄无人员伤亡，农作物损坏严重。

1979年3月13日，武台公社24个村降大冰雹，受灾麦田1.6万亩。孟家庄小麦损失严重。

其他灾害

1976年7月28日，凌晨3时42分唐山大地震，民间盛传李四光预言临沂地区必有大震，随后孟家庄大队以生产队为单位搭建防震棚，后来各家搭建防震棚。

2003年3月至6月，广东、北京、香港等地区先后发现“非典型肺炎”（简称“非典”）病例，全国各地紧急部署防控，4 月 20 日起实行“疫情一日一报制”，国家旅游局要求各地旅游部门不得组织到中西部地区和农村旅游，防止疫情通过旅游向农村和边远地区扩散。各地建立每日健康登记制度，严格控制人员流动。由于防控得力，孟家庄无一人患病。

2018 年 4 月 11 日 19 时 53 分，平邑县（北纬 35.62 度，东经 117.76 度）发生 3.1 级地震，震源深度约 10 公里。孟家庄有较强震感。

第四节　环境保护

20 世纪 50 年代以前，孟家庄坐落在白马河边，河边有大片的沙滩、树林，村前有 20 余亩、面积达 13000 多平方米的水汪，水汪内种植大片莲藕，环境优美，风景宜人。

孟家庄位于大望山地段的 600 余亩山地，本来是一片荒山，1944 年春天，费北县抗日民主政府进行第一次土地改革运动时，为鼓励群众植树造林绿化荒山，推出无主荒山“谁造（林）谁得”的措施。当时在白马乡担任党支部书记兼文书的孟家庄人孟宪龙将近 800 亩荒山划归孟家庄名下。此后孟家庄人持续不断地在上面植树造林，并且选派认真负责的人看护，使之成为植被保护最好的地段。树木渐渐长成后，每年秋天树木落叶后至次年春天，放山开禁，允许孟家庄村民到山上拾柴火。

1950 年秋天，咸家庄村负责人在酒桌上谈及自己村庄没有地方拾柴火，请求孟家庄当时的负责人孟昭金贴换给咸家庄一片山场供村民拾柴火。孟昭金一时高兴，满口答应，让咸家庄负责人安排人挑选一块山地，结果贴换给咸家庄山地近 200 亩。由于年代久远，孟家庄人不记得贴换来的土地在何方，孟昭金后代因年代久远语焉不详。

1958 年 10 月，全民大办钢铁，是对自然环境的一次严重破坏。武台炼钢厂在孟家庄村北建起五六座土高炉，占地上百亩，从各村抽调的炼钢人员住在孟家庄村内，孟家庄村内和河边的树木被砍伐一空。其中，一棵几人合抱粗的老槐树，具有上百年历史，也在此次行动中被砍伐烧掉。

20 世纪 70 年代，809 地质队、建材 701 矿先后在孟家庄村淘金、洗矿，淘金对村北河道造成一定污染，洗矿将村西南一个半亩大水汪填平。

1990 年春天，为解决宅基地不足的问题，村两委决定将村前 13000 余平方米的大汪填平，虽然解决了宅基地不足的问题,但是大片水荡荷塘风光不再，同时挖取河滩沙土用以填汪，破坏了河岸地貌和生态。

20 世纪 80 年代以来，实行家庭联产承包责任制，作物栽种个人做主，果树越来越多，最多时达到五六百亩，果树生长期间，为防治病虫害，需要大量喷施农药，各种粮食、经济作物种植过程中也使用大量高毒农药，大部分农药需要兑水使用，农民就近利用河水调配农药，用过的药瓶药袋随便丢弃在河边，农药喷施完毕在河水中涮洗用具，加之为了追求利益最大化，农田和果园都使用大量化学肥料，土壤和河水污染日益严重。

进入21世纪，养殖业不断发展壮大，各地村庄（不仅仅是孟家庄村）周边都有规模不等的养殖大棚，畜禽排泄物不经处理流入河道，病死畜禽处理也比较随意。河水污染进一步加剧。

由于村级缺乏垃圾处理能力，村民生活垃圾依照惯例丢弃在村头河边，长年累月积攒下来，渐渐形成了垃圾围村、垃圾满河的尴尬局面。

以上各种要素相互叠加，至2010年前后，包括孟家庄在内的广大农村自然环境和生活环境已经恶劣到突破了人们能够承受的极限。党和政府开始采取强有力措施。

2006年秋季开始，孟家庄山地林场纳入海螺寺林场管理体系，林场按照实际地亩数发给护林员护林费，禁止采伐林木（过去村民建房等需要木料可以经过林业部门批准后到山上采伐）。

2013年，开始清理距离村庄、河道、公路不足500米的养殖大棚。同时清理河道内垃圾。孟家庄从村东白马河河道内清运出垃圾30多卡车。村内生活垃圾实行“村集乡镇运县处理”模式，村内街道每100米放置一个垃圾箱，村民将生活垃圾投放垃圾箱内，村集体雇佣两位环卫工每天打扫村内街巷；乡镇安排垃圾运输车每天到各村收集垃圾运到县垃圾处理场统一处理，相关费用由村集体支付。

2013年，孟家庄村积极筹措资金，先后硬化村内副街3条，面积4000余平方米，硬化田间生产路面积400余平方米，绿化大街1400余平方米，安装路灯56盏，粉刷墙面4600余平方米，经过硬化绿化亮化，村容村貌彻底改观。

2015年起，垃圾处理实行市场化运作，垃圾清运、处理等工作由保洁公司接手，村民每人每月交2元垃圾处理费，保洁公司支付村保洁工工资每月500元，资金不足部分由县乡财政补贴。

2014年，国家开始提倡农村不卖、不用1605、乐果等高毒农药。2015年开始严查严禁，厂家不准生产，商家不准销售，农家不准使用。并且将666、神农丹等高毒农药列入禁止清单，2016年又将除草剂列入禁止清单。同时开始提倡测土施肥，提倡使用生物肥。

每到麦收、秋收季节，严禁焚烧农作物秸秆，县、乡镇、村干部划分责任区，轮流值班，不留死角监管。受此影响，村民焚烧农作物秸秆的意识和习惯均逐渐提升到环境保护高度。

2016年、2017年，政府倡导旱厕改造，每户免费发放地下储粪桶。孟家庄80%的户进行了旱厕改造。

2018年，根据上级安排，孟家庄党支部书记李绪国担任白马河河长，李锋、咸会德担任河管员，牵头组织对流经本村的河流白马河开展河道水质和污染源现状调查、制订水环境治理实施方案、协调解决重点难点问题，做好督促检查，确保完成水环境治理的目标任务。

经过政府倡导、有效禁止和大力引导扶持等一套类似组合拳的持续发力，加之村民配合自觉践行，近年孟家庄自然和生活环境持续改善。2014年3月，孟家庄获得美丽乡村建设奖，平邑县委、县政府奖励孟家庄奖金10万元，用于村内道路的进一步绿化、美化。

第三章 人口和计划生育

第一节 人口数量

孟家庄自清朝乾隆年间建村，至今200余年，建村以来，一代代孟家庄人在这片土地上繁衍生息，人口逐年增多。到1949年中华人民共和国成立时，孟家庄有92户人家，360人。1956年冬天加入高级社时发展到102户，407人。1984年发展到175户，707人，其中男性369人，女性338人。1993年，发展到206户，746人。2013年，发展到226户，837人。至2018年4月，孟家庄发展到311户，865人，其中男性452人，女性413人，18岁以下168人，60岁以上161人，70岁以上82人，80岁以上20人，100岁以上1人。

第二节 人口变动

自然变动

在中华人民共和国成立以前，社会动荡，兵匪骚扰，自然灾害频发，瘟疫经常流行，村民生存环境恶劣，抵御灾祸能力极其低下，人口发展呈低出生率、高死亡率、低自然增长率的特点。清末、民国至抗战时期，战乱、匪患、旱、涝、蝗灾严重，瘟疫肆虐，人口增长极为缓慢。

中华人民共和国成立以后，社会安定，经济发展，医疗卫生条件逐步改善，人口死亡率大幅下降，出生率和自然增长率明显提高。仅1950–1952年，孟家庄就有20多人出生。1958–1961年，国民经济工作出现失误，加之连年严重的自然灾害，村民生活贫困，健康状况下降，出现了生育低谷期和死亡高峰期。

1962年以后，国家调整政策，国民经济状况好转，村民生活逐步改善，人口增长较快。1966–1976年“文化大革命”时期，人口生育处于“无政府”状态，出现了中华人民共和国成立以后的第二次人口发展高峰期。1978年改革开放后，全村经济快速发展，村民生活水平不断提高，虽然实行了计划生育，对人口快速增长有所控制，但人口数量仍增长较快。

机械变动

旧社会，婚姻是引起人口机械变动的基本因素，此外，租地、灾荒、战乱等也是造成人口变动的重要原因。灾荒和战乱，迫使一些破产农民外出谋生或躲避战乱，有的“闯关东”，有的投亲靠友落户异乡。每到生活困难时期，孟姓和李姓都有人家逃荒到东北。1944年，孟家庄先后有李绪奎、高汗富参加了八路军，李继军被国民党军队抓壮丁参加了“中央军”,不久即被解放军俘虏，后又参加了解放军。中华人民共和国成立后，年景不好或者因为个人境遇不佳，依然有人外出谋生，也有部分外迁户返回故乡。1959年冬，孟昭贤和孟宪龙夫妻迁往辽宁省抚顺市。1960年，孟昭忠迁往东北，1964年，孟广仁带领三子去投奔长子孟昭忠，因煤气中毒，1965年1月10日双双死亡。1964年10月，孟昭存带着母亲和长子下东北投奔堂兄孟昭忠。孟广仁和三子煤气中毒死亡后,孟昭存帮助料理完丧事后，返回孟家庄。中华人民共和国成立后，相继实行义务兵役制度、社会招工制度和中、高等专业学校招生制度，孟家庄先后有100余人应征服兵役、社会招工、升学、提干。这其中有些干部、职工离退休后又回到孟家庄安家落户。

第三节 人口构成

性别构成

中华人民共和国成立以前，民间重男轻女，遗弃、溺死女婴现象时有发生，致使男女性别结构失调，男性人口多于女性。中华人民共和国成立以后，妇女儿童合法权益得到保障，男女性别比例趋于合理、稳定。孟家庄1984年707人，其中男性369人，约占总人口的52.2%；女性338人，约占总人口的47.8%。2018年4月，孟家庄发展到865人，其中男性452人，约占总人口的52.3%；女性413人，约占总人口的47.7%.

年龄构成

截至2018年4月，孟家庄共有865人，其中18岁以下168人，约占总人口的19.4%；18~60岁536人，约占总人口的62%；60岁以上161人，约占总人口的18.6%；65岁以上113人，约占总人口的13%；70岁以上82人，约占总人口的9.5%；80岁以上20人，约占总人口的2.3%；100岁以上1人。数据表明，不论是按照联合国规定的一个地区60岁以上老人达到总人口的10%，该地区即进入老龄化社会的传统标准，还是按照联合国规定的一个地区65岁老人占总人口的7%，该地区即进入老龄化社会的新标准计算，孟家庄都已经进入老龄化社会。

第四节 婚姻状况

在中华人民共和国成立以前，孟家庄村民婚姻状况因家庭贫富差异很大，富裕家庭子弟，十几岁就结婚，并可纳妾娶二房、三房，贫寒人家男子找媳妇非常困难，大多20多岁才结婚，有的到了30多岁才结婚，相当多的男性终生无力娶妻，一辈子“打光棍”。近亲结婚（姑舅亲、姨娘亲）、换亲（双方兄妹、姐弟互换结婚）、转亲（三家及以上兄妹、姐弟转换结婚）、童养媳（收养女童长大后做儿媳）等不良婚姻现象比较普遍。女子初婚年龄偏早，一般在18岁左右，有的甚至十五六岁就结婚。当时实行父母之命、媒妁之言的传统封建婚配形式，青年男女没有婚姻自主权，受害最重的当属女性。由于婚姻不自主，已婚女性回娘家都要避开初一、十五等节日。

中华人民共和国成立以后，1950年中央政府颁布《中华人民共和国婚姻法》，规定婚姻自主，一夫一妻，男女平等。法律规定最低结婚年龄为男20周岁，女18周岁，有效抑制了早婚及包办婚姻。1980年新婚姻法颁布实施，规定法定结婚年龄男不得早于22周岁，女不得早于20周岁，并提倡晚婚。此外，新婚姻法还规定自由恋爱、移风易俗、喜事新办，直系血亲及三代以内旁系血亲禁止通婚。孟家庄男女青年响应国家号召，遵守法律规定，青年初婚年龄多在男22周岁，女20周岁。

旧时交通条件限制，孟家庄男女通婚的范围很小，主要局限在周边10公里范围内的村庄，与紧紧相邻的咸家庄、大王庄、白马关等几个村通婚的尤其多。由于孟家庄经济、文化、交通等条件相对较好，许多女孩不愿嫁到外村，孟家庄村内八姓之间世世代代相互通婚现象非常普遍，由此导致八姓之间亲戚关系错综复杂，也使得整个村庄亲如一家，团结友好。

改革开放以后，特别是进入21世纪以来，青年男女外出务工成为常态。他们在工作中和工友从相互了解到产生爱慕之情，最终缔结婚姻的不在少数。孟家庄青年男女通婚的范围不断扩大，陆续出现了跨县跨市甚至跨省婚姻。

第五节 人口控制

中华人民共和国成立以前，受“早拉巴孩子早得济”“多子多福”等观念的影响，早婚、早育、多育现象世代相沿，形成非常浓郁的社会风气，并且通过风俗文化渗透到生活的方方面面，致使生育无节制。

中华人民共和国成立以后，国家逐渐重视人口控制工作，制定了一系列有关计划生育的政策。孟家庄的计划生育工作做得扎实有效，人口出生率显著下降。1964年总人口707人，1985年745人。1993年746人。30年总人口增长不足40人。孟家庄几乎年年被评为计划生育工作先进单位，分管计划生育工作的干部几乎年年被评为计划生育工作先进个人。

第四章　党政军群团组织

第一节　党组织

1938年冬天，费县四区、五区抗日游击大队成立。续志先、马健分别任大队长。孟家庄青年孟宪龙加入费县五区抗日游击大队，并于1939年7月1日加入中国共产党，是孟家庄第一位中国共产党员。

1940年2月17日，费县抗日民主政府在大夫宁村（位于孟家庄东南8.6公里）建立。6月，建立费北县抗日民主政府。孟家庄隶属仲里区。

费北县抗日民主政府建立后，高度重视培养发展对象和发展党员工作。在此背景下，孟宪龙积极在孟家庄宣传中国共产党的理论、方针、政策和共产主义理想。

1941年1月21日，费北县委、行署整顿区乡组织，重新划分区乡。孟家庄隶属中国共产党领导下的费北县仲里区白马乡。白马乡办公地点设在孟家庄，孟家庄第一位共产党员孟宪龙任白马乡党支部书记，党内职务保密，公开职务为乡文书。

1月下旬，经孟宪龙介绍，孟昭金加入中国共产党。孟昭金入党后，孟家庄党小组成立，孟宪龙兼任党小组长，孟昭金为党小组成员。当时处于秘密状态，村民并不知情。

1949年12月，孟家庄村民咸化玉加入中国共产党。

1951年1月，经孟宪龙介绍，孟宪璞加入中国共产党。孟宪璞入党后，中共孟家庄支部成立，孟宪璞担任孟家庄第一任党支部书记，孟昭金、咸化玉担任党支部成员。

孟家庄党组织成立之后，马上投入到抗日宣传、妇女解放、土地改革、动员参军、支前等活动中。其中土地改革运动先是在1944年春天进行了一次，工作组和农救会把富家多余的土地分给了无地和少地村民。1947年秋天，又进行土改复查，划阶级定成分，没收地主、富农土地。1950年6月，《〈中华人民共和国土地改革法〉大纲》颁布。8月，蒙山县部署各村召开会议，学习中央政务院《关于划定农村阶级成分的决定》，进行酝酿讨论，按其标准划定成分：剥削部分（出租土地、雇工、放贷）占家庭收入达80%以上者划为地主；剥削部分占家庭收入的30%以上不足80%的定为富农；不受人剥削又不剥削他人，或虽有剥削但剥削部分占家庭收入不超过25%的定为中农；虽有少量土地，靠打长工、打短工为主要生活来源者定为贫雇农。土地房屋确权发证。按照“土地改革法”精神，按人口统一分配土地原则，采取数量上抽多补少，质量上抽肥补瘦（填平补齐）的调整方法，统一丈量，使全村人人获得同等土地。平均地权后，按户填写土地证，由蒙山县人民政府盖章。到1951年12月，孟家庄村民家家户户领到了由蒙山县人民政府颁发的土地、房屋产权证。之后，党支部带领群众植树造林，组织互助组，建立农业合作社，发展生产，建立了集体经济；积极参与党和政府安排的整理土地、兴修水利等活动。同时也被形势裹挟着参与了吃食堂、大炼钢铁等活动的组织领导工作。

1959年11月，孟宪璞被济南钢铁厂招工，魏长乾接任村党支部书记。1966年10月，孟家庄大队成立革命委员会，咸光谦担任主任，李继聚担任副主任。1968年3月，于汝宽接任孟家庄大队革委会主任，李继聚继续担任副主任。同时，成立孟家庄革命委员会党的核心领导小组，李继川任组长，实际上取代了村支部书记。这期间，孟家庄党组织带领群众大搞农田基本建设。自1964年秋季开始，至1971年冬季结束，连续8年带领村民利用秋冬农闲期间，整修村西村北的山岭坡地。将土地深翻、整平，先后整修农田90亩。投入人工10万多。

1971年1月，孟家庄全体党员一致选举魏长乾担任孟家庄大队党支部书记，这是孟家庄历史上第一次由党员选举支部书记。此后，孟家庄党支部和大队管委会带领群众开展农业学大寨、修建扬水站、水渠、通电、安装高音喇叭等基础设施，使孟家庄的土地继续改良，水浇地面积持续扩大，生产生活条件继续得到改善。

中共十一届三中全会以后，党支部认真贯彻中共十一届三中全会精神，积极推行党的农村政策，实行了家庭联产承包责任制。1985年3月，孟庆良当选村党支部书记。党支部带领党员群众修建了西沟子桥，修通了孟家庄至大王庄的路，启动了村宅布局规划改造。

1988年3月，李继伦全票当选村党支部书记。村党支部和村委坚持高起点、高规格规划，办成了许多大事、难事，先后填平村前大汪，打大口井、改造电路、修建“河硐”、修建大队办公室和烈士陵园前水渠等。

1993年1月，咸立和担任村支部书记（代理），继续大力推进村庄整体规划工作。

1994年3月，孟庆良再次当选村党支部书记，直至2001年退休。带领群众完成了村庄整体规划、重新调整土地、白马河改造等重要工作，使孟家庄的整个村容村貌档次明显提升。

2001年3月，李绪排当选村支部书记。党支部带领群众继续美化村庄，先后硬化村北至清河、咸家庄路、村西烈士陵园前田间生产路和村内主要街道，修建大街两侧排水沟等。

2013年1月，李绪国当选村支部书记。党支部的各项工作高效运转，逐步走上制度化、规范化的轨道。积极争取有关部门的支持，带领群众进行大规模基础设施建设。先后硬化村内背街小巷、村东南北路，修建路边排水沟、重建村办公室，修建“神墨连心桥”、建设孟家庄幸福院、安装路灯、绿化、美化、亮化街道、硬化田间生产路等，总投资超过100余万元。

2017年12月31日，李绪国再次当选村支部书记。带领孟家庄干部群众全力推进中共十九大提出的“产业兴旺、生态宜居、乡风文明、治理有效、生活富裕”的乡村振兴战略。

孟家庄党支部成立初期。党员只有3名。1960年有党员6名，1970年有党员9名，1980年有党员10名，1990年有党员20名，2000年17名，2010年24名。到2018年4月，共有党员27名，其中女党员1名。

中华人民共和国成立前入党的党员多数是文盲，中华人民共和国成立后，党员队伍的文化结构逐步发生变化，文化程度不断提高。现有党员中，小学文化的3人，初中文化的15人，高中（中专）文化的7人，大专以上文化的2人。

2018年4月，孟家庄党支部共有党员27名。已故党员11人。

中国共产党孟家庄党支部委员会历任干部情况表

表4-1

职　务	姓　名	任职时间
党小组长	孟宪龙	1941年1月至1949年12月
党支部书记	孟宪璞	1951年1月至1959年11月
	魏长乾	1959年11月至1969年3月
	李继川（村革委会党的核心小组组长）	1968年3月至1970年12月
	魏长乾	1971年1月至1985年2月
	孟庆良	1985年3月至1988年2月
	李继伦	1988年3月至1992年12月
	咸立和	1993年1月至1994年3月
	孟庆良	1994年3月至2001年3月
	李绪排	2001年3月至2013年1月
	李绪国	2013年1月至2018年
党支部副书记	孟庆良	1988年3月至1994年3月
党支部委员	孟昭金	1949年12月至1953年10月
	咸化玉	1949年12月至1957年2月
	李继本	1957年2月至1970年12月
	李继川	1959年2月至1968年3月
	李继本	1971年1月至1985年2月
	咸化东	1971年1月至1985年2月
	李继川	1972年12月至1985年2月
	李继伦	1978年3月至1978年12月

续表4-1

职务	姓名	任职时间
党支部委员	戚立和	1985年3月至1988年2月
	李绪华	1985年3月至1988年2月
	李绪国	1985年3月至1988年2月
	孟庆良（兼）	1988年3月至1992年4月
	李绪排	1988年3月至1992年4月
	戚立和	1988年3月至1992年4月
	孟庆良（兼）	1992年4月至1994年3月
	李绪排	1992年4月至2013年1月
	李绪国	1994年3月至2013年1月
	李绪班	2001年3月至2017年12月
	李　锋	2013年1月任职
	李　华	2018年1月任职

2018年4月中国共产党孟家庄支部党员情况表

表4-2

序号	姓名	性别	出生时间	学历	入党时间
01	魏长乾	男	1934年12月28日	小学	1958年1月20日
02	戚光谦	男	1943年12月1日	小学	1965年8月15日
03	李继合	男	1944年11月2日	初中	1964年12月1日
04	李继伦	男	1949年10月1日	初中	1973年7月1日
05	孟庆良	男	1950年2月26日	初中	1975年8月10日
06	李绪排	男	1950年3月1日	初中	1975年8月1日
07	戚立平	男	1951年5月14日	小学	1973年4月16日
08	李继春	男	1955年4月10日	高中	1981年5月15日
09	李绪华	男	1955年4月20日	高中	1976年3月12日
10	孟宪学	男	1955年4月26日	初中	1978年11月10日
11	李绪班	男	1956年9月1日	初中	1997年7月1日
12	戚立和	男	1957年5月1日	高中	1978年7月1日
13	李绪国	男	1961年10月1日	中专	1988年8月1日
14	戚会德	男	1962年10月1日	高中	2010年6月8日
15	李绪怀	男	1964年7月1日	初中	1985年10月15日
16	戚立迎	男	1968年7月11日	初中	1989年11月12日
17	李绪连	女	1969年1月1日	初中	2006年10月27日

续表4-2

序号	姓 名	性别	出生时间	学历	入党时间
18	李 华	男	1974年1月20日	初中	2015年1月23日
19	李 辉	男	1975年1月16日	初中	1996年6月10日
20	李绵印	男	1977年2月4日	高中	1995年6月10日
21	李永波	男	1978年4月10日	初中	1996年6月10日
22	于 洋	男	1982年6月26日	大专	2004年5月06日
23	李 锋	男	1982年7月14日	初中	2004年6月8日
24	李 鑫	男	1983年8月18日	初中	2003年5月10日
25	孟凡松	男	1986年1月20日	初中	2005年11月22日
26	咸会新	男	1990年8月4日	大学	2012年6月3日
27	孟庆丰	男	1994年12月8日	高中	2014年9月18日

孟家庄已故中国共产党党员情况表（截至2018年4月）

表4-3

姓名	性别	出生时间	入党时间	去世时间	曾任职务
孟昭金	男	1904年	1941年1月	1981年1月	村党小组长、庄长
孟宪璞	男	1919年	1950年	1983年5月	村党支部书记
孟宪龙	男	1921年	1939年7月	1982年	费县五区游击大队队员、白马乡党支部书记兼文书
咸化玉	男	1921年	1949年11月	1977年	党支部成员
李继军	男	1924年11月	1950年5月	1998年3月	民兵连长
高汗富	男	1926年	1946年	1977年冬	无
李继本	男	1929年9月	1957年1月	2015年12月	村副书记、大队长
李绪谦	男	1931年6月	1960年1月	不详	治保主任
咸化东	男	1931年10月	1960年1月	1998年3月	村革委会主任 村管委会主任
李继川	男	1932年3月	1959年1月	2001年	村革委会党的核心小组组长
李继亮	男	1940年11月	1974年3月	2013年9月	大队会计、镇经委副主任
李绪林	男	1946年4月	1986年6月	2016年5月	教师

第二节 村级组织

孟家庄建村以后，逐步有了村级组织。由于年代久远，民国以前的情况已无从考证。民国年间，孟光仁担任庄长。

1941 年 3 月 21 日起，日本侵略军开始推行第一次“治安强化运动”。其主要内容是：强化乡村“自卫”力量，在占领区内推行保甲制，孟家庄村民李继田担任保长，白天应付日本侵略军，为其催征军粮，晚间为八路军服务，按照各家土地亩数征集军需物资。

1944 年 1 月 1 日，孟家庄所在地区在经受了日伪军长达 6 年之久的统治蹂躏之后，终于获得了解放。之后，共产党员孟昭金担任庄长，开始领导村民进行土地改革。孟家庄成立了贫农协会、民兵、妇救会、儿童团等组织，高汗祥担任贫农协会主任，孟宪伦担任民兵队长，咸会莲担任妇救会长，李继新担任儿童团长。

1947 年，国民党重点进攻山东解放区，由于战事频繁，支援前线需要的人员和次数都比较多，有些时候支前时间也较长，村里成立了南北两个互助组，组织人员帮助参加支前工作人员解决生产、生活中的实际困难。南组组长是孟宪璞，北组组长是李如芝。

国民党进攻被粉碎后，农村开始进行土改复查工作，孟昭金继续担任庄长。

1951 年 10 月起，李如芝担任庄长。1951 年 12 月 10 日，孟家庄的土地改革结束，村民领到了土地证书。

1955 年 3 月，孟家庄在原有的互助组基础上成立了两个农业初级合作社，南社社长由村党支部书记孟宪璞担任，高汗祥担任副社长兼管副业，办公地点在土改时没收的李如堂家；北社社长由李如芝担任，李继本担任副社长，办公地点在现咸立伟居住处，也是土改时没收的李如堂家的宅子。

1956 年 11 月，孟家庄两个农业初级合作社合并为孟家庄高级农业合作社，孟宪璞任社长，李继本、高汗祥任副社长，办公地点在原南社办公室。

1958 年 10 月，武台人民公社成立，孟家庄生产大队管理委员会成立，简称孟家庄大队。孟宪璞任党支部书记，李继本任大队长，高汗祥任贫农协会主任（后因身体原因由咸光谦接任），李继信任大队会计。当时孟家庄大队下设两个生产队，村民依据所处位置称为南队、北队，也称前队、后队。南队队长李继青，副队长孟宪伦，会计咸化贵，保管员咸化玉。北队队长李继川，副队长李继军，会计李绪运，保管员赵怀善。1961 年 7 月，孟家庄由 2 个生产队改为 4 个生产队。一队队长孟宪伦，二队队长李继青，三队队长李绪恩，四队队长李继军。

1966 年 10 月，孟家庄大队成立革命委员会，咸光谦担任主任，李继聚担任副主任。1968 年 3 月，于汝宽任大队革命委员会主任，李继聚任副主任。1972 年 10 月，咸化东任大队革命委员会主任。1978 年，中共十一届三中全会后，孟家庄大队革命委员会恢复为孟家庄生产大队管理委员会。时任革委会主任咸化东担任孟家庄生产大队管理委员会主任直至 1982 年 12 月。1982 年

12 月，孟家庄生产大队管理委员会主　　任一职由戚立和接任。

孟家庄1941年至1984年行政负责人情况表

表4–4

姓名	职务	任职时间
孟光仁	庄长	1941 年 3 月前
李继田	保长	1941 年 3 月至 1944 年 1 月
孟昭金	庄长	1944 年 1 月至 1951 年 10 月
李如芝	庄长	1951 年 10 月至 1958 年 10 月
李继本	大队长	1958 年 10 月至 1966 年 10 月
戚光谦	革委会主任	1966 年 10 月至 1968 年 3 月
于汝宽	革委会主任	1968 年 3 月至 1972 年 10 月
戚化东	革委会主任	1972 年 10 月至 1978 年 12 月
戚化东	管委会主任	1978 年 12 月至 1982 年 12 月
戚立和	管委会主任	1982 年 12 月至 1984 年 3 月

孟家庄大队各生产队历任队长、副队长、会计、保管员名录

表4–5

职　务	姓　名	职　务	姓　名
第一生产队			
队长	孟宪伦	副队长	孟宪运
队长	高汗岭	副队长	李绪文
队长	孟宪运	会计	李继亮
队长	李绪文	会计	戚立孝
队长	孟庆才	会计	孟庆良
政治队长	于汝宽	会计	孟庆才
妇女队长	孟庆兰	保管员	孟宪元
副队长	高汗岭		
第二生产队			
队长	李继青	副队长	孟庆存
队长	戚立忠	副队长	戚化川
队长	孟庆存	副队长	戚光在
队长	戚化川	副队长	李继坤
政治队长	戚化东	会计	戚化贵
妇女队长	戚化凤	会计	戚会德

续表4–5

职务	姓名	职务	姓名
副队长	咸立忠	保管员	咸化玉
第三生产队			
队长	李绪恩	妇女队长	李增香
队长	李绪省	副队长	李绪省
队长	李绪京	副队长	李绪京
队长	李继安	副队长	李绪来
队长	李绪宝	会计	李绪运
队长	李绪来	会计	李继安
队长	李绪伟	会计	李绪来
政治队长	李继本	保管员	赵怀善
第四生产队			
队长	李继军	副队长	李继运
队长	李继川	副队长	李继美
队长	李继运	副队长	李继恒
队长	李继美	副队长	李绪银
政治队长	李继川	会计	李继友
妇女队长	李继英	保管员	李继周
副队长	李继川	保管员	咸立柱

1984年，孟家庄生产大队管理委员会撤销，孟家庄开始实行村民委员会制度。1984年3月，经过程序严格的选举，产生了孟家庄村民委员会，下设村民小组、村务监督委员会、人民调解委员会、治保委员会、公共卫生与计划生育委员会。孟庆良当选为首任村民委员会主任。至2018年4月，孟家庄村民委员会换届选举12次，1~12届村民委员会主任依次是孟庆良、孟宪学、咸立和、李绪排、李绪排、李绪排、李绪班、李绪排、李绪排、李绪班、李华。

孟家庄1~12届村民委员会主任情况表

表4–6

姓名	职务	任职时间
孟庆良	村委主任	1984年3月至1987年3月
孟宪学	村委主任	1987年3月至1990年3月
咸立和	村委主任	1990年3月至1994年3月
李绪排	村委主任	1994年3月至1996年3月

续表4-6

姓名	职务	任职时间
李绪排	村委主任	1996 年 3 月至 1999 年 3 月
李绪排	村委主任	1999 年 3 月至 2002 年 3 月
李绪班	村委主任	2002 年 3 月至 2004 年 3 月
李绪排	村委主任	2004 年 3 月至 2007 年 3 月
李绪排	村委主任	2007 年 3 月至 2014 年 3 月
李绪班	村委主任	2014 年 3 月至 2018 年 1 月
李　华	村委主任	2018 年 1 月任职

孟家庄村民委员会成立以后，在平邑县政府有关部门和武台镇政府的指导下，配合村党支部做好孟家庄卫生、文化、环境、治安等事务的日常管理，向村务监督委员会、村民代表大会、村民大会负责并报告工作。村民代表大会选举产生村务监督委员会。村务监督委员会对村务行使监督职能，向村民代表大会、村民大会负责并报告工作。

孟家庄自 1984 年至 2018 年共选举产生了 12 届村民委员会。由于孟家庄人口较少，变化不大，而且《中华人民共和国村民委员会组织法》规定可以连选连任，除村民委员会主任变化较大外，其他人员职位相对固定。

2018 年 1 月 27 日，孟家庄新一届村民委员会、村务监督委员会相继依法产生。村民委员会成员为李华（主任）、咸会德、李绪莲。村务监督委员会成员为李绪财（主任）、孟庆良、李继春。孟家庄第十一届村委会下属组织有：村民小组（一组组长咸会德；二组组长李绪财）。孟家庄人民调解委员会（主任委员咸会德、委员李绪连、李绪财）。孟家庄治安保卫委员会（主任委员咸会德、委员李绪连、李绪财）。孟家庄公共卫生与计划生育委员会（主任委员李绪连、委员李绪财、咸会德）。孟家庄社会保障委员会（主任委员李绪财、委员李绪连、咸会德）。孟家庄妇女联合会（主任李绪连）。孟家庄民兵连（连长李华）。

孟家庄第十一届（2014–2017年）村民代表情况表

表4-7

姓名	性别	出生日期	政治面貌	文化程度
孟庆良	男	1950 年 2 月 5 日	中共党员	初中
刘俊云	女	1962 年 1 月 12 日	群众	初中
高西粉	女	1959 年 1 月 2 日	群众	初中
于如娥	女	1955 年 3 月 24 日	群众	初中

续表4–7

姓名	性别	出生日期	政治面貌	文化程度
孟现章	男	1942 年 10 月 9 日	群众	初中
李绪秀	男	1954 年 2 月 16 日	群众	初中
于洋	男	1982 年 6 月 26 日	中共党员	初中
咸会德	男	1962 年 10 月 1 日	中共党员	高中
程祥爱	男	1957 年 7 月 2 日	群众	初中
咸立同	男	1962 年 12 月 18 日	群众	初中
刘平香	女	1954 年 9 月 8 日	群众	初中
李绵运	男	1974 年 6 月 10 日	群众	初中
李绪华	男	1955 年 4 月 12 日	群众	初中
李绪来	男	1960 年 9 月 10 日	群众	初中
李加英	男	1951 年 2 月 9 日	群众	初中
李绪顿	男	1956 年 6 月 26 日	群众	初中
李绵军	男	1975 年 12 月 12 日	群众	初中
李绪等	男	1947 年 1 月 8 日	群众	初中
李绪东	男	1962 年 10 月 2 日	群众	初中
孙海燕	女	1974 年 4 月 1 日	群众	初中
孙思英	女	1944 年 3 月 15 日	群众	初中
王加英	女	1960 年 2 月 10 日	群众	初中
孙述清	男	1950 年 11 月 29 日	群众	初中
李绪财	男	1964 年 4 月 7 日	群众	初中
刘怀英	女	1952 年 5 月 1 日	群众	初中
李绪宝	男	1947 年 10 月 21 日	群众	初中
李绵忠	男	1968 年 12 月 14 日	群众	初中
李绪孟	男	1967 年 11 月 29 日	群众	初中
赵志永	男	1981 年 6 月 23 日	群众	初中
李绪廷	男	1943 年 9 月 4 日	群众	初中

孟家庄第十二届（2018年选任）村民代表情况表

表4–8

姓名	性别	政治面貌	文化程度
孟庆良	男	中共党员	初中
刘俊云	女	群众	初中

续表4-8

姓名	性别	政治面貌	文化程度
高西粉	女	群众	初中
于如娥	女	群众	初中
孟现章	男	群众	初中
李绪秀	男	群众	初中
于洋	男	中共党员	初中
咸会德	男	中共党员	高中
程祥爱	男	群众	初中
咸立同	男	群众	初中
刘平香	女	群众	初中
李绵运	男	群众	初中
李绪华	男	群众	初中
李绪来	男	群众	初中
李加英	男	群众	初中
李绪顿	男	群众	初中
李绵军	男	群众	初中
李绪等	男	群众	初中
李绪东	男	群众	初中
孙海燕	女	群众	初中
孙思英	女	群众	初中
王加英	女	群众	初中
孙述清	男	群众	初中
李绪财	男	群众	初中
刘怀英	女	群众	初中
李绪宝	男	群众	初中
李绵忠	男	群众	初中
李绪孟	男	群众	初中
赵志永	男	群众	初中
李绪廷	男	群众	初中

孟家庄第十一届（2014~2017年）村民委员会组织成员情况表

表4-9

职务	姓名	性别	出生日期	政治面貌	文化程度
村务监督委员会					
主任	孟庆良	男	1950年2月5日	中共党员	初中
委员	咸会德	男	1962年10月1日	中共党员	高中
	李绪财	男	1964年4月7日	群众	初中
人民调解委员会					
主任	咸会德	男	1962年10月1日	中共党员	高中
委员	李绪连	女	1969年1月1日	中共党员	初中
	李绪财	男	1964年4月7日	群众	初中
治保委员会					
主任	咸会德	男	1962年10月1日	中共党员	高中
委员	李绪连	女	1969年1月1日	中共党员	初中
	李绪财	男	1964年4月7日	群众	初中
公共卫生与计划生育委员会					
主任	李绪连	女	1969年1月1日	中共党员	初中
委员	咸会德	男	1962年10月1日	中共党员	高中
	李绪财	男	1964年4月7日	群众	初中

村民小组

1984年，孟家庄根据原有的四个生产队，将村民划分为四个村民小组，第一村民小组组长孟庆才，第二村民小组组长咸化川，第三村民小组组长李绪来，第四村民小组组长李绪银。后来合并为两个小组。

孟家庄现任村民小组长情况表

表4-10

组别	姓名	性别	出生日期	政治面貌	文化程度
一组	咸会德	男	1962年10月1日	中共党员	高中
二组	李绪财	男	1964年4月7日	群众	初中

治安保卫委员会

治安保卫委员会简称“治保会”。孟家庄从1958年开始成立治保会。初期主要是在土地改革及“三反”“五反”运动中保卫胜利果实，防止敌人破坏。“文化大革命”中，主要是管制和改造“四类分子”。改革开放后主要是宣传教育群众增强法制观念和安全防范意识，保护群众的生产成果，调解民间纠纷，配合有关部门处理刑事案件。

孟家庄历任治保主任情况表

表4–11

姓 名	性别	文化	职 务	任职时间
李绪谦	男	小学	治保主任	1958 年 1 月至 1985 年 8 月
李绪华	男	高中	民兵连长兼治保主任	1985 年 8 月至 1998 年 3 月
李绪班	男	初中	民兵连长兼治保主任	1998 年 3 月至 2014 年 3 月
咸会德	男	高中	治保主任	2014 年 3 月至 2018 年 4 月

孟家庄历任会计情况表

表4–12

姓 名	性别	文化	职 务	任职时间
李如茂	男	小学	文书	1950 年至 1957 年
李继信	男	小学	会计	1957 年至 1961 年
孟宪章	男	师范	会计	1961 年 至 1963 年 10 月
李继亮	男	初中	会计	1963 年 10 月至 1974 年 3 月
孟庆良	男	初中	会计	1974 年 3 月至 1984 年 11 月
李继昌	男	小学	会计	1984 年 11 月至 1987 年 3 月
李绪国	男	高中	会计	1987 年 3 月至 2013 年 1 月
李 锋	男	高中	会计	2013 年 1 月任职

人民调解委员会

孟家庄从 1950 年起设立了人民调解委员会。孟家庄因为村庄比较小，从没单独设立过人民调解委员一职，均由治保主任兼任。

第三节 军 事

孟家庄是革命老区，早在抗日战争时期和解放战争期间，共产党费县、费北县、蒙山县委及其领导下的县政府、游击队、锄奸队就经常在孟家庄一带活动，革命干部和武装人员经常在孟家庄办公驻扎，所以孟家庄是较早建立民兵组织的村庄。1944 年 1 月，孟家庄成立民兵队，孟宪伦担任民兵队长，当时的民兵队只有五六个人。孟家庄的民兵在党的领导下，站岗放哨，保护革命干部，保卫村庄群众，参军参战，打击敌人。1952 年 9 月，李继宝接任民兵队长。民兵的主要任务是夜间在村里站岗、巡逻，防小偷。

1963 年 5 月，孟家庄正式组建民兵连。李绪省担任民兵连长。公社武装部经常组织民兵进行队列、战术、射击等训练，平时主要任务依然是夜间在村里站岗、巡逻，防小偷。

1976 年 4 月，孟家庄民兵连升格为加强连，李继伦担任民兵连长。一排长李绪秀，二排长孙述祥，三排长李绪宝，四排长李绪班。民兵担负着维护社会治安，随时准备参军参战，抵御侵略，保卫祖国的任务。同时，在党支部领导下，民兵连组织中的青年也成了农田基本建设的主力军。

1980 年 3 月至 1994 年 3 月，李绪排担任孟家庄民兵连长，李绪排当兵时的兵种是工兵，经常训练地雷、爆破项目，射击、投弹水平也高，百米之外放一酒瓶，瓶口处贴一红纸条儿，实弹射击两发之内必定击中。李绪排因此获得临沂地区武装部颁发的“四会教练员”证书。经常被武装部请去帮助训练各村民兵连长。

1981 年，国家缩小了民兵组建范围，年龄偏大、身体不太强壮的不再担任基干民兵，也不再设普通民兵项目。每年冬天公社武装部组织集中训练。

20 世纪 50–70 年代，每年都组织民兵进行军事训练，训练多利用农闲季节、生产空隙和业余时间进行。训练内容以射击投弹和利用地形地物为主；对普通民兵则侧重进行一些军事常识教育，训练方法以小型、就地、分散训练为主。训练时公社武装部还组织民兵进行技术比武和实弹演习。主要训练项目有武器常识与步枪、手榴弹的使用、保管知识和实弹练习。1985 年初，上级收回枪械保管，村里再没有武器了。

1994 年 3 月至 1998 年 3 月，李绪华担任民兵连长。1998 年 3 月至 2018 年 1 月，李绪班担任民兵连长。进入 21 世纪以来，民兵训练较前有所减少。民兵主要任务是治安巡逻。

民兵连还有一项重要任务是协助武装部进行征兵工作。孟家庄在历年的征兵工作中都能圆满完成任务。

孟家庄历任民兵连长情况表

表4–13

姓 名	性别	文化程度	职 务	任职时间
孟宪伦	男	小学	民兵队长	1944 年 1 月至 1952 年 9 月
李继宝	男	小学	民兵队长	1952 年 9 月至 1967 年 3 月
于汝宽	男	小学	民兵队长	1967 年 3 月至 1969 年 5 月
李绪省	男	小学	民兵连长	1969 年 5 月至 1976 年 4 月
李继伦	男	小学	民兵连长	1976 年 4 月至 1980 年 3 月
李绪排	男	初中	民兵连长	1980 年 3 月至 1994 年 3 月
李绪华	男	高中	民兵连长	1994 年 3 月至 1998 年 3 月
李绪班	男	初中	民兵连长	1998 年 3 月至 2018 年 1 月
李 华	男	初中	民兵连长	2018 年 1 月任职

孟家庄退伍军人情况表

表4–14

姓名	性别	民族	出生日期
李继军	男	汉族	1924 年 11 月
高汗富	男	汉族	1926 年
李继本	男	汉族	1929 年 9 月
李继昌	男	汉族	1933 年
于汝宽	男	汉族	1932 年 9 月
魏常乾	男	汉族	1934 年 12 月 11 日
李继和	男	汉族	1944 年 11 月 1 日
李继伦	男	汉族	1949 年 10 月 5 日
李绪排	男	汉族	1950 年 3 月 15 日
李绪华	男	汉族	1955 年 4 月 12 日
孟现学	男	汉族	1955 年 4 月 25 日
咸立和	男	汉族	1957 年 5 月 17 日
孟庆珠	男	汉族	1961 年 10 月 10 日
李绵龙	男	汉族	1963 年 12 月 1 日
李绪怀	男	汉族	1964 年 7 月 4 日
李绪孔	男	汉族	1965 年 8 月 1 日
咸立营	男	汉族	1968 年 7 月 3 日
李　辉	男	汉族	1975 年 1 月 4 日
李富志	男	汉族	1976 年 8 月 7 日
孙金刚	男	汉族	1980 年 6 月 9 日
孟凡松	男	汉族	1986 年 1 月 24 日

第四节　群团组织

共青团

1950 年，中国新民主主义青年团孟家庄支部正式成立。第一任支部书记是李继聚，当时村里只有五六名团员。1957 年 5 月，改称中国共产主义青年团孟家庄团支部。孟家庄团支部成立时有团员 12 名，1960 年发展到 20 名，1980 年发展到 26 名，2000 年发展到 30 名，2017 年有团员 32 名。孟家庄团支部委员会一般由 3 人组成，团支部设书记一人，组织、宣传委员各 1 人。团支部成立后，在党支部的领导下，围绕党在各个时期的中心任务，根据青年特点开展各项工作。20 世纪 50 年代，动员团员青年支援抗美援朝斗争，投身土地改革和社会主义建设运动。组织团员青年开展扫盲活动，动员团员青年参加农业社，走合作化的道路。20 世纪 60 年代开始号召团员青年“学雷锋，做好事”，1979年以后开展“争当新长征突击手”活动，在青少年中开展“五讲四美三热爱”运动，号召青年团员成为有理想、有道德、有文化、有纪律的社会主义新人。特别是20世纪50、60、70年代，孟家庄的团员青年为全村政治经济建设作了大量的工作，许多团员青年经过锻炼后加入了中国共产党。

孟家庄历任团支部书记情况表

表4–15

姓 名	性别	文化	职 务	任职时间
李继聚	男	初中	团支部书记	1950年8月至1972年5月
孟庆良	男	初中	团支部书记	1972年5月至1975年3月
李绪朋	男	初中	团支部书记	1975年3月至1982年4月
咸立和	男	高中	团支部书记	1982年4月至1987年3月
李绪国	男	高中	团支部书记	1987年3月至1990年3月
李绪朋	男	初中	团支部书记	1990年3月至1995年3月
李绪连	女	初中	团支部书记	1995年3月至2001年10月
李　锋	男	高中	团支部书记	2001年10月任职

妇女组织

早在革命战争年代，孟家庄就成立了妇救会。妇救会发动妇女做军鞋、缝军衣，掩护革命干部，为革命战争的胜利做了不少的工作。中华人民共和国成立之初称民主妇女联合会，简称妇女会。1952年，改名为妇女代表会，简称妇代会。妇代会成立后，积极宣传新《中华人民共和国婚姻法》，号召妇女走向社会，提倡婚姻自主，反对封建婚姻。组织妇女参加合作化运动。20世纪60年代，号召妇女投身社会主义建设，搞好生产，参加劳动，勤俭持家，节约粮食。70、80年代，宣传计划生育政策，深入一家一户做妇女的工作，落实计划生育措施。90年代后，教育引导农村妇女增强自尊、自信、自立、自强精神，组织妇女积极开展“双学双比”活动，带领妇女投身于经济建设，引导妇女走共同富裕的道路。组织开展“文明家庭”活动，提倡男女平等、夫妻和睦、勤俭持家、尊老爱幼、邻里团结的社会主义新风尚。维护妇女儿童的合法权益，关心妇女的恋爱、婚姻、家庭问题，协助调解婚姻家庭纠纷。引导妇女实行晚婚、晚育，计划生育、优生优育。

孟家庄妇代会设主任一人。20世纪60、70年代妇代会主任有时还担任村党支部或者村管委会成员，生产小队还设有妇女队长。2000年后，妇代会换届工作与村民委员会换届同步进行，个别能力强的妇女干部连续多届当选。孟家庄村民除对第一任妇女干部称妇救会长外，其余一律称为妇联主任或者妇女主任。

孟家庄历任妇女干部情况表

表4–16

姓 名	性别	文化	职 务	任职时间
咸会莲	女	文盲	妇联主任	1944 年 1 月至 1947 年 12 月
于逢英	女	文盲	妇救会长	1947 年 12 月至 1951 年 2 月
王永珍	女	文盲	妇联主任	1951 年 2 月至 1957 年 8 月
高宗莲	女	文盲	妇联主任	1957 年 8 月至 1958 年 9 月
李增香	女	文盲	妇联主任	1958 年 9 月至 1971 年 2 月
高宗莲	女	文盲	妇联主任	1971 年 2 月至 1982 年 9 月
咸化凤	女	小学	妇联主任	1982 年 9 月至 1989 年 3 月
咸立玲	女	小学	妇联主任	1989 年 3 月至 1992 年 4 月
孙绍英	女	初中	妇联主任	1992 年 4 月至 1994 年 2 月
李绪连	女	初中	妇联主任	1994 年 2 月至 2011 年 5 月
张维芳	女	初中	妇联主任	2011 年 5 月至 2013 年 7 月
李绪连	女	初中	妇联主任	2013 年 7 月任职

贫下中农协会

贫下中农协会简称“贫协”，其主要负责人称为“贫协主任”，是土地改革运动中的领导机构。从土改开始，直到 1963 年，孟家庄的贫下中农协会一直存在，一段时期一度替代了党支部的作用。20 世纪 50 年代以后，贫协主任一般都参与全村的管理事务。

孟家庄的高汗祥、咸光谦曾经先后担任过贫协主任。

儿童团

孟家庄儿童团成立于 1944 年春天，第一任儿童团长是李绪谦，儿童团成立时，孟家庄所在地区已经从日本侵略者铁蹄下解放，所以儿童团的主要任务是宣传妇女解放、土地改革。在宣传妇女解放时发挥的作用尤其不可替代：当时反对裹脚缠足，但是大人们只能对女性进行苦口婆心的宣讲和说服工作，不便动手，就发动儿童团员，见到有裹脚的妇女，趁其不备，上前解下裹脚带子就拿了扔到垃圾堆里。1945 年春天，李继新接任儿童团长。后来国民党发动内战，大人们参军支前，儿童团就组织起来帮助参军支前或者帮劳力少的家庭干力所能及的农活、看护庄稼。

1948 年 1 月，李继新的弟弟李继宝接任儿童团长。当时孟家庄只有五六名儿童团员。儿童团员穿衣打扮和普通儿童没有差别，也没有红缨枪。主要任务是帮助本村困难户和参军、支前的家庭干力所能及的农活。

1949年10月，根据中共中央指示，儿童团更名为“中国少年儿童队”；1953年8月又更名为“中国少年先锋队”，之后的活动主要纳入学校管理。孟家庄的儿童团于1953年8月解散。

红白理事会

孟家庄红白理事会成立于2015年12月，组成人员有：会长李绪国，副会长李绪班、李绪宝，成员李锋、孟现明、李绪财。其主要职责一是倡导喜事新办，办喜事讲文明有意义。明确了“六提倡、六反对”标准：提倡简约定亲，反对盲目攀比；提倡举办一次婚礼仪式（中式），反对重复浪费；提倡新式婚礼，反对豪华婚礼；提倡“礼轻情重”，反对高额礼金；提倡环保婚礼，反对乱贴红纸和大量燃放鞭炮；提倡低碳迎亲，反对豪华车队。二是倡导丧事简办，明确了九项要求：（一）取消吹鼓手、唱大戏，提倡现场播放哀乐。（二）取消三代直系亲属以外披麻戴孝，提倡其他亲友戴黑纱或者白花。（三）取消扎纸人、纸马等带有封建迷信色彩的殡葬用品，提倡向亡者敬献花圈或花篮。（四）取消流水席，提倡吃大锅菜或自助餐。（五）取消花圈回礼，不再回复香烟等物品。（六）提倡不报大丧，提倡缩减丧事办理时间(原则上不超过2天)。(七)禁止鸣炮、过度燃放鞭炮等行为。（八）禁止占用大木棺、石棺进行二次安葬。（九）禁止乱埋乱葬，必须到公墓（骨灰纪念堂）或村居认可的集中安放区进行埋葬。

孟家庄红白理事会成立以后，村民遇有红白事，都请红白理事会主持，严格按照红白理事会要求办理，婚事新办、丧事简办和凡事从简逐渐形成新风尚。

孟家庄红白理事会自成立以来，为村民操办白事15起，节约资金10余万元。

第五章　政务与村务

第一节　村务决策与管理

孟家庄在村务决策与管理上充分发扬民主，实行党支部领导下的村民自治。

村务决策

孟家庄在村务决策上充分发扬民主，实现村民自治。大事执行“四议两公开”：支部提议，村委商议，党员会议评议，村民大会决议。过程公开，结果公开。实现村民自我教育，自我管理，自我服务。健全村组织建设，明确职权，优化服务，增强凝聚力。做到人人参与，职责明确，实现资源共享，责任共担。孟家庄根据《中华人民共和国村民委员会组织法》以及其他有关规定，结合实际，制定了自己的决策制度。

附：孟家庄决策制度（1984年3月制定）

为切实加强党对村重大事项民主决策的领导，不断健全基层群众自治机制，扩大基层群众自治范围，完善民主管理制度，充分发挥党组织在村重大事项民主决策中的领导核心作用，把孟家庄建设成管理有序、服务完善、文明祥和的社会生活共同体，特制定本制度。

一、在党支部领导下，由村民会议进行民主决策。

二、党支部决策在广泛征求村民意见、建议的基础上，严格按照民主集中制原则，集体讨论决定。要在法律法规和政策文件的范围内，依照法定的程序进行。要符合本村发展的需要，切实体现广大村民的意愿。

三、重大事项主要包括：讨论、通过村工作规划和年度工作计划。制定和修订村自治章程和村民公约。村民反映的热点、难点问题。涉及大多数居民利益的公益性事项。村党支部、村委会提交的需要决策的重大事项。涉及村民切身利益的其他需要决策的重大事项。

四、主要工作程序：党支部、村委会、五分之一以上十八周岁以上的村民、五分之一以上户代表、三分之一以上村民代表联名，可以提出议题。议题在村党支部领导下，由村委会统一受理。在党支部的领导下，召开村党支部、村委会联席会议，对受理的议题进行讨论，研究提出具体意见。对影响本村发展全局或涉及村民重大利益的事项，要报镇党委审定。通过召开党员大会，听取党员对议题的意见、建议。通过村民代表就议题广泛征求村民的意见、建议。根据征求到的意见，由村委会对议题进行修改完善并主持召开村民代表会议或村民会议进行民主表决，形成会议决定。召开村民代表或村民会议必须有应参会人员的过半数参加，方能举行；会议的决定，必须由出席人的过半数通过，方为有效。会议所作决定，要及时在村务公开栏内张榜公布，保证村民的知情权。决定形成后，在党支部领导下，村委会按照会议决定组织实施。村重大事项的实施情况和完成结果要及时公开，接受村民代表的审议和全体党员、村民的监督。村委会要及时做好决策事项有关资料的归档整理工作。村重大事项民主决策的会议记录、征求意见情况要保存备查。在决定执行过程中，如确需更改决定内容，党支部和村委会应及时召开“两委”联席会议进行研究，并以书面形式将拟更改内容报武台镇党委审定，然后由村民代表会议或村民会议重新进行讨论决策，并向村民公开，说明理由。在重新作出决定前，不得有与原决定内容相违背的行为。

村务管理

孟家庄将村务管理的目标定为物质生活丰富便利，文化生活丰富多彩，全村村民安居乐业。孟家庄在村务管理上强调发扬民主，村民自治。

通过制度建设，强化党团组织的服务功能，落实村民自治管理。按照公开、公平、公正的原则，召开党员会、干部会、村民大会，广泛征求意见，选举产生村民代表和村民委员会，制定《村规民约》，明确村民的权利和义务、村级各类组织之间的关系和工作程序，实现资源共享，责任共担，从热点难点问题入手，有计划有步骤地实现村务建设的发展目标，不断满足村民的社会需求，提高村民的生活质量和文明程度。

干部管理与分工

村民委员会在村党支部的领导下，在国家法律、法规和政策范围内，坚持民主原则，积极协助上级政府做好各项工作，完成武台镇政府布置的各项任务，实现自我教育、自我管理。村干部接受党支部的领导和镇政府的指导，服从村民委员会的管理，做好分工的各项工作，要树立为村民服务的思想，带头履行党员义务和村民义务，不搞特殊，不侵占村民利益，不倚仗职权为自己和亲属谋取私利，不贪图享受，不违法乱纪。制定村民委员会任期目标，研究落实实现任期目标的办法和措施，确定分年度工作目标。为保障村务各项工作的依法、规范、有序进行，村民委员会下设治保、调解、卫生与计划生育、社会保障等四个委员会，接受村民委员会领导，对村委会负责。严格执行村民代表会议制度，村务公开制度，村规民约，以确保村民自治各项规章的贯彻落实。以便民利民，促进生产，发展经济为宗旨，根据需要选用有一定文化基础和技术专长、热心为村民服务的人员，成立生产专项服务小组，为村民的经济活动提供服务。为确保本村各项公共事务和公益事业的经费投入，努力兴办集体产业经济。

网格化管理

孟家庄根据上级网格化管理工作部署，进行网格化管理，组织各网格开展社会治理工作。组织采集、核实辖区内以“人、地、物、事、组织”为核心的基础信息数据，建立、完善信息管理系统。组织协调各网格开展社会治安防控、群防群治组织，重点工作联勤联动、突出问题治理、基层平安建设。防范和处置辖区网格内有重大影响的突发事件和重大纠纷。落实“人进户、户进房、房进网格、网格进图”措施，确保“街不漏户、户不漏人、人不漏项”的工作目标。

成立综合治理中心，实行首问首办负责制度

综治中心办公人员、值班人员均为首问责任人，对群众反映的诉求事项，第一时间登记，按照程序引导解决；对发现的不稳定信息和重要情况及时报告；对突发事件应当积极参与处置。属于首问人职责范围的，要按有关规定及时办理，不能当场办理的，要一次性告知办理的有关事项，需要补充或携带的材料以及如何办理等，并耐心解答对方的询问。不属本中心职责范围的，首问人应告知或尽可能提供必要的帮助。

土地与财务管理

建立专门的村民民主理财小组，代表村民理财。财务收支审批程序：经集体讨论决定作出财务收支事项；落实专人负责财务收支事项工作；当财务事项发生时，经手人必须取得有效的原始凭证，并注明用途和签字（盖章）；将原始凭证交民主理财小组集体审核；审核同意后由民主理财小组组长签字（盖章）；将民主理财小组审核同意后的财务事项及原始凭证报村党支部书记、村民委员会主任审批；经审批同意并签字（盖章）后，由会计人员审核记账，并按照财务公开程序进行公开，接受群众监督。经民主理财小组审核确定为不合理开支的事项，或经村党支书和村主任审核未同意的不合理开支，有关支出由责任人承担。本村区域内所有土地权均属村集体所有，由村委会管理和分配。新建、扩建、改建建筑物，铺设道路和管线，都必须向村委会提出申请，并呈报上级有关部门审批，严格服从规划管理 。上级政府下拨的各种物资、投入等的分配使用，由村“两委会”提出方案，村民代表会议讨论决定，各项款物分配使用情况张榜公布，接受村民监督。

水电环境卫生管理

孟家庄地下水丰富，家家在自家院内打井取水。亦有用户自购瓶装水。孟家庄有五眼供浇地用的大口井，村民需要时自己取水，无须付费。村东白马河为季节河，冬春干季近乎断流，夏天村两委组织防汛。夏天汛期到来时，孟家庄还要参与大王庄水库的防汛。

1977 年，孟家庄接入电网，村民开始使用电灯照明。1985 年，为减少用电损耗，将 50 千瓦变电器改为 30 千瓦变电器。1990 年，改为 80 千瓦变电器。2012 年，改为 100 千瓦变电器。2013

年9月改为2个200千瓦的变电器。孟家庄是山东省标准化用电村。所有电表为智能费控表。电费按月缴供电公司。

孟家庄的环境卫生管理已通过镇政府外包给康洁公司。每人每年缴纳环卫费24元。康洁公司雇佣2名工人（本村李绪增、李继安受雇），每日清扫街道，垃圾集中存放。康洁公司的清运车按时前来清运。农家有在门口路边堆放柴草的习惯，村两委须不时提醒清理，有时还须出手帮忙清理。

白马河管理

孟家庄对白马河孟家庄段的管理实行河长制。李绪国任河长，李锋、咸会德任河管员。河长负责牵头组织开展河道水质和污染源现状调查、制订水环境治理实施方案，推动落实重点工程项目、协调解决重点难点问题，做好督促检查，确保完成水环境治理的目标任务。河管员学习、宣传河道管理法律法规，参加上级组织的各项培训，坚持每天到岗到位，做好值班工作，保持河道畅通，杜绝设置障碍物，发现违法设障情况及时制止并向上汇报，负责保护和管理沿河设置的各种宣传牌、管理牌，做好护堤护岸林木的管理工作，制止乱倒垃圾、乱堆乱放现象，对擅自占用现象及时制止并汇报水利站。

治安管理与调解

孟家庄治安管理内容包括人口管理（户口管理，居民身份证管理，人口调查，常住人口管理，暂住人口管理，特殊控制人口管理）；危险物品管理（爆炸物品管理，剧毒物品管理）；社区治安秩序管理（公共场所治安管理，查禁社会丑恶现象）；交通道路管理（车辆管理、机动车驾驶员管理、交通安全设施管理）；消防安全管理（包括制定消防规则、办法和技术规范，开展消防安全宣传，做好消防队伍的思想、组织、业务建设，指挥火灾扑救工作等）。广泛运用各种形式进行法制宣传，大胆检举揭发各种违法犯罪行为，同一切违法行为作斗争。加强群防群治组织建设，成立村联防队，根据治安形势状况，针对性开展各项整治活动，并做好记录。协助政法机关做好易燃、易爆、剧毒、抢救、管理工具等危险物品的管理。严禁赌博和吸毒；严禁利用封建迷信招摇撞骗；严禁私自留宿不明身份的人员。不听劝阻的报公安机关处理。

民事调解

孟家庄成立人民调解委员会，建立民事调解工作制度，在村民委员会领导下负责民事调解工作。人民调解委员会在做好调查了解、查明事实真相的基础上，分清是非曲直，依据国家法律、法规和社会公德，帮助当事人双方明确各自应负的责任；通过充分说理、耐心疏导、消除隔阂的方法帮助和促进当事人双方达成和解协议，化解纠纷。对疑难复杂或可能激化的矛盾纠纷，及时向村委会和上级机关反映。人民调解委员会坚持自愿平等、共同协商的原则，对当事人不压制、不侮辱、不偏听、不偏信，不泄露当事人的隐私。人民调解委员会设立专门的调解民事纠纷登记册进行详细登记。

自我教育

孟家庄成立了“党员之家”。党支部经常组织党员集体学习，学习党的方针政策，了解国内国际形势，把握社会经济动态。党员干部带头遵守村规民约和公共道德规范，关心村务，力所能及地参与村务建设。通过完善村民自治，提高村民参与意识。

四德教育 孟家庄地处沂蒙山腹地，民风淳朴，村民有互帮互助的传统美德。《山东省公民基本道德普及行动行为四十则》公布推行以来，孟家庄两委积极宣传落实，并根据孟家庄实际，结合普法教育，将继承传统美德与弘扬时代精神结合起来，创造和繁荣先进思想文化，推进孟家庄道德建设的发展。

村两委要求所有村民增强社会公德意识，自觉地以社会责任感考虑自己的行为，自觉维护社会群体利益，自觉尊重他人利益，做到遵纪守法，爱护公物，保护环境，文明礼貌，助人为乐。以制度、承诺、标语、广播等多种方式进行宣传教育，要求村民做到爱岗敬业、诚实守信、办事公道。种粮种菜严控农药标准，秤、尺、车斗等度量衡工具要经得起检验，认真履行各种生产贸易合同。

尊敬老人，孝敬父母，夫妻恩爱，爱护幼童，是孟家庄自古就推崇的传统美德。村两委一方面经常通过广播、墙报等形式宣传孝德典型、恩爱典型，为村民树楷模；另一方面不断进行调查研究，帮助解决孤寡老人的孤独问题、留守子女的教育问题。以各种方式组织三观教育，要求村民树立爱国主义、集体主义、社会主义思想，自觉地用道德规范言行，不断提高自己的思想道德水平。充分利用社区宣传栏、广播、电视等新闻媒体，开展普法教育，宣传村务建设。教育村民遵纪守法，遵守社会公德，使村务建设家喻户晓、人尽皆知，使人人知法守法，人人关心村务，人人参与村务。

村规民约 孟家庄“两委”在号召村民遵纪守法的基础上，根据孟家庄近年来的生活实际起草了自己具体的村规民约，提交村两委会议研究修订后，经村民代表大会批准并公布，村委会监督执行。孟家庄村规民约涉及移风易俗、社会治安、消防安全、环境卫生、邻里关系、婚姻家庭六大部分共 23 条。要求村民自觉遵守村规民约，对不履行相关义务的，对其提出批评教育；对触犯法律的，移交司法部门，依法追究法律责任。

附 录：

附 1：孟家庄村房屋出租管理工作制度

为了加强我村外来人员租住出租屋的管理，打击各种违法犯罪活动，加强卫生监督，落实出租屋主承担谁出租谁管理的责任，保障广大村民的利益，特制定出租管理制度。

1. 凡是村民出租房屋要经派出所、治保会和各村小组长检查合格，领取出租屋许可证和签订出租屋主责任书，并缴清有关费用后方可出租。

2. 出租屋主只能租给有身份证、暂住证和务工许可证以及其他有关证明资料的外来人员居住，并要管理好，随时掌握租住人员的姓名、地址、工作单位等。

3. 凡是出租的房屋，不能租给三无人员居住（即无身份证、无工作证、无正当职业）。如发现租住人属以上人员一律不能租住，并及时清退。

4. 不能把出租屋变相为旅馆业，一间房屋只准租住一户人，人均居住面积不能少于 5 平方米，按限定人数居住。

5. 凡属危房，一律不准出租，如出租后发生事故，一切后果由出租屋主承担，并追究有关责任。

6. 屋主有责任先建好厕所、厨房、化粪池、下水道、垃圾桶、接好电线才能出租，并负责督促租住人的环境卫生清洁，如发现有卫生脏、乱、差和私拉乱接电线现象，不马上整改，或有村民投诉，则实行全户停水、停电处理，取消出租屋资格。

7. 租住人员必须严格遵守法律法规，严禁在出租屋内卖淫、嫖娼、赌博、吸贩毒、销窝赃、偷窃、打斗等违法行为，一经发现取消出租屋资格，并按有关法律规定处理。

8. 租住人员不能在出租屋周围乱搭、乱建、乱放杂物，占用街道，影响村内环境。晚上不能大声喧哗，影响村民休息。

9. 出租屋主要勤检查，勤管理，发现问题及时报告派出所和治保会。

附 2：孟家庄村治安联防队伍值班制度

1. 巡防队员实行轮班制。值班时间：每晚 20:00 至次日 8：00，当班队员必须提前半小时到值班室签到，迟到一次罚款 5 元，未经请假批准，缺一次罚款 10 元。

2. 当班时，认真检查各种出入车辆出入社区情况。

3. 每班巡逻不少于 4 次，注意在巡逻中发现问题，抓获现行，并认真填好当班的记录。

4. 值班人员不准打瞌睡、躺卧、打闹、聊天，出现脱岗、漏岗、睡岗和视而不见的扣除当月效益工资的 30%。

注：以上各项制度除处罚当班责任人外，追究带班人员连带责任，处罚额度同当班责任人。

附 3：孟家庄村视频全覆盖管理规定

一、监控岗位实行 24 小时责任制。监控操作人员必须坚守岗位，并根据辖区治安特点适时调整重点时段监控力量。

二、未经许可不得关闭任何监控系统设备，不得在监控计算机上安装与系统运行无关的软件，不得随意更改监控设备连接及系统设置，不得擅自增加电源负载，确保监控设备的运转正常。

三、监控室确定各监控点的监控范围、重点监控地段和时段及日常定位、主要监控内容，并充分结合系统功能，确定电子巡逻的操作方式，详细填写监控记录。

四、根据监控区域状况和治安形势变化，结合相关预警信息，及时向公安机关报告，调整监控的重点部位、重点时段，合理设置监控点的图像切换、摄像机预置位，变更相应监控点的电子巡逻操作方式。

五、监控室操作人员在值班期间，应做好以下工作：上岗应首先对监控系统的运行情况进行巡检，逐一检查辖区内监控点设备运行状况，并记录巡检结果，发现故障及时报告。根据辖区内重点部位确定的电子巡逻操作方式，对辖区内所有监控点实时监控操作。在接到报警信息或上级指令时，应立即将监控图像切换至相应监控点进行实时跟踪监视，并根据监控信息及时进行出警指挥或信息反馈，同时填写监控记录。监控操作人员在值班期间发现监控范围内有案件、事件发生或有可疑人员、异常情况时即向路面巡逻队伍通报情况和向上级有关部门报告，并及时填写监控记录。监控人员对监控图像信息严格保密制度，不得下载、外传监控图像信息。

附 4：孟家庄村规民约

为进一步深化乡村文明行动，遏制婚丧嫁娶中的不良风气，推进我村民主法制建设，维护社会稳定，促进经济发展。提升全村文明水平，建设美丽新农村，经全体村民讨论通过，制定本村规民约。

一、移风易俗

1. 破除婚丧嫁娶中铺张浪费、愚昧落后的陋习，做到婚事新办，丧事简办，提倡文明、健康、科学的生活方式。

2. 广大青年树立新型婚恋观，提倡实事求是、量力而行，合理适度消费，不超出家庭承受能力盲目攀比，当事人依法办理婚姻登记，协助举办现代文明、庄重节俭的婚礼，鼓励仪式从简。推崇婚事一天办完，既要气氛热烈喜庆，又要文明庄重。摒弃滥发请柬、大摆筵席、“天价彩礼”、高额礼金、借机敛财、过度“闹洞房”“闹伴娘”等恶劣陋习。严禁在公共场所乱贴红纸、大量燃放烟花爆竹、鸣放礼炮。

3. 丧事活动中，坚持“五取消”“五提倡”“三禁止”。

五取消：(1) 取消吹鼓手、唱大戏；(2) 取消三代直系亲属以外披麻戴孝；(3) 取消纸人、纸马等带有封建迷信色彩的丧葬用品；(4) 取消流水席和本村相邻坐席；(5) 取消花圈回礼，不再回复香烟等物品。

五提倡：(1) 提倡现场播放哀乐；(2) 提倡其他亲友戴黑纱或白花；(3) 提倡向死者敬送花圈或者花篮；(4) 提倡四大盆菜或者自助用餐；(5) 提倡不报大丧，不陪情，提倡缩减丧事办理时间，原则上为一天。

三禁止：(1) 禁止鸣炮、过度燃放鞭炮等扰民行为；(2) 禁止占用大棺木进行二次安葬，一律实行火化（国家民族宗教政策规定的除外）；(3) 禁止乱埋乱葬，必须到公墓（骨灰纪念堂）或镇村认可的集中安放区埋葬。

二、社会治安

1. 每个村民都要学法、知法、守法、

自觉维护法律尊严，积极同一切违法犯罪行为作斗争。

2. 村民之间应团结友爱，和睦相处，不打架斗殴，不酗酒滋事，严禁侮辱、诽谤他人，严禁造谣惑众，拨弄是非。

3. 自觉维护社会秩序和公共安全，不扰乱公共秩序，不阻碍公务人员执行公务。

4. 严禁偷盗、敲诈、哄抢国家、集体、个人财物，严禁赌博，严禁替罪犯藏匿赃物。

5. 严禁非法生产、运输、储存和买卖爆炸物品；经销烟火，爆竹等易燃易爆物品须经公安机关等有关部门批准。不得私藏枪支弹药，拾得枪支弹药、爆炸物品，要及时上交公安机关。

6. 爱护公共财产，不得损坏水利、道路交通、供电、通讯、生产等公共设施。

7. 严禁非法限制他人人身自由或非法侵犯他人住宅，不准隐匿、毁弃、私拆他人邮件。

三、消防安全

1. 加强野外用火管理，严防山火发生。

2. 家庭用火做到人离火灭，严禁将易燃易爆物品堆放户内、村内，定期检查，排除各种火灾隐患。

3. 对村内、户内电线要定期检查，损坏的要请电工及时修理、更新，严禁乱拉乱接电线。

4. 加强村民尤其是少年儿童安全用火用电知识宣传教育. 提高全体村民消防安全知识水平和意识。

四、环境卫生

1. 积极开展美丽乡村建设，搞好公共卫生，加强村容村貌整治，严禁随地乱倒乱堆垃圾、秽物，将垃圾、秽物及时放入垃圾桶内，修房盖屋余下的垃圾碎片应及时清理。

2. 按时自觉交纳卫生管理费。

五、邻里关系

1. 村民之间要互敬、互爱、互助，和睦相处，建立良好的邻里关系。

2. 在生产、生活、社会交往过程中，应遵循平等、自愿、互惠互利的原则，发扬社会主义新风尚。

3. 邻里纠纷，应本着团结友爱的原则平等协商解决，协商不成的可申请村调解委调解，也可依法向人民法院起诉，树立依法维权意识，不得以牙还牙，以暴制暴。

六、婚姻家庭

1. 遵循婚姻自由、男女平等、一夫一妻，尊老爱幼的原则，建立团结和睦的家庭关系。

2. 自觉遵守计划生育法律、法规、政策，实行计划生育，提倡优生优育，严禁计划外生育或超生。

3. 夫妻地位平等，共同承担家务劳动，共同管理家庭财产，反对家庭暴力。

4. 父母应尽抚养、教育未成年子女的义务，禁止歧视、虐待、遗弃女婴，破除生男才能传宗接代的陋习。子女应尽赡养老人的义务，不得歧视、虐待老人。

第二节 村务公开

1978 年改革开放以后，孟家庄就

经常采用召开会议、张榜公布、印发手册等形式，公布村集体财务收入、宅基地划分和计划生育指标分配等情况。1988年11月《中华人民共和国村民委员会组织法》实施以来，村民直接行使民主权利，依法实行民主选举、民主决策、民主管理和民主监督，推动村务公开、财务公开走上法制化、规范化、制度化的轨道。

公开内容

政务公开事项

（一）村务类

1. 村规民约和《村民自治章程》；

2. 村干部分工情况；

3. 村委会任期目标责任制、年度工作计划及完成情况；

4. 村干部民主评议结果及考核情况；

5. 评选先进及受表彰奖励情况。

（二）计划生育类

6. 计划生育政策落实情况

（1）计划生育各项奖励优惠政策；

（2）计划生育指标下达情况；

（3）独生子女证办理及发放情况；

（4）村部分计划生育家庭奖励扶助对象名单。

（三）国家惠农政策落实类

7. 粮食直补、良种补贴及农资补贴对象、标准及补助资金兑现情况；

8. 良种推广补贴资金、对象、数量及供种价格；

9. 农村合作医疗对象治病医疗费报销情况；

10.“十星级文明户”“五好家庭”“平安家庭”评选标准及其结果；

11. “一事一议”筹资筹劳情况；

12. 宅基地的审批程序、划分及收费情况。

财务公开事项

1. 村级集体经营的各项收入情况；

2. 村级集体经济组织发包及上交收入情况；

3. 投资收益情况；

4. 行政管理费用支出情况；

5. 社会捐赠款及捐赠物资收支情况；

6. 村级债权债务情况；

7. 村集体资产年度审计情况；

8. “一事一议”和以资代劳资金收取和使用情况；

9. 村委会成员报酬，享受误工补贴的人数、标准及发放情况；

10. 村应收、应付、收入支出明细表；

11. 其他收支情况。

事务公开事项

（一）党建类

1. 党组织班子成员情况；

2. 党组织工作目标；

3. 培养入党积极分子及发展党员情况；

4. 党费收缴情况；

5. 党员“结对帮扶”情况；

6. 党组织生活和学习年度计划；

7. 村团员、党员基本情况登记表；

8. 村级后备干部培养、使用程序。

（二）社会公益类

9. 村民捐资捐物及所捐物资使用情况；

10. 村公益设施建设情况。

（三）民主管理制度公开类

11. 村务公开制度；

12. 村级民主理财制度；

13. 重大事项决策制度；

14. 村务公开监督制度；

15. 村信访接待情况。

公开形式

1. 村务公开栏；

2. 印发宣传资料：

3. 召开村民或村民代表会议，公布需要全体村民知道或参与的村务大事。

公开时间

每月 10 日，在村务公开栏分别对村政务、财物、事务事项张榜公开，对村民关注的热点问题，经村民会议讨论决定实行全过程公开，村民要求公开的其他内容随时公开。

村务公开工作要求

依据国家的法律、法规和政策，制定和完善村务公开、民主管理的各项规章制度，建立健全监督检查制度，发挥村务监督委员会和民主理财小组的作用，加强对村务公开工作的监督，做到“十个防止”，即防止公开内容不具体、不真实、重点不突出、形式不规范、制度不完善、档案不健全、公开“重事后，轻事前”、“重公开，轻反馈”、公开不及时、公开不持久。对延误或不及时村务公开的，村务监督委员会和民主理财小组有权责成整改；对在村务公开中的弄虚作假、打击报复、侵犯群众民主权利等违纪违法行为，交由有关部门依法追究相关责任人的责任。

第三节　村民服务

进入 21 世纪以来，特别是十八大以来，孟家庄先后建设了功能齐全、设施配套、项目完善的便民服务中心、文化活动中心、卫生服务中心、健身广场，“12345”工作站。

便民服务中心的便民服务内容，一是代办服务：党团组织关系转换；城镇、农村低保、农村各项补贴申请；新型农村养老保险申请；新型农村合作医疗报销、大病医疗救助申请；用地规划申请、土地证、房权证办理；涉及各项民政、残联、教育、卫生、公安等有关部门的其他便民服务事项。以上服务事项由值班干部承接，由代办员负责代办或报送协办。二是咨询服务：法律咨询；政策咨询；农技知识咨询；市场信息咨询；劳动力、人才需求信息咨询；农村产权交易、“三务”公开、矛盾纠纷方面信息的收集。以上服务事项，凡群众要求的，由值班村干部、代办员及时和镇有关部门联系，帮助答复，提供信息；属特困群众的，协助联系法律援助。三是公益事业服务：扶贫帮困服务；老年人等社会弱势群体生活保障服务。以上服务事项，凡群众要求的，由村创造条件帮助解决，一时难以解决的，做好解释工作。四是致富发展服务：种养结构调整；优良品种引进；技术指导培训；新上加工项目服务。以上服务事项，凡群众有要求的，由村尽力同有关部门合作，帮助联系解决。五是文明建设服务：社会公德、家庭美德、职业道德教育。六是群众需要的其他服务。

便民服务中心代办员职责：一是认真落实便民服务代办点各项规章制度，代为群众办理涉及党团组织关系、国土规划、低保申请、新农合、农村各项补贴类便民服务事项和涉及民政、残联、教育、卫生、公安等有关部门的其他便民服务事项。二是做好便民服务内容的宣传解释工作：对群众咨询的有关法律、法规和政策进行答复或代转咨询。三是自觉接受镇服务中心工作指导及监督，完成党委、政府交办的其他事项。四是做好服务过程中各种台账的登记工作，同时负责各类报表填报、信息收集等日常事务和档案管理工作。五是代办员应在周一至周五按作息时间在村正常上班。非正常上班时间应保持通讯畅通，接受干部群众的工作咨询。

便民服务中心服务承诺：一是坚持全心全意为人民服务宗旨，文明办公，使用文明语言，禁用服务忌语，热情、耐心回答群众咨询，绝不允许“门难进，脸难看，人难找，话难讲，事难办”的现象发生。二是坚决执行廉政准则和廉洁自律的各项规定，秉公办事，绝不利用职务之便，以权谋私，或向服务对象“吃、拿、卡、要”。三是忠于职守，提高办事效率。代办点实行轮流排班值日，按时上下班，不得无故离岗或脱岗。坚持“集中受理、规范流程、限时办理、一次告知”的便民服务模式。保证服务对象高兴而来，满意而归。四是坚持公开、公正、公平原则，严格按制度按程序办事，不搞暗箱操作，不乱收费、乱添加办事程序、办事条件，不勒卡、刁难办事人。

便民服务中心工作制度：遵循“便民、公开、依法、高效、无偿、自愿”的代办原则。坐班村干部即为代办员，负责群众代理事项的承接工作，从代办员中明确一名报送员，专门负责代理事项的报送、承办、回复工作。实行首问负责制度，对群众到代办点询问情况或申办手续，代办员必须在自己职责范围内及时给予答复、办理和解决。不属于自己职责范围的，要及时转交相关部门、落实具体经办人办理。实行一次性告知制度，群众来办事时，代办员应一次性向办事群众告知相关事项的办事流程、需要提供的书面材料清单和具体要求。代办员接到办事对象代理的申请后，应做好登记建档工作，承诺件、报批件要向申办人出具《便民服务办理通知书》，通知书一式二联，一联交申请人，一联存档备案。代办员对照需代办事项的《服务指南》，检查核实办事群众提供的材料齐备后，确认受理并出具代办通知书，在2个工作日（不含法定节假日）内送达镇便民服务中心。办结后在3个工作日内取回，通知办事群众领取。若材料不齐需补全的或不予受理的，实行一次性告别制，需县级单位办理的事项，要告知申请人应受理的单位。实行承诺限时办结制，围绕“受理、承办、回复”三个环节，在公示的承诺时限内办结；对超时办结的，按照相关规定追究责任；如遇特殊情况无法在规定期限内办结的，必须及时向申办人说明原因。对前来投诉举报的，要热情接待，耐心听取投诉人意见，并如实记录反映的问题和反映人的情况，然后向镇便民服务中心或相关部门报告。

信访信息员工作职责：一是负责全面掌握本村的苗头性、倾向性信访信息，排查不稳定因素。二是及时报告信访矛盾纠纷和不稳定因素情况，并建立信访信息台账。对涉及人数少、不稳定隐患较小、矛盾较为缓和的一般信访信息，及时收集并报告镇信访办。对涉及人数较多，矛盾可能激化，可能越级集体上访的重要信访信息，要提前 12 小时上报镇信访办。三是协助配合有关部门开展法律法规政策和信访知识的宣传工作，并做好群众的思想稳定工作。四是当好参谋，积极主动参加领导的重要信访活动，经常向领导提供信访动态，针对群众存在的热点难点问题，向领导提出合理化建议，为领导出谋献策，当好领导的耳目。

第四节　村务监督

孟家庄建立了村两委定期向党员大会和村民会议报告制度、民主评议制度、民主生活会制度、奖励和惩处制度，建立起村务公开栏和财务公开栏。

民主评议村干部。由武台镇党委组织召开村民代表会议，进行民主评议工作，每年进行一次。评议对象为村党组织班子成员、村民委员会班子成员。民主评议一般通过召开村民会议或村民代表会议、村民座谈会等形式进行评议和测评。评议前，先由评议对象作述职报告，回答村民代表提问，再由评议人员按优秀、合格、基本合格和不合格四个档次进行无记名投票评定，评议结果及时汇总后，武台镇党委考核认定、备案，并在村务公开栏中公布。

民主生活会。村委会班子的民主生活会由武台镇党委统一部署，有计划地安排村委成员参加村委会班子的民主生活会。会前征求群众意见，并将群众反映的意见反馈给本人。村委会班子成员根据民主生活会的主题、群众所提意见，紧密联系个人思想和工作实际，对村民小组长、自己及班子其他成员进行认真的对照检查，开展批评与自我批评。对于民主生活会上反映出来的问题，应逐个落实好整改措施，明确整改时限和责任人，并将民主生活会情况和整改措施落实情况在一定范围内向党员群众通报。

村财务日常监督。村财务日常监督工作由村民理财小组负责。民主理财实行先理财，后记账，理财程序按有关规定进行。村民主理财小组有权检查、审核财务账目及相关的经济活动事项，有权否决不合理开支。当事人对否决有异议的，可按规定提交村民代表会议讨论决定。村民有权对村集体的财务账目提出质疑，有权委托民主理财小组查阅、审核财务账目，有权要求相关当事人对财务问题作出解释。财务公开栏公开内容包括集体经济收入和支出、村干部工资奖金、电费、集体项目承包费收缴等，公开形式、程序、标准、时间做到统一规范。

奖励和惩处。村组织应对开展各项工作、执行各项规章制度的情况进行奖励和惩处。对积极开展镇党委、政府组织的各项创建活动成绩突出的，给予物质和精神奖励。对侵犯村民民主权利，违反民主管理制度，但情节轻微的，应责令其停止侵犯行为，作出检查，进行批评教育。对用非组织活动拉选票，破坏选举，妨碍选举人自由行使选举权和被选举权的；对正当行使民主权利的检举揭发人进行打击报复的；对有意阻挠有选举权的人参加选举的；对违反民主决策、民主管理程序造成重大经济损失的；对有其他严重侵权行为、破坏民主管理制度的，应给予党纪政纪处分，情节严重的应依法追究法律责任。对侵犯村民民主权利或违反民主管理制度的，应追究直接责任人的责任；情节严重、触犯法律的，应移交司法部门依法追究法律责任。村务公开栏公开的内容包括新上经济项目、计生指标分配、村干部年度工作目标等，公开形式、程序、标准、时间做到统一规范。

第六章 农业生产

1949年以前，受封建土地所有制的束缚，孟家庄的农业以单一的粮食生产为主，由于缺乏水利设施，完全靠天吃饭，产量很低并且很不稳定。中华人民共和国成立以后，在中国共产党的领导下，孟家庄村民走上了农业集体化道路，兴修水利，整理土地，科学种田，粮食产量逐年提高。1981年实行农村家庭联产承包责任制以后，村民自主经营土地，不断调整种植结构，多种经营，综合发展，农业增收，生活逐步改善。同时，工商业生产蓬勃兴起。

第一节 生产关系变革

封建土地所有制和土地改革

在1951年12月以前，孟家庄村民的主要生产资料就是土地，土地私有是其主要生产资料所有制形式。土地可以自由买卖，其交易一直延续到土地改革前期。交易时卖主首先写出草契，写明土地坐落方位、面积、四至以及地块内附属物（如坟墓、水井、树木）等，委托中人（经纪、中介人）找买主，一切由中人办理，卖主不出面操作。卖地时部分人有优先购买权，即“先给五服之亲，后给典主四邻”。找到买主后，买卖方与村中先生、中人，召集四邻一起丈量土地面积，写出红契（契约，文书），将买卖方、四邻、中人、先生姓名及立契时间写明，各方均在个人名下签字画押，“空口无凭，立字为证”，买方设宴招待。同时买卖双方协商给中人辛苦费（中介费）。土地买卖交易不受地域限制，可以跨村跨乡甚至跨县跨省交易，20世纪30年代初期，居住于武台的于逢俊家就在孟家庄村西大路西至村西河边购买了土地18亩，并在紧邻大路处建造房屋，其后于逢俊、于逢明兄弟二人分别于1932年、1935年迁居孟家庄，开起烧饼果子铺和杀猪店，此后成为孟家庄村民。

农家儿子长大，结婚成家以后，需要分居另立锅灶，叫作“分家”。分家时一般请舅父或族长主持，对家中房屋、粮食、财物、农具等均衡搭配。对土地分配，首先留出父母养老地，而后不管各方孩子多少，按兄弟多少平均分配，请先生写好分单签名、画押，作为土地产权的凭证。

女儿出嫁娘家也可以把土地做嫁妆带到婆家。保太镇刘家村曾经有一位女性嫁到孟家庄，娘家陪送30余亩地做嫁妆。虽然度过了漫长的历史岁月，此事具体发生在何年何月、具体当事人的名字等已经无人说清，但是那 30 余亩土地至今隶属于孟家庄。

由于村民占有土地数量不均，富裕人家不仅土地数量多，而且土地所处位置好，靠近河边，浇地方便，产量也高。一些土地少或无土地可耕种的农户，为了生存，只能到土地多的人家出卖劳动力为生。有长工和短工两种形式。长工终日不离其主，早起晚睡，夜间负责喂牲口，每天劳动时间长达 12 小时以上，其报酬很低，每年仅仅得粮 5~7 斗（1 斗小麦 37.5 公斤，1 斗玉米 35 公斤）。短工也称季节工，其报酬根据农活忙闲、劳动时间长短、强度、技术含量高低等临时确定，除管吃住外，工钱很低，每天仅能挣 4~5 公斤粗粮。

1939 年 5 月 25 日，八路军第 115 师东进支队前梯队从泰西进入蒙山前，开始在蒙山前创建抗日根据地。到 1940 年底，根据地的乡、村抗日政权大部分建立。1944 年 1 月上旬，包括孟家庄在内的人民，在经受了日伪军长达 6 年之久的统治蹂躏之后，获得了解放。1944 年春天，费北县全面开展土地改革运动。在中共费北县党组织领导下，孟家庄也实行了土地改革，党组织委派的工作组和村农救会把富家多余的土地分给了无地和少地村民。在白马乡担任党支部书记兼文书的孟宪龙，把大望山的 800 亩无主荒山分给了孟家庄。当时为了绿化荒山，讲的条件是“谁种谁得”，意思是谁在上面搞绿化就给谁。1947 年秋天，进行土改复查，划阶级定成分，没收地主、富农土地。1950 年 6 月，《中华人民共和国土地改革法大纲》（村民时称《土地法》）颁布。8 月，蒙山县部署各村召开会议，学习中央政务院《关于划定农村阶级成分的决定》，进行酝酿讨论，按其标准：剥削部分（出租土地、雇工、放贷）占家庭收入达 80% 以上者划为地主；剥削部分占家庭收入的 30% 以上不足 80% 的定为富农；不受人剥削又不剥削他人，或虽有剥削但剥削部分占家庭收入不超过 25% 的定为中农；虽有少量土地，靠打长工、打短工为主要生活来源者定为贫雇农。土地房屋确权发证。按照“土地改革法”精神，按人口统一分配土地原则，采取数量上抽多补少，质量上抽肥补瘦（填平补齐）的调整方法，统一丈量，使全村人人获得同等土地。平均地权后，按户填写土地证，由蒙山县人民政府盖章。

由于孟家庄没有占有土地特别多的人家，在土改运动和土改复查中，没有人被划为地主成分，有两户被划为富农，李如堂因为没有兄弟，从上辈继承了 30 多亩地、一座四合院、五间堂屋，另有一处宅院，被划为富裕中农，土地房屋被没收，本人被批斗、判刑投入监狱。高汗仓因为此前得罪了作风不好的乡干部，也被划为富农，最终于 1979 年平反。

1951 年 12 月 10 日，孟家庄的土地改革结束，村民领到了土地证书。

李如堂家的宅子被没收后，成为白马乡的办公场所，后来又做过学校和大队办公室。

互助合作

1951 年 12 月以后，孟家庄的村民虽然分到了土地，但是土地私有分散经营的小农经济制约着农业生产的发展，加之水利设施缺乏，生产工具落后，耕种主要依靠畜力，部分农户缺牛无耙无力耕种，遇上重大自然灾害根本无法抗拒，为解决生活困难，不得不把刚分到手的土地忍痛卖给他人，再次沦为无地户。

为了防止两极分化，中共中央发出“组织起来发展生产”的号召。号召农民组织起来，走互助合作的道路，使个体经营的小农经济，逐步过渡到社会主义集体经济，走农业集体化道路。

互助组

分到土地的农民精神振奋欢欣鼓舞，但是有的农户因家庭缺少劳动力、农具、种子、资金等原因，生产和生活仍有困难。当时全村有牛的人家仅两三户，大多数人家，耕地耙地都是极大的困难。条件稍好的人家出钱出粮请有牛的人家帮助耕种，条件差的人家本就缺钱缺粮，只得几家联合起来，用人拉犁耕地耩地，非常辛苦而且效率低下。特别是抵御重大自然灾害力不从心。1953 年下半年，本着“自愿、民主、两利”的原则，孟家庄村民自愿结合，成立了两个互助组，孟宪璞、李如芝分别担任互助组长。

互助组的互助办法是：由组长召集组民以同时出工方式为主，有牛、木推车的户，帮助无牛、木推车的户运粪、运农作物等；劳动力富裕的户，帮助劳动力少的户干农活，劳动一天记一个工，半天记半个工，时称“换工”。年终由组长召集组民进行决算，进行换工补偿，不足部分，下年补齐；无牛向有牛户交部分草料，时称“找草找料”。

这种互助形式，维持到 1954 年，农村的土地问题又出现了两极分化趋势，一部分有劳力有牛、车的户在分到土地后，经过几年的积累，有了剩余资金，急于购买土地。而一部分缺少劳力又无牛、车的农户，因土地种的不好，收成也差，生活相对困难，再加上找草找料，收成再去掉一部分，这部分人家就开始卖地。到 1954 年，这部分人的土地已所剩无几。中央及时发现了这种两极分化的苗头，制定了相应的政策阻止这种现象的发展，号召全国农村成立合作社。

初级农业生产合作社

从 1954 年冬天开始发动，1955 年 3 月，本着入社自愿，退社自由，互助互利，共同致富的原则，孟家庄成立了两个初级农业生产合作社，时称南社、北社。南社社长孟宪璞，办公地点在李如堂家被没收的宅子里。北社社长李如芝，办公地点在孟宪学宅子处。当时孟家庄共有 407 人，其中 402 人加入了初级社，另有一家 5 口人不愿意加入。

初级农业生产合作社简称初级社，性质为农村合作经济组织。初级社设社长、记工员、保管员各 1 人，社委员 1 人，由社员大会民主推荐产生，负责社中生产安排、土地等生产资料统筹、分红。土地、牲畜、农具等生产资料仍归个人所有，生产统一计划，集体经营。在初级社阶段，实行入社自愿，退社自由。村民自愿将土地和耕牛等生产资料入社，统一参加社内生产劳动。其分配办法按照“资源入社，土地入股，比例分红”，“地四劳六”的原则。牲畜、农具折价入股，由社统一使用，给一定报酬。社员参加劳动，实行评工计分，以分记酬。财务民主管理，半年公布一次账目，接受群众监督。

初级社的成立，使土地私有制开始向集体所有制转变，土地为社员共同财产,防止了贫富两极分化。农户的耕牛、车辆等大型农业生产资料打价入股，由初级社统一管理使用。秋后决算，入股社员股本按股分红，社员劳动以工分计算，整劳力出勤一天记 10 分，半劳力视劳动能力记 7 分、8 分不等，夏粮预分，秋季决算。决算时先从总收入中扣除生产成本、公积金、公益金，然后按“地四劳六”比例分配，“地四劳六”分配办法，即分配总额的百分之四十以土地和股份分配，百分之六十按劳动工分分配。

高级农业生产合作社

1956 年冬天，孟家庄成立高级农业生产合作社，农具、牲畜等入社作价，土地入社归集体所有。劳动力出勤记工分，年底结算。高级社社长由村党支部书记孟宪璞担任，副社长为李如芝。办公地点依然在李如堂宅子。

孟家庄高级农业生产合作社简称孟家庄高级社，下设两个生产队，各队设队长、会计、保管员。一队队长孟宪伦，二队队长李继川。

高级农业生产合作社实行“土地归集体所有，按劳分配”，对牲畜、农具统一作价记账入社。高级社取消了土地入股分红，主要生产资料归高级社所有；将初级社时期社员持有的分红股本、本金一次兑换，年终分配时，除完成国家征购任务，留足种子、饲料粮外，其余部分按劳分配。至此，私人耕牛、大型农具等生产资料不再和个人牵扯。对军属、烈属、五保户、困难户分别给予照顾,使其不低于社员平均生活水平。高级社把土地、劳动力、大型农具、耕牛等固定到生产队，生产队实行评工记分定额管理办法。

人民公社

1958 年 8 月，毛泽东提出“人民公社好”。随后，中共中央下发《关于在农村建立人民公社问题的决议》，全国迅速形成了人民公社化的热潮。

10 月 7 日，平邑县人民委员会决定将 25 个乡 (镇) 合并为 19 个乡 (镇)。月底，全县先后成立 16 处人民公社。武台人民公社成立后，孟家庄成立孟家庄生产大队管理委员会，简称孟家庄大队。孟宪璞任党支部书记，李继本任大队长。孟家庄大队依然下辖两个生产队，一队队长孟宪伦，二队队长李继川。村民均为公社社员。

人民公社的体制为政社合一，原乡党委改称公社党委。全社实行统一计划、统一管理、统一核算、统一分配。在“五统一”之下，劳力统一调动，耕畜农具统一使用，农田基本建设统一规划，大型生产工程统一施工。全公社一体化，物资公有化，组织军事化(按团、营、连、排编制)，行动战斗化，生活集体化。大搞“一平”(穷富拉平)、“二调”(调劳力，调钱物土地)。

到1960年，中共中央开始纠正总路线、“大跃进”、人民公社政策中的错误。10月份，食堂停办解散。1961年，认真贯彻中共八届九中全会精神，对国民经济实行“调整、巩固、充实、提高”的八字方针，下达了《农村人民公社条例》(即“六十条”)，调整农业生产关系和农业政策。工业减员，压缩非农业人口，大力支援农业生产，体制下放，将公社一级所有制改为社、村、队三级所有、队为基础的管理体制和核算制度；退赔平调的土地、劳力、财物。

1961年4月，平邑县开始贯彻《农村人民公社条例》，实行三级所有、队为基础的生产体制。5月1日，平邑县退赔办公室成立，开始对1958年以来“一平二调”的钱款财物清理退赔。7月23日，平邑县委召开三级干部会议，历时16天，传达中央工作会议和省委三级干部会议精神。会后执行“三级所有，队为基础”的人民公社生产体制，将716个生产大队、2727个生产队，改为1028个生产大队、4152个生产队。孟家庄大队由两个生产队改为四个生产队。一队队长孟宪伦，副队长高汗岭；二队队长李继青，副队长咸立忠；三队队长李绪恩，副队长李绪省；四队队长李继川，副队长李继运。

将公社一级所有制改为社、村、队三级所有、队为基础的管理体制和核算制度以后，生产队有了自主权，便利了生产管理。大队将全村的土地、耕畜、农具按人口分配给各个生产队，归生产队使用，并将近村东岭的60亩岭地分给社员做自留地，将村东便于水浇的地分给社员做自留园。公社、大队、生产队实行统一领导，分级管理。大队设立生产管理委员会，实行统一计划、统一管理、统一核算、统一分配。生产队设队长、副队长、会计、保管员，后又设政治队长和妇女队长。社员参加集体劳动记工分，分配分夏、秋两季，夏季小麦为预算，秋季为决算。收获后先上交国家征购粮，再留足种子粮、饲料粮、提留粮和生产粮，下余部分按照人七劳肥三的比例分配给社员作口粮，柴草随粮食分配。年终生产队按决算方案确定的工值计算各户的收入，扣除口粮柴草折款，余额发给现金，称为“工资”。劳力不足工分总值不够粮食款的欠款户，原则上应先交款再领口粮。当时，大跃进造成的严重影响尚未消除，农业基础非常薄弱，生产资料不足，生产力低下，生产的粮食不足以填饱肚子，只好以瓜菜代替。为解决口粮不足的问题，国家发救济贷款，每户3~5元，用以购买统销粮。直到1972年，这些救济贷款才还清。那些年，购买什么东西都要票。城镇非农业户口发粮票、布票、油票、糖票、肉票；农村社员只发布票，每年0.9米(以后长到1米)，过年发一点糖票。社员喂猪需卖给食品站，食品站每100斤生猪给10斤肉票。社员买肉专挑肥的买，有的吃不起就把肉票卖掉换钱。随着农业的发展，到了70年代后期80年代初，本村四个生产队的工值平均都在1元以上，劳力多的户年终决算可分到千元以上。

孟家庄大队早在1964年以前，就根据自己大队的实际情况进行过整山治水的努力，也根据公社的统一规划和部署，轰轰烈烈地开展过整理土地活动。1958年大王庄水库建成后，村西烈士陵园南部的土地已经可以自流灌溉，但是西岭和北岭的土地依然无法浇灌。为了解决这一难题，1960年秋收以后，孟家庄大队决定在西岭后修建一个扬水站。设想在西岭后山崖下岩层上凿出一个深穴，将大王庄水库的水引入水穴储存,之后以扬水设备将水扬高到西岭上，通过相关渠道灌溉农田。由于岩层坚硬，挖凿极其困难。每天20余人，耗时两个冬天，投入人工近2000个，将岩石凿深5米多，最终放弃。当年挖凿的深穴至今犹存，已经为乱草所覆盖。

1964年“农业学大寨”运动兴起，孟家庄大队学习大寨的群众运动很快形成高潮。当时孟家庄全大队人口600余，每天出勤参与学大寨的达到300多人，他们利用洋镐、铁锹、手推车、抬筐等工具，男女老少齐上阵，干部社员一起干，镢刨锹挖、人担肩抬、小推车推。每天天不亮，各生产队长就沿街对社员高喊起来上工，晚上干到天黑才下工，午饭都在工地上吃。大队还专门成立了“农业学大寨”专业队，每个生产队抽调10名壮劳力，由高宗玉担任专业队队长。从1964年秋收以后至1971年年底，历时8个秋冬，对村西、村北的山岭坡地进行整修。一是削高填低，最高的地方削去2米多，最深的地方填起2米多；二是整零，将零碎地块间的岩石挖出（遇到特别坚硬的岩石就放炮排除），平整成为大块土地；三是深翻，对于原先比较平坦的土地进行深翻，翻的深度约0.5米。8年时间里，孟家庄先后投入人工约20万人，将原先高低不平、乱石丛生的山岭薄地面貌彻底改变。整修后可耕种土地村西比原来多出约50亩，村北比原来多出约40亩，新增土地计90余亩，原有土地的质量也大幅提高。为解决整修后的土地灌溉问题，1978年春，孟家庄大队还筹集资金，出动30人，历时一个月，利用建材701矿废弃的管道，在大王庄水库边上建起扬水站，新修水渠500米。国家扶持一台295型柴油机。通过明渠，将大王庄水库的水引流到孟家庄村西、村北的山岭地，新增可灌溉土地250亩左右。有效提高了粮食产量。此后孟家庄大队农业生产连续获得丰收，成为全公社上交公粮最多的大队。当年整理出来的大片土地，至今还在发挥效益。

随着极“左”思潮的漫延和“文化大革命”的开展，学大寨运动也表现出形式主义和大呼隆的现象，提出政治挂帅、思想领先，和阶级斗争挂钩。一年到头搞疲劳战，提出“干到腊月二十九，吃了饺子再下手”。每到“三夏”“三秋”生产季节，公社、大队都要成立“三夏生产指挥部”和“三秋生产指挥部”。在村外田地里搭建指挥棚，棚上插红旗，安装高音喇叭；田间地头插上标语口号牌、毛主席语录牌和五彩旗，到处红旗飘扬。公社办“三夏战报”“三秋战报”，大队成立宣传队，敲锣打鼓到田间地头演出。公社成立战山河兵团，从各大队抽调青壮劳力，统一治理所谓“重点工程”，虽有一定成果，但效率很低。“农业学大寨”运动从 1964 年开始，直到“文化大革命”结束停止。

实行家庭联产承包责任制

1978 年 12 月中共十一届三中全会确定了解放思想、搞好转移、高速发展国民经济、集中主要精力把农业尽快搞上去的指导方针和战略决策。在党中央的积极支持和大力倡导下，家庭联产承包责任制逐步在全国推开，随着承包制的推行，个人付出与收入挂钩，使农民生产的积极性大增,解放了农村生产力，为农民脱贫起到了重要作用，推动了农业生产的快速发展，极大地改变了农业生产和农民生活。孟家庄大队党支部和管委会进行了认真的学习和宣传。1981 年秋收后，各生产队将土地分等定级，按人口承包到户，全面推行家庭联产承包责任制，土地承包期为 15 年。原先属于生产队资产的农具、机械、生产资料，也全部打价变卖给社员，然后将卖得的钱分给各家各户。因为麦子还生长在地里，议定只分地不分麦子，等下一年收割后再分。

由于当时是以生产队为单元运作，各生产队土地数量存在差异，最终导致全村人均土地数量不一。1997 年春天，全村人均土地数量不一的问题经过多年发酵,土地数量少的村民意见越来越大。村两委经过调研作出决定，将所有土地全部收归村集体，然后按照每人 8 分 4 厘的标准重新分给村民。1998 年 10 月，按照中央关于土地承包期再延长 30 年不变的政策和武台镇文件，村两委按上级要求进行了土地延包工作。

2013 年，县、镇有关部门进入孟家庄，先后对农村集体土地、宅基地、房屋、林木和林地的所有权或者使用权进行确认，并登记造册，分别颁发农村集体土地所有权证、宅基地使用权证、集体土地建设用地使用权证、农村土地承包经营权证、房屋所有权证、林权证等证书。2013 年 9 月 1 日，孟家庄村民领到了集体土地使用证。2015 年 3 年 31 日，孟家庄村民领到了农村土地承包经营权证。

2017 年 10 月 18 日，在中国共产党第十九次全国代表大会上，习近平在代表第十八届中央委员会向大会作的报告中指出：保持土地承包关系稳定并长久不变，第二轮土地承包到期后再延长 30 年。

第二节　主要农作物

粮食作物

孟家庄村民种植的粮食作物品种主要有小麦、玉米、地瓜、高粱、谷子等。

小　麦

1958年以前，村民种植小麦沿用土杂肥作底肥，土犁耕地或人工镢头刨地，木耙整平、耧播的传统方式，播种后靠雨、雪浇灌，旱涝不均，产量较低。

1971年以后，采取使用化肥、改良品种、增加密度等多项增产措施，加之水浇面积进一步扩大，产量逐年提高，亩产提高到200公斤。1985年后，品种继续改良更新，加大对氮肥、磷肥的使用量，加之田间管理措施得当，亩产增加到300公斤。

1958年大王庄水库建成以后，孟家庄前和村西烈士陵园前的土地共计200余亩实现了自流灌溉。1978年扬水站建成投入使用后，土地水浇面积进一步扩大。

1970年以前，小麦收割是人工镰刀、肩挑人抬，运到场间翻晒，畜力或人力牵引碌碡滚压脱粒，人工分离出麦秸、麦穗、麦粒，再用木锨扬净，晒干入仓，一路下来，全是人工作业。1970年以后，运输开始有拖拉机，脱粒有脱粒机。2010年以后，开始有联合收割机，劳动强度大大降低。

现在，孟家庄已经无人种植小麦。

玉　米

民国年间，孟家庄种植的玉米品种主要是小粒红，子粒饱满，粒红质优，但产量很低，亩产仅100公斤左右。村民只是在田间地头少量种植，用作煮食。1955年，农业合作社引种小粒红，大马牙等品种。人民公社时期，玉米种植面积有上级下达的指令性计划，本村4个生产队播种总面积200亩，通过引种良种，追施化学肥料和田间科学管理，亩产达到150公斤。1979年引种“鲁单4号”，亩产达到180公斤，1989年引种丹玉13、掖单2号等优良品种，合理密植、追施化学肥料，加强田间管理，单产提高到200公斤。

玉米在芒种前后播种，平均每亩用种2公斤，种植4500株左右。

玉米的生长期约120天，中华人民共和国成立以后，多为春播；20世纪60年代初，逐步调整为夏播为主，即小麦、玉米一年两作制。麦收后种上玉米，俗称夏玉米或麦茬玉米。播种的方法是：灭茬、开墒、播种、间苗、施肥、浇水、除草、除虫。

鲜玉米收获后需晾晒，一般采用整棒晾晒方式，将玉米棒子包叶扒开，2~4个系在一起，悬挂于屋檐下或树枝上，随用随取；或去叶后晾晒纯玉米棒子，仓储；也可以脱粒晾晒，用玉米擦板手工脱粒或机械脱粒，晾晒干燥后，即可仓储。

玉米用作主食，鲜玉米棒子煮熟可食用，也可磨面蒸食，煮稀饭及爆玉米花。除食用外，玉米也是工业酒精和烧酒的主要原料；玉米秸秆用于造纸和制墙板，包叶可作填充材料和草艺编织，穗轴可作燃料，茎叶除用作牲畜饲料外，还可作沼气池原料等。

现在，孟家庄村民种植玉米的很少。

地　瓜

孟家庄种植的地瓜品种，在中华人民共和国成立初期，引种“胜利百号”；1966 年，引进“北京 5245”“华北 553”等，种植面积 300 余亩；平均亩产鲜地瓜 2000 公斤。1976 年，引进“徐薯 18”“烟薯 1 号”“烟薯 3 号”等良种，平均亩产鲜地瓜 2500 公斤。

孟家庄人对地瓜的利用方式相对比较简单：一是煮熟食用；二是切成薄片晒成地瓜干储存，用时将地瓜干磨成面粉摊制煎饼；三是利用从地瓜中提取的淀粉制作粉皮；四是用作喂养牲畜等的饲料。

地瓜嫩叶切细晒干后可以熬汤，也可以炒制豆沫食用。

高 粱

高粱又称蜀黍。孟家庄种植高粱的历史几乎与建村史同长，其品种主要有“米帽子”“大帽子”“黑葶子”“红葶子”“三变色”“老鸹垛”“麦皮子”“红秫秸”等。20 世纪 60 年代，开始引种“反帝 1 号”“原杂 10 号”“多穗高粱”，亩产达 150 公斤。现在仅有少量种植。

孟家庄种植的高粱以春播为主，清明播种，也用耩子耩，人拉砘子压，以防“虚死”（种子与土壤接触不紧密，得不到水分而干死）。苗长到 5 厘米左右间苗，株距 30 厘米。立秋后收割（俗称砍高粱），秫秸捆好放于地中攒起，秋后运回家中，高粱既耐旱又耐涝，子实既可食用，又是酿酒的上好原料。秸秆在旧时代是农家建房做屋笆必需的材料，也可以打秫秸箔用于晾晒物品。穗可制笤帚或炊帚；穗下的长莛（俗称秫秸莛子）是制作盖垫的上好材料，在高粱米红的时候将叶子打下晒干，又是牲畜过冬时的好饲料。

中华人民共和国成立前后，高粱的食用方法主要是用石磨加工成糊后做煎饼、窝头或者贴饼，现在则将其磨成细粉加工成煎饼出售。

谷 子

孟家庄种植的谷子的历史几乎与建村史同长，中华人民共和国成立初期，谷子品种主要是“青苗”“紫苗”等品种。20 世纪 60 年代以后，引进“华农 4 号”。亩产 200 公斤左右。现在已很少种植。

孟家庄种植的谷子有春播（俗称早谷）、夏播（俗称晚谷）之分。春播在谷雨、立夏间，夏播在麦收时节芒种前后。农谚有“早谷晚麦不看收”之说。播种时用耩子，播种后人拉砘子砘压，使土壤和种子有机结合，以免“虚死”。农谚“七宿麦子八宿谷，等到半月出黍黍”。谷苗出地 4~5 厘米时需要间苗，（俗称剜谷子）。剜谷苗需掌握“七寸芝麻 8 寸谷，鳖子腿，一二三”的要领，剜苗时需要专用工具“挖搽子”（一种固定于木棍上的成圆状的铁片）。待谷苗长到 40 厘米左右，需追肥并将垅中土堆于谷苗两边以防倒伏（俗称“封沟”）。

谷子是孟家庄村民主要粮食作物，谷秸是牲畜的饲料，建房时也多用于拧屋脊，护墙头等，还可打苫子防雨、铺床。

经济作物

孟家庄村民种植的经济作物品种主要有花生、大豆、烟草、棉花等。

花　生

孟家庄历来有种植花生的传统，种植花生的历史与建村史同长，由于水浇条件较差，山岭地主要是种植地瓜和花生。孟家庄村民也称花生为“果子”。

中华人民共和国成立以前种植的主要品种是“小花生”“大花生”。因品种单一、老化，平均亩产只有四五十公斤。1956–1962年引进良种“小麻叶”“半站秧”及早熟品种伏花生等，抗病能力强，产量高，亩增产20%以上。1970年以后，先后引进良种“反修1号”“白沙106”“临花1–2号”“鲁花1–3号”“海花1号”等。亩产逐渐增加到150公斤左右。1981年实行家庭联产承包责任制以后，农民根据自己承包地的条件，选购品种，决定种植面积，选择管理方式，产量稳中有增，全村种植面积保持在300亩左右，亩产300公斤左右。

大　豆

大豆是孟家庄村民的传统种植作物，20世纪60年代，引进“平顶黄”“齐黄1号”“小粒青”。70年代，引进中熟品种“向阳1号”。80年代，引进“早丰4号”“鲁豆4号”，亩增产10%~15%。

大豆喜生茬，一般不上肥料，用耩子直接播种或点种。

大豆为优质经济作物，豆子、豆皮均可食用，可榨油、做豆腐、生豆芽，豆秸、豆荚、豆叶均可作牲畜饲料。榨油后的豆饼可以做食品或精饲料，也是上等的肥料。因豆科作物根生根瘤菌，有固氮作用，种植及生长需肥量小，常与玉米、高粱间作套种。

村民种植的豆类作物除大豆外，还有黑豆、茶豆、绿豆、豇豆、豌豆、红小豆等。绿豆、豇豆、豌豆、红小豆主要用于做粥。黑豆、茶豆是饲养牲畜的上等饲料。

烟　草

孟家庄种植的烟草有本地烟和黄烟之分。本地烟，村民俗称旱烟绺子，旧时每年均有小面积种植，收获后自用为主，有剩余者也到集市上销售。20世纪80年代以后开始种植黄烟，乡镇政府每年下达黄烟种植任务，孟家庄每年种植黄烟30~50亩。

黄烟种植过程非常复杂，从育苗、移栽到田间管理，特别是烤制，都有极其严格的要求，稍有不慎即造成品级下降，影响收入，一般农户往往视为畏途。

棉　花

棉花曾是孟家庄种植的主要经济作物。中华人民共和国成立前，普遍种植“草棉”。中华人民共和国成立后，引种的优良品种有“高密933”“鲁棉1号”“鲁棉3号”“中棉10号”等。1980年后，村民种植的品种主要是“鲁棉5号”“鲁棉7号”等鲁棉系列。

1958年前，孟家庄村民有小面积种植，均为春播，产量较低，亩产皮棉30斤左右，主要用于纺线织布，缝衣做被。1958年以后，国家实行计划经济，层层分配种植计划和皮棉征购任务。1970年前后，每个生产队种棉20~30亩，全村100余亩。棉花的品种不断优化更新，产量逐年提高。棉花栽培技术性强，为适度提前播种期，推广实行了麦田套种和营养钵育苗等方法。棉花的主要病虫害有棉铃虫、蚜虫、钻心虫等，需要及时喷药防治。

棉花管理方面，主要是实行小棵密植，并及时除草、培土、拿杈、打尖、防治病虫害。棉花产量逐年增加，亩产皮棉提高到 50 公斤左右。

改革开放后，实行市场经济，村内已经很少有人种植棉花。

金银花

金银花，又名金花、双花、忍冬花，村民称“银花”。孟家庄种植金银花始于何时，已不可考。清光绪二十二年（1896 年）编修的《费县志》（孟家庄当时属费县）载：“花有黄白，故名金银花。从前间有之，不过采以代茶。至嘉庆初，商旅贩往他处，辄获厚利，不数年，山角水湄栽植几遍。”据此可以断定，金银花在本地进行人工栽培已近 200 年。1977 年国家颁布的药典明确记载，金银花的主要成分是绿原酸，根据花中绿原酸含量多少，可以确定金银花质量的高低。1984 年，山东省中医药研究所等单位化验，孟家庄所属平邑县的金银花花蕾绿原酸含量平均 5.8%，最高的达 6.7%；挥发油含量为 0.18%，异地同类产品含量仅 0.02%~0.04%；其所含皂甙，为外地金银花所没有。金银花茎、叶中也含绿原酸，其含量分别为 0.9%、3%。

孟家庄的金银花花蕾肥大，色泽纯正，味道清香，质量良好，一直畅销，由药材公司和供销社收购，供应国内药用和出口。金银花茎、叶早年当作柴火、饲草。1980 年后，金银花藤、叶逐渐用于酿酒、金银花香精、可乐汽水和金银花晶固体饮料、银花晶、银花露、银花茶等。

2017 年，孟家庄种植的金银花总产量 700 公斤，价值 70000 元。

生　姜

孟家庄种植的品种为当地传统品种，当地人称为“小黄姜”。2015 年后种植面积逐步扩大，2017 年种植面积 200 余亩，亩产 4000 公斤，价值 4.4 元 / 公斤。

丹　参

孟家庄早年有少量种植，2010 年后种植面积不断扩大。2017 年种植面积 300 余亩，亩产 400 公斤左右，价值 20 元 / 公斤。

果　树

孟家庄栽培的果树主要有苹果、山楂、柿子、桃、杏、栗子等；干果类有核桃、枣等。

苹　果

二十世纪七八十年代，孟家庄栽培的苹果园有 60 亩，主要种植“国光”“金帅”“红玉”等品种；1981 年实行家庭联产承包责任制以后，逐渐发展到 100 余亩，品种逐渐更换为现在的“红富士”“红将军”“藤木”系列等优良品种。

盛果期平均亩产 3000 公斤。

山　楂

孟家庄曾经先后引种"八棱山楂""蒙山红"等品种,果头大,产量高,口感好。盛果期平均亩产 1500 公斤。

柿　子

中华人民共和国成立初期，孟家庄有扁圆柿子和馍馍柿子两种，成熟后均需温水脱涩后方可食用。后村民引进满堂红、桔蜜等新品种，成熟后可直接食用。

蜜　桃

中华人民共和国成立前，孟家庄有小毛桃、六月鲜等品种。后引进"中华寿桃""沙早生""春晖""桃王九九"等。进入 21 世纪以来，主要发展黄桃。2017 年,孟家庄黄桃种植面积 500 余亩,平均亩产 3000 公斤。

蔬　菜

孟家庄的蔬菜种植以家庭为主，当年入社时，在村东、村南藕汪边分给村民每人五厘自留园，村民在自留园里种植蔬菜。

孟家庄经常栽种的蔬菜品种有：白菜、萝卜、胡萝卜、茄子、辣椒、西红柿、菠菜、苔菜、油菜、芸豆、豆角、土豆、甘蓝（大头菜）、苤蓝、莴苣、蔓菁、辣疙瘩（腌菜）、韭菜、芹菜、芫荽、葱、姜、蒜等。

大白菜

中华人民共和国成立前，种植"包头白""天津绿"等品种；20 世纪 60 年代,引进"狮子头",70 年代,推广"山农 4 号""清杂中丰"等品种。

萝　卜

村民种植的萝卜主要有"尖嘴红""大青头""小水萝卜"等品种。

茄　子

村民种植的茄子主要有"徐州长茄""济南长茄"等品种,"紫光大圆茄"和"紫光长茄"为 20 世纪 80 年代主要品种。

辣　椒

传统品种有尖辣椒、朝天椒；20 世纪 60 年代，引种"邹平羊角辣椒"；70 年代，引进"茄门甜椒""华椒 4 号"等品种。

土　豆

村民种植的土豆品种有克新 2 号、泰山 1 号、红眼土豆等。

葱

村民种植的品种有鸡腿葱，章丘大葱等。

菜　瓜

孟家庄经常种植的瓜类有黄瓜、南瓜、冬瓜、北瓜、胶瓜、苦瓜、丝瓜、佛手瓜、倭瓜、瓠子等。

莲　藕

1990 年以前，孟家庄村东、村南藕汪里每年生长大片大片的莲藕，人民公社时期每到冬季挖出，小部分分给社员食用，大部分运到集市售卖。

第三节　种植技术

中华人民共和国成立以前，土地私有化，家家户户单干，加之靠天吃饭、村民不识字等各方面条件限制，种田根本谈不上科学。中华人民共和国成立以后，党和政府非常重视农业，把农业确定为国民经济的基础，提出“以粮为纲”。毛泽东高度概括了农业生产的关键要素，提出了土、水、肥、种、密、保、管、工的农业生产“八字宪法”，号召农民科学种田，为农业发展指明了方向。

灌　溉

历史上困扰孟家庄粮食生产最大的问题就是缺水。历代孟家庄人都盼着解决庄稼浇灌用水问题。但是由于工程浩大，在私有制的旧时代，这几乎是一个无法破解的难题。

1957 年秋天，政府开始组织修建大王庄水库。当时命令整个武台乡所有村庄都必须派人参加。孟家庄派出 130 多人，历时两年，到 1958 年底，大王庄水库建成。此后孟家庄村西烈士陵园以南的土地就能自流灌溉，孟家庄人成了兴修水利的第一批受益者。但是西岭和北岭的土地更多，那里的大片土地依然无法浇灌。为了解决这一难题，1960 年秋收以后，孟家庄大队决定在西岭后修建扬水站。原来设想在西岭后山崖下岩层上凿出一个储水池，先把大王庄水库的水引入储水池储存，之后用抽水机把水扬高到西岭上，通过渠道将水引到地头灌溉。由于种种原因，这一工程最终放弃。

为了解决土地灌溉问题，1978 年春，孟家庄大队再次启动水利建设工程，在大王庄水库东侧建起扬水站，通过明渠，将大王庄水库的水引流到孟家庄村西、村北的山岭地，新增可灌溉土地 250 亩左右。有效提高了粮食产量。

1990 年秋和 1991 年春天，孟家庄村又在村西南角打直径 9 米，深 9 米的大口井 1 眼，直径 1.5~2 米，深 5~6 米的小井 3 眼。但在天旱时依然存在有些地块浇灌不及时、各家各户排队等待的问题，随着村民经济条件的持续好转，从 2010 年开始，孟家庄村民家家户户在自己承包的地头打深水井浇地。根据地势用机器钻深 30~60 米不等，每小时出水多达 10~20 立方米。浇地时将电动或者汽油机水泵运到地头抽水浇地。

至此，孟家庄可耕种土地水浇面积已经达到 90% 以上，基本实现了农田水利化，为农业大丰收提供了水利保障。

施　肥

村民种田使用的肥料主要有农家肥料和化学肥料、配方肥料三类。

在旧时代，孟家庄土地瘠薄，施肥以农家肥为主，一般只施底肥，肥力供应不足，粮食产量很低。合作化时期，引进硫酸铵等化肥，时称“肥田粉”，因为认识不足，又无钱购买，使用者很少。20 世纪 60 年代以后，随着农业生产的发展和村民生活的改善，大力提倡养猪积肥，肥料可以换算成工分，有效调动了农户养猪积肥的积极性。与此同时，各生产队还用青草沤制绿肥，种植苕子压青作肥，结合旧村改造，用旧屋土、老墙土、拆旧锅台等做肥料，以有机肥为主，氨水、碳铵等化肥为辅，采取底肥、追肥、叶面喷肥等方法，施肥量大大增加。20 世纪 70 年代后，化肥施用量逐年增多，形成与圈肥、农家肥并重的局面，并将玉米的秸秆在地头铡碎挖坑沤烂，搞“秸秆还田”。20 世纪 80 年代后，化肥施用量剧增，成为当家肥料，土杂肥等有机肥被逐渐忽视，造成苗好秸好却减产的现象。2010 年以来，村民逐渐认识到合理施肥的重要性，使用肥料品种、用量和时机越来越科学。

农家肥料

农家肥料，村民俗称土杂肥，含有丰富的有机质和多种营养元素，肥力稳，效果好，用途广，常用于基肥、追肥、种肥。

有机肥。小农经济时期，多与土杂肥同栏沤制，晒干砸碎铺施底肥，少数农户单积晒成粉干，以作追肥。20 世纪 50 年代以后，单积尿液冬季浇小麦，菠菜者居多。60 年代以后，单积人粪尿者骤增，建池发酵后用于蔬菜追肥；各生产队安排社员收集人粪尿运回生产队粪便场集中处理后，用于田间追肥。

圈肥。可作基肥或追肥。农业合作化时期，随着畜禽饲养的发展，尤其是 20 世纪 70 年代，大队饲养场的建立，并鼓励社员养猪，圈肥积施量增加，亩施 1000~1500 公斤，增加了土壤有机质含量。实行生产责任制后，因牲畜饲养量下降，圈肥量减少。

土杂肥。农业合作化前后，村民用拆除饭屋土坯砸碎，阳沟土，家家积土水（尿）窝子等作肥料。人民公社后，为改良土壤结构，各生产队安排专人收集炉灰、筛选垃圾土施入田间，平均亩施杂肥 500 公斤，以疏松土壤，增加透气性。

草木灰。20 世纪 60 年代前，农户习惯将草木灰与圈肥一起沤制，导致磷、钾成分损失。80 年代后，草木灰开始单积单施，小麦返青后为防止倒伏，亩施 25 公斤左右，或用于蔬菜栽培。

绿肥。20 世纪 70 年代，社员利用夏季高温多雨，野草树叶丰富的条件，将铡碎的绿草、树叶、麦糠、麦穗及人粪尿混合均匀堆起，四周用泥密封，顶部呈平顶盆形加水沤制，秋种时作为基肥。

饼肥。村民施用饼肥历史悠久，中华人民共和国成立前以豆饼为主，其次是芝麻渣（香油渣）、棉籽饼，多用于瓜菜作物；个别富裕农户，用作基肥。中华人民共和国成立后，国家将豆饼列为商品肥料，种植黄烟时，按种植面积供应。

化学肥料

化学肥料简称“化肥”，主要有氮肥、磷肥、钾肥、微量元素肥和复合肥。孟家庄常用的化学肥料主要有氮肥、磷肥和复合肥。

氮肥。20世纪40年代，日本商人将氮肥运销平邑，村民俗称肥田粉（硝酸铵），个别农户开始使用。50年代，磷酸铵用于追肥，亩施2公斤左右。20世纪60年代中期，开始使用氨水、碳酸氢铵、尿素。以上氮肥多用追肥或种肥。70年代，亩施用氮肥5公斤，磷肥3公斤、钾肥0.5公斤。

磷肥。20世纪60年代，开始施用过磷酸钙；70年代，施用钙镁磷、磷酸钙，多作小麦、谷子基肥。

复合肥。20世纪80年代，施用磷酸二铵（含氮46%、磷18%）和三元素复合肥（氮15%、磷15%、钾12%）；90年代，逐步使用小麦、玉米、地瓜、蔬菜、黄烟、果树专用复合肥，多数用作基肥，少量用于追肥。

施肥分底肥、追肥两种形式。底肥以土杂肥为主，有机肥和化肥并用。追肥以化肥为主，小麦返青前和玉米小苗期也结合用圈肥、农家肥作追肥。随着科技水平的提高，科学施肥逐步受到重视，按照不同作物不同生长期的需要，适时追施苗肥、孕穗肥、灌浆肥等。根据不同地块土壤中微量元素的含量，配方施肥，优化氮、磷、钾等营养元素的比例，有机肥与化肥合理搭配、混合使用，并采取施肥浇水相结合的方法，减少肥料挥发流失，促使肥力充分被作物吸收利用，以满足农作物生长的需求。

推广良种

中华人民共和国成立以前，不论什么作物，粮食品种自留，一个品种一直种下去，品质一代一代不断退化，粮食产量越来越低。中华人民共和国成立以后，党和政府重视农业生产，把培育、推广良种作为农业增产的重要措施。集体化初期，选择长势好、产量高的地块留作种子田。20世纪60年代，地区和县都设农科所良种场，生产队留种子田，形成良种推广繁育体系。生产队组织社员在麦子成熟未割前进行穗选，将穗头大，籽粒饱满的麦穗拔下来留作种子。20世纪70年代以后，采取引进、繁育、调剂相结合的方式，确保良种满足供应，良种覆盖率达100%。

孟家庄曾经引进过的小麦良种有：气死雾、“秃头”麦、徐州438、济南13号、泰山1号、泰山4号、鲁麦1号等高产抗病品种。玉米良种有小粒红、大马牙、金皇后、掖单2号、掖单4号等。地瓜良种有胜利百号、济南一窝红、徐薯18号。棉花良种有高密933、鲁棉1号、中棉10号等。

合理密植

20世纪60年代后，随着农业科技的发展，村民对合理密植的认识逐步提高，在生产实践中不断进行推广和应用。小麦播种时，早茬麦施种量掌握在5公斤左右，中茬6公斤左右，晚茬7.5~9公斤。玉米点播，每亩4500~5000株。地瓜每亩3500~4000株。棉花每亩

3500~4000 株。

农业集体化后，随着土、水、肥条件的改善，适当加大农作物密度，实行合理密植，促进了农业增产增收。

农作物保护

中华人民共和国成立以后，党和政府把搞好植保、防病灭虫作为发展农业生产的重要措施，高度重视对防病治虫的研究，建立植保机构，配备技术人员负责植保工作，研制生产各种除病灭虫药剂。自上而下形成了一整套植保体系，采取以防为主，防治结合的方法，强化农作物的植保工作，有力地促进了农业增产增收。

孟家庄经常发生的主要病虫害有 50 余种，其中病害 20 余种，虫害 30 余种；还有 5 种鼠类危害。

中华人民共和国成立前，碾虫（蚜蝗）、蝗虫、地下虫害（地老虎、蝼蛄、蛴螬、金针虫等）普遍发生，危害农作物。其防治工作，全靠人工捕捉。蝗虫防治，农户四邻联合起来，男女老少齐行动，在蝗蝻时期进行围捉捕拿，或在地里挖沟摇旗击盆驱赶至沟内，用土深埋、火烧。粘虫一旦发生，人工剪卵块捕杀，出现幼虫逐棵手捉。地下害虫防治施用信石（砒霜）毒谷拌种。

中华人民共和国成立后，政府对农作物病虫害防治工作，提出“防重于治”的方针，虽屡次发生虫害，因防治措施及时、得力、有效，从未酿成大面积灾害。

20 世纪 50–60 年代，以地下害虫和黏虫危害较重，以人工捕拿为主，药剂防治为辅，基本控制了虫害。如果小麦发生杆黑粉病，拔除病株烧掉。20 世纪 60 年代中期，有机氮、有机磷农药开始使用，化学农药防治由点到面，逐步全面使用。

20 世纪 80 年代以来，实行家庭联产承包责任制，病虫害防治方式方法由农户自己做主，孟家庄由于种植果树面积不断扩大，存在过量喷施农药、大量使用高毒农药现象。2010 年以来，随着党和政府越来越重视环境保护工作，逐渐禁止生产、销售、使用高毒农药，村民环境保护意识不断提高，开始使用高效低毒、低残留农药进行农作物保护。

第四节　生产工具

传统农具

耕耘工具

犁　主要用于耕地、扶脊起垅。旧式犁把柄弓托均为木制作，后改为木把、铁弓，托上牵引铁钩，木托铁底，犁底装有铲头（犁铧），上配生铁铸造的犁镜，人扶畜引（2 头牲畜），日耕 4 亩左右，这种犁极其笨重，操作费力，功效低。1955 年，初级社使用新式 7 步犁，其特点较老式木犁轻便，深耕省力，功效提高。老式犁在 20 世纪 60 年代被淘汰。

耙　用于耕后耙平、耙碎土坷垃。长方形木制框，有铁钉齿。耙有大小之分，大耙用于大田耕后耙平，双畜牵引，日耙地 15 亩左右；小耙单畜牵引，用在调好畦埂后，整平畦面。

铁锨　有平锨、铲锨、瓦锨、小铁锨四种型号，平锨用于起土装卸车，铲锨（尖头锨）用于翻地、挖渠和挖穴，瓦锨用于装卸车，小铁锨用于淘井、点播等。

荡耙　平整地面用的多是木头铁齿或铁头铁齿，装一长木柄，也有的铁管头上焊有铁齿，用于畦内平整土地。

锄　有大锄、小锄、刮锄之分，大锄用于田间灭茬、除草、松土保墒。小锄用于间苗、垅眼除草；每天每人锄地 2 亩左右，刮锄用于菜园畦间除草。

抓钩　木柄铁钩，有双齿钩、三齿钩两种。20 世纪 70 年代，多用于麦田行间松土除草。

豁犁子　结构原理基本同于老式步犁，主要用于豁地、扶脊起垅。一般两人操作，一人扶柄，一人牵臂，一推一拉；适宜小面积地块和山岭薄地作业。

砘子（俗名轱辘子）　中间有一方空，用于镶嵌木轴，有单砘和双砘之分，单轱辘有人推、拉两种；双轱辘有人拉、畜拉两种；双轱辘子，间隔 25 厘米左右，轱辘直径 30 厘米，外圆内方，中间有木轴连接石锅子。谷子、高粱等作物播种滚压专用工具，形状像圆盘，在作物播种后在耩沟上滚压，使种子与土壤完全结合、保墒催芽，提高种子出芽率。

播种工具

耩子　木耩子由耩腿、耩角、耩仓、搁啦蛋、扶手、仓门等部分组成；分为单腿、双腿、三腿耩子三种。单腿耩子又叫独腿耩子或叫单脚耩子，多用于追肥施料；双腿耩子又叫双脚耩子，多用于播种小麦或谷类、豆类作物；行距 25 厘米；三腿耩子俗称三脚耩子，多用于播种小麦，行距 20 厘米。耩子均用人扶，人力或畜力牵引作业方式。畜力牵引一般日播种 10~12 亩。耩内有搁啦蛋，作用是匀漏种子。

收获工具

镰刀　用于收割小麦、玉米、谷子、芝麻等农作物，也用于掐麦穗、谷穗和割青草等。

围刀子　一种握在手中无把单刃器，是用于收割高粱穗、谷穗的专用工具。

镢头　系木质长柄铁头农具，分为大镢头、小镢头。大镢头用于刨地、挑畦、起垅，男整劳力日刨地 0.4 亩左右。20 世纪 70 年代以来，土地用牛耕后，用于刨地头、地边、收刨地瓜、胡萝卜。小镢头用于刨穴点种、挖井、种菜。还有一种形似扇面，把长 50~60 厘米的小镢头，主要用于翻刨已经收过的花生、地瓜地，捡拾漏拉的花生、地瓜，叫作“小拦镢”。

农副产品加工工具

碾　石质，下部固定部分如圆月，叫碾台；上部转动部分如圆柱石叫碾砣；碾谷、米、豆，压碎、压裂粮食等用。

磨　石质，下部固定部分如圆月，叫磨台；中间部分，即与磨台一同固定的圆柱石叫磨盘的下起，上面有磨齿；上部转动部分如圆柱石叫磨盘的上起，下面有磨齿，与下起磨盘等圆，中间圆孔用于进谷物、薯类等；磨谷、米、麦、豆、地瓜干，磨成粒、面，或磨成糊、浆，供做煎饼、豆腐等用。

中华人民共和国成立前，粮油以及副食加工主要使用石碾将粮食脱壳轧面，以及油坊滚压大豆、花生等。磨有旱磨（加工面粉饲料）、水磨（加工煎饼糊、豆浆）、油磨（加工芝麻酱、香油）。传统的碾、磨在20世纪60年代以后，以面粉机、榨油机取代。

碓 用于粮食破碎、去壳、脱皮等用。

鏊子 圆形，三条腿，村民摊煎饼的工具。有大小之分，小鏊子半径42厘米，大鏊子半径50厘米。20世纪90年代，兴起烧煤球的手动转鏊子。

玉米镌子 长约30~50厘米，木制，顺向有长凹槽，中间挖有一方孔，上部镶有一弯曲铁锥，用手拿玉米棒子顺槽用力推下，脱掉一行玉米粒。一般1个玉米棒子镌3~5行，再用手搓、拧、脱粒速度较快。

擦床子 又名地瓜镌子。切削地瓜干专用工具，长方形木板（一般70厘米×20厘米），中间横向开一长方形孔，孔上方横向钉一刀片，背面长方形孔木棱为斜面。

20世纪80年代初，切地瓜干时兴转刀子，有入瓜仓、双刀转盘，摇把三个部分组成，可固定在长板凳上；可一人操作，一手握摇把，转动双刀转盘，一手即时注入地瓜，效率较高。也可两人操作，效率更高。

运输工具

中华人民共和国成立前主要运输工具有手推车、地排车、扁担、托子、绳、钩担、桶（俗称筲）、筐子等。

灌溉工具

中华人民共和国成立前，村民使用瓦罐提取井水、汪、河水，用于人畜生活，用撅杆、水斗打水浇地。

农业机械

水车 1961年，孟家庄购买了四辆水车，安装在村边水井上，可以用人推，也可以用畜力拉着提水浇园。1976年，开始使用柴油机及离心式水泵浇地；70年代后，动力机械（离心泵、深井泵、潜水泵）逐步代替了人力、畜力水车。

喷雾器 1963年，有潍坊产552丙型压缩式圆筒喷雾器3部和手摇喷粉器8部，到1980年，使用临沂农业药械厂生产的背负式泰山18汽油机喷雾器、喷粉器。

柴油机 1965年秋天，大队副业组购买12马力单缸140柴油机，用柴油机带动地杠，地杠带动面粉机一台、粉碎机一台（用于粉碎地瓜干、饲草）、棉花去籽机一台、弹花机一台、花生米压辊机一台，并在一边安装榨油设备，办起油坊。1978年通电后，改为电动机带动。

1978年春，孟家庄大队建起扬水站，国家扶持一台295型柴油机，用于抽水灌溉农田。

拖拉机 1968年秋，孟家庄大队购买一台八马力拖拉机用于运输。1972

年，大队又买了泰山25拖拉机。1975年，第三生产队购买了一台八马力拖拉机。1981年，于孝恩购买二手50马力拖拉机一台，运输石棉、豆子、豆饼、花生饼等。1986年春，李绪会购买泰山牌12马力方向盘式拖拉机一辆。

脱粒机 1972年初夏，孟家庄大队购买脱粒机一台，用柴油机带动，各生产队轮番使用。到1978年，第一台脱粒机用坏，大队又买了第二台脱粒机，用电动机带动。

喷灌机 1977年，孟家庄第三生产队购买了柴油机大喷灌，大大提高了粮食产量。

三轮车 1981年秋，李绪会购买三环牌二手三轮车一辆，系孟家庄村民个人购买的第一辆三轮车，用于收购花生米、花生油。

汽车 1982–1984年，于孝恩先后购买二手解放牌拖挂汽车三辆，跑东北、上海等地，运送石棉、水果等物资。

第五节 传统农活

耕地 耕地分为春耕、秋耕，耕作方法基本一致，以秋耕为例。秋作物收获后及时倒茬，谷地榜茬子，高粱、玉米收后刨出作物根部，倒出地，再均匀铺撒土杂肥，耕牛、犁、耙备齐。犁犋分单牛担子、二牛担子和三牛担子；耕地，分扶耕、劈耕两种。扶耕即犁把式右手扶犁，左肩搭鞭，扬鞭吆喝牲口，从地片中间一头插犁向前耕作，犁垡右翻，到地头后，从犁垡右侧插犁，顺时针序往返耕地，形成隆起的扶脊，墒沟在地片两侧，打墒宽度一般在10米。劈耕，是从地片两边插犁，逆时针序转圈排耕，墒沟在地片中间。耕地要求垡头（犁宽）宽窄一致，耕细耕匀，其宽度一般为20~30厘米，耕深10~20厘米。耕作效率，1人1犋牛1天耕地3~4亩。

播种 播种分为春播、夏播、秋播三种。事先备好种子、农药、安装好耩子拴好绳索。中华人民共和国成立初期，秋季播种小麦采用双腿耧，耧膛中倒满麦种，牲口拉耧，一人扶耧、1人傍耧，（牵引牲口，按一定方向行走）；播种开始，先拨开耧锨头板，耧到地头，由扶耧者控制锨头板以防漏种。播种谷子也用双腿耧，播后砘压；耧膛靠近耧腿处，挡种板下端有一缺口，安装播种针，播种针弯曲一头焊有圆形小铁锤（搁啦蛋），播种针中间用细绳拴在耧膛挡种板中上方。播种时种子倒入耧膛，扶耧人两手左右摇摆，使搁啦蛋带动播种针左右摇动，不断拨动种子，均匀淌入耧腿下种。

砘地 高粱、谷子播种后进行砘地，使种子与土壤密切接触有利于出苗，特别是春播作物，春风多，易跑墒，经砘地进行保墒，种子与湿墒充分结合，利于发芽出齐苗。双轮齐砘，按双腿耧宽度打好木架，将两个石砘按在木轴上，固定好木架，拴好绳子；人力拉着行进。春播墒情差，播种谷子一般砘压1~2遍。

间苗 农作物进行间苗，谷苗间苗有俗语“七寸八寸埯，三棵四棵留”，“索头埯”排列。即谷子出苗后4~5叶时进行间苗，选健壮苗，3~4株为一簇，调角留苗，间距8厘米左右，留苗均匀一致。

高粱间苗，俗称压头苗，“漫头抹，一边一耳瓜”，株距30厘米左右，留壮去弱，晒根防倒伏。

玉米间苗。一般用手工拔掉弱苗，留壮培根。

按场 粮食作物收获后进行场间脱粒。先将场间打扫干净，用锄将场面锄起，土层深1~2厘米，然后人拉或畜引碌碡（平滑面）往返转圈将场院轧细，轧平，再在碌碡后面绑上一捆细树枝条，人工牵引平滑面碌碡往返拖平，用扫帚将场内小瓦砾、石子扫净；后选傍晚用水泼均匀，第二天早晨在场内摊平麦糠，人工牵引碌碡，反复进行碌场，压至场面光滑。每逢雨后再进行按场，重压。

打苫子 备好麦秸或谷秸、单股麻绳、小木橛、1米和0.5米长圆形木杆各一根，将木橛钉在地面上，栓上两股麻绳。麻绳另一端分别拴在长木杆两端，呈三角形拉紧，2人操作，1人勒绳、不断续秸秆把，1人手握木杆拉紧，绳子上下翻动，当苫子打到所需长度为止，并将麻绳系紧剪断，以防脱落。

割麦子 小麦成熟后，用镰刀收割，运至场间。传统割麦每人分垅，自己割，自己打“约子”（将麦子20棵左右，分成两把，利用麦穗头链接，做成简易麦秸绳，用于捆麦），自己捆成麦个子。

打场 打场要有牲畜、碌碡、木杈、扫帚、木耙、木锨等物具；打场前要摊场晒麦穗，将麦子均匀摆放场内，用木杈不断翻场，充分晒匀，达到干燥。用人拉或畜引碌碡，反复进行滚轧，用木杈不断翻动麦秸，当轧到麦秸发白，麦粒脱落时，翻场后再滚轧，反复滚轧多次。用木耙、竹耙交替将空麦穗搂净，将小麦打堆，以备扬场。

大豆、谷子、高粱等作物，也需用上述方法打场。

扬场 把已经打好、带糠、杂碎秸秆的粮食用木锨迎风用力抛向上空，使粮、糠、杂物等分离。扬场是一项技术活，用力要有度，使粮食一线落下，另有一人头戴席葭子、草帽，用扫帚将秸秆等杂物扫到一边。俗话说：“会扬场的扬一线，不会扬场的一大片。”

垛垛 不同的柴草、农作物秸秆，垛的形状不一样，谷秸、玉米秸多为方形。垛垛要选地势较高的地方，以防水淹垛底，秸秆基部朝外，并排踏压，最后拿起垛顶（中间高），秸秆基部朝里，垛顶压实防风。麦穰垛圆柱体圆锥顶，1人在垛上摊平踏实，1人或数人在下面用木杈向垛上挑麦穰摊平，每层踏一遍，垛周围拢圆，垛顶圆锥形，并用麦糠泥泥光滑，以防雨淋。

剜高粱（扦蜀黍穗、掐高粱穗）。高粱成熟后砍倒剜穗，右手握住剜刀（20厘米长，5厘米宽，金属锋利刀片，镶到圆木上）左手握住穗子基部节剜下，将高粱穗颠倒垛在一起，穗头朝外，排在轧扁的秫秸上，捆好运到场间。

挖薯窖 选背风向阳，地势较高的地方，挖长3~4米，宽1米，深2米左右的长方体坑，上面用木棒、高粱秸秆封顶、覆土10~20厘米，中间留一个1米见方的出口，平好底面，铺晒干的细沙土，霜降前，将晾晒后的地瓜小心放入窖内，以防伤皮，分层堆起。

第七章　副业生产

第一节　私营店铺和放牧

1956年冬天以前，财产私有制，经济行为自作主张，孟家庄地处偏僻，绝大部分人家过着自给自足的小农经济生活，商业活动一是买卖自家富余或者欠缺的农产品，二是购买必需的生活用具、衣料等。以商业为主业的只有几户人家。

北饭铺子

大约1910年前后，孟家庄村民孟继瑞在自家林地一角靠路边建起房子，在里面打烧饼、炸油条售卖，村民称为北饭铺子。北饭铺子处于平蒙公路与东近台、咸家庄通往武台的必经之路交汇处，孟家庄以北山区和东边两个村庄的村民去武台、仲村、保太；孟家庄以南广大地域各界人士去往蒙阴、沂水、泰安、莱芜，都必须经过此地。孟家经营的虽然只是烧饼、油条，但是口味纯正，足斤足两，热情待客，逐渐成为当地名吃。此后全家以此为业，孟继瑞之后，其子孟广信、其孙孟昭存一生大部分时间以此为业、其曾孙孟宪强也干了多年，历经四代人传承，产品虽然只有两样，但在当地享有盛誉。

铁匠铺

1915年前后，孟家庄村民李如秀在外村拜师打铁，出徒后在自己家里开始营业，主要业务是修理、打制各种铁质工具。打铁不是一人能够独立完成的事情，需要雇专门打锤的帮手。年幼的孩子也能帮着做些打水拉风箱的活儿。由于在本村揽的活儿不足以养家糊口，逢集时便去赶集，不逢集时也推着独轮车串乡。主要在附近的几个村（孙家庄、董家庄、东近台、咸家庄、前白马村、后白马村、西近台村）招揽生意。车上装载着砧锤炉炭，上坡时需要拉着。一开始是李如秀、幼子李继武、雇工。后来李如秀年老体衰，儿子李继武继续干。李继武生育四子二女，孩子长大了就不再雇工，自己一家人干。伸锨伸锄不收现钱，不论次数件数，一律一家一升高粮，秋后兑现。如果是钢镢头，因为要补充钢铁，收现金，一只镢头几角钱。后来武台公社成立铁木业社，李继武被调进铁木业社，一直干到退休。

1957年，仲村镇实行手工业联合，李绪训被联合进去，主要工作是打制农具。1958年去了仲村铁厂，一直干到

1963年，工作仍是打制农具。1963年从仲村铁厂下放，回到孟家庄，带着儿子，推着独轮车串乡。每月以0.7元/工的价格买工分粮。挣的钱除买工分外，尚稍有余，生活比光在生产队里参加农业生产的人强一些。1980年农村改革分地后，李绪训办理了手工业营业执照，赶集打铁，缴纳摊子税后，每集能挣二三十元钱。李绪训在集上打铁打了20年，一直打到2001年，64岁的李绪训打不动了，这个行业也日渐衰退，儿子不愿接班，出外务工，李家传承四代的打铁业宣告结束。

豆腐坊

1930年前后，孟家庄村民孟昭仕爬树摘柿子时坠亡，其妻咸氏，南武台人，未出嫁时即会做豆腐。丈夫不幸坠亡后，咸氏开始在孟家庄做豆腐，和幼子孟宪昌相依为命，艰难维持生计，成为孟家庄最早做豆腐的人家。

西饭铺子和猪肉架子

1932年初，武台人于逢俊在孟家庄村西紧邻大路处自家土地上建起四间北屋，后又盖起四间东屋，娶孟家庄咸氏女为妻，之后开起烧饼果子铺，村民称西饭铺子。1935年，于逢俊在西饭铺子西紧挨着建起三大间北屋，建成后其胞弟于逢明来此居住，杀猪为业。自此孟家庄有了两家饭铺，并且有了猪肉架子。

于逢俊开办西饭铺子期间，中国共产党领导的抗日游击队、锄奸队队长、队员经常在饭铺吃饭住宿开会，孟家庄西饭铺子成为共产党游击队的秘密活动场所。1956年加入高级社时，当时平邑县县长王洪奎骑着毛驴到孟家庄视察，特别强调指出西饭铺历史上为革命做出过重要贡献，应当作为集体副业保留，仍由于家经营，并且每月由政府供应一袋白面、一套猪头下水。孟家庄借着县长批准办副业的机会，在村北大路西侧新建起一个大院，正房由于逢俊开饭店，厢房办起了挂面坊和木匠铺，成为孟家庄集体副业的源头。村民称之为北店。1965年秋，于逢俊身体不佳不再经营饭店。

酒　铺

1954年春，孟家庄人孟宪伦、高汗仓、高汗祥、高汗杰、咸化贵、咸化山、咸光滨、孟照坤等人合资，从仲村提酒卖酒，盈利按股分红。该活动到1956年冬成立高级社时停止，相关器具一并入社。

放　牧

孟家庄地处山区，旧时田间荒场多，河滩宽阔，饲草资源丰富，有人专门以放牧为业。孟家庄几乎家家都养羊，少的几只十几只，多的几十只，个别户上百只。养的少的，几户人家合雇一位放牧人。养的多的，就专门雇一位放牧人。20世纪40年代，赵述芹就受雇为孟家庄李家放羊。

赵述芹祖居保太卓家庄，1942年迁居董家庄，1944年顶支迁居咸家庄。1947年黑山阻击战期间，赵氏房屋被国民党炮火所毁，因为当时正为孟家庄人放羊，为了方便，遂迁居孟家庄。赵氏数辈以为人牧羊为生。到赵述芹儿子这一代，虽然已经进入了中华人民共和国，依然以牧羊为业。赵述芹三子赵怀闩，11岁时开始跟着长兄为大队牧羊。当时的羊有七八十只。1964年，大队将羊分给了小队，赵怀闩与孟庆良一起牧羊。1965年，生产队不再保留羊群，将羊分给了个人，赵怀闩不再牧羊，开始参加生产队田间农业劳动。1987年，回村看护山林，自家开始养羊。

第二节　集体副业

1956年冬天孟家庄高级农业合作社成立时，借着县长准许保留西饭铺作为集体副业的时机，孟家庄在村北大路西侧新建起一个大院，让于逢俊开饭店，1963年，在西厢房开起了油坊，安装螺旋式榨油设备，用人工推动长杠榨油。后来又开起了挂面坊和木匠铺，成为孟家庄集体副业的源头。

当时大队有一群羊，大约七八十只。1964年，大队将羊分给了各生产队。1965年，生产队不再保留羊群，将羊分给了个人。

孟家庄的600亩山场，经过10多年的植树造林和精心呵护，至高级社成立时已经开始产生效益。此后每到冬春季节，允许社员到山上拾柴火，待到树木成材后，社员建造房屋需要木材时，可以向大队递交申请，大队向林业部门报告，林业部门批准后可以根据实际需要数量砍伐，村民按照当时行市将木料钱交给大队。

1965年，于逢俊年事已高，身体欠佳，不再经营饭店，李继聚接手负责副业。李继聚其人思想解放，敢想敢干。他接手后，利用大队副业积累的资金，又通过木材换煤炭、转卖化肥等市场行为，凑起了一部分资金，在大队副业组院内靠南墙建起长20米、宽6米的5间敞篷，安装一台12马力单缸140柴油机，用柴油机带动地杠，地杠带动面粉机一台、粉碎机一台（用于粉碎地瓜干、饲草）、棉花去籽机一台、弹花机一台、花生米压辊机一台。接着又办起染坊。面粉加工、棉花加工、油坊、木匠铺、挂面坊、染坊，孟家庄的副业规模逐渐扩大，档次逐渐提高，盈利非常可观，成了北部山区村村艳羡的副业。在李继聚的带领下，孟家庄的副业迅速呈现出欣欣向荣的喜人景象。

1968年秋，孟家庄利用副业积累的资金，购买八马力拖拉机一台，是武台公社第一台拖拉机，村民称之为“铁马八”。

1959年4月，国家推行“三自一包”“四大自由”政策，即“自由市场、自留地、自负盈亏、包产到户”和“自由租地、自由贷款、自由雇工、自由贸易”。农村开始分自留地、自留园。孟家庄把村东河西边靠近大汪的地块分给社员当自留园，河东边的山岭地当自留地。“文化大革命”前夕，“三自一包”“四大自由”遭到批判，孟家庄东南岭坡上的 60 亩自留地收回建起了苹果园。刚开始是李继德负责，后来是李继仕负责，孟庆存担任技术员。当时栽种的品种主要有金帅、国光。早期工作主要是栽苹果树苗、嫁接、修剪、施肥。进入盛果期后，总产值逾万元。

各生产队也开始发展副业。

发展副业最早的是第三生产队，副业发展最好的也是第三生产队。第三生产队有位老人李如杨，农活样样精通，眼光非常独到，其三子李继本是大队长。第三生产队队长李绪恩是李如杨孙辈，李继德是李如杨子侄辈，三队队长凡事都能得到李如杨的指导。第三生产队发展得好与智慧老人李如杨有重要关系。

20 世纪 60 年代初期，中央出台了一系列有利于经济发展的政策，允许发展副业。第三生产队在李如杨的指导下，抓住这一有利时机，开始发展副业，此后即便在“文化大革命”期间，第三生产队的副业发展也没有停止。

第三生产队的副业主要有粉坊、豆腐坊。后来还打过烧饼。粉坊主要是做粉皮。每年八月十五过后，就开始加工粉皮，一直干到临近春节，年复一年，周而复始。粉坊共 6 人，其中 2 人专门负责销售。另有一头毛驴拉磨。生产队每年留一大块地瓜地，将地瓜刨出，洗净，切成碎块，下磨眼磨糊，用包袱过滤，用沉淀下来的淀粉做粉皮，每天能加工 100 多斤粉皮。等到鲜地瓜用完了，就用地瓜干做。粉皮销售有两种方式，一是用地瓜干换，4 公斤地瓜干换 1 公斤粉皮；二是用钱买，60 年代 0.8~1 元 1 公斤，70 年代后期 1~1.2 元 1 公斤。由于蒙阴县常马一带地瓜干多，三队生产的粉皮主要到蒙阴县常马一带换地瓜干。换回的地瓜干又用于制作粉皮或者养猪。豆腐坊既做豆腐，也做豆腐皮。豆腐每天能卖两包。做粉皮、豆腐、豆腐皮时过滤后的淀粉、豆浆及剩下的渣等也用于喂猪，每年能喂养 40 多头猪。其中有好几头母猪，母猪年年产崽，又省了购买猪崽的费用。养的猪除年底杀四五头卖给本生产队社员（1 元 / 公斤，外面 1.4 元 / 公斤）外，其余卖出后换成了钱。所以第三生产队工值在四个生产队中一直最高（多数年份都超过 0.60 元 / 工，1974 年、1975 年两年的工值达到了 1 元左右，最好到过 1.1 元。而兄弟生产队的工值一般在 0.30 元 / 工），并且有了公共积累。1975 年，第三生产队利用副业积累的钱购进了一台 8 马力拖拉机，是最早拥有拖拉机的生产队。1977 年，第三生产队又添置了柴油机大喷灌，由于喷灌机增加了水浇地面积，粮食产量有了很大幅度提高。到收获季节分粮食时，社员分得的粮食明显增加，有“三队的麦子用口袋分（100 ± 斤），其他队的麦子用瓢子分（40 ± 斤）”的说法。

由于副业发展得好，家底殷实，每到农活最累或者传统节日，第三生产队就集体聚餐，其他生产队社员对此艳羡不已。

1977 年，孟庆存担任第二生产队队长，也开始发展副业，开办豆腐坊、皮匠铺，养猪（最多时到过 12 头）。但是因为起步晚，始终没赶上三队。

一队、四队也有副业，主要就是豆腐坊，但是因为项目单一，效益比二队又差一些。

集体副业运行到1981年秋天。1981年秋天，孟家庄实行家庭联产承包责任制改革，集体副业随之解体。原属集体的副业机械、器具以及物资，都随同农具一起分配到了各家各户。孟家庄进入村民自发的多种经营经济时期。

第三节　多种经营

1981秋天，孟家庄开始实行家庭联产承包责任制改革，将土地产权分为所有权和经营权。所有权仍归集体所有，经营权则由集体经济组织按户均分包给农户自主经营，集体经济组织负责承包合同履行的监督，公共设施的统一安排、使用和调度，土地调整和分配，从而形成了一套有统有分、统分结合的双层经营体制。家庭联产承包责任制的推行，纠正了长期存在的管理高度集中和经营方式过分单调的弊端，使农民在集体经济中由单纯的劳动者变成既是生产者又是经营者，从而大大调动农民的生产积极性，较好地发挥了劳动和土地的潜力。

新政策的发布实施，彻底解除了孟家庄村民的种种顾虑，也彻底解除了多年来捆绑在他们身上的种种枷锁。多年来积压在他们心头的发家致富的强烈愿望迸发出来，迅速转化为形形色色生动活泼的社会实践，孟家庄村民八仙过海，各显其能，以极大的热情开动脑筋，根据自身实际投身发家致富的实践，开始谱写产业兴旺的新篇章。从那时起，孟家庄人成了经济大潮的弄潮儿。

在改革开放初期，孟家庄人主要还是在经营土地和农产品上做文章。

种　植

1981年秋天，实行家庭联产承包责任制，魏长乾、李继川、咸化川、咸化乾、李继坤、李绪排、李绪华、李绪班、李继德、孟庆存、孟宪成、孟照厚等，共12家联合承包了苹果园。大家一致推举咸化乾挑头，相当于选出了一个队长。苹果园管理依然延续生产队模式。平时上工记工分，干一天记10分，最后决算时算出一个工日价值，根据每人出工天数分钱。初期苹果每公斤两毛多钱，每个工日价值5元左右，年底每人收入千元左右。这一次承包持续到1985年冬天。

与此同时，李绪民承包了生产队的6亩机动地。两年后，李绪民在这6亩地上种植葡萄，直到1995年前后才陆续伐掉。1992年的葡萄收入为1000元/亩。此后每年的葡萄收入约4000元。随着葡萄树的老龄化坏死，李绪民开始伐掉死树补种桃树（主要是黄桃），1996年后，黄桃开始有收入，年收入在1万元至2万元之间。李绪民在种植葡萄时，在葡萄架下养蛋鸡2000只，2002–2009年间改养肉鸡8000只，2009–2013年间改养肉鸭。2013年后种姜，种蒜，种丹参，种国槐等绿化树苗，油桃等果树苗。年收入约4万元/6亩。

1982年，李绪民兄弟四人承包生

产队的油坊，后来又改包为买。1999年，李绪民个人买断油坊，在原有3台油榨的基础上，以4000元价格添购2台气榨。油坊经营至2009年。油坊年收入约1万元。

农产品加工

1980年夏天，初中毕业的李绵山开始经营自家的豆腐坊，同一时期开豆腐坊的还有王玉珍。当时每公斤豆腐卖0.3元，或者用1公斤黄豆换2公斤豆腐。1980年至今，孟家庄做过豆腐的有王玉珍、李继宝、李绵财、李绪顿、李绪彬、李绪同、李绪生、孙述明家。其中李绪生家既做豆腐也做豆腐皮，卖豆腐皮时用手挎着篮子沿街叫卖，其他人家都是敲着梆子卖。孙述明家至今还在做。

1982年，李绪亮与李绪宝、李绪增、李绵礼合伙投资400元购买柴油机、粉碎机，利用农闲时间磨面。挣了3000元。1987年，李绪亮投资7000元添置榨油机、人造肉机，用黄豆制造植物肉。每年干两月余，每天200元的豆子，干了3年。1990年后，由于豆价上涨，税费也高，无利润，不再经营。几年后，人造肉机当作废铁卖掉了。1990年，投资4000元，添购2台粉碎机（分别加工粗粮、糠）、1台磨面机、1台磨糊机。一直干到1997年。孟家庄村大半片庄子的人口吃煎饼依靠李绪亮的磨糊机。有时候停了电，依靠电机的磨糊机不能工作了，李继亮的柴油机动力磨糊机就成了附近几个村庄唯一能工作的磨糊机，咸家庄、董家庄、万山庄的人纷纷挑着泡好的粮食往李绪亮家奔。

1983年春天，孟昭存被供销社辞退后，开始在供销社门口摆摊，全家上阵炸油条，每天能卖150公斤油条，每公斤利润0.2元。同时到仲村、蒙阴县城、常马乡赶集卖油条、烧饼。结果供销社炸的油条卖不出去。后来孟昭存家在武台街面路边买了三分地，盖起四间沿街房，在里面卖油条、烧饼。2003年孟昭存妻患病需要照应，孟昭存回家照应妻子，其三子孟宪强又干了三年。

1983年春天，李绪省购买面条加工机一台，建立家庭面条加工点。几个女儿在家加工面条，自己（后来是儿子）推着独轮车走四乡以面条换麦子。每公斤面条兑换1.5公斤小麦。每天换面条25公斤左右。1982年建房时不慎损伤右眼后停业。之后购买若干餐具，搞起“家什儿社”，出租给有红白公事的人家。饲养小尾寒羊、波尔山羊5头。孙李涛在临沂兰山经营企业。

李绵发家加工煎饼出售。

近几年，孟家庄的年轻一代更加敢想敢干，先后有李绵厚、孙述明、孟庆申、孟庆平、孟庆力、李海洋、孟波、李彦军等人到学校或者学校附近，或者承包学校食堂窗口，或者租赁房屋，从事类似于掉渣饼之类的面食加工工作。李绵厚2016年7月在青岛求实学院承包餐饮窗口一个；2017年3月承包平邑曾子学校特色餐厅一个（员工6名）。

收购、转卖农产品

1980年秋收后，李继聚之子李绪

会开始做买卖，从泗水收购花生米卖到蒙阴，又从蒙阴收购花生油卖到泗水方便面生产厂家，赚取差价。1981年秋购买三环牌二手三轮车一辆（系孟家庄村民购买的第一辆三轮车），继续收购花生米、花生油。1986年春，投资万元购买泰山牌12马力方向盘式拖拉机一辆（系孟家庄村民购买的第一辆拖拉机），每天可赚取50~80元运费。1988年起在当地收购鹅、鸭，用拖拉机运送至南方售卖，每拖拉机可盈利千元左右。1992年春，被平邑县花岗石实业总公司招聘为销售员，月收入五六千元（底薪2000元，其余为绩效奖）。1994年底，在平邑县龙华罐头厂（驻西张庄）租赁场地2000平方米，从事石材荒料到工程板、异形材加工工作。1995年6月，到上海龙吴路租赁场地4000平方米，从平邑将大理石半成品运到上海打磨出售，年盈利五六十万元。至1996年，发展到年盈利百万元左右。1997年12月，投入17万元，购买普通桑塔纳轿车一辆（系孟家庄村民购买的第一辆轿车）。2000年，投入28万元，购买帕萨特轿车一辆（系孟家庄村民购买的第一辆高档轿车）。2003年承揽河北省廊坊市东方大学城工程时，因发包方不守信用出现巨大亏损，近乎倾家荡产。2007–2010年，承揽上海世界博览会工程，盈利近千万元。2014年12月，租赁济宁市泗水县泉林镇历山东村土地5333平方米，投资200余万元，成立磊霖石材有限公司，现有员工20人，年盈利50万元左右，年上缴利税20余万元。

李绵江、李绵德、李绵国、孟庆荣等人，开始在孟家庄附近收购面粉、面条，用自行车或手推车运到蒙阴县常马、联城一带，换玉米、瓜干，再把玉米、瓜干卖给养殖户。后来李绵江发展到专为养殖户送玉米，现在家里有两辆五征车运送玉米。

李绵增、李绪财、李绪班等人在当地收购金银花，骑自行车或搭班车运到外地去卖。

游乡售卖

李绵财、李绪顿、李绪伦、李绪金、李绪银、李绪同、李绵龙、李绪台等人收头发辫子。他们不仅在当地收，还到蒙阴、新泰等地收。收购的头发辫子卖给假发厂制作假发。近年女性留辫子的减少，头发辫子不好收，他们大多转行收购药材，或者做花卉苗木转卖生意。

咸光在在大王庄水库边看护扬水站时，晚上在扬水站值班看护，白天就挑着货郎挑子在附近村庄售卖针、线、顶针、发卡、洋红洋绿、糖豆，等等。

像这样在附近村庄做小买卖的还有几位：李继宝挑着挑子卖茶叶；孟宪章则推着车子卖小百货；咸立贵戗菜刀磨剪子。

养　殖

1982年，李继宝在自家院中养牛（三头，其中种牛一头）、羊、猪（其中种猪一头、母猪一头），1986年禁止放牧后不再养牛羊，养猪持续到1990年。

1990年以后，肩挑茶叶在周边村庄走街串巷叫卖，每天可卖10多公斤，获利30多元。2012年以后，在家帮助儿子照应超市。

李绪民先后养过鸡、鸭，于新恩养过肉鸡，李绪财养过土元，咸立孝养过中华鲟。

成规模进行养殖的先后有李继亮、李锋和李绪如。

1990年，李继亮退休，在当时废弃的管理区院里养了8000只蛋鸡。养到1993年，又为果品公司收购苹果，贩运大理石板。2001年春至2002年春，加工、销售挂面。2002年春至2011年12月，帮助儿子李绪国照应小百货门头。

2005年，李锋筹资30万元进行蛋鸡养殖，盖起了三间瓦房，买进了500只鸡，一边学习，一边经营，收获鸡蛋后再四处寻找买家。全家齐上阵，父母帮着带孩子、做饭、收拾家务，妻子不怕脏不怕累地待在养鸡棚里，喂鸡、打扫鸡棚、捡鸡蛋，第一年的年收益达4万元。2012年，为了扩大规模，先后又投入百万元，建起了现代化的养鸡场，喂养、打扫全是自动化，现存栏量1万只，每天产蛋7000枚左右，济宁、枣庄等地的客商每隔两三天就来拉一次货，年收入达30余万元 。

李绪如原先是村医。1980年底土地承包到户后，合作医疗解体，李绪如经营自己的诊所。有一个阶段，孟家庄仅李绪如一家诊所。1989年，国家推行新合作医疗，每个村的诊所合并到一起，接受镇医院管理。李绪如先后被调到南武台、咸家庄、东近台，最后又回到孟家庄。2005后，李绪如与亲友合资建起“平邑县金利种鸡场”后，逐渐退出医疗行业。

2005年，李绪如出资10万元，与亲友合资，在白马关下335省道边租用东近台、咸家庄土地22亩，建起平邑县金利种鸡场。李绪如早期占股2/9。2014年资本重组后占股2/5。现已发展为国家级畜禽标准化示范场，是山东省畜牧局批准的（种畜禽生产经营合格证：鲁Q 090913）集蛋种鸡养殖、孵化、种蛋销售为一体的标准化父母代种鸡养殖场。该场建场标准高、起点高，先后投资600余万元，建起全封闭式自动管理的现代鸡舍，引进了电子部第41所高科技孵化设备，年存栏海兰褐父母代种鸡6万套，年向市场提供优质鸡苗300万只，合格种蛋500万枚。2007年，被市人民政府评为临沂市标准化畜禽养殖示范小区（场）、临沂市龙头企业。2008年，被农业部确定为畜禽养殖监测信息统计点。2009年，通过了农业部“无公害鲜鸡蛋产地认定”和“无公害鲜鸡蛋产品认证”两项国家认证。2010年，又顺利通过了“国家首批标准化示范场”验收。

运　输

1981年，于孝恩投资1.1万元购置二手50马力拖拉机一台，运输石棉、豆子、豆饼、花生饼等。1982–1984年，先后购置二手解放牌拖挂汽车三辆，跑东北、上海等地，运送石棉、水果等物资。

1985 年，到广东汕头做专职客运司机，年薪 2 万余元。

1986 年春，李绪会花费万元购买泰山牌 12 马力拖拉机后，依靠给人运粪、拉沙、石头等，每天可赚取 50~80 元运费。

孟家庄村民李绪怀、李绪孔都是参军后在部队学会了开车，复员回到本村后，开始利用自己所长给人打工开车，李绪怀一度还和人合伙买过一辆大车。李绪孔先是帮人开大车，后来帮李绪会开轿车，兼做业务员。后来因患病在家休养。李绪怀至今帮人开车。

维　修

1986 年春至 1990 年底，于孝恩辗转临朐、泰安、新泰、临沂、日照、泗水间，从事高频电路配电控制器（变频器前身）维修保养工作，5 年间获酬 12 万元。1991 年后购置车床、车钻刨铣，从事机电维修。1992-1997 年，在平邑县城北李家白壤设维修点，1999-2007 年，在平邑火车站西设维修点，2007 年后蹲守孟家庄维修点，从事电气维修、汽车维修、机械制造与维修、钢结构房加工。年营业额十几万元，净利润三四万元。

“文化大革命”后期，咸会德在社办副业中给公交车补胎，逐渐掌握补胎技术。1982 年春，咸会德与咸立孝、孙述清、孙述运 4 人合作在村南路东搞汽补轮胎。1983 年底分开，孙述清、孙述运到村北路西另设点做，咸会德和咸立孝继续在原址做。1984 年，咸立孝退出，咸会德自己做。后来增加了自行车修理业务。

兴办企业

1983 年 2 月，李绪班发起成立孟家庄建筑队，主要承揽本村居民建房及村内重要基础设施建设工程。该建筑队延续 30 余年，参与建设了孟家庄的重要工程和大部分民房，直到 2015 年 2 月，建筑队因村内多年不划宅基，效益不佳而解散。

1983 年，李继聚开始从事起重维修业务，逐渐建立起孟家庄起重机械修配厂（3 名员工），1993 年因身体原因停产，1994 年初身体恢复后在平邑县西张庄重新开工，1995 年 6 月因病返家休养。

李继聚之子李绪会，经过早期持续不断地摸索和发展，加之 1992 年春被平邑县花岗石实业总公司招聘为销售员经过了一番历练，眼界逐渐开阔，思想也更加解放。1994 年底，在平邑县龙华罐头厂（驻西张庄）租赁场地 2000 平方米，从事石材荒料到工程板、异形材加工工作。1995 年 6 月，到上海龙吴路租赁场地 4000 平方米，将大理石半成品从平邑运到上海打磨出售。至 1996 年，发展到年盈利百万元左右。不幸的是，2003 年承揽河北省廊坊市东方大学城工程时，因发包方不守信用出现巨大亏损，近乎倾家荡产。2007-2010 年承揽上海世界博览会工程，才逐渐恢复元气。2014 年 12 月，李绪会租赁济宁市泗水县泉林镇历山东村土地5333平方米，投资200余万元，成立磊霖石材有限公司，现有员工20人，年盈利50万元左右，年上缴利税20余万元。

李绪省之孙、李绵增之子李涛，年龄不大时就离开孟家庄在外打拼。在临沂蹬过三轮，做过许多种小买卖，逐渐积累起经验和资本，2007年4月成立山东双亚实业有限公司，任董事长。承揽多项学校改造、政府项目工程。

孟家庄真正把自己喜欢的事情做成了大事业的是李绵军。李绵军1974年出生于孟家庄，是李绪坤次子。他自幼爱好数学并天赋突出，刻苦钻研珠算，1990年9月以数学、英语两科全县第一名的成绩被山东省临沂供销学校财会专业录取，之后连续多次荣获市级、省级和国家级珠算技术比赛第一名，被评为全国珠算技术能手及能手一级。1995年起在临沂供销学校担任专业珠算教师，两年后担任珠算集训教练，所训队员曾囊括市级比赛所有奖项以及全省比赛一等奖，多次被评为省市级优秀教练。1998年,李绵军创办神墨教育机构，开始主要是进行珠心算培训，到2002年，在临沂完成了教学体系研发和办学模式探索之后，神墨总部由临沂迁往北京，与首都著名的学前教育机构联合成立了北京神墨心算教育研究中心,同年，神墨首家加盟分校——宁夏分校在银川成立。之后，神墨迅速在全国各地建立分校。逐渐发展成为以珠心算教育为根基，涵盖少儿演讲与口才、英语、儿童绘画、练字、6F全脑训练、注意力训练等20余门课程的素质教育培训体系，并将传承中华经典文化与智慧融于教育实践中，探索出一条适合当今少年儿童成长的素质教育培训之路。到2018年4月，加盟神墨的分校已多达6000多家，校址遍布中国以及全世界各地。李绵军本人先后荣获“中国教育系统杰出校长”“北京教育年度人物”“中国改革开放30年全国教育培训管理杰出人物”等称号。2014年，因其在“传承先进的教育理念文化，建立庞大教育网络，独创‘教育连锁’管理模式，以及促进国际教育文化交流”四个方面的贡献，获得“美国政府奖”。

现在神墨教育已经发展成为享誉世界的优质教育集团，发展态势和发展前景都非常好。

外出打工

从实行家庭联产承包责任制后，孟家庄就开始有人打工。1982年，李绪班成立建筑队，有17人跟着打工。1985年前后，李继恒、李绪彬、李绪行、李绪台等10余人到辽宁省抚顺市露天煤矿打工背炭。李继新、李绪坤、李继先、李继恒、李华等人也都到东北打工多年。他们在东北几乎遇上什么活儿干什么活儿，收入比在孟家庄当地高。

1995年前后，李绪会创办企业，在平邑县城、上海、河北廊坊等地施工，李绪孔等20余人跟着李绪会打工多年。

1998年李绵军创办神墨教育机构，2002年总部迁往北京，孟家庄一批有知识的年轻人跟着李绵军打工。

高宗运的情况比较特别。由于受父

亲富裕中农成分影响，成绩优异的高宗运不能升学上高中，高宗运 16 岁那一年（1963）开始参加农业劳动，到大王庄水库工地记分管账，并借机学当石匠。1967 年开始，高宗运先后以石匠身份参与了柏林固城大桥工程、白彦 0909 公路工程、农田水利基本建设工程、通天沟水库工程。高宗运逐渐成长为小有名气的石匠。1972–1978 年，高宗运辗转平邑蒙阴新泰三县交界山区，给人建民房，也给人打磨盘，修钢磨。在附近几个村干活儿，1.5 元 / 工，外出 2.0~3.0 元 / 工，然后用挣来的钱买工分（0.7 元 / 工），余钱改善生活。1984–1985 年，到东北牡丹江干活儿，10 元 / 工。此后先后在仲村镇驿头村、黑龙江省林口县石材厂、平邑县余粮店石材厂、山东荣成、牟平、文登等地做石匠活儿，2011 年收工。收入从 1991 年每日 20 元一直涨到 2011 年的每日 110 元。

1983 年，初中毕业的李绵忠经姐夫孙少诚介绍到武台铁木业社学木工谋生，主要学做门窗家具。1989 年，李绵忠结婚。婚后两年，李绵忠在铁木业社里的收入仅能勉强维持基本生活。李绵忠不满足，最终下决心远赴大连打工。当时铁木业社跟去了 6 名木工。

李绵忠在大连服务的公司是“大连渤海装饰装修工程公司”。李绵忠工作很快就上手了。年假期间，李绵忠在公司外自己揽私活儿干，一天可以挣到 200 元。李绵忠不仅增加了收入，还打开了眼界。1997 年，李绵忠出资 6000 元购买一辆龙牌三轮车。2000 年，李绵忠回到临沂，组建了自己的装修团队，主要负责吉利轿车连锁店的装修工作和神墨分校的装修工作，一直持续到现在。

李绪宝之子李绵厚，1987 年进入武台电镀厂工作，历任工人、业务员、电镀车间班长、技术副厂长职务。1997 年 6 月，电镀厂改制拍卖后，李绵厚去东营胜利油田工程处机修厂，担任抛光车间主任。1997 年 12 月，筹资购买武台镇纸箱厂，经营至 2004 年 5 月，因利润微薄停产。2004 年 6 月，到罗庄从事钢结构加工。2005 年 2 月，到莱芜市铝制品厂担任抛光、氧化车间主任。2009 年 7 月，到日照慧启电器公司从事室内装饰工作。2012 年 5 月回家，在本地为莱芜朋友加工纸质及玻璃工艺品。2013 年 9 月后在家务农、经商。2016 年 7 月，到青岛求实学院承包餐饮窗口一个。2017 年 3 月，承包平邑曾子学校一个特色餐厅。平日为大连大欣食品厂地方分厂进行采购及车间管理工作。

李绵平原先在武台兽医站干临时工。2004 年，李绵平辞职经营饲料批发零售店。年销售量逐渐发展到 800 吨左右。2009 年，加入泰安禾康源饲料集团，担任区域销售经理。2010–2015 年间加入青岛大信饲料集团。2015–2017 年间，加入泰安农大饲料集团。2018 年，加入山东久瑞农业集团（青岛）公司，任临沂饲料加工厂（费县上冶）销售总经理，年薪 20 万。

店　铺

一些人做小买卖逐渐积累起一部分

资金和人脉，就开起了店铺。

1980年起，于孝恩先后在平邑县城北李家白壤、平邑火车站西设维修点。其厂名1980年为“平邑县农业机械修理厂”，1995年改为“平邑县机电修理厂”，2002年又改为“武台镇农机修理厂”，2005年改为“平邑县机电车辆修理厂”。2007年后，厂址迁回孟家庄，承揽电气维修、汽车维修、机械制造与维修、钢结构房加工等业务。年营业额十几万元，净利润三四万元。

于孝恩的生产、维修车间
（王庆安摄于2018年2月17日）

1980年春至1983年底，孙述清和咸立孝、咸会德、孙述运合作在孟家庄西南公路边盖起两间草房，继续补轮胎，每年每人可得2000元左右。1984–1990年，独自在孟家庄村西公路边盖起两间瓦房，依旧补轮胎，每年可获利四五千元左右。

1982年，孟宪章开始经营一家小卖部，售卖日用百货，小卖部一直经营到现在，已迁到335省道西侧，更名为“凡茂商店”，由其子孟庆林经营。小卖部年营业额在3万至10万元之间，好年份利润曾达3万余元。

1982年，李继友在自家宅子开起小卖部，售卖烟酒糖茶、酱油、醋等日用百货，一直经营到1985年。

1987年，李绪水在村西北盖起四间屋，开始经营“孟家庄综合批发部”。1992年以后，转而从辛平石油公司提柴油售卖，每升盈利0.3~0.4元，日销售额在1000~2000元间，一直干到2000年。李绪国、李绪明也开办过小卖部、超市。

1987年，李绪亮投资7000元添置榨油机、人造肉机，用黄豆制造植物肉。每年干两月余，每天200元的豆子，干了3年。1990年后，由于豆价上涨，税费也高，无利润，不再经营。几年后，人造肉机当作废铁卖掉了。1990年，投资4000元，添购2台粉碎机（分别加工粗粮、糠）、1台磨面机、1台磨糊机。一直干到1997年。孟家庄大半片庄子的人口吃煎饼依靠李绪亮的磨糊机。有时候停了电，依靠电机的磨糊机不能工作了，李继亮的柴油机动力磨糊机就成了附近几个村庄唯一能工作的磨糊机，咸家庄、董家庄、万山庄的人纷纷挑着泡好的粮食往李绪亮家奔。

1993–2017年间，孟庆月经营带锯加工，收入较好的年份是1995–1997年，年收入万余元。

孟庆月的带锯加工厂
（王庆安摄于2018年5月8日）

1996年，咸会群从下关村陈鹏手里接手承包平邑县武台供销社孟家庄联合门市部。联合门市部始建于何年，咸会群不清楚，只记得从自己记事起已有。咸会群出生于1976年，2018年已42岁。陈鹏承包联合门市部之前曾有几人次承包，咸会群也不清楚。1996年的联合门市部占地2467平方米，建有房屋200余平方米。房屋共4间，在南边沿街一字摆开。经营烟酒糖茶、日用百货、农具、农药、化肥、副食、文具等。咸会群承包联合门市部的最初几年的年收入在6000元左右。2000年1月，咸会群与平邑县供销社签订长期合同。合同约定咸会群支付一次性承包费2万元。咸会群使用联合门市部30年。其间，可以修建、改建、重建、新建房屋。合同到期后如不再续签，平邑县供销社将按时价回购建筑物。2001年，咸会群在西边沿街建房200平方米左右，耗资4万元。为腾地基，将南边沿街原来的旧房拆掉了一间。2008年，又出资1万元修缮南边沿街原来的旧房，拆除了四处漏雨的瓦脊，改建为水泥平顶。百货行业入门门槛较低，不足千人的孟家庄村经营百货的商家最多时增至5家。2016年，东近台的王道岭租赁孟家庄村民房，在村北经营农资农具。咸会群感叹生意越来越不好做了。经营上，咸会群动了不少脑筋。譬如他以提前付款的方式进货，保证自己店里的食品始终是新鲜的。由于经济上行物价上涨的大环境，咸会群的提前付款进货的策略还得到了一笔意外的差价。2017年，咸会群的已更名为平邑县武台供销社孟家庄联合超市的百货店盈利5万元。

武台供销社孟家庄联合超市
（李锋摄于2017年11月17日）

1997年，李华结婚后与妻子孙海燕经营理发店，一直经营到现在。2018年，又办起手套厂。

2004年，李绵平开始经营饲料批发零售店，当年收入8000余元。2005年，收入只有4000元左右；2006–2008年间，年收入有8万余元。近年的年销售量约800吨，年收入10万元。李绵平在2009年加入泰安禾康源饲料集团，担任区域销售经理，月收入3000元左右。2010–2015年间，加入青岛大信饲料集团，月收入6000余元。2015–2017年间，加入泰安农大饲料集团，月收入15000元。2018年，加入山东久瑞农业集团（青岛）公司，任临沂饲料加工厂（费县上冶）销售总经理，年薪20万元。

李继宝2012年以后在家帮助儿子照应超市。

至2018年6月，孟家庄共有店铺10家，其中超市四家、豆腐坊、挂面坊、理发店、饲料批发店、机械维修加工、花木销售各1家。另在武台镇驻地有建材商铺1家，在外地开办的店铺10余家，其中经营掉渣饼的店铺七八家。

第八章　教　育

第一节　私塾与义学

孟家庄由孟子后人立村，并由此得名。孟母三迁的故事孟家庄人妇孺皆知。孟家庄人向来重视教育。从清朝乾隆年间孟家庄立村到公元 2017 年，在两个多世纪的历史进程中，孟家庄的教育事业经历了从无到有，从弱到强的发展过程。

清末民国初期，孟家庄东玉皇山上玉皇庙侧有一所较大的塾馆，为义学。经费义集自附近几个村庄。在很长的历史时期里，孟家庄的儿童要到玉皇山上的义学塾馆入学。孟家庄到过玉皇山义学塾馆读书的人，孟家庄人还能忆起的有李如槐、李如桐、孟宪龙、李继田。玉皇山义学塾馆的教材除“三、百、千、千”外，还有四书五经、《古文观止》，教学内容除识字外，也教授写诗作对、八股习作。玉皇庙义学塾馆属“长学”，每年农历正月半开馆，到冬月才散馆；玉皇庙义学先生都是在附近村庄有名望的读书人。1943 年，玉皇山义学的最后一任教师咸家庄人咸立常加入蒙山县仲里区敌后武工队后，忙于抗日事务，义学废止。

民国年间，李如槐借用李继田的宅子设馆办学。即所谓私塾。学生多六岁启蒙，入学不用考试，只需征得先生同意，并在孔老夫子的牌位或圣像前恭立，向孔老夫子和先生各磕一个头或作一个揖后，即可取得入学的资格。李继田是李如槐的学生。同时期的孟宪龙应该也曾是他的学生。李如槐的私塾规模不大，学生三五人不等。使用中国古代通行的蒙养教本“三、百、千、千”，即《三字经》《百家姓》《千家诗》《千字文》，以及《教儿经》《童蒙须知》，等等，教学内容以识字习字为主。教学时间短，为“短学”，一般是一至三个月不等，家长要求不高，只求学生日后能识些字、能记账、能写对联即可。

不论私塾还是义学，都十分注重教养教育，强调养成良好的道德品质和生活习惯。对蒙童的行为礼节，像着衣、叉手、作揖、行路、视听等都有严格的具体规定。教学上完全采用注入式。讲课时，先生正襟危坐，学生依次把书放在先生的桌上，然后侍立一旁，恭听先生圈点口哼，讲毕，命学生复述。其后学生回到自己座位上去朗读。凡先生规定朗读之书，学生须一律背诵。对犯错学生实施体罚，先生经常会揪学生的脸皮和耳朵、打手心等。

抗日战争之前，山东的小学教育在

城镇沿海地区的乡村，多为辛亥革命后兴办的新式学堂；孟家庄属边远山区，民国时期仍沿袭旧时的私塾教育，儿童入学率很低，成人（特别是妇女）中文盲比例很大。

第二节　群众教育

在抗日战争和解放战争时期，山东根据地解放区各地都曾大办群众教育，在穷人翻身、妇女翻身的基础上，提出“文化翻身、不作睁眼瞎子”的口号，更有动员群众参加扫除文盲的歌曲：要想不做睁眼瞎，去上冬学学文化。学习文化懂道理，文武双全人人夸。

孟家庄所在的区域（抗战时期属费北县，抗战后属蒙山县）是最早建立抗日民主政权的地区之一，也是共产党最早开展群众教育的地区之一。自 1940 年始，抗日根据地及游击区开办抗日小学，进行爱国主义教育，开展抗日救亡活动。教师除教学外，在宣传抗日、组织并参加支援前线、动员参军等方面均起到了积极作用。当时咸家庄有一处抗日小学，孟家庄人李绪训等 1944 年到咸家庄抗日小学读书，1 年后转到玉皇山小学。教师是东近台的张玉亮。

各类识字班，以冬季农闲时最为活跃，俗称为冬学。冬学的办学形式灵活多样。因时因地因人制宜，农民白天忙就组织他们上夜校，妇女中午有空就办午校。孟家庄也曾出现过这样的冬学。冬学教材都把识字和思想教育紧密地结合在一起，如：“人人去当兵，当兵打日本”，“中国大，日本小，中国人多，日本人少”。教材内容又与当时的中心任务、农民的生活相结合，如：“好爹娘送儿上前线，好妻子送丈夫把军参”，“民兵担架去出征，听指挥、听命令、勇敢向前冲”，“鬼子快完蛋，赶快垒猪圈，喂猪积肥多生产”，“一粒粮食一颗子弹”，“自己动手克服困难，吃饱穿暖”等。教材中的劝学篇，很实在地作参加学习的动员，如《劝冬学》(一)“冬学好、冬学好，冬学的好处数不了；学算盘、学上账，开条认票不上当。”(二)“冬学好，冬学好，不出钱，不作难，忙时干活，闲时候念；学识字，学本事，男女老少都有份。”在识字教材中，有寸、尺，升、斗，斤、两，鸡、鸭、牛、羊、马，1、2、3、4、5，一、二、三、四、五等，还有关于生产常识的，如：二十四节气和选种、浸种，防治病虫害以及肥料的种类和效用等。

1947 年，国民党军进攻山东解放区，学校大多停办。玉皇山小学亦停办。1948 年，解放了的地方复办冬学，有些地方还逐步将冬学改为长年民校。开设的课程主要有国语、算术、体育、唱歌、图画。同时把站岗放哨、开荒生产、开展群众识字运动视为与教学同等重要的工作。在非常艰苦的环境里，为小学生印制的课本，都还尽力做到有文字，有图画。内容既适合儿童的兴趣，又很好地结合了实际。1949 年秋冬之际，党组织在孟家庄开办了夜校，夜校坚持了两个月。地点在李如茂的东屋，教师是李继田。参加学习的有十几个人。

平邑县的扫盲教育工作始于 1952

年，止于1985年。其中1960–1962年，由于生活困难，扫盲教育基本停办。孟家庄村的扫盲教育工作与全县的扫盲教育工作是同步的。1968年，孟家庄中午有识字班，学生为家庭妇女，保持在15人左右。晚上有夜校，男女都有，成年人，少的时候十几人，多的时候30余人。教师为李绪廷。教学内容为毛主席语录等。

第三节　孟家庄小学

1950年，孟家庄有了有史以来的第一所小学，也是白马乡有史以来的第一所小学。房子是借用的李继田家的三间堂屋。教师是周敦彬（1950–1952），翟昌富（1952–1954）。学生来自孟家庄、董家庄、白马庄、咸家庄、东近台。学校设两个班，每班30余人，交替上课，全跑校。孟家庄学生计有李绪廷、孟宪章、李绪运（以上3人小班）等；李绪坤、孟宪文、李继友、咸化乾、李继坤、咸化智、李继亮、李绪点、咸光谦（以上9人大班）等。每年根据学生的学业程度，选拔部分去咸家庄小学读中小（3–4年级），之后去武台天齐庙读高小（5–6年级）。1954年，孟家庄小学迁咸家庄（国家建校，称咸家庄联小）。孟家庄最早去天齐庙读高小的是1956年的孟宪章、李继亮、咸化智和1957年的李继恒、李继友、李绪坤、李绪林。

1958年，平邑县贯彻中央“两条腿走路”的教育方针，大办教育。1958年秋，孟家庄也再次成立小学，复称“孟家庄小学”，为复班制初小（1–2年级）。地址在土改中没收的富农李如堂的房子里（房子之前用作村南初级合作社的公用场所，村民们习惯称此地为“南社”）。计有三间堂屋，三间东屋，三间西屋。教师为李绪廷。学生为孟家庄人（偶有邻村插班生），通常30余人。1958年春招收的学生有孟宪增、李绪增、李绵同、李绵生等；1958年秋招收的有李绪明、李绪排、孟宪军、李绪仁等。教学内容为语文、数学、音乐。课桌一开始是用土坯垛垒的，上面铺上长木板。后来拆掉土坯，请木匠给长木板做上木腿。学校废弃后改做民宅。故址即今于如进家和咸化乾家的宅院所在地。学生完成学业后去咸家庄联小读中小（3–4年级）。

1961年，平邑县对全县中小学进行整顿，并下放了部分教师。1962年秋，孟家庄小学教师增加到2人。新来的教师是富致礼，1962–1964年在岗。学生扩编为2个班，各30余人。1964年，富致礼调走，王奎东调入。后来王奎东调走，赵继志调入。

1964年，平邑县除办好全日制学校外，大力发展耕（工）读小学〈亦称简易小学〉，学生或半耕半读，或早、午、晚学习，部分解决了农民孩子上学难的问题。孟家庄亦开设了半日班。1967年，半日班学生大部合并进全日制班就读。

1970年前后，教师增加到4人：李绪廷，孙福瑞（公办），李建超（女），李绵香（女）。设1–4年级，每级1个班，每班25人左右。学生完成学业后去咸家庄联小读高小（5~6年级）。

1972年，孟家庄小学迁到泉子北。在泉子北新建的小学共计八间堂屋，其中西边1间为教师办公室。其余7间按232隔为3间教室。中间的那间教室又隔成2间，共4间教室。学校有院墙，院大门外是去咸家庄的路。院门口与泉子正好隔路相对。泉子北时期学校的教师队伍一直不少于4人。先后调入调出的教师有杨文玉、李绪水、魏桂玲、孟宪章、李绪明、咸立花、胡富芝、于孝恩、咸立生、李绪华等。课桌依然是长木板。泉子北小学废弃后改作了宅基地，即现在的孟宪运家和李绪启家。泉子地也做了宅基地，即今李绪孟、李绪孔、李绪颜、赵怀闩家。

1978年后，小学教育拨乱反正，教育质量逐步提高。1980年，孟家庄小学迁到李家林。李家林时期的孟家庄小学教室3间，办公室1间。教师为李绪廷、李绪水、李绪明、魏桂玲。一开始是3年制初小。孟家庄村的孩子在这里读完1~3年级后，转到咸家庄完小续读。1985年后，改为2年制初小。1986年，孟家庄小学开始招收学前班，教师是孟飞。自1981年秋季始，孟家庄小学开设思想品德课，全面坚持“三好”原则，执行《小学生守则》。

1997年，孟家庄小学迁到335省道西侧的老村委旧址。一、二年级各一个班，另有一个学前班。教师为李绪明、李光银、孟飞。

1981年，咸家庄联小戴帽初中部迁到孟家庄，组建“咸家庄联中”，招收初中生。2000年，学校再次改制，孟家庄及附近村庄的几所小学全部并入咸家庄完小管理，“孟家庄小学”不复存在。原孟家庄小学的最后一届（2年级）学生迁回李家林校址，仍独立教学，直到2001年。孟家庄小学并入咸家庄完小后，原孟家庄、咸家庄、董家庄的三家学前班合并入咸家庄完小，教师为咸桂美、董志香。李家林时期的小学废弃后改做宅基地，旧址即今孟照兵家和李绪同家的宅院所在地。

孟家庄小学历年教师任职情况表

表8-1

时间	校址	历任校长	历任教师
1950-1954年	李继田宅	周敦彬　翟昌富	周敦彬　翟昌富
1958-1972年	南社	李绪廷　王奎东　赵继志　孙福瑞	李绪廷　富致礼　李建超　李绵香
1973-1980年	泉子北	孙福瑞　孟宪章　赵松林　杨文玉	李绪廷　孟宪章　李绪明　咸立和　咸立花　李绪华　于孝恩　胡富芝　李绪水　魏桂玲　咸立生
1980-1997年	李家林	李绪明　王廷根　殷成红	李绪廷　孟宪章　李绪水　魏桂玲　李绪明　孟　飞
1997-2000年	路西	李绪明	李光银　卓德香　张光英　孟　飞

第四节　咸家庄完小

平邑县武台镇咸家庄完小位于武台镇孟家庄，335省道平蒙路北段，学校始建于1974年，2015年改建。现有6个教学班，186名学生，最大班额40人，平均班额31人。有教职工15人，其中专任教师14人，教辅1人，学历达标率100%。2007年，被评为平邑县依法治校示范学校，多次获县、镇教育教学“先进单位”荣誉称号。

武台镇咸家庄完小班级及学生情况表（2018年1月10日）

表8-2　　单位：人

班　级	班主任	学生数
一年级	陈亚翔	40
二年级	李　腾	33
三年级	冯继凯	34
四年级	马　磊	24
五年级	徐淑瑜	24
六年级	咸维清	31
合　计		186

学校占地面积4284平方米，建筑面积1353.3平方米，绿化面积600多平方米，生均建筑面积6.9平方米，生均绿化面积3.1平方米。普通教室单间使用面积65平方米，平均班额33人，属于完全小学。

学科专用教室种类及设施齐全，布置合理。其中：仪器室1间（42平方米），科学实验室1间（63平方米），综合活动室1间（84平方米），微机室1间（67平方米），音乐教室1间（63平方米），美术教室1间（63平方米）。公共教学用房设有图书室1间（42平方米），图书阅览室1间（63平方米），音美器材室1间（42平方米），体育器材室1间（42平方米），心理咨询室1间（21平方米），卫生保健室1间（21平方米）。设有开水房1处，配有学生饮水设备，满足学生需求。

运动场环形跑道150米，直跑道60米，中间设有小学生足球场。学校配有篮球场1个，排球场1个，乒乓球台4个，各种器材数量及场地材质符合标准要求。学校图书室藏书6100余册，生均31册，图书实行计算机管理，订阅报刊60多种，工具书120余种。

学生用计算机、专任教师用计算机、“班班通”及学科专用教室多媒体配备和校园网建设达到要求。综合实践开设项目为手工，木工，陶艺制作（美工工具、泥工工具），器材配备齐全，满足学生要求。学校实验、体、艺、卫教学设备均达到教学要求。

咸家庄完小航拍图（石绍玉摄于2018年6月12日）

咸家庄完小2017年房屋场地情况表

表8–3

编号	物品名称	单位	数量
101–X	各种用地	平方米	4198
102–A	教学用房	平方米	694
102–B	其他房屋	平方米	256
102–1	运动场地房屋	—	—
102–2	水电暖设备	—	—
102–3	其他建筑物	平方米	360
102–3	车棚	个	1

咸家庄完小2017年音乐器材表

表8–4

编号	物品名称	型号	单位	数量
901–10	钢　琴	88键	架	1
9001–01	口　琴	—	个	1
9001–04	打击乐器	—	套	1
9001–04	节拍器	—	只	1
9001–08	竖笛	—	只	10

续表8-4

编号	物品名称	型号	单位	数量
9001-10	电子琴	61键	架	1
9001-04	架子鼓	七鼓	套	1
9001-04	音乐家挂图	—	套	1

咸家庄完小价值6000元以上美术器材表

表8-5

编号	物品名称	单位	数量
903-0	版画工具	套	30
903-0	纸工工具	套	30
903-0	泥工工具	套	30
903-0	中国画工具	套	30
903-0	水彩画工具	套	30
903-0	调 色 盘	块	30
903-0	画　　板	块	30
903-0	画　　架	个	30
903-0	写 生 灯	个	1
903-0	衬　　布	块	10
903-0	石 膏 像	个	5
903-0	石膏几何形	套	1
903-0	静物	套	1
903-0	陶瓷样本	套	1
903-0	民间美术样本	套	1
903-0	油画箱	套	1
903-0	陶艺工具	套	1

咸家庄完小2017年体育器材表

表8-6

编号	物品名称	型号	单位	数量
902-3	接力棒	6-8	支	8
902-3	发令枪	1	支	1
902-3	标志杆	4	根	4
902-3	秒表	2	块	2
902-3	跳高架	1	付	1
902-3	跳高标杆	2	根	1

续表8-6

编号	物品名称	型号	单位	数量
902-2	跳箱	1	台	1
902-2	助跳板	1	块	1
902-3	垒球	20	支	20
902-3	实心球	20	支	20
902-3	投掷靶	1	支	1
902-2	小体操垫	20	块	20
902-2	底单杠	1	付	1
902-2	爬杆	1	付	1
902-1	小篮球	20	支	19
902-1	排球架	1	付	1
902-1	乒乓球台	1	台	1
902-5	肺活量测试仪	—	台	1
902-5	厚板文件柜	厚板	个	4
—	乒乓球台	—	个	1
—	篮球架	—	副	1

咸家庄完小2017年教学设备表

表8-7

编号	物品名称	单位	数量
801-1	课桌	张	128
801-2	方凳	个	213
802-X	写字台、办公桌等	张	82
803-1	收扩机等	台	6
803-4	石英钟，打印机	个	2
806	国旗、旗杆、旗台	—	各1
807	火炉、空调等	套	28
808-3	煤气灶等	套	85
809-1	电度表等	只	4
810	潜水泵	台	1
811	照相机	部	1
811	消防栓	个	6

另有价值30000余元的各种实验器材。

学校坚持科学管理，民主决策。时时事事体现人本思想，尤其重视师德建设。每位教师都能甘于清贫，乐于奉献，大家在一起互帮互助，团结协作；学校坚持家校一体，以共同培养健康幸福的一代人为目标，学校制定了教师家访制度，家长学校授课制度，家长开放日活动等，让每一位家长对国家政策、教育信息、学校管理有知情权、监督权、参与管理权；学校坚持和谐教学和开展家长与学生民主评议教师活动。督促每一位教师都要熟知课程方案，自觉落实素质教育要求，做实课前准备，提高课堂实效，减轻课业负担。

学校以“养成教育”为学校特色教育。突出“两个习惯，三个意识”的培养。从进入幼儿园的第一天起，就开始培养学生良好的生活习惯、学习习惯，并在六年的小学生活中，逐步形成感恩意识、合作意识、自信意识。

咸家庄完小招生范围为孟家庄、咸家庄、东近台、白马关村、下关村、大王庄、董家庄7个行政村。切实保障教育的起点公平，推进义务教育均衡发展，确保所有适龄儿童、少年依法接受九年义务教育。坚持“划片、就近、免试”的招生原则，坚持公平、公正、公开的原则。招收留守儿童和残疾儿童、少年入学要实行留守儿童普查登记制度，把保障留守儿童按时入学作为控辍保学工作的重要内容，全面了解留守儿童学籍变动情况，建立留守儿童档案，将父母外出务工情况和监护人变化情况逐一进行登记并及时更新，准确掌握留守儿童信息，加强留守儿童受教育的全程管理。确保“三残”适龄儿童、少年按政策接受义务教育。学校不拒收具有接受普通教育能力的残疾适龄儿童、少年随班就读。

咸家庄完小历任校长：乔元昌、蒋光义、张文华、王永茂、刘文正、高元科、咸立宏、韩修强、赵贵峰、程祥永、郑现新。

咸家庄完小历任教师有：张光英（女）、鲁子亮、刘继兰（女）、李绪明、咸会生、刘明宝、秦贞友、乔元昌、王永茂、乔修德、高化祥、马兴岭、咸会道、咸会宗、马兴杰、高元科、韩修强、赵贵峰、程祥永、鲍怀杏、郑现功、朱林良、孟宪章、李长坤、咸春海、咸立花（女）、王玉民、王玉连、王成富、郑现朋、咸会川、魏有田、王玉钦、于敬如、咸立智、张义、王成宏、鞠培丽、李绪林、李继春、李绪坤、于丕娟（女）、咸桂梅（女，保育员）、董志香（女，保育员）、王永来、王永水、李伟亭、郑现新、刘静（女）、石晓利（女）、陈亚翔、于金凤（女）、张曲成、咸维清、冯继凯、王中华、于忠恩、李腾、马磊（女）、赵建龙、徐淑瑜、于海东。其中一级教师39人，二级教师21人，三级教师7人，未定级1人，保育员2人。

第五节　村外就读

1957年，平邑县在仲村新建中学，招收初中生。这是当时距孟家庄最近的中学。1957年，孟家庄的李继亮来到仲村读初中，这是孟家庄最早的中学生。1968年，平邑县开展“教育革命”，取消升学考试，实行推荐选拔办法，并提出“上小学不出大队,上初中不出管区,上高中不出公社”的口号，各县办中学一律改为高中，初中招生任务全部由联办中学和小学“戴帽”中学班承担。其中仲村中学改为高中,咸家庄联小(驻咸家庄)设立“戴帽”中学班。1965年，孟家庄人李绪林考入平邑县第一中学；1971年，孟家庄人李继春、李绵香来到仲村读高中，这是孟家庄最早的高中生。1978年，平邑县所有小学“戴帽”班停办，先后并入联办中学，并调整联中布局。咸家庄联小的戴帽初中班在之前的1974年迁往孟家庄，成立咸家庄联中。从此，孟家庄人子弟在自己村里读初中。1978年，孟家庄人李绪林考入山东省昌潍师范专科学校化学系，这是孟家庄的第一个大学生。1992年，孟家庄人李绵洪考入聊城师范学院，这是孟家庄的第一个本科大学生。

1959年春至1959年冬，孟家庄人孟宪章被公社选送到平邑县工读师范就学。1965年秋至1968年秋，孟家庄人李绪坤被公社选送到平邑县工读师范就学。1965–1967年，孟家庄人孟庆良、李绪仁、李绪排、孟现军被选送到在武台农中就读。1967年12月，孟家庄人咸化智在武台医院卫校接受培训，并任孟家庄卫生员。1969–1980年间，孟家庄的“赤脚医生”李绪仁、李继忠、李继先等先后参加平邑县“赤脚医生”培训班接受培训。1977年，孟家庄的民师孟宪章、咸立花、李绪水、魏桂玲、李绪廷、李绪明等先后参加平邑函授师范学校（后更名县函授站）组织的函授学习。

第六节　教师待遇、教育经费与办学条件

李如槐的私塾教育是农闲兼职，学生皆本家邻里子弟，无明确报酬标准。有孩子在其处读书的人家，根据自己的经济情况，或出几块钱，或出几斗米，或以工代酬，帮李如槐干些农活，各自凭心。李如槐亦不计较多少。玉皇山上的义学塾师生活费用自理，年酬约1000公斤小麦，由附近几个村庄（孟家庄、咸家庄、董家庄、东近台、白马庄等）义筹。

1950年创办于孟家庄，后于1954年迁往咸家庄的小学是当时白马乡的中心小学，是公办小学，经费以财政拨款为主，辅以征收学杂费、集资捐献、勤工俭学等项。教师由县教育局调拨。1950–1953年，实行中央统一财政，三级管理体制。1954–1979年，实行“条块结合”，省下达教育经费预算指标，县核定执行。1980年后,财政体制改革,实行“划分收支,分级包干”的办法拨款。勤工俭学收入主要用于扩大生产，改善办学条件，办公费用或师生福利等。学杂费收入主要用于教学办公及学校卫生医疗等。1958年创办于孟家庄的小学属村办小学，最初四年只有李绪廷一位民办教师，所有办学设施及经费皆由孟家庄筹措。后来增加了一位公办教师，其工资由教育局负担，其余经费仍皆由孟家庄筹措。

1958年孟家庄小学建校时，将原木一劈两半做课桌面,两头用土坯砌起,

一张“桌子”能坐十几人。年岁久了，土坯坏了，村里木匠来给装上了木腿。这样的课桌一直用到了2000年，前后达40余年。

孟家庄夜校与冬学情况表

表8-8

时间	地点	方式	教师	学生
1941-1946年	孟家庄村	冬学	李如槐	李继宝等
1959年	李如茂东屋	夜校	李继田	咸光谦等
1959-1960年	南社	夜校	李继田	孟庆存等

孟家庄小学生情况表

表8-9

在校时间	就读学校	年级	姓　名
1941-1941年	玉皇山抗日小学	1	李继宝等
1944-1945年	咸家庄抗日小学	1	李绪训等
1945-1947年	玉皇山小学	2	李绪训等
1950-1954年	李继田宅	1~2	李继亮、咸化智、孟宪章、李绪廷、李继芬、李继莲、孟宪文、李继坤、李继林、李绪运、李绪典、李绪存、李绪起、孟宪运、咸光谦、咸化乾、李绪章、李继恒、李绪坤、李继友、李绪林等
1952-1954年	咸家庄小学（咸家庄）	3~4	李继亮、咸化智、孟宪章、李绪廷、李继芬、李继莲、孟宪文、李继坤、李继林、李绪运、李绪典、李绪存、李绪起、孟宪运、咸光谦、咸化乾、李绪章、李继恒、李绪坤、李继友、李绪林等
1954年秋至1961年夏	孟家庄小学（李如堂宅）	1~4	李绪存、孟宪运、咸化智、咸立孝、李绪宝、高宗玉、高宗运、李继林、李绪明、李绪传、李绪增、李绪仁、李绪排、李绵同、李绵生、咸立孝、咸立娥、孙付清、孙付祥、孟现军、孟宪增、孟照富、孟照营、孟庆良、李吉伦等
1955-1963年	武台中学（天齐庙）	5~6	李继亮、咸化智、孟宪章、李绪章、李绪廷、李继恒、李绪坤、李继友、李绪林、咸立孝、李绪宝、高宗运、孟庆良、咸立娥、李继林、李绪明、李绪传、李绪增、李绵同、李绵生、咸立孝、咸立娥、孙付清、孙付祥、孟宪增、孟照富、孟照营、李吉伦、孟庆良

续表8-9

在校时间	就读学校	年级	姓　名
1958-1964 年	南社－咸家庄小学	1~6	李绪仁、李绪排、孟现军、孙述清、李绪明、赵怀闩（1960 辍学）
1963-1968 年	南社－咸家庄小学	1~5	李绪德、孙富运、咸立金、李绵友、李绵敦、孟现学、高宗霞、高宗孝、李绪川、李绪敦、李绪伦、李绵友、李绪彬、赵志才、孟庆才、李继春
1964-1969 年	南社－咸家庄小学	1~5	李继富、于孝恩（1967 转入）、李绪水、咸立花、李绪华、李绵华、李绪孝、咸立和、孟庆月等
1965-1969 年	孟家庄小学（南社）	1~4	李绪亮（辍学）等
1968-1972 年	南社－咸家庄小学	1~5	咸立生、咸立银、李海生、李绪行等
1969-1976 年	南社－泉子－咸家庄小学	1~5	李绪国、孟现明、李绵增、李绪银、李绪娥、李绵柱、李绪东、李绵法、李绪来、咸立水、咸立芳、魏有宽、孟庆华、孟庆珠、孟现礼、孟庆平、李绪芝、李绪伟、李继奎、咸会德、孟庆申、孟现勇、李绪娥、李海洋、李绪如、李绪财、魏有富、魏桂玲、赵志娥、李绵山、李绪桂、咸立同、高中英、李绪会（辍学）、崔金波
1975-1979 年	泉子－咸家庄小学	1~5	李绵忠、李绵霞、李绵玉、李绪军等
1976-1984 年	泉子－李家林－咸家庄小学（孟家庄）	1~5	李绪莲、孟现泗、李绪营、高西峰、李绵厚、李强、李绵洪、孟现华、咸立华、李绵利等
1980-1987 年	李家林－咸家庄小学（孟家庄）	1~5	李伟、高西波、李绵军、李华、李绵印、高西志、李静等
1985-1996 年	路西－咸家庄小学（孟家庄）	1~5	李竞、李锋、李彦青、咸会春、咸洪鹏、李扬等
1998-2001 年	咸家庄小学（孟家庄）	1~5	李青、李彦超、咸林林等
2001-2018 年	咸家庄小学（孟家庄）	1~6	咸会元等

孟家庄初中生情况表

表8-10

在校时间	就读学校	姓　名
1957-1964 年	平邑二中	李继亮、李绪章、李继恒、李绪坤、李绪林、咸立孝、高宗玉
1965-1967 年	武台农中	李绪仁、孟庆良
1966-1968 年	武台中学	李继富
1969-1972 年	咸家庄联中（咸家庄）	李继春、李继川、李继花、李继富、李绵香、李绪秀、李绪英、于孝恩、咸立花、李绪华、咸立和

续表8-10

在校时间	就读学校	姓　名
1974-1986 年	咸家庄联中（孟家庄）	李绪国、李海生、李绪行、李绪来、李绪如、咸会德、李绵法、孟庆华、魏桂玲、咸立芳、咸立生、咸立银、孟庆珠、李绪财、魏有富、孟庆平、咸立水、李海洋、李绪忠、李绵山、孟现礼、李绪桂、咸立同、高中英、魏有森、李绪沂、李绵柱、李绵坤、李绵璞、李绪良、咸立芬、李绵英、李绵秀、李绵忠、李绵玉、李绪军、李绪莲、高西峰、李绵厚、李　强、李绵忠、李绵洪、咸立华、崔金波
1985-2006 年	武台中学	李伟、李绵洪、李绵忠（李绵伟）、高西波、李绵军、李伟、高西志、李华、李绵印、李竞、李锋、李彦青、咸会春、李青、咸洪鹏
1995-1998 年	平邑一中	李　扬
2003-2008 年	圣翔中学	李彦超、咸红林
2011-2014 年	武台中学	咸会元

孟家庄高中生情况表

表8-11

在校时间	就读学校	姓　名
1965-1968 年	平邑一中	李绪林
1971-1972 年	仲村中学	李继春、李绵香
1973-1975 年	平邑一中	于孝恩
1973-1978 年	武台中学	咸立花、李绪华、咸立和、李绪国、咸会德、李绪来、咸立银、咸立生、李绪行、李绪如、魏桂玲、崔金波
1981-1983 年	仲村中学	李绪财
1981-1983 年	平邑一中	魏有森
1983-1986 年	平邑一中	咸立水
1984-1986 年	平邑第一农校	高西峰
1985-1988 年	平邑十六中	李强
1986-1991 年	平邑一中	李绵利
1989-1991 年	仲村中学	李绵洪、高西波
1989-1992 年	平邑实验中学	咸立华
1990-1993 年	平邑实验中学	高西志、李绵印
1991-1992 年	平邑实验中学	李绵洪

续表8-11

在校时间	就读学校	姓　名
1991-1994 年	平邑一中	高西波
1993-1996 年	平邑一中	李竟、孟庆珂
1994-1997 年	平邑一中	高西志
1997-2000 年	平邑二中	李锋、李彦青
1998-2001 年	平邑二中	咸会春
1998-2002 年	平邑一中	李扬
2000-2003 年	平邑二中	咸洪鹏
2006-2009 年	平邑二中	李青、李彦超
2006-2010 年	平邑一中	高文韬
2008-2011 年	曾子学校	咸红林
2014-2017 年	平邑一中	咸会元
2015-2017 年	临沂一中	李嘉怡

孟家庄输送人才情况表

表8-12

姓　名	在校时间	就读学校	学段与专业
李绪林	1978-1980 年	昌潍师专	化学专科
崔金波	1980-1982 年	临沂师专	化学专科
咸立水	1986-1988 年	临沂师专	政治教育
李绵军	1990-1993 年	临沂供销学校	中　专
李　伟	1991-1994 年	临沂农业学校	中　专
李绵利	1991-1996 年	滨州医学院	临床本科
李绵洪	1992-1997 年	聊城师范学院	化学本科、理学学士
李绵玉	1993-1995 年	临沂师专	数学专科
李　静	1993-1996 年	威海卫生学校	中　专
高西志	1993-1997 年	曲阜师范大学	理学学士
高西波	1994-1997 年	中国民航大学	设备维修
李绵忠（李绵伟）	1994-1997 年	山东中医药大学	临床中专
孟庆珂	1995-1999 年	同济大学	建筑材料本科

续表8-12

姓　名	在校时间	就读学校	学段与专业
咸立水	1995-1999 年	曲阜师范大学	政治教育本科（函授）
咸立华	1995-1999 年	广州舰艇指挥学院	舰艇指挥本科
李　竟	1996-2000 年	西南科技大学	刑法学本科
李　竟	2000-2003 年	西南科技大学	刑法学硕士
李彦青	2001-2003 年	济南市技术学院	教育学专科
孟　飞	2001-2005 年	西安翻译学院	英语本科
于　洋	2002-2005 年	成都电子机械高等专科学校	电气工程及自动化专科
咸会春	2002-2005 年	曲阜师范大学	电气工程专科
李　扬	2002-2006 年	山东农业大学	林学本科
李　静	2004 年	山东广播电视大学	护理专科（函授）
李　静	2005 年	潍坊医学院	护理本科（自学）
咸洪鹏	2004-2008 年	山东建筑大学	电气工程本科
李　扬	2006-2009 年	中国林业科学研究院	林学硕士
李　振	2008-2012 年	中国海洋大学	经济学本科
李彦超	2009-2012 年	潍坊学院	教育学专科
高文韬	2010-2013 年	广州民航职技学院	设备维修本科
李　青	2010-2014 年	枣庄学院	政治专业本科
咸会新	2010-2014 年	井冈山大学	体育教育本科
李　铮	2010-2017 年	中南大学	口腔专业本硕连读
咸红林	2011-2014 年	烟台职业学院	工程造价专科
李　青	2014-2017 年	中国政法大学	法律硕士
咸会元	2017-2018 年	湖南大学	师范本科

第九章 卫 生

中华人民共和国成立以前，孟家庄卫生条件很差，村民卫生意识也很淡薄，垃圾随处乱扔。那时，洗衣到河边，吃水从泉中挑，没多少污水。房屋矮小阴暗潮湿，老鼠、蚊子、苍蝇等疾病传媒大量滋生，村民不但要忍受贫困的折磨，还深受害虫的侵扰。白天苍蝇缠绕围攻，晚上蚊子时来偷袭，婴儿们常常被叮咬得满身红疙瘩，流感、疟疾、痢疾、麻疹、百日咳等传染性疾病时常发生。中华人民共和国成立前，除接种牛痘外，没有其他的防疫措施。

中华人民共和国成立前几年，曾有泗水南鼎人王文贞在孟家庄租李绪谦的两间东屋行医多年。1949 年王文贞离开后，孟家庄没有专门的医疗组织和医生，缺医少药，村民有了病只能四处求医。孟家庄人有病的时候，通常到北武台去请一位称呼“老肖”的老中医看病，或者去找董家庄的中医赵怀仁。由于疾病得不到及时治疗，早亡的人很多，特别是小孩，成活率很低。中华人民共和国成立前，妇女分娩多为旧法接生，致使许多新生儿患破伤风死去。

第一节 开展爱国卫生运动

1955 年，孟家庄建立爱国卫生委员会。孟家庄积极响应毛主席关于“动员起来，讲究卫生，减少疾病，提高健康水平，粉碎敌人的细菌战”的号召，动员全村男女老少齐动手，打扫街道、庭院，清除垃圾，疏通沟渠，填平沟洼，消灭蚊蝇，发动了轰轰烈烈的群众性爱国卫生运动。1958 年，开展了以“除四害”（麻雀、老鼠、苍蝇、蚊子；后改为臭虫、老鼠、苍蝇、蚊子）为中心的爱国卫生运动。

1958 年，孟家庄农业社成立一支除四害青年突击队，2 支卫生积肥专业队，扫除垃圾，改造厕所，达到“五洁四无”（“五洁”：街道、厕所、室内、室外、厨房清洁；“四无”：无苍蝇、蚊子、老鼠、麻雀）。孟家庄通过会议、黑板报、标语、宣传栏等方式进行宣传，发动全村村民积极参与。1960 年，孟家庄成立粪便管理专业队。1964 年，全县开展以“三管、两灭”（“三管”：管水、管粪、管饮食；“两 灭”：灭蝇、灭蚊）为重点，以积肥为中心，以防病为目的的爱国卫生运动。孟家庄改良厕所约 100 余个，建公共厕所 2 个，沤肥池 4 个，对粪便统一管理，做到了无害化管理。1975 年，孟家庄狠抓了饮水消毒和粪便管理工作，对村泉进行了漂白粉消毒。1981–1986 年，在“五讲四美三热爱”活动中，广泛开展了爱国卫生突击活动，全面整顿村容村貌，对工作环境、场地、街道、庭院、学校、商店等公共场所进行改造，种花植树，基本达到清洁、卫生、美化、绿化的标准。同时，在元旦、春节、国庆等节假日发动广大群众对环境进行集中整治。2013 年，孟家庄委与村民签订户周边绿化苗木管理协议书；2014 年，孟家庄村委与村民签订日常生活垃圾清理协议书。2018 年，仍在执行。

第二节　妇幼保健

旧社会男尊女卑，妇女社会地位低下，卫生保健不被重视。中华人民共和国成立后，开展妇女劳动卫生保健，提倡妇女经期、孕期、产期、哺乳期保护，提高妇女身体健康素质。1978 年在“四期”保护的基础上，增加更年期保健，孟家庄积极宣传妇女“五期”保护的重要性。对妇女劳动实行经期调干不调湿、孕期调轻不调重、哺乳期调近不调远的“三调三不调”保护措施。在妇女月经期、怀孕期间，生产队不安排重活，不安排深水、冷水活，不安排走远路活，不安排挑、担、抬活，不安排长时间弯腰活，不安排喷洒农药活，下雨、下雪不安排田间活；并允许请假，产前产后可休息 50 天，休息期间生产队酌情给予补助工分，并多给 10 公斤细粮，以补养身体。1960 年 1 月，孟家庄接受全县开展的妇女病普查普治，查出妇女病的患者得到及时治疗。1961 年，孟家庄接受全县开展的水肿、营养不良、子宫脱垂、闭经 4 种疾病的普查普治。查出的患者得到及时治疗。1988 年 10 月，孟家庄接受全县开展的妇女病普查普治，查出的妇科病患者得到及时治疗。

1959 年，孟家庄儿童全部接受县妇幼保健站的健康查体。1960 年，孟家庄 7 岁以下儿童全部接受了百白破混合疫苗、白喉类毒素、卡介苗的预防接种，所有儿童接受牛痘苗接种。1960 年，孟家庄 6 个月至 15 周岁的儿童接受麻疹易感儿摸底调查，查出的患者得到及时治疗。1963 年，孟家庄的儿童接受了预防接种。1979 年 9 月，孟家庄 2~7 岁的儿童免费服用驱蛔净驱蛔。1984–1985 年，孟家庄儿童全部接受健康查体，查出的病患儿童均得到及时治疗。1988 年 4 月后，孟家庄儿童定期接受查体，患儿得到及时治疗。

第三节　疾病防治

预防接种与计划免疫

中华人民共和国成立后，平邑县每年都开展预防接种工作。50 年代，以消灭甲类传染病天花、霍乱为重点。孟家庄是天花疫情的重灾区，曾经因患天花治疗不愈而死过人。为消灭天花，孟家庄人自 1950 年实行免费接种牛痘，后来种痘方案几经变革、更新，分别采用初种、复种、漏种、补种和全民普种轮换进行等措施，不断提高人群免疫水平。1965 年，实行春秋两季种痘。1966–1973 年间，孟家庄人全部种了牛痘。80 年代进入计划免疫阶段，从 1980 年起，对各种生物制品按规定免疫程序有计划地进行接种。孟家庄积极响应，1 周岁以下的儿童全部接受卡介苗、骨髓灰质炎疫苗、百白破三联制剂、麻疹疫苗的基础免疫。12 周岁以下儿童普遍按年龄组建档立卡。自中华人民共和国建立至 1988 年，孟家庄人使用过的预防生物制品有 16 种，计有牛痘苗、麻疹疫苗、乙脑疫苗、脊髓灰质炎减毒活疫苗、狂犬疫苗、霍乱菌苗、伤寒菌苗、流脑菌苗、钩端螺旋体菌苗、布氏菌苗、炭疽菌苗、百日咳菌苗、卡介苗、百白破三联制剂、百白二联制剂、白喉类毒素等。

疫情管理

根据中华人民共和国卫生部《关于法定传染病的管理办法》，平邑县 1955–1978 年管理的法定传染病为两类 18 种。1978 年以后管理的法定传染病计两类 25 种。甲类：鼠疫、霍乱（副霍乱）、天花。乙类：流行性乙型脑炎、白喉、斑疹伤寒、回归热、痢疾（杆菌性痢疾与阿米巴痢疾）、伤寒及副伤寒、猩红热、流行性脑脊髓膜炎、麻疹、脊髓灰质炎、百日咳、炭疽病、布氏菌病、森林脑炎、狂犬病、流行性感冒、病毒性肝炎、疟疾、黑热病、恙虫病、流行性出血热、钩端螺旋体病。以上这些疾病都曾在孟家庄出现过，但都发现及时，隔离及时，治疗及时，很少形成疫情。

传染病防治

1955 年春，全县麻疹流行。1961 年、1965 年，平邑县爆发麻疹，孟家庄未能幸免。1980 年以后实行计划免疫，孟家庄接受新接种方案，提高了麻疹疫苗的使用率，发病率逐年下降，至 1984 年杜绝麻疹病。脊髓灰质炎又称小儿麻痹症，是由病毒引起的急性传染病，常伴有严重的后遗症。该病在平邑县内呈散发状态，未发生过大流行。1960 年出生的孟家庄人咸立生患脊髓灰质炎，并留有后遗症，严重影响了他此后的生产生活。1965 年 3 月，孟家庄开始应用脊髓灰质炎减毒糖丸活疫苗，控制了发病。1960 年，与孟家庄邻近的保太公社暴发流行乙型副伤寒，孟家庄在上级指导下对粪便、水源严格管理，注射伤寒三联疫苗，避免了疫情的发生。1961 年，孟家庄饮食从业人员接受伤寒带菌健康检查。1956–1988 年，平邑县境内出现流行性乙型脑炎，孟家庄响应上级号召，开展群众性灭蚊活动，并做好乙脑疫苗的接种，避免了疫情发生。20 世纪 50–60 年代，平邑县出现散发状态病毒性肝炎疫情。70 年代，呈暴发流行，孟家庄积极学习肝炎普及知识，狠抓食品卫生和饮水卫生。孟家庄小学集体服茵陈、板蓝根、大枣汤预防，避免了疫情。50 年代，全县暴发流行白喉，孟家庄儿童全部接种白喉类毒素。还以生产队为单位全民服用绿豆、鲜茅根、金银花、蒲公英等煎成的汤药。1963 年、1967 年、1972 年、1977 年、1980

年，平邑县先后爆发 5 次流行性脑脊髓膜炎，孟家庄大队在乡村医生负责下集体煎服银花贯仲汤，提倡盐水漱口，食用大蒜，开门开窗，晒被晒太阳。1962 年、1966、1969 年、1973 年，平邑县 4 次出现百日咳疫情，孟家庄积极学习防治常识，积极开展百日咳菌苗和百白破三联制剂的接种工作，加强基础免疫，避免了疫情。1966–1971 年，平邑县发生钩端螺旋体病疫情，孟家庄人积极学习防治常识，避免在被猪尿污染的河塘中洗澡、洗衣服，以防感染，并用金银花、马齿苋、白茅根等煎汤代茶饮。避免了疫情。1956 年以来平邑县流行细菌性痢疾。其规律是从每年的 5 月开始上升，8 月、9 月、10 月达到高峰，11 月开始下降，流行季节达 6 个月。其中，1960 年、1972 年、1974–1977 年县内发病出现 3 次高峰。孟家庄未能幸免。孟家庄人积极应对，采取切断传播途径，管好传染源等防治措施，做好饮食卫生，督促饮食从业人员的健康查体，发病患者服用痢疾噬菌体，防治并举。1980 年后，痢疾的发病逐年减少，很快得到根治。2003 年，国际流行非典型性肺炎，中国亦开始在大城市发现输入性病例。孟家庄积极响应上级号召，对外出务工回村人员实行第一时间隔离和医检，并积极做好卫生预防工作。2003 年后，孟家庄未出现过传染病。

地方病防治

丝虫病　中华人民共和国成立前后，县内丝虫病流行严重，人民深受其害，孟家庄亦是重灾区。从 1957 年，平邑县不断进行丝虫病流行病学调查。在 1957 年、1958 年、1960 年、1972 年、1973 年、1976 年、1977 年、1981 年前后 8 次调查中，孟家庄均积极参与，配合调查，凡在检查中微丝蚴阳性者，均积极配合治疗。通过服海群生药盐等手段治疗，至 1983 年 10 月，基本消灭了丝虫病。

疟疾　平邑县原为间日疟高度流行区，中华按蚊为主要传播媒介。分别在 1960 年、1971 年出现过两次暴发流行，孟家庄均未能避免，其间每年都有两三人发病。1980 年以后，平邑县开展传染源检索，举办疟疾防治和疟原虫防治学习班。孟家庄按照上级要求，对疟疾现症病人的管理与治疗，做到及时发现、及时确诊、及时登记、及时治疗、及时报告，并建档案存底。1962–1980 年间，孟家庄村民全服用预防药物，并响应上级号召，积极开展以灭蚊为中心的爱国卫生运动。武台镇设有镜检站，开展对“四热”（疟疾、疑似疟疾、感冒、不明热）病人的血检工作，孟家庄人全部参加了血检。1988 年，孟家庄彻底消灭疟疾。

地方性甲状腺肿　1959 年、1977 年、1978 年，平邑县先后进行了 3 次地甲病普查，其间孟家庄也曾出现过病例。孟家庄人从 1979 年开始普遍食用加碘盐。1982 年 9 月，基本达到国家控制标准。

华支睾吸虫病　亦称肝吸虫病。1983 年 3 月，平邑县首次利用肝吸虫成虫抗原皮试法对武台公社武沟管理区进行调查，查出阳性患者 259 人，阳性率为 2.31%。孟家庄人积极响应上级号召，改进个人饮食卫生习惯，做到不吃生鱼或煮不熟的鱼，对猫和犬等贮存宿主进行捕杀，切断传播途径等综合防治措施，有效降低发病率。

流行性出血热 1980年10月至1986年间，平邑县在柏林、魏庄、地方等乡镇先后发生流行性出血热疫情，为控制该病的传播，孟家庄人响应上级号召，积极进行室内及野外灭鼠活动。孟家庄未出现流行性出血热疫情。

狂犬病 狂犬病是一种人畜共患的急性传染病，死亡率高，危害极大。1953年，柏林区1名区长和1名武装部长被狂犬咬伤而发病死亡。孟家庄积极响应号召，落实县人代会关于捕杀家犬的决定，消除病源。1985年的平邑县强行灭犬活动中，孟家庄再次积极响应号召，捕杀了全部家犬。

20世纪90年代至2018年，孟家庄无地方病病情发生。

第四节 医疗机构与医疗人员

1968年，平邑县开始在农村实行“合作医疗”制度。1969年，孟家庄筹建合作卫生室，咸化智任村卫生员，时称“赤脚医生”，1970年春因转任村干部卸职。合作卫生室推广单方、验方，中西医结合，提倡“一把草药”“一根银针”“一个验方”治疗疾病。合作医疗基金，一般由个人和集体共同负担，对确有困难的烈、军属、五保户、困难户，生产队给以全部或大部免交的照顾。合作医疗基金实行社队两级管理。1970–1975年，李绪仁接受村里安排，继任“赤脚医生”。1970–1971年间，李绪仁上午到武台镇医院学习，下午回孟家庄行医。卫生室用房为李绪京家的一间小堂屋（正堂屋的东耳房），约10余平方米。口服药品有四五种，针剂有十几种。有两三个针管子，十几个针头。1972年，李继先和魏桂莲加入村卫生室。李继先幼年（30年代）随姊离开孟家庄，后在北京读书，18岁时毕业于南京大学，懂日语等数门外国语。解放后自修中医，汤药针灸皆通。“文化大革命”时期受冲击被发送原籍，任“赤脚医生”。卫生室迁到三间正堂屋里，添置若干中药罐。魏桂莲加入卫生室，主要做服务性工作，1979年因出嫁外村离职。1975年春，李继忠加入村卫生室。1977年底，李绪孝从临沂卫校毕业，时值“文化大革命”刚刚结束的拨乱反正时期，暂未安置工作，回孟家庄担任村医，1979年底落实工作后离职。1980年，李绪如加入村卫生室。同年，李继先恢复政策后全家调入建材701矿，离开卫生室。

1982年，合作医疗停办。卫生室改组为医疗联合体，合作医疗改为承包制。“赤脚医生”改为“乡村医生”。李绪如与李继忠分家，分别经营自己的诊所。不久，李继忠接受其姊建议，远走东北谋求发展。孟家庄仅存李绪如一家诊所。1984年，卫生部决定将“赤脚医生”改称卫生员，仍保留乡村医生名称。赤脚医生制度为保护村民身体健康发挥了巨大作用。不久，咸立生的私人诊所开业了。

1999年底，平邑县武台镇开始推

行新合作医疗，每个村的诊所合并到一起，接受镇医院管理。乡村医生由武台镇卫生院统一调配。资金筹集的方法是：①县政府扶持每人每年1元。②镇政府扶持每人每年3元。③村委扶持每人每年3元。④村民每人每年10元。孟家庄全体村民都办理了合作医疗证。根据《山东省乡镇卫生院管理办法》，孟家庄卫生室按武台镇卫生发展规划和初级卫生保健工作计划，承担武台镇卫生院分配的相应任务。做好日常门诊、住院病人的医疗服务和康复工作，应用西医、中医和中西医结合的新知识、新方法、新技术防病治病，参加抢险救灾急救等卫生工作，参与医疗卫生科技活动和收集有关资料。贯彻执行卫生法律法规，做好传染病、地方病防治和疫情报告工作，推行计划免疫，开展食品卫生、劳动卫生、环境卫生、学校卫生的技术指导和职业病防治及妇幼保健、计划生育技术服务工作。推动爱国卫生运动，开展经常性的健康教育工作，指导群众改善居住、饮食、饮水和环境卫生条件。执行合作医疗保健制度，参与村卫生组织一体化管理。李绪仁在这一时期再次出任乡村医生，但一开始被分配到大王家庄工作。

2006年以前，农村合作医疗制度群众受益不多，合作方式只是保小病不保大病，惠及农民福利性很低，孟家庄村民积极性不高。

2006年，平邑县开始试行以大病统筹为主的新型农村合作医疗制度，推行农村医疗保险，为村民查体建档。村民每人只须缴10元（五保户、低保户、残疾人、重点优抚对象、70岁以上老人还可免缴），大病报销比例80%，最高可报12万元。新型农村合作医疗制度保障了村民能得到基本医疗保健服务，减少了患病农民因经济条件所限不敢或难以就诊及住院问题，减轻了患重病农民的经济负担。大多数轻型病人能够在乡镇、村两级卫生机构就近就医，方便了群众就诊。新型农村合作医疗制度有效保护了农村劳动力，提高了农民健康水平，促进了农村经济发展。孟家庄村民全部自愿参加了新型农村合作医疗。2015年，临沂市医疗保险制度再次改革，打破城乡界限，取消新型农村合作医疗制度，改为居民医疗保险制度，进一步提高了保险力度。

2015年8月，武台镇孟家庄博爱卫生站立项，同年10月动工兴建，12月竣工。建筑面积106平方米。于2016年8月完成室内外装修，并完成了门前地面硬化、标示牌、碑记安装。项目总投资14万余元。9月18日完成办公桌椅、档案橱、病床等物品摆放。9月20日，孟家庄卫生室完成搬迁，迁入博爱卫生站。迁入新址初期，日接待病号就达50余人，2018年，日平均接诊量已逾百人次。接诊区域以武台镇为主，辐射到仲村镇、保太镇、平邑街道、卞桥镇、柏林镇、资邱镇等近10个乡镇，亦时有蒙阴常马、新泰放城、泗水的人慕名来此就医。

孟家庄卫生室现有工作人员6人。有中药煎药机2台，设有中药煎药控制器和智能汤剂包装控制器。电脑1台，打印机1台，体温表若干支，听诊器1副，血压计1副，灸针若干，拔罐若干，理疗烤灯数盏，心电图仪1套，查血糖设备一套，液氮若干，雾化室1间。现有西药400余种，中药200余味。

孟家庄卫生室开展项目有：小儿腹泻、哮喘、气管炎、肺炎、小儿遗尿、口臭、乳腺炎、乳腺增生、带状疱疹、皮肤溃疡、关节疼痛、扁桃体炎、急慢性咽炎、顽固性口腔溃疡、烧烫伤、肠系膜淋巴结炎、痔疮、痛经、前列腺炎、消化不良、冻疮、鼻炎以及顽固性便秘等疑难杂症。孟家庄卫生室应用中草药对胃炎、慢性肠炎、咽炎、支气管炎、慢性支气管炎、肺气肿、肺心病、冠心病、高血脂、颈椎病、肩周炎、脑梗塞、偏瘫后遗症、关节炎、腰椎间盘突出、三叉神经痛、坐骨神经痛、月经不调、痛经、不孕不育、盆腔炎、崩漏、乳腺增生、胆结石、肾结石、膀胱炎等有较好疗效。孟家庄卫生室使用绿色疗法小儿直肠给药，雾化吸入，穴位贴敷治疗，不打针，无痛苦，疗效好，省时，省力，不用打针输液就能治好肠炎、气管炎、小儿肺炎，咳喘，减少抗生素、激素的使用，副作用少，疗效好，深受家长欢迎。

孟家庄卫生室承担的公共卫生事务有：为900余人建立卫生档案，即国家基本公共卫生服务项目个人基本信息记录及其复核更新记录；慢性病人档案，老年人管理档案、精神病管理档案、糖尿病管理档案、高血压管理档案等慢性病管理档案等；还有妇幼档案。

孟家庄卫生室主治医师李绵伟，本名李绵忠，2015年，考取中医执业助理医师资格并获证书。李绵伟现为主治医师，中医执业助理医师，中药执业药师。平邑县知名乡医，武台镇唯一中医执业助理医师。擅长内科、外科、妇科、儿科、公共卫生。77岁的武台镇白马关村村民魏友强，因腰部扭伤在平邑县中医院CT诊断为腰椎间盘突出症，治疗效果不佳，又不愿接受平邑县人民医院的微创手术，到孟家庄卫生室就医。李绵伟应用针灸、中药内服、推拿复位等方法进行综合医治，一日见效，半月痊愈。患者送锦旗感谢。武台镇孙家庄一岁半的杜睿睿，发热呕吐两天，腹泻一天。因小儿较小服药不便，李绵伟将中药研末调糊后以脐部贴敷法给药，三日而愈，患者家属感激不尽。52岁的仲村镇泽国庄村民马正芳，颈部疼痛1个月，右上肢痛不能上举20天。李绵伟以汤剂、刮痧、针灸给予综合医治，首次即见效，患者非常高兴。在平邑县卫生局主持的历年评选中，孟家庄卫生室都是先进卫生室，李绵伟都是卫生先进个人。

孟家庄博爱卫生站是新型农村合作医疗报销定点单位。是武台镇最大的卫生室，是武台镇开展绿色疗法的第一家卫生室，是平邑县知名卫生室，平邑县先进卫生室。

第五节　中药材

孟家庄地处北温带之蒙山山麓，是平邑县中草药集中产地，所产药材品种繁多，质地优良，藏量丰富，自古有“天然药库”之称。明、清时代金银花、紫苏等种植已较普遍。至清朝末期，谷、果、菜、木、草、花、禽、兽、鳞介、昆虫等属类直接或经加工后可入药者达百余种。1988 年，药材市场形成抢购抢销的局面。由于经营单位竞相抬价抢购中药材，刺激了山区农民滥采、乱采挖中药材，大宗药材如丹参、葛根、柴胡等已近乎“竭泽而渔”。动物药材如全蝎、土元等不按季节，常年捕捉，使药源遭到严重破坏。孟家庄及所属山林地域亦遭严重破坏。

常见常用药材有：金银花、紫苏、连翘、全蝎、丹参、葛根、土元、柴胡、车前子、何首乌、桔梗、白头翁、香附、艾叶、绞股蓝、益母草、薄荷、王不留行、大蓟、小蓟、地肤子、山药、蒺藜、鬼针草、泽漆、蓖麻、半夏、牵牛子、栝楼、瞿麦、旋复花、萹蓄、茵陈、节骨草、青木香、菊花、莲子、白茅根、玫瑰花、顺筋龙、灯笼草、马齿苋、蒲公英、苦菜、木瓜、灰菜、芍药、冬瓜皮、南瓜子、丝瓜络、远志、黄芩、女贞子、槐花、香铃子、青箱花、青箱子、酸枣仁、桃仁、柿蒂、菟丝子、月季花、癞蛤蟆草、翻白草、老鹤草、大青叶、石榴皮、葫芦、生地黄、徐长卿（透骨草）、鬼箭羽（刮头篦子）、桑白皮（桑树皮）、葎草、荠菜、狼毒、花椒等。

村民人工培植中草药材的有着悠久的历史，从建村至今，始于自发，多为使用方便，在房前屋后种植益母草、何首乌、金银花、菊花、牡丹等。中华人民共和国成立后，全村有少数村民零星种植。培植方法主要采取引种、野生变家养、家养等形式。1958–1990 年，全村有 10 多户村民零星种植中草药材 10 多个品种，2000 年以来少数居民在花盆中栽种赏花。社区绿化带内栽种有部分中草药材，有益母草、何首乌、顺筋龙、金银花、菊花、牡丹、白果、竹叶、玫瑰等 30 多个品种。因是零星种植，多采用人工加工。一般是切片后晒干，手工拣、挑、刷、刮、剔、去皮、去核等，再经过炒、焙、焖、煨等。

第六节　民间土方

1. 止血验方：五月五日，天亮以前，一百把草，晾干，研末，可辟邪，可止血。

2. 止腹泻验方：栗子花煮鸡蛋；炒麸子暖腹；熬水，止腹泻。

3. 咳嗽验方：醋炸豆腐；醋炸鸡蛋。

4. 心口疼（胃疼、心悸、肝胆疼）验方：朱砂炒黄狼子心。

5. 蛇窝子疮（疱疹）疗方：连续三天用墨汁圈疮；老鸹嘴（草药）挤汁涂抹伤口。

6. 长马牙子（牙龈长疮）验方：口含白矾；姜汁涂疮。

7. 消肿验方：冬瓜皮熬水。

8. 风呛咳嗽验方：雪梨白糖猪油红枣。

9. 脚冻验方：小麦苗＋盐水煮热烫脚。

10. 小孩冻脸：麻雀脑子烧熟涂脸。

11. 崴脚：栀子＋老面＋醋，糊脚。

12. 潮腿疼、寒腿疼：桂枝＋麻黄＋川穹＋当归＋甘草＋川牛膝。各 10 克，黑色老公鸡一只，煮熟后食肉喝汤。

13. 五月五日煮鸡蛋，吃了不得病。

14. 产后风：胡椒、茶叶、谷草，煎汁内服，并用热汁温烫患者头部，每日数次，治愈为止。

15. 咽喉肿痛：红姑娘（俗名，一年生草本植物，枝叶味苦，性寒，结实浆果球形）泡水频饮；或龙葵（俗名天茄棵，一年生草本植物，结实浆果球形，未熟时青，成熟后黑紫色）泡水频饮。

16. 高血压：白菊花、丹参、双花、枸杞各5克，代茶频饮。

17. 流行性腮腺炎（痄腮）：侧柏叶、白矾、鸡蛋清各适量，置于青石上碾为膏状敷患处，日内即愈；或：仙人掌、白矾，用法同上。

18. 外伤：未睁眼幼田鼠（俗称香老鼠）烧炙成末，生石灰适量，于青石板上碾细，掺而拌匀敷伤处。

19. 牙疼：川乌、草乌、良姜各等量水煎，取汁漱口。

20. 扎针：俗称放血，对于感冒、腹泻等症，村民统称“不熨帖”。此时多找掌握此门医术者，用三棱钢针刺破手臂静脉血管，释放适量静脉瘀血，以调节气血，疏通经脉，去除病痛。现孟照贤掌握这门技术。

21. 拔罐：对于局部疼痛、胀痛等症，多采用拔罐疗法。掌握此术的村民，家中常备各类罐、碗等器具。逢有求医者，先用白酒擦拭患处，然后燃纸于罐碗内，迅速扣于患处（或穴位处），造成罐内负压，使之吸附于患处或穴位上，产生局部充血，达到治疗目的。

22. 刮痧：用牛角板等刮痧工具蘸自制刮痧油（一般用香油兑中草药煎剂），反复刮擦身体表面部位，使皮肤出现紫红色瘀点，以治疗疾病。现孟照贤掌握这门技术。

23. 刮眼：一般眼内有疾病，多采用较细而光滑的新鲜榆树枝条，剥去外表皮，留木质部，反复刮擦患处以达治疗目的。此法对沙眼等疾有一定疗效。

24. 针灸：俗称下针。村民多于夏秋采集艾叶枝条，制成艾绳或艾团，晾干。有关节疼痛等，即按照一定的穴位熏烤、针灸。此法难度高，熟练掌握者尤少。

25. 脱臼复位：现李绪财掌握这门技术。

第十章　文化

在1938年日本侵略军占领以前，孟家庄村民的文化生活，比较隆重的有玉皇山庙会、村戏。比较随意的有一代一代口耳相传的民间文学，包括民间故事、传说、歌谣等。

1938年，日军进占平邑，孟家庄周边就有多处日军炮楼。1939年5月，八路军115师挺进沂蒙，之后开展轰轰烈烈的抗日斗争，孟家庄多次沦为战场，其间日伪军、反动道会门、土匪等势力轮番扫荡、骚扰，人们成天提心吊胆地躲避战乱，文化生活成为奢望。

1942年以后，中国共产党领导下的地方政府和抗日武装带领人民群众陆续开展减租减息、土地改革、妇女解放、动员参军、支前、移风易俗等运动，新的文化生活空前活跃，社会风气焕然一新。

中华人民共和国成立以后，党和政府高度重视文化工作，报刊杂志、广播、电影、电视、电脑、手机、网络等分别在不同历史时期成为乡村文化生活的重要形式和载体。

第一节　玉皇山庙会

玉皇山位于孟家庄村东500米处，隔浚河支流白马河与孟家庄相望。民间以正月初九为玉皇大帝生日，玉皇山一般在正月初九前后举行庙会。庙会时间一般六七天，具体起止时间每年略有差异，主要根据联系的戏班台口决定，但是必定在正月初九前后，孟家庄人称之为把正月初九“裹在里面”。老人口传：古时玉皇山庙会极盛，戏台极大。台下观众男女分座，乱看者挨鞭。山下贸易繁荣，连续7日，堪比武台大集。“文化大革命”期间，玉皇山庙会停止。2002年，玉皇山庙会恢复，今已连办15届。

庙会期间村民看戏

（王庆安摄于2018年2月21日）

2018年玉皇山庙会起止时间为正月初三至初九日，首事人9人，其中孟家庄2人（李继富、李绪运）。主要活动为祭拜玉皇及诸神，看社戏，购物，娱乐，相亲，刻碑。庙会期间请来的是菏泽的豫剧团，唱的是《对花枪》《铡美案》《辕门斩子》《大祭桩》《红娘》《花木兰》。孟家庄的广场舞娘子队亦来助阵，人气大有压过豫剧团的势头。利用庙会场所摆经济摊位的有咸立忠，咸家巷人，经营瓶装水、西瓜块、菠萝块，日营业额七八百元，六天的利润有400余元，捐给庙会100元。咸会乾，咸家庄人，经营羊肉串，日营业额200元，日利润100元。咸会英，咸家庄人，经营小百货，日营业额300元，日利润150元。李继宝，孟家庄人，经营小百货，6天营业额6000元，六天利润1600元。于恩君，北武台人，经营小玩具，5天营业额1000元，利润300元。活动参与均为自愿。庙会经费全部来自募捐和香火钱。每年有三四万元左右。用于请戏、招待、刻碑。组织者无报酬，全部是义务工。村民们把这看作是积功德。附近村民言庙会期间必有雨。或曰庙会之后，农历2月19日至2月24日间必有雨。

第二节 村 戏

孟家庄人爱看戏，邻近十里八村只要听说有村子唱戏，就会去看，即便在过去没有更便捷的交通工具时，摸黑走着也要去看。

旧时女儿出嫁有出嫁前一晚上暖轿习俗，暖轿的方式就是请人唱戏。村内有人去世，祭奠仪式中有点戏环节。届时村民也会前往观看。

玉皇山庙会期间，孟家庄的老演员孟庆存和剧团演员交流（王庆安摄于2018年2月21日）

清末至中华人民共和国成立前，孟家庄村民常听到的剧种主要有山东梆子、弦子戏（柳子戏）以及皮影戏等。山东梆子主要剧目有《双蝴蝶》《对花枪》《铡美案》《辕门斩子》《反徐州》等。中华人民共和国成立后，孟家庄村民开始更多地欣赏到豫剧的剧目，主要有《桃花庵》《卷席筒》《御河姻缘》《牧羊圈》《大祭桩》《红娘》《花木兰》《杨家将》《寻儿记》《社长的女儿》《朝阳沟》等。此外，弦子戏、皮影戏也颇受村民欢迎。

1942年后，孟家庄村民看到了抗战剧，剧目有《儿童团站岗》《地雷战》《梨糕糖》《抗属光荣》《军民一家》《反霸诉苦》《谁养活谁》《一笔血债》《李二牛归队》等。解放战争时期有剧目《蒋敌伪合流》《红军攻克柏林》《老太婆觉悟》《送郎参军》《水落石出》《大娘教子》《孟良崮战役》等剧目。2018年，75岁的咸立英仍能清晰地哼唱《送郎参军》。

中华人民共和国成立以后经常看到的戏剧有《刘胡兰》《十字路口》《三世仇》《白毛女》等。这些剧目都曾给予孟家庄人以深刻的影响。

“文化大革命”期间，各大队先后成立宣传队，排练节目，在本村或附近村庄演出，孟家庄成立的毛泽东思想宣传队成为平邑北部最活跃的一支宣传队。孟家庄的毛泽东思想宣传队成立于1966年冬天，地点在南社，主要以演戏为主。队长是孟昭存。排演的剧目为豫剧《红灯记》《智取威虎山》《沙家浜》。主要演员为咸立孝（饰李玉和、杨子荣、胡传魁）、孟庆存（饰鸠山、座山雕、刁德一）、咸化乾（饰郭建光）、李建超（饰阿庆嫂、李奶奶）、孟庆香（饰李铁梅）、李继坤、李绪廷（饰栾平）等，司乐有高宗运（弦乐）、李继林（笛乐）、李绪增（鼓乐）、李绵富（锣乐）、李绪松（弦乐）等。宣传队共30余人。排演一般在晚上，如果碰上阴雨天，白天也排演。白天属劳动时间，排戏是记工分的；晚上是休息时间，排演不计工分，权当娱乐。孟家庄的毛泽东思想宣传队持续了4年多。那时候，每年春节过后，公社都要搞样板戏比赛，戏一直唱到正

看戏的村民
（王庆安摄于2018年2月21日）

月十五。孟家庄宣传队的样板戏唱遍了整个武台公社、保太公社及周边村庄，并越过蒙山山脉，一直演到了蒙山北麓与平邑县交界的蒙阴县、新泰县的边缘村庄。外出演戏，一般是对方搭好戏台来邀请，管晚饭（一般是面条），无其他报酬。无论演出地多远，一律步行来回，服装也是自己的。在所演出的剧目中，以《红灯记》最受欢迎。在保太公社后孙家庄演出时，一位90岁的老翁让两个孙子架着去看戏。

孟家庄的毛泽东思想宣传队存在了4年，直到1976年冬才解散。改革开放后，随着电影的频繁入村、电视的普及，村戏逐渐淡出了孟家庄人的生活。但直到2018年，每年春节期间，孟家庄人依旧会联合附近几个村庄，集资聘请专业剧团在玉皇山庙会上唱戏。

第三节　民间文学

孟家庄地处蒙山之阳，附近地貌形态多样；村域临近颛臾国、南武阳等古文化遗址，历史人文积淀丰厚；村内家族历史久远，家族文化传承有序，相互交融。丰富多彩的自然和社会生活，为民间文学的产生、改造和流传提供了良好的客观条件。

传说和故事

一些在沂蒙山区广泛流传的民间传说、故事，在孟家庄也一代一代口耳相传。这里面既有被称为中国四大民间传说的《孟姜女哭长城》《梁山伯与祝英台》《牛郎织女》和《白蛇传》，也有起源于山东的《八仙的传说》《泰山石敢当》《秃尾巴老李》《蒙山参》，

还有当地的风物传说如《白马关的来历》《玉皇山的传说》《烟台的传说》《龟蒙顶的传说》等。

孟家庄人还根据村境内或者周边的地名创作过一些传说故事。其中最有影响的是玉皇庙和烟台的传说。

玉皇庙的传说大意是玉皇山上原本有个泉眼，泉眼直通东海，人们称之为“海眼”。海眼经常涌出大水，致使周边经常遭遇水灾，弄得民不聊生。后来土地就到玉皇大帝那里告状，玉皇大帝下令在海眼上面盖起行宫，将海眼镇住，洪水从此不再泛滥。当地民众感念玉皇大帝恩德，每年正月初九玉皇大帝生日前后举办庙会祝贺。每年二月十九日，当地各路神灵纷纷到玉皇庙拜见玉皇大帝，玉皇大帝设宴款待。

烟台位于烈士陵园之后。烟台的传说大意是某朝皇帝有一位非常宠爱的妃子，长得闭月羞花，沉鱼落雁，性格温婉可人，人称“烟妃”。因为烟妃太受皇帝宠爱，引起其他妃子嫉妒，便有妃子造谣说烟妃与人私通，并且已经怀孕。谣言传到皇帝那里，皇帝盛怒之下，令人将烟妃剖腹查验。烟妃被剖腹后，证实并无身孕，皇帝后悔不迭，命令厚葬烟妃。烟台实为烟妃之墓。这一传说还有另外一个版本：烟台是“验胎”的谐音。

民　歌

沂蒙山区流传着许多不同题材不同风格的小调，反映了人民生活的各个侧面，富有深厚的乡土气息，感情真挚淳朴，曲调动听感人，具有鲜明的地方特色。这些歌曲中的大部分，曾在孟家庄流传过，如《沂蒙山小调》。

中国共产党领导的八路军开辟蒙山前抗日根据地以后，八路军的文艺宣传工作者对当地的民间歌曲进行改编，将抗战的内容融汇其中，然后教群众传唱。影响较大的民歌有《五更曲》《送郎参军》《大辫子甩三甩》等。

八路军的文艺宣传工作者还把革命队伍中传唱的许多歌曲教给抗日小学的老师，抗日小学的老师再在冬学、午学、夜校、识字班上教唱。这项工作一直持续到中华人民共和国成立以后。这些歌曲，内容丰富，视野开阔，曲调优美，振奋人心。在孟家庄至今有人能唱的歌曲有《高高的兴安岭》《白毛女》《全世界人民团结紧》等。后来风靡全国的《国际歌》《东方红》《大海航行靠舵手》，许多村民也是在那时候学会的。

民　谣

民谣包含劳动歌、仪式歌、时政歌、生活歌等。

劳动歌中最常见的是打夯歌。打夯歌是一种打夯时歌唱的劳动号子，或为筑坝，或为筑房基，多是短时间的突击劳动，大多呼声高，节奏快，歌词不过即兴数句，夯头掌夯领号，其余人跟着合唱。孟家庄人在修建水库、油坊打油时几乎天天有人领着唱打夯歌，并且在修建大王庄水库时曾经有一组打夯人员全部是女性，夯头是李继娥，成员有高宗莲、孟宪莲、王英选等，四人一组，她们和男劳力一样一边唱着打夯歌一边辛勤劳作。

仪式歌主要是在婚嫁和丧葬、祭拜仪式上说唱。如《辞灶歌》《敬天歌》等。

时政歌主要反映人们对于社会生活中的时政、形势的基本认识和态度，表达了民众的真实感情。如《张大娘》。

生活歌是民间歌谣的主体，举凡日常生活中有关家庭、社会、风俗、思想的方方面面，都通过民间歌谣反映出来。有些歌谣记录特定时代的情景，若论生动形象传神，可以以一当百。

有些歌谣反映旧时代劳动人民的艰难生活，令人读之心酸：

泥瓦匠，住草房；
纺织娘，没衣裳；
卖盐的老婆喝淡汤；
种粮的吃米糠；
磨白面，吃瓜秧；
编席子的睡光床；
抬棺材的死路旁。

有一首歌谣是劝人珍惜时间用心读书的：

少年读书不用心，
不知书中有黄金。
黄金失去容易找，
光阴失去何处寻？

有一首歌谣是劝人要知足的：

人家骑马我骑驴，
仔细思量我不如。
可是回头看，
还有挑脚汉。

1958 年，由于天灾人祸，此后 3 年，国家经济极度困难，工人生活水平急剧下降，于是有歌谣唱道：

七级工，
八级工，
不如社员一沟葱。

腰里揣个辣疙瘩，
进城洗澡又理发，
回家还剩一毛八。

有一首歌谣描绘 20 世纪 60 年代初的时髦穿戴和交通工具：

小白鞋不系带，
大翻领小拉链，
骑“飞鸽”倒倒链，
呢绒袜露半半儿，
戴手表的露手腕。

有一首歌谣描绘了骑自行车：

骑车有三欢：
顺风、下坡、带识字班；
骑车有三愁：
顶风、上坡、带老头儿。

有一首歌谣反映吃大锅饭时农村劳动的情景：

上地人叫人，
地头人等人，
干活人看人，
放工人撵人。
集体地里磨洋工，
自留地里放卫星。

有一首歌谣，反映下层人民生活的

艰难：

今日攒，明日攒，
攒了钱去买把伞。
大风吹了伞头去，
手里抱了个空伞杆。

1978年，中共十一届三中全会以后，农村实行联产承包责任制，把土地承包到户，农民从事农业生产的积极性空前高涨，生活水平大大提高，有歌谣唱道：

责任制，真是行，
用到哪里哪里灵。
责任到了户，
人人都是队干部。
包了户，联了产，
又治穷来又治懒。
责任到了田，
人人成了技术员。
大包干，办法强，
年年创出高产量。
大囤尖，小囤淌，
从此不吃供应粮。

有一首歌谣反映的是庄户人家四季忙碌的情景，朴素自然，传神贴切，形象鲜明、意境清新：

早上踩露晚踩霜，
庄户人家四季忙；
春季忙忙薅野草，
夏季忙忙插黄秧；
秋季忙忙收又种，
冬季忙忙缝衣裳；
不是姑娘懒打扮，
哪有工夫巧梳妆。

街头游商小贩的那些吆喝声，用民间调子唱出来更见风致。下面是一首收破烂的唱的歌谣：

破大皮，烂内袋，
小孩喝的易拉罐，
收拾收拾快来卖，
买个发卡头上戴，
买块雪糕真不赖。

再看一首卖五香面的歌谣：

五香面，配得全，
买到家里好过年。
老不哄，少不瞒，
一两才卖三毛钱。
有肉桂，有良姜，
花椒、胡椒、大茴香。
能吃荤，能吃素，
能吃白菜炖豆腐。
熬小鸡，炖小鱼，
加上白菜调粉皮。
包包子儿，调馅子儿，
吃饭砸个蒜瓣子儿。
打一打算盘合合账，
吃不了亏来上不了当。

有一首歌谣唱的是两口子打架：

小黄盆，拌生菜，
两口子打架咱分开。
你分里，我分外，
你分枕头，我分铺盖。
到夜晚，
没气没火的又合起来。

除夕之夜，有小孩子摸椿树的习俗，

边摸边绕着椿树转圈边唱：

椿树王，椿树王，
你长高（粗）来我长长。
你长高（粗）来好解板，
我长长来做栋梁。

反映家庭教育的歌谣：

妈妈劝姑娘

孔夫子门前字两行，
大字朗朗写的强，
上写着仁义礼智信，
下写着三纲并五常。
三纲五常咱不表，
表表妈妈劝姑娘。
妈妈坐到一上房，
叫声女儿听衷肠：
你跟着为娘学针线，
各样女红都学强。
先学纺棉织成布，
再学和面擀成汤。
三学描花绣鸳鸯，
四学碾道的李三娘。
五学你二老面前多行孝，
六学你婆家看日子搬你到家乡。
搬到你家天井院，
天井院里拜花堂。
一拜你爹老公公，
二拜你娘婆母娘。
拜罢天来拜罢地，
把你架起入洞房。
二人喝罢交心酒，
闹洞房的挤满房。
要是你小叔子去看你，
千万可别骂他娘。
要是老大伯去看你，
千万别给他个脸对墙。
婶子大娘去看你，
点烟倒茶理应当。
闹新房的走罢了，
绣房以里等新郎。
等了新郎回家转，
笑嘻嘻地迎新郎。
帽子搁到帽盒里，
鞋袜搁到脚踏上。
要是你丈夫想吃酒，
酒壶酒杯摆桌上。
要是美酒你尽他吃，
要是孬酒你别让他尝。
要是你丈夫吃醉了酒，
扶你丈夫躺在床。
把头垫得高高的，
别让他吐酒脏衣裳。
脏了衣裳还得你去洗，
洗不干净他又骂你娘。
我说这话你不信，
你爹骂过你姥娘。
清晨早起叠起被，
卷卷袖子下厨房。
到厨房里先温洗脸水，
端到上房正当央。
要是你公公去洗脸，
手拿着手帕站一旁。
要是你老大伯去洗脸，
手帕搭到盆架上。
要是你丈夫去洗脸，
手帕递到手心上。
全家人等都洗罢，
泼到粪坑一当央。
新人不知做什么饭，

掌上篦子溜干粮。
小锅里熬上肥猪肉，
掰上粉皮七八张。
第一盛你公爹的碗，
第二把婆婆的碗盛上。
第三盛你丈夫的碗，
多盛稠的少盛汤。
底边盛上肥猪肉，
盛上粉皮你盖上。
要是你大伯嫂看不下去，
上面再盖白菜帮。
全家人都盛满后，
你在最后理应当。
剩下稠的你吃稠的，
剩下稀的你喝汤。
稠的稀的都剩不下，
千万别回房瞎嘟囔。
嘟囔轻了挨顿骂，
重了你丈夫十指大棍落身上。
一则是个妈妈论，
二则是个劝人方。

有些歌谣别有情趣：

颠倒语儿

颠倒语儿，语儿颠倒，
蚂蚁过河压塌了桥。
四两的葫芦沉到底，
千斤的碌碡水上漂。
漂什么漂？摇什么摇？
老鼠逮住个大狸猫。
东西胡同南北走，
出门见了个人咬狗，
摸起狗来砸砖头，
倒叫砖头咬了手。

绕口令

六十六岁的陆老头，
盖了六十六间楼，
买了六十六篓油，
养了六十六头牛，
栽了六十六棵垂杨柳。
六十六篓油，
堆在六十六间楼；
六十六头牛，
拴在六十六棵垂杨柳。
忽然一阵狂风起，
吹倒了六十六间楼，
翻倒了六十六篓油，
砸死了六十六头牛，
急煞了六十六岁的陆老头。

儿歌也称童谣，在民间歌谣中分量很大，往往是儿童游戏时自然流露的童言，通常以童趣、娱乐为主；也有成人教育儿童认识事物的知识性歌谣。

噢噢噢，噢噢噢，
宝贝宝贝睡觉了，
老猫老猫上吊了；
宝贝宝贝睡醒了，
老猫老猫跳井了。

扯大锯，拉大夯，
下来麦子喝面汤。
你一碗，我一碗，
咱俩喝得通红的眼。
你一勺，我一勺，
喝得咱俩通红的脖。

小板凳，歪打歪，
俺上南湖割豆秸，
割了豆秸喂小牛，
喂了小牛拉石头，
拉了石头盖新屋，
盖了新屋娶媳妇，
娶了媳妇生巴巴（孩子），
生了巴巴叫打打（爸爸）。

小老鼠，上灯台，
偷油喝，下不来，
买个馍馍哄下来。

小叭狗，带铃铛，
当啷当啷到集上，
买菠菜，买白菜，
当啷当啷又回来。

秋风凉，天气变，
一个针，一条线，
累得俺娘一身汗。
儿问娘，怎么忙？
娘说给儿做衣裳。
娘受累，不要紧，
等儿大了多孝顺。

小槐树，槐又槐，
槐树底下搭戏台。
人家的媳妇都来了，
俺的媳妇还没来，
说着说着就来了，
骑着驴儿，拿着鞭儿，
穿着花鞋露着尖儿。

花喜鹊，尾巴长，
娶了媳妇忘了娘，
把娘背到山沟里，
把媳妇放到炕头上。

有的童谣采用顶针的修辞方法，具有回环起伏的旋律感：

小白鸡，爬墙飞，
飞不过去找鸭背。
鸭子呱呱，要吃方瓜；
方瓜有种，要吃油饼；
油饼太香，要吃面汤；
面汤有面，要吃鸡蛋；
鸡蛋粘嘴，要吃牛腿；
牛腿有毛，要吃鲜桃；
鲜桃有核（方言读“胡”），要吃鱼肚；
鱼肚发涩，要吃小鸡；
小鸡听了，心里害怕，
从墙上飞了，不再找鸭。

小姑娘，大辫子，
手里挎着花篮子，
篮子里边盛桃子，
桃子换个大袍子，
袍子换个大帽子，
帽子盖了大辫子。

说　唱

孟家庄本村没有人从事民间说唱工作，但是经常有以此为业的游乡艺人到孟家庄说唱，他们进村后，通常寻找一户有过道或者有闲房子的人家，利用过道或者闲房子做演出场地。演出一般在午饭空儿和晚上，遇到雨雪天，白天也进行演出。最常见的是弦子鼓和鱼鼓。

弦子鼓 又称“平调弦子鼓”“瞎汉腔”，是曾经深受当地群众喜爱的一种民间说唱形式，目前已很少见。该说唱把小鼓、弦子和快书三种形式集于一身，演唱时演员身前放置一结构复杂的架子，架子上安装着小鼓、鼓槌、钢板，用铁丝固定，又用绳子连接，演员左脚打板，右脚打鼓，双手操琴，即可一边演唱一边伴奏，节省了人力，提高了效率，效果反比最初三人结伴演唱（一人打鼓敲板、一人弹弦、一人演唱）时更吸引观众。

弦子鼓对演出场地要求不高，集市、街巷、剧场皆可，演出时唱腔和道白交替出现，周而复始。唱腔可以用于抒发感情，调节情绪，也可以用于叙事，道白用于述说故事的主要内容，生动灵活，效果非常好。

渔鼓 又名“道情”“杠子”，源于道家唱经音乐。伴奏乐器有渔鼓和简板。渔鼓为长筒状，筒长 65~100 厘米，鼓面直径 13~14 厘米，有竹制、铁制两种，一端蒙以猪皮、羊皮或者猪膀胱膜而成，一端敞口。简板用竹片制作，长 45~65 厘米，宽 1.7~2 厘米，一端向外弯曲，两根为一副。演奏时用左手夹击发音，与渔鼓一起为唱腔伴奏。艺人演唱时或站或坐，斜抱渔鼓于胸前，右手轻托鼓面，以手指击鼓，左手持简板，合手击打。所唱曲调通俗淳朴，风格粗犷，极富乡土风味。现在已基本绝迹。

附录：

传说　故事

玉皇山、白马关的传说

人说玉皇山原来不叫玉皇山，是一座无名的小山。山半腰有一个洞，洞里一年四季朝外流清澈甘甜的泉水，无论天多么旱，泉水也不干。附近的老百姓都喝这个山泉的水。

忽然有一天，来担水的人发现泉水不干净了，原先清澈见底的泉水，现在浑得看不到底。担水的人心里疑惑，但是没有多想，寻思是调皮的孩子玩水搅浑了。再说除了这个山泉，附近也没有取水的地方。就把水担家里去用。谁知道喝了这个水，肚子就开始发胀。人喝了人胀，牲口喝了牲口胀。找大夫看，都不知道得的是什么病，吃药也不见好，最后肚子胀得跟吹了气的球样，难受得翻打滚。硬硬地胀死了。先死的还有人埋，后死的连埋的人都找不着了。不几天的工夫，周围村庄的老百姓就死了七八成，那个惨啊，到处一片死气沉沉的。

日子就这样熬煎着。有一天，大天白日的忽然阴云四合，雷电霍闪的。老百姓吓得躲在屋里不敢出来。几个胆子大的人扒着门缝望外看去，只见有山泉的那座山里腾空飞起来两条龙，一条雪白，一条乌黑。两条龙在漫天空里纠缠厮打，一会儿高一会儿低，一会儿东一会儿西，一会儿南一会儿北，难分胜负。足足打了几个时辰，白龙渐渐占了上风。

最后白龙死死咬住黑龙脖子直到黑龙身子僵硬了，才一甩头将黑龙扔了出去。

双龙大战结束，天空阴云散去。有个胆子大的人试探着走出家门，慢慢到有山泉的地方去看，发现泉水变清了，捧起一口尝尝，又像以前一样甘甜了。喝了几口之后，发胀的肚子开始变小，慢慢消下去了。他高兴地跑回村里，挨家挨户告诉人家赶紧去挑水喝。不到一天的工夫，周围的老百姓胀肚子的毛病就都好了。

病好了以后，人们才发现，在有山泉的那座山南面四五里路的地方，比原先多出来一座黑乎乎的山。

原来，有山泉的那座山不是一般的山，山上的那个泉眼直通东海。平时由东海龙王的小儿子白龙看守。忽一日北海龙王的小儿子路过东海到南海去玩，因为独自去玩觉得孤单，就撺掇小白龙一起去南海游玩。小白龙毕竟年幼，玩心重，又怕老龙王知道了责怪，就偷偷和北海龙王的小儿子去南海玩去了。谁知道蒙山北面有一个黑龙潭，潭里有一条黑龙，常年困在一个不大的潭里，窝憋得难受，就经常溜出来溜达溜达。这一日溜达到小白龙的辖区，见无人值守，就进去看看。不看则已，一看之下，黑龙感觉出了差别。原来龙也是有级别的，不同级别的排场是不一样的，你想那黑龙穷山沟里的一个土龙，还不知是个什么虫修了多少年修成的，怎么能和东海龙王的小儿子比！这黑龙越看越觉得委屈，越看越觉得窝火，不由得就邪火上拱，想要放肆一把，败坏一下小白龙的名声。加之黑龙自幼生长在野蛮环境中，怎么做好事知道的不多，怎么做邪性事那是见多识广，所以就施展手段，作恶弄怪，把百姓祸害了一番。

却说小白龙在外玩得尽兴，满心愉悦地归来，渐近自己领地，就见一片悲惨景象，回到执事房，又见一粗野黑龙在那里张牙舞爪地撒野。小白龙顿时性起，冲上去就厮打在一处。那黑龙也不是吃素的，有一把蛮力气，所以战斗进行得非常艰难。最后小白龙终于获胜，重新值守。

此方土地也有自己的职责，早已将事情前因后果来龙去脉一五一十地报告给了玉皇大帝。玉皇大帝感觉事态严重，亲自驾临了解处理。经过详细审问，玉皇大帝裁定：小白龙擅离职守在先，擅杀黑龙在后，罪责不轻，终身囚禁；黑龙不知进退之仪，擅自占取他人职位，并且利用他人职权作恶，死有余辜，不得转生，准其在抛尸之地化做山峰，造福人类，以赎作恶之罪。为防黑龙起死回生继续作恶，玉皇大帝在山上建起行宫，经常前往驻跸巡查。

此后，这座山便有了名字，叫玉皇山。当地人管玉皇大帝的行宫叫玉皇庙。黑龙变成的那座山，叫作黑山。

每年二月十九日，玉皇大帝会到行宫驻跸巡查，附近各路神仙都到玉皇庙拜见玉皇大帝。

话说玉皇山下边住着一户人家，家里只有一个老头儿，没有老婆，也没有孩子，自己开了二亩荒地种些庄稼，过着自给自足的日子。

有一天，老人到山上去拾柴火。拾着拾着，扑通一声，掉山洞里去了。掉山洞底下，抬头看看，离洞口有十来丈，可深啦。老头儿试探着活动活动腿脚，还能动弹，就爬起来，寻思怎么才能出去哎。眼慢慢地醒过明来，就看见山洞朝里还有多深。老头儿就顺着山洞朝前走，寻思前面说不定什么地方能爬出去。走着走着，就听见有个声音喊：大爷救我！大爷救我！老头儿还当是听讹了，没当真事。可是声音越来越大，喊得也越来越急。老头儿知道不是假的了，就顺着声音找。费了半天找着了，就见在一块大石头上，用钉子钉着一条小白蛇，有一拃来长。小白蛇身子扭来扭去的，很痛苦的样子，看着怪可怜人。老头儿就把钉子拔出来。小白蛇掉到洞底，打个翻滚，变成了一个白白净净的大小伙子，对着老头儿便拜，口中连说感谢老人家搭救。老头儿心中纳闷疑惑，又不敢多问。小伙子告诉他，自己是东海龙王的小儿子，本来看管东海通往玉皇山上的水道，结果经不住北海龙王儿子的诱惑，一起去南海游玩，其间水道被当地黑龙占领，致使黎民遭殃，他回来后一时性急，又将黑龙杀死，玉皇大帝将他囚禁在此。曾对他讲除非有人搭救，否则永远钉在此处。所以老人家就是他的救命恩人。

老头儿听了，吃惊不小。但是最犯愁的还是怎么出去。小伙子告诉他：这个不难，你闭上眼睛，我背着你，什么时候让你睁眼你再睁眼。老头儿就闭上眼睛，趴到小伙子背上。只觉耳边风呼呼地响，衣服哗啦啦地飘。有一袋烟的工夫，小伙子说睁开眼吧。老头儿睁眼一看，眼前是一片豪华气派的宫殿。小伙子告诉他：“这是龙宫，也是我的家，您老人家救了我，我要把你引见给我的父亲，他要感谢你，你有什么要求尽管跟他提。”

东海龙王见了老头儿，果然感激不尽，马上设宴招待，然后盛情挽留，让他在龙宫多玩几天。老头儿挂牵着自己家里的鸡鸭，说什么也不愿意多待。老龙王见状，知道挽留不住，就要送老头儿礼品。老头儿嘿嘿一笑，说：“我一个人过，不愁吃，也不愁喝，啥也不缺。你别费心了，让孩子把我送回家就行，我不知道路。”老龙王就让儿子送老头儿回去，还是闭上眼睛，趴到小伙子背上。只觉耳边风呼呼地响，衣服哗啦啦地飘。一袋烟的工夫，小伙子说睁开眼吧。老头儿睁眼一看，到自己家了。

小伙子在老头儿家看了一圈，说：“老人家，你对我有再造之恩，我无论如何应该报答你，你有什么需要我帮助的地方，尽管说，我想尽一切办法帮你做到。”

老头儿说：“当初救你，就没想让你报答。这事儿你不用老挂在心上。人做事哪能老想着让人报答呢？”

小伙子没再说什么，告辞走了。

走了没多远，就地打一个滚，就变成了一匹大白马。慢慢遛到老头儿家门口，拱开老头儿家的柴门，进到院子里，一声长嘶。老头儿听见动静，出来一看，院子里闯进来一匹马。他不知道马是小白龙变的，稀罕得了不得。到了晚上，马不走，也没人来找。一天过去了，两天过去了，马还不走，也没人来找。十多天过去了，还是没人来找。老头儿想是匹野马，那我就养着吧。从此老头儿就跟待承自己孩子一样待承白马，老头儿走到哪里白马跟到哪里，天天形影不离。白马帮助老头儿干活也不惜力气，拉犁耕地，拉磨，驮粮食，还驮着老头儿赶集、上山、走亲戚。走到哪里，人都夸这匹马好。

慢慢地，人家就都知道了，什么什么地方的那个老头儿得了一匹好马。

你说巧不巧，偏偏当朝的皇帝喜欢马。当地的官员就想："我要是能把这匹白马弄来献给皇上，定能升官发财。"就带了一队人马去捉它。白马被赶到一块凹地里，官员下令围捕，一队人马把白马围住，准备用套索套它。白马东奔西突，勇猛异常，一队人马硬是斗不过它。那官员哪肯轻易收兵？严令穷追猛赶，从天明一直追赶到天黑。那白马眼看体力不支，一声长啸，就地一个翻滚，现了白龙原形，挟雷带电腾起在半天空里，口中喷出一股大水，大水伴着狂风扫向捉拿它的一队人马，那一队人马顿时东倒西歪，仓皇奔逃。

官员从此知道了白马的厉害，再也不敢去捉拿。白马从此帮助搭救他的老头儿生活，直到老头儿享尽天年，白马用马蹄刨出一个土坑，将老头儿安葬之后，依然不肯离去，常年守候着老头儿墓地。玉皇大帝感念白马善良仁义，将其化为一座大山，矗立于蒙山西麓。因为其地势险要，向来为兵家必争之地，后人称其为"白马关"。

白马变身为白龙喷水之地，后来泉水众多，逐渐汇聚成湖，人称"白马湖"。1957年，当地在白马湖基础上建起水库。因水库靠近大王庄村，改称"大王庄水库"。

龟蒙顶的传说

人说很多很多年以前，咱这个地方有座大山，山也没有名，山的顶上有个老龙潭，里边水很深，人说通到东海。每到大旱的时候，潭里的水就会雾气腾腾地起来，行云播雨。后来，这老龙潭不知道怎么让一个磨盘大的乌龟占了。乌龟心眼不好使，眼看着天旱了，到该下雨的时候了，它偏偏不下。把庄稼草木都旱死了。旱死庄稼草木不算完，它还要糟蹋牲畜和孩子。春天桃花开的时候，乌龟行云驾雾地下了山。它渴了要喝骡马血，饿了要吃黄牛肝，一次就祸害一百头牛一百匹马。到了秋天菊花黄的时候，它又拖云带雾地下了山，这回它不再祸害牛马，要祸害人，渴了要喝童男血，饿了要吃童女肝，一次祸害一百名童男一百名童女。不出几年，这座大山周围，方圆百里以内，就让这个乌龟踢蹬地人烟稀少，土地荒芜，老百姓天天提心吊胆地过日子。

却说在这座大山下面有个村庄，叫白马关，村里住着白莲、白原姐弟两个。说起这两个孩子怪可怜，不懂事的时候，娘就得病死了，刚懂事的时候，爷又得病死了。他爷临死的时候，把他俩叫到跟前，跟他俩说：山里下来的老和尚说过，要是有一位心灵手巧的黄花闺女，绣出一百只鹰，一齐放出去，去把那个乌龟的眼啄瞎，把它的肉吃光，就能除了这一害。白莲、白原从那记住了这个事儿，从小下决心除这一害。他们在乌龟下山的时候，就老老实实地躲进一个山洞里。乌龟走了就种桑，养蚕，抽丝，织绢。一有闲工夫，白莲就找人拜师，拜师学刺绣。到了十四五岁，抽够了五彩丝，织足了白锦绢，白莲试着绣一只鸟。刚绣完，那只鸟扎煞扎煞翅膀，扑棱扑棱飞天上去了。从那以后，白莲就天天绣鹰。起五更睡半夜的，一天到晚不住地绣，一天就能绣出一只鹰来。绣出一只，白莲就把它锁柜里头，恐怕鹰飞跑了。她一连九十九天绣出了九十九只鹰，眼看再绣一只就行了，就能大功告成了。谁想到就在这个时候，那个乌龟不知道怎么有了感应似的。反正这个乌龟也有点仙气儿，有点仙气儿吧，又不很精，道业还不行。反正觉着这姐弟俩对自己不利，怎么个不利法，又弄不明白，道业还不行，还看不透。管他看透看不透的，先祸害他一下子再说！这个乌龟打定了主意，就要去祸害姐弟俩。

这天天刚刚露头明的时候，白原还没睡醒，那乌龟就拖云带雾地来到村前，对着白莲的绣房，喷出三口妖风，吹开了房门，刮开了花窗。把个白莲吹的，一阵头晕眼花，扑通倒在了地上。白原一下子叫风惊醒了，惊醒了一看，他姐姐倒在地上，二话不说背起姐姐就跑山洞里去了。跑山洞里待一阵子，白莲醒了，醒了睁开眼，什么也看不见了，叫乌龟那一阵妖风把眼吹瞎了。还有最后一只鹰没绣完，这可怎么治法！姐弟俩抱着头哭了起来。哭完了想想，得想办法把姐姐眼治好。白原就到处跑，跑遍了四外八乡，为姐姐求医治眼。这天又出外求医，路上碰到了一个白胡子老头儿，老头儿告诉白原：在遥远的昆仑山上，有一种雪莲花，聋子吃了能听着，瞎子吃了能看着，没有治不好的病。白原听了这消息，立即就要启程去采雪莲花。姐姐把他拉到怀里，流着泪说："别的难处先不说，听说到那昆仑山，光是走路就得走三年，有苦就让姐姐自己吃吧，你就别去遭这个罪啦！"白原哪里肯听姐姐阻拦，执意要去。他把姐姐托付给好心的邻居，便打点行装去找雪莲花。

走了一程又一程，过了一天又一天。侧着身子钻森林，披着白云登高山。攀着石缝过悬崖，抓着葛藤下深涧。衣裳划得蓑衣样，头发蓬乱像草团。饿了吃点野果菜，渴了喝点下山泉。白原找雪莲花找得真是艰难。这一天，他正在过一片怪石岗，忽然听到一声吼叫，他循声望去，只见一只老虎，大摇大摆地走了过去。这时候，脚下怪石开口说话了，它对白原说道："白原白原回去吧，小小年纪别遭难，要是猛虎看到你，姐弟从此难再见！"白原想也没想，接着往前走。走着走着，到了一片墨松林，一阵狂风扯天扯地地刮过来。白原连忙躲进树洞里，抬头一看，天上一只大雕抓着一头野羊，呼啸着飞了过去。这时候老松树张口说话了，老松树张口对白原说："白原白原回去吧，小小年纪别遭难，百斤大雕看见你，从此难再回家园。"白原想也没想，照样往前走去。

走了一程又一程，过了一天又一天，白原终于来到了昆仑山。在那白皑皑的雪山顶上，找到了雪莲花。他迎着寒风，踏着冰雪，历尽千辛万苦，终于回到了家乡，让姐姐用雪莲花浸泡的水洗眼，眼立时就看见了。白莲眼好了，顾不得亲一亲受了千辛万苦的弟弟，一心扑在白绢上，飞针走线，不过半日就绣完了第一百只鹰。

白莲、白原姐弟怀抱绣有百只雄鹰的白绢，走上村后的山梁，朝着老龙潭方向，一下子把白绢展开，向天说道："去吧，去吧，去把乌龟的眼啄瞎，去把乌龟的肉吃光！"话音未落，只见百只雄鹰腾空而起，一齐呼叫着飞向了老龙潭。正在潭边得意扬扬晒盖的乌龟，来不及躲闪，就被突如其来的百只雄鹰啄瞎了眼，吃光了肉。剩下的骨架又被群鹰拉拉扯扯拖到龙潭上，化作了乌龟一样的巨石，严严实实地盖在潭水之上。

从此这座山方圆百里又变得风调雨顺，老百姓又过上了安居乐业的日子，后来人们在那巨大的乌龟石上，为白莲、白原姐弟修了庙宇，塑了像，树了碑。碑文刻写的就是这个故事，最后的几句是："龟妖化巨石，蒙住老龙潭，顶上建庙宇，光辉留人间。"人们从中取了三个字作为山的名字——"龟蒙顶。"

蒙山参的传说

很久很久以前，蒙山顶上有座庙，庙里只有一位老和尚和两个小和尚。两个小和尚一年到头伺候着老和尚，白天为他砍柴，做饭，割草，喂驴，晚上忙碌到深夜，吃剩饭、穿破衣，还是经常挨打受骂。老和尚每隔五天就骑着小黑驴下山会友，下棋。一天晚上，老和尚又下山去了，两个小和尚正在干活，只见门外站着两个小孩，围着红兜兜，长得又白又胖。两个小和尚就把两个小孩叫进来，一边逗着玩一边干活。一直玩到很晚，两个小孩才走。从那以后，每当老和尚外出的夜晚，两个小孩就过来了，一起玩耍，有时候也帮忙干点能干了的活。

有一天晚上，老和尚回来得早，就看见了两个小孩。老和尚道业深，知道那两个小孩是宝贝哎，就轻轻推开门，猫腰去抓，两个小孩一下子就不见了。老和尚就跟两个小和尚说："我给恁俩一人一根针，上头带着红线的针，下回那两个小孩再来找恁玩的时候，恁就偷偷地把针别他们的红兜兜上。"两个小和尚就答应着。

过了两天，老和尚装着出门了。两个小孩就又来了。玩了一阵子，两个小孩要走，两个小和尚就偷偷地把针别两个小孩红兜兜上。老和尚看小孩走了，就顺着红线去找，两根线弯弯曲曲的，一直到了很远的地方，顺着石缝钻到石头底下去了。老和尚找来十几个石匠，整整打了七七四十九天，两根红线还是往下扎。老和尚想了想，说算了，叫石匠都回家。其实他没走，就在石头坑边上躲着。躲了半个多时辰，就听见坑里有小孩唱歌："老和尚黑了心，不念佛经来挖参，还有三尺就到底，哈哈，不挖了，秃驴真是枉费心。"老和尚就自己挖起来，挖到最后，露出一块石板，掀开石板，两个小孩就在里面。小孩看见老和尚，赶紧就往外跑，老和尚一手抓住一个，嘴里大喊一声："棒槌！"

两个小孩就变成了一尺半长的七品叶山参。

老和尚回到庙里，把人参娃娃放到锅里，在锅盖上面压上大石头，叫两个小和尚烧火。两个小和尚就在那烧火。正烧着火,老和尚不知道有点儿什么事，就嘱咐两个小和尚："恁好好烧火，我出去有点事，这锅盖不能打开哈，等我回来要是锅盖变了样，就要恁的命！"说完锁上大门，骑着小黑驴走了。

两个小和尚正烧着火，就听见锅里面喊："救命！快救命！"两个小和尚打开锅盖一看，见是成天来找自己玩的那两个小孩，知道上了老和尚的当，就不管老和尚嘱咐了，一下子把两个小孩从锅里抱出来了，抱出来又用凉水洗，又用衣裳擦，拾掇干净了，抱到自己住的屋里，搁自己床上。不一会儿工夫，两个小孩醒了。四个小孩正说着话，就听见有驴叫，知道是老和尚回来了，两个小和尚就让两个小孩从后院跑了。那两个小孩感激他们，给他们一人一个小山果，让他们遇到难处放在嘴里，然后身子一闪就不见了。

老和尚回来，见两个小和尚放走了参娃娃，就拿赶驴的鞭子抽他俩。两个小和尚赶紧把小山果含嘴里，就拼命往门外头跑，跑着跑着就觉着浑身发轻，低头一看，双脚离地，越跑越高，飘天上去了。

老和尚回到庙里，气急败坏地把锅端起来，"咣当"一声摔门外去了，汤水泼了一地。门口树上拴着小黑驴。小黑驴就伸头喝那个汤水，喝完了就四蹄刨地，一边四蹄刨地一边叫唤。老和尚就拿鞭子抽小黑驴，说："你叫唤什么，你也想升天？"话音未落，小黑驴长叫一声，挣断缰绳，飞天上去了。老和尚愣了，正发着呆，"呼啦"一声，门口拴小黑驴的那棵树也拔地而起，也上天了，树根上带的泥土落了老和尚一头一身，把个老和尚气得，一头撞墙角上撞死了。

那两个小和尚升到天上，被王母娘娘派给了万寿山五庄观的镇元子仙人，做了看守人参果的仙童；小黑驴在天上东游西逛，正巧被张果老碰上，收留当了坐骑；那棵树被月宫里的嫦娥拦住，栽到了月宫门前。大难不死的参娃娃不愿再在蒙山上住了，就迁到了东北大森林，在那里安家落户，生儿育女。

白猿偷桃

白猿原先是一个草仙。他娘有病，他爷出去找药。一等不来，二等不来，一去没回还。白猿娘又挂牵家里，又挂牵外头，心里一急，病就越来越重，眼看着就不行了。

这天，白猿问道他娘："娘，您说您这个病还有法治吗？要是能治，我就算历尽千辛万苦也要给您治。"

白猿娘就说："治是还有法治哟，就怕你弄不来那种药。"

"娘，您说吧，说了我试试。"

"蒙山顶上王禅种的那种仙桃，我吃一个，病能好七分，吃两个，就能好利索喽。可有一点儿，孙膑给他看桃，不好弄。"

"娘，您放心吧，我去弄。"

白猿就到蒙山上王禅的桃园里去偷桃。到了那里一看，嘿！孙膑正仰巴在桃树上睡大觉呢。原来孙膑从打给王禅看桃以来，一共还没瞎过桃呢，量其无妨，就大意起来。他哪里能想到这回白猿来偷桃孝母呢。

说起来也是无巧不成书。王禅从打孙膑看桃园也没来点过桃，这天偏偏来点桃。点着点着少一个，点着点着少一个。就逮着孙膑打起来。打得孙膑那个苦啊，翻打滚。翻打滚也不行吔，谁叫咱没看好桃来，该罚！——岂不知王禅对孙膑严是对他好，要不以后成不了气候。

孙膑挨了老师教训，又懊悔，又恼自己，越想越觉得太冤枉，心想是哪路神仙跟俺孙膑过不去，这样子来糟蹋我！他吃了第一个，尝着了甜头，一定还来偷第二个，管怎着我也得逮住他，出出这口恶气！打这一天起，孙膑就带着捆仙索，拿着斩仙剑，成天到晚在桃园里防备着。

话说白猿娘吃了那个仙桃，病已经好了七分，就跟白猿说："儿啊，您娘吃了这个仙桃，病好了七分了，要是再吃一个，就能除根。"

白猿说："不碍，娘，我再去偷。"

"儿啊，这一回可就不容易了，上回孙膑叫鬼谷子王禅揍得怪苦，这回他一定看管得严了。"

"不碍，我去试试。"

白猿就又来到桃园。见孙膑还在那里睡觉。他哪里知道孙膑是眯缝着眼儿装睡。白猿刚把小爪子伸出去，还没够着桃呢，就听"嗨"的一声，孙膑从树上一跃而下："白猿，你好大胆！欺负到俺孙膑头上来了！这回看你还往哪里跑！"说着就举起了斩仙剑。

白猿扑通一下跪在了地上，一边磕头一边说："求你等一等再斩，死我不怕，我得回去给俺娘说一声，她身子有病，差点死了，我偷了一个仙桃给她吃了，病才好了七分，我临死得给她个信儿，要不得把她老人家急死。"

孙膑一听愣了。问是怎么回事。白猿就从头到尾说了一遍。孙膑听了，被感动了，心想：白猿是一个草仙，还这么孝顺老母，难得呀！人心都是肉长的，我孙膑宁愿叫俺老师再打一顿，也不能丧这个良心，我得成全白猿，把他老娘的病治好喽。想到这儿，他弯腰把白猿扶起来，不但不斩白猿，还亲手为白猿摘下一个仙桃。这还不算，还和白猿拜了把兄弟呢。就在桃园里面，草棒当香，清水代酒，孙膑为兄，白猿为弟，成了一家人啦！

白猿回到家里，娘问："这回怎着咊？孙膑没揍你吧？"

"人家孙膑哥不光没揍俺，还送给俺这个仙桃，还跟俺拜了把兄弟呢。人孙膑哥那真是没得说！"

白猿就叫娘把仙桃吃了，病立时就好了。

后来，白猿娘就常常在白猿面前念叨孙膑的好处，说："儿啊，您孙膑哥这个恩情太重了，咱怎么报答法呀！这样吧，咱家里还有一部天书，你拿去送给他吧，那玩意儿对他有大用处。"

白猿答应着，就去把天书送给了孙膑，这就是后来的《孙子兵法》。

因此上，人们常说的“白猿偷桃天书献”，说的就是这段儿。

蒙山白狐

古时候，在蒙山脚下，有一位刘大。刘大十来岁上，爷娘就都死了，留下几亩山岭薄地，两间破屋。他不会种地，愁得慌。有好心的人家告诉他什么时候种，什么时候耪，什么时候收，他就慢慢地学着干。干常常了，什么活都会，成了种地的好把式，就是家里没有个做饭的，见天干一天活，回来冷锅冷灶的，还得现生火，现做饭，吃起来也没味道，他也不大在意，一年小二年大的，说着说着就到了十七八岁。

这一年春上，刘大在山上刨地，刨了一天，到了饭时，人家都家走吃饭去了，他也往家走。走到家里打开门一看，桌子上四样子菜，还有一盘白面馍馍，热气腾腾的，刘大想大门锁着，屋门也关着，哪里来的饭菜呢？不管他，先吃着再说。饿一天了，一阵狼烟就都吃了。怪高兴，从来没吃过这么香的饭。

到第二天，干了一天活，回到家里，桌子上又有四样子菜，一盘白面馍馍，热气腾腾的，刘大又吃了。到第三天又是这样。

一连三天这样，刘大就犯寻思了，这事儿实在蹊跷，得看看是谁给做的饭、炒的菜。

到第四天，他照样扛着家什去干活，可是下晚离饭时还一大会儿，老早他就回来了。回来也不进家，扒着墙头朝家里看。没人，就等着，看谁进他的院子。这时，见从山里头来了一只狐狸，雪白，跑得飞快，就像个雪球朝山下滚似的，眼看离刘大家不远了，就地上打一个滚，就变成了一个大闺女，长得有红似白的，可俊啦，手上挎个篮子，一阵风来到刘大门前，一闪身，也不见门开，也听不见响，人就进去了。进了屋，把四样子菜，一盘白面馍馍摆小桌上，又一闪身，出来了。走到山坡上，朝四下看看，就又变成一只大白狐，跑进蒙山里去了。

刘大只看到一个大闺女在门口一闪进去了，又一闪出来了，简直看得傻了眼，进了家门，看着桌上的饭菜，心里想想，这么俊个闺女，来给我送饭送菜，那是看上我了。看上我哪点呢？我傻帽一个，只知道干活，真猜不透。可人家既然送上门来，我就得想法把她留下，跟她过日子，不能让她老这么跑来跑去的。怎么才能留下她呢？想起来了，蒙山里有个老道士，啥事都知道，去问问他，他肯定有办法。想到这儿，刘大有了主意，三口两口吃完了饭，就进蒙山去找老道士。

老道士听刘大讲明了来意，眼神古怪地看着刘大，问道：

“你真想把那个闺女留住？”

“人家都朝我那里送了好几天饭了，这样的好事打着灯笼都找不到，我还能不真心实意？”

“既然这样，我就告诉你个法，一定能把他留住。你想办法把她的衣服藏起来，就能把她留住，可千万不能让她知道。”

刘大心想，把衣服藏起来，还不好办？就答应着，回到家里。

到了明日，刘大又早早地回家，在墙外面等着，等那闺女进了他的院子，他赶忙进家把那闺女堵在屋里，拉住她的手，请求她留下来。那闺女羞得脸像蒙了块红布，最后答应住下来。晚上，刘大就趁着闺女睡着的时候，把她的衣服找个包袱包了，埋在了磨底下。那闺女就成了刘大媳妇，和刘大过起日子来，男耕女织，恩恩爱爱，再也不提走的事儿。

转眼一年过去了，刘大和媳妇生了一个孩子。这一天,媳妇忽然对刘大说：“我跟着你过了一年多了，也没走过娘家,这一阵怪想俺娘了,我想回趟娘家。”

“回就回呗”，刘大说，“去看看就赶紧回来。”

“那，你得给我衣裳哎。”媳妇说。

“衣裳我藏磨底下了，我这就给你拿去。”刘大说着，到磨底下把包袱拿了出来，给了媳妇。

媳妇接过衣服，一边穿一边说：“我过个三天五日就回来，要是过了九天还不回来，你就带着孩子去找我，我给你一双筷子，到时候你把筷子竖在手心上，筷子朝哪里倒，你就朝哪里找，路上黑了，遇到人家，有吃就吃，叫住下就住，过九道河，翻九座山，就到一座大山，山里有一栋大宅子，那就是俺娘家。那时候能不能找回我来，就看咱俩的缘分了。”

刘大一边听，一边答应着，一边心里很感动，人家话都说到这个份上了，哪里还能跑了呢？就抱着孩子把媳妇送出了大门。

媳妇出了门，上了坡，回头看看，看不见刘大了。一转身,变成一只白狐，飞快地进了山。

刘大就在家里盼着媳妇回来，一等不来，二等不来，一直过了九天也没见回来。刘大就把媳妇给的筷子竖在手心上，看着筷子朝蒙山那边倒去了，就背着孩子找去了。

过了一道河，又过了一道河，翻了一座山，又翻了一座山，路就跟羊肠子样，越来越难走，眼看着天黑了，又下着毛毛雨。刘大正在犯愁，就看见前边一点灯火，顺着光走过去，见一间破草屋，屋里有一个老嬷嬷，正在那里点着灯纺线。刘大就叫开了门。

老嬷嬷问：“吃饭了吗？”

刘大说：“没价。”

“我弄点饭你吃。”老嬷嬷说着从屋檐里抽下一穗谷子，用手搓了搓，放在一个茶盅那么大的小锅里，弄着火熬起饭来。

刘大在一边想，我饿了大半天，这点饭连塞牙缝也不够呀，可又不好意思说出来，就等着。等了一会，饭熟了。老嬷嬷找个小勺给刘大盛饭，盛了一勺又一勺，把碗盛得满满的了，小锅里的饭还不见少。刘大就先喂孩子，喂完了孩子，自己吃，吃了一碗又一碗，小锅里的饭还是不见少,一直吃得肚儿圆了，还是那些。

老嬷嬷问：“吃完了吗？”

“吃完了。”

“嗨，你吃饭真了了。”

老嬷嬷说着,用小勺刮扯刮扯小锅，一口送嘴里，吃了，小锅里就干净了。

“你爷儿俩就在这屋里睡吧，我另

找地方睡去。”

老嬷嬷说完，带上门，出去了。

刘大就搂着孩子在屋里睡下了，一觉睡到大天明，醒来看看，哪里有屋，睡在两块大石头缝里，床也没有了，身子底下是一堆草，铺得也怪板正。

刘大就又背着孩子走路。

终于走过了九道河，翻过了九座山，来到了蒙山的主峰，远远看见一栋大宅子，一个白胡子老头，在门口打盹。刘大就上前搭话，白胡子老头问他：

“你是干什么的？”

“我是来找小孩他娘的。”

“你怎么知道你小孩他娘住在这里？”

“我小孩他娘跟我说她住在这里。”

“那……”白胡子老头沉吟了一会儿，说，“这样吧，我有九个闺女，这九个闺女长得一个模样，穿的衣裳也一模一样，我叫她姐九个出来，站成一排，你要是能一眼把你小孩他娘认出来，你就领她走。你要是认不出来，你就怎么来还怎么回去。”

“行啊，你叫出来吧。”刘大答应着。

白胡子老头子就把九个闺女叫出来，在门口排成一排。果然都长得一个模样，都穿着一样的衣裳，叫刘大认。

刘大抱着孩子挨个看一遍，犯了难，都一个模样，认不对怎么办？来回走了两遍，不敢认。

后来他忽然想出了一个办法：偷偷地在孩子大腿上拧了一把。孩子哇得一声大哭起来，刘大就看见那九个闺女中的一个一瓦古脸。他走上去，拽住那个瓦古脸的说：

“就是她，她就是俺孩子他娘。”

白胡子老头见了，说：

“这是天意，是缘分，你领她回家过日子去吧。”

就送他们一家上路。

走了一段路，刘大回头一看，哪里有什么大宅子，只有一个大悬崖，悬崖上一个黑乎乎的山洞。

刘大媳妇接过孩子，对刘大说：

“你拉着我的手，闭上眼，我叫你睁眼你再睁。”

刘大就拉住媳妇的手，闭上眼，就听见耳边“呼呼”的风响，感觉跟飞一样。不大会儿工夫，媳妇说：

“行了，睁开眼吧。”

刘大就睁开眼，一看，正是自己家门口。

从此，就过起日子来，后来成了大户人家。

秃尾巴老李

早些年，有个小山庄里，有个姓李的木匠。李木匠有手艺，吃不愁喝不愁的。李木匠娶了个媳妇，小两口一个在外头干木匠活儿，一个在家里操持家，日子过得不孬。就是有一件说不出来的事，叫李木匠不大欢气：媳妇娶了一年多，光见肚子大，就是不见生下孩子来。

小山庄里人多嘴杂，说什么的都有。有的说：“这媳妇怀胎十月不下羔，谁知肚子里装的什么玩意儿！”有的说：“猫三狗四，猪五羊六。凡是吃食喘气的活物，哪有在娘肚子里越过一年的？这玩意儿一年多不下生，十有八九是个妖怪！”

李木匠听了这些闲言,心里又是气，又是急，又是怕，可又不能打开媳妇的肚子看看，只能干瞪眼，瞎操心。

苦熬苦煎了整整二十四个月，李木匠的媳妇才临盆。哪知孩子一生下来，又跟别人家的孩子大不一样：盼着当爹的李木匠没有听见呱呱坠地的孩子哭声，盼着当娘的木匠媳妇没有看见孩子是个啥模样，忽见床上升起一阵黑雾，眨眼工夫，黑雾穿过窗户，腾空而起，到了半空中，“咔擦”一个响雷，那刚生下的孩子踪影不见了。

左邻右舍的都说，在那红光一闪的时候,有人看到了一条黑龙,乌鳞金爪，火眼赤须，一个腾身就钻天上去了。那孩子到底是龙是妖，庄里的人谁也说不准。

李木匠胆战心惊地盼孩子，没想到孩子一落地就飞走了。飞走了也罢，省得家里养个妖怪让人家笑话！谁想到天刚傍黑，一阵黑雾飘来，那孩子又回来了——是回来找他娘吃奶的。

木匠媳妇觉出孩子来吃奶，就想看看孩子长得什么样，可黑雾弥漫，什么也看不见。就伸手去摸。只觉着孩子浑身冰凉。又摸出有鳞有爪，估摸着自己生的是龙，不是个妖怪，心里又是惊，又是怕，又是喜。

打那以后，每天傍黑时候，李木匠的宅子就叫一团黑雾罩个严实。半个时辰不到，黑雾腾空，晴空打个响雷，然后又恢复了原样。

李木匠见孩子天天回家吃奶，又听媳妇说孩子身上有鳞有爪，也寻思自己养了一条龙。可是这小子天天雾里来，云里去，既不与爹娘打照面，又猜不透他今后是行云播雨呢，还是兴妖作怪，心里总觉着不是个滋味。有一天，他跟媳妇商议：“我看咱这该子不是正经玩意儿，是龙的话，也是个妖龙——哪听说正儿八经的龙在老百姓家下生的？咱不如趁他还没长成，除掉他算了，省得他以后闯出大祸来。”媳妇一听，可不乐意了：“孩子是娘身上掉下来的肉，你不疼他，俺疼他！送子娘娘让他到咱家来投胎，就是叫咱把他拉巴大。以后是善是恶，自有老天爷来评判，咱们凡人能管得了吗？”李本匠被媳妇抢白了一顿，光张嘴说不出话来。可是过后还是不死心，就老思思念念的，想把这个不让见面的儿子教训一下。

有一天，李木匠把大锛磨得锋快。天刚擦黑，就手握大锛，蹲了自家窗户底下。不一会儿，那一团黑雾来了，把整个院子遮住。李木匠瞪圆双眼，从下往上仔细地盯着窗户。朦朦胧胧地，他模模糊糊地看见一条黑影从窗户穿过去，头跟身子在屋里，还有半截子尾巴搁在窗户台上。李木匠站起身来，抡起大锛，照着窗台上的半截尾巴砍去。只见窗台上红光一闪，紧接就是惊天动地的一声霹雳，李木匠当场就被震得人事不知了。

左邻右舍的听到动静，都赶来了。赶来救醒了李木匠，在窗台下面找到了几尺长的半截子龙尾巴。木匠媳妇听说丈夫用大锛砍了儿子，又气又急，不住腔地数量：“天底下没见你这样狠心的爹,要杀自己的孩子！一个霹雳震死你，活该，活该！要不是孩子手下留情，咱俩谁也别想活，恐怕连这座宅子也早没影了！”

本村的人看见了龙尾巴，确信李木匠家生养的是个龙子了，也都七嘴八舌地埋怨李本匠不该作孽，得罪神龙，怕今后给全村降灾，有个老头儿说：“牛生麒麟猪生象，自古就有的事儿。神龙在你家投胎，是你家福气！你这一锛，说不上因福得祸呢。”

李木匠被大伙儿说得满脸通红，结结巴巴地说：“我哪里是想砍死他？我只是想……想让该子露个面。好见见他长什么样嘛！”

再说李木匠家的孩子——就是那条小黑龙，自从回家吃奶被爹砍去半截尾巴，当时疼痛难忍，一个霹雳腾起在半空里，直奔东北飞去。因为是一条受伤的幼龙，不敢在大海里存身，就一直来到了黑龙江，在江中安下身来。小黑龙在江里养好了伤，就上岸变成一位年轻力壮的小伙子，在附近村子里专帮穷人干好事。每逢天旱不雨的时候，他就及时行云布雨，当地就年年五谷丰登。日子长了，当地的人慢慢也看出来了：那个到处做好事的姓李的小青年，就是经常送及时雨的那个秃尾巴黑龙。人们再遇见他，就都称他为秃尾巴小李，年岁久了，秃尾巴小李长大了，就变成秃尾巴老李了。

秃尾巴老李想家，想家又不能光回来，就对山东的老乡格外地亲。据说，早些年在黑龙江里乘船，船家在开船之前都要大声问一句：“有山东人吗？”只要有人答一声：“有！”船家就放心了。因为秃尾巴老李决不让山东老乡在他管辖的江里出事。

秃尾巴老李每年都要回家给他母亲上坟。每次回来，都是携风带雨的，走到那里那里下冰雹。但是一到他出生的地方，就风停雨住。

年的传说

人说年是一个怪兽，头上长着一个独角，尖尖着，四个爪子多大，拖着个长尾巴，青面獠牙的怪吓人。这个年过十二个月来一回，来的时候打天上飞，飞到一个村里，就落下来吃人。所以每到腊月底，约摸着年快来的时候，老百姓提前就都跑了，不敢在家里住，跑山上躲年。

这一回躲年的时候，村里老百姓正往山上跑着，遇着一个七八岁的小孩，也不知是谁家的孩子,在半路上饿晕了。有个老嬷嬷好心，拿点东西给他吃了，醒了。老嬷嬷就领着这个小孩，一起上山躲年。上山躲一片竹林子里。冬天竹林子里冷哎，有人就砍来竹枝子拢火取暖。那个小孩就问：“年不来这里吗？”有个老头就说：“我打小就跟着大人到这里躲年，年从来没进来过。”小孩歪着头想了想，说：“我知道怎么对付年了，大家往后不用躲了。”大家听了都高兴哎，寒冬腊月的谁愿意跑出来？又冷又饿，还担惊受怕的。就围上去问小孩怎办法？小孩就嘱咐：“多砍些竹子带着，带回家里等着。”老百姓都半信半不信的，犹犹豫豫地回自己家了。

到了三十黑夜，老百姓都不敢睡觉，

一家人在家里围着，也不敢出去，就在家里守着。到了半夜子时，那个年就来了。那个小孩就安排赶紧点火，赶紧把竹枝子点着。老百姓就都把竹枝子点着了。到处火光一闪一闪的，噼里啪啦乱响，有的竹子粗点，就砰砰地炸响，动静很大。年就吓跑了。

年没上自己家里来，上没上叔叔大爷家去呢，他们家的人叫年吃了没有？到第二天，就先到自己近支本家家里看看。去到不能问你没叫年吃了吧，就问："你怪好吧？全家怪好吧？"对方是近支本家，也挂牵着这边，就说："怪好，怪好，你全家怪好吧？"这边就说："怪好，怪好，年过去了。"看完了近支本家，还得看看房分远点的本家哎。看看也怪好。再看看平时关系好点的朋友，看看也怪好。看来看去的，这一天就过去了。

第二天寻思寻思，还得去看看亲戚哎。就上姥娘家、舅家、七大姑八大姨家，挨个看了一圈儿，看看都怪好，都没叫年吃了，就放心了，不用挂牵了。一来二去的，半个月就过去了。到了正月十六，寻思寻思，年也过去了，还得生活哎，就开始该上工的上工，该上学的上学，又忙活起来了。

年吓跑了，可是没死，每到腊月三十还来。老百姓就年年用那个小孩教的办法吓唬年。一年一年的，也都过去了。后来大家都嫌麻烦，就商量着简单点。慢慢地琢磨出个理儿来，觉得年怕火，怕响声。就试着在门上贴红纸，贴纸挂子，红纸看起来就像火。又有人模仿着竹子造出了炮仗，更响亮。年又吓跑了。再后来，有人在红纸上写上吉利话，就成了对联；又把一个一个炮仗连起来，就成了鞭炮。

人说过年就是这么来的。过年的时候贴对联、守岁、放鞭炮，拜年等等，都是这么来的。

介子推的传说

相传春秋战国时代，晋献公的妃子骊姬为了让自己的儿子奚齐继位，就设毒计谋害太子申，申被逼自杀。申的弟弟重耳，为了躲避祸害，流亡出走。在流亡期间，重耳受尽了屈辱。原来跟着他一道出奔的臣子，大多陆陆续续地各奔出路去了。只剩下少数几个忠心耿耿的人，一直追随着他。其中一人叫介子推。有一次，重耳饿晕了过去。介子推为了救重耳，从自己大腿上割下了一块肉，用火烤熟了给重耳吃。十九年后，重耳回国做了君主，就是著名的春秋五霸之一的晋文公。

晋文公执政后，对那些和他同甘共苦的臣子大加封赏，唯独忘了介子推。有人在晋文公面前为介子推叫屈。晋文公猛然忆起旧事，心中有愧，马上差人去请介子推。可是，差人去了几趟，介子推不来。晋文公只好亲自去请。谁知晋文公来到介子推家时，只见大门紧闭。原来介子推不愿见他，已经背着老母亲躲进了深山。晋文公让他的御林军上山搜寻，没有找到。这时，有人出了个主意，说不如放火烧山，三面点火，留下一面，大火烧起来介子推定会自己走出来。晋文公采纳了那个人的主意，下令放火烧山，谁料大火烧了三天三夜，也不见介子推母子下山。等到大火熄灭了，晋文公率人上山，见介子推母子俩，一个抱着一棵烧焦的柳树，一个抱着一棵烧焦的柏树，都已经死了。晋文公望着介子推母子的遗体，不禁泪如雨下，哭拜一阵，命人厚葬。在搬动介子推遗体时，发现他脊梁堵着个柳树树洞，洞里有东西。掏出一看，原来是片衣襟，上面题了一首血诗：

割肉奉君尽丹心，但愿主公常清明。
柳下作鬼终不见，强似伴君作谏臣。
倘若主公心有我，忆我之时常自省。
臣在九泉心无愧，勤政清明复清明。

晋文公将血书藏入袖中。然后把介子推和他的母亲分别安葬在那两棵烧焦的大柳树和柏树下。为了纪念介子推，晋文公下令把放火烧山的这一天定为寒食节，晓谕全国，每年这天禁动烟火，只吃寒食。

第二年，晋文公带领群臣，素服徒步登山祭奠，表示哀悼。行至坟前，只见那棵老柳树和柏树死而复生，绿枝婆娑，随风飘舞。晋文公望着复活的柳树和柏树，像看见了介子推一样。他敬重地走到跟前，珍爱地掐了一下枝，编了一个圈儿戴在头上。祭扫后，晋文公把复活的老柳树赐名为“清明柳”，又把这天定为清明节。

以后，晋文公常把血书袖在身上，作为鞭策自己执政的座右铭。他勤政清明，励精图治，把国家治理得很好。

此后，晋国的百姓得以安居乐业，对有功不居、不图富贵的介子推非常怀念。每逢他被烧死的那一天，大家禁动烟火，只吃寒食，在门两侧插柳、柏树枝，以示纪念。

据说，这就是寒食、清明的来历。

八月十五杀鞑子

话说元朝时候，蒙古人霸占了咱汉族人的地盘，把人分成四等，一等是蒙古人，末等才是咱汉族人。蒙古人在每个村子里派了一个蒙古兵，当里长，老百姓都叫他是家鞑子。家鞑子由汉人供养，吃喝拉撒睡都在汉人家里。比自家的老祖宗还尊贵，好东西得尽着他吃他用，稍不顺心，不是打就是骂的，处死你都无处申冤呢。

鞑子怕汉人造反，每十家汉人才有一把菜刀和剪子，汉人用的时候就到有的人家里去借，用完再还回去。鞑子对汉人实行人口管制，不准汉人夜晚外出，白天外出也要向鞑子报告，怕汉人聚集谋反。鞑子还有一个任务就是督促汉人缴纳各种苛捐杂税。

平时三朋四友在一起聚会，或者两个人在一处说悄悄话，你要惹着他，他诬赖你想谋反，连命都没有了，所以那时候，天黑就吹灯，谁也不敢胡溜达，免得祸从天降。

汉人家的姑娘要出嫁，先得和这个鞑子睡三天觉，俗称破瓜。汉人结婚后，就会把第一胎摔死，不要这个鞑子种。有的女人舍不得摔死孩子，就活下来了。

汉人家里有好吃的，先得给鞑子送去。到过年的时候，鞑子要到县城里汇报村里汉人的情况。所以到腊月二十三，各家各户的汉人就把好吃的送给鞑子，让鞑子到县里说好话。我们现在的灶君爷穿的就是鞑子的衣服。

元朝末年，汉人实在忍不下去了。湖北的陈友谅、安徽凤阳的朱元璋等纷纷揭竿而起，举义消息不胫而走。有一天，朱元璋向军师刘伯温讨计策。刘伯温说："天下人都对家鞑子有刻骨仇恨，如果大家一齐动手，就能把鞑子斩尽杀绝。"

于是朱元璋下令，把杀鞑子的时间定于农历八月十五，以月饼里夹带纸条为信号。

八月十五前几天，商店里卖月饼。有的人家买不起，便赠送。鞑子不懂，便问："这是什么东西？"人们就告诉他们："这是月饼，八月十五拜月的供品。"于是他们便解除了戒心。不再盘问了。

中秋节晚上，每家都捧出月饼、瓜果祭月。举行祭月仪式之后，各家人围在一张桌前，赏月饮酒。家鞑子也趁热闹，喝个一醉方休。最后把月饼掰开，分而食之。每个月饼内都夹着一个纸条，上面写着："今夜子时杀死你家的鞑子兵。"鞑子兵不识汉文，愣着脸问："那是啥？"有的说是饼芯子，有的说是祝你全家团圆，还有的说月娘娘保你平安。他们便信以为真，乐得咧着嘴傻笑，叽里呱啦地说："就你们汉人名堂多，真有意思！"

子时一到，有的鞑子兵醉倒了，有的鞑子兵睡着了，有的还在嬉闹。各家各户都开始杀鞑子。一家人挤挤眼，碰碰胳臂肘，全都心领神会了。几个人对付一个人还不容易？用手掐，用石头砸，一齐动手，没用一顿饭食的工夫，平日张牙舞爪的鞑子兵，全都报销了。

杀完了鞑子，都走出家门，互相打问："你家的鞑子杀死了吗？""杀死了！""你家的呢？""那还用说，早杀死了！"就这样。把鞑子都杀死了。

泰山石敢当

传说，泰山脚下的一个村子里住着一个青年，姓石，名敢当。他非常的勇敢，而且同情贫苦的穷人。在泰山一带很有名。一些被欺侮了的人就找石敢当替他们打抱不平。

泰安城南的一个村里有户人家，一对老夫妻只有一个女儿。不知从什么时候开始，每到太阳下山以后，就从东南刮来一股妖风，钻进姑娘的屋里。天长日久，这个姑娘变得面黄肌瘦，非常虚弱。找了许多医生，也看不出她得的什么病。这时有人说："这是妖气缠身，光吃药治不好。听说泰山上有个石敢当很勇敢，何不找他来想想办法？"这家人就去找石敢当。

石敢当说："这事好办，找十二对童男童女，一人一面锣。再准备一盆香油，把棉花搓成粗灯芯。还要一口锅，一把椅子，只要这些东西都备齐了，我一定能把这妖怪拿住。"那家人就按石敢当吩咐的，都准备了。

傍晚时分，石敢当把灯芯放在香油盆里，点燃了油灯，用锅把香油盆扣住。石敢当坐在旁边，用脚挑着锅沿，这样远处看不到灯光。又让十二对童男童女随时准备听他号令敲锣打鼓。

天黑了，随着一阵呼呼的响声，从

东南来了一股妖风。石敢当一脚把锅挑翻，油灯立刻就显出了耀眼的光芒。与此同时，十二对童男童女同时敲响了锣鼓。妖怪一进屋，看见了灯光，听到了响声，赶快闪了出去，朝南方逃跑了。这股妖风后来到了南方,继续作威作福。南方的一些农户也被妖风缠身，患了重病。人们打听来打听去，听说泰山有个石敢当能驱除妖怪，就把石敢当请到了南方。石敢当用同样的办法把妖怪赶走了。这妖风又逃到了东北，东北有些姑娘也得了重病，人们又把石敢当请到了东北。

石敢当就想：“我赶它一回，它就逃到别处，全国这么大，我怎么跑得过来呢？对，泰山有很多石头，我请石匠在石头上刻上我的家乡和名字——泰山石敢当，谁家进妖风，就把这石头放在谁家的门外，妖怪就不敢进去了。”

后来，泰山石敢当降妖的事越传越远。人们都知道了泰山石敢当能降妖辟邪，纷纷在石头上雕刻“泰山石敢当”五字，立于墙根、街巷、桥头、要冲，保护村宅平安。

皮狐的故事

一

有一个人，种了一片南瓜，结的那个多啊，在地里咕噜咕噜的，怪喜人，他天天去查查数，这一查不要紧，一天总少那么几个。他怪纳闷，什么人把南瓜偷去了？一定要逮着那个贼！于是到了晚上，他就去南瓜地里蹲守，等着贼来，头半夜没动静，后半夜听南瓜叶子刷啦刷啦响，看瓜人想贼可来了，就躺地上装睡。那些贼不止一个,这个说“大哥，这里一个大个的”，那个说“大哥，这里一个更大的”，他们渐渐走近了看瓜人，咦，这个怎么奇怪，还是个拉巴杈子南瓜，一个皮狐说“大哥，就摘它吧”，看瓜人眯着眼一看，这是什么毛贼哎，分明是群皮狐精。他一下吓晕过去。当他醒来时，那群皮狐精已把他当南瓜抬进了山洞。他看见皮狐精们正让大哥变酒菜，嚷嚷着喝酒庆祝。只见一个皮狐拿起一个小鼓，敲了敲说：“小鼓梆梆，来碗包子来碗汤。”热腾腾的包子和汤立马来了。又变了酒和菜，众皮狐们猛吃猛喝，直喝得东倒西歪，一个个躺地上睡死过去。看瓜人悄悄爬起身，迈过皮狐们，他想我不能就这么走了，我得把他的宝贝偷走。于是他把那面小鼓揣怀里跑了。到家里学皮狐的样，敲敲，念动咒语“小鼓梆梆，来碗包子来碗汤”，热腾腾的包子和汤就来了。想不到看瓜人因祸得福，从此过上了好日子。

二

从前有一个大闺女上山去采草药，来到一个大山里,突然刮来了一阵黄风，把她刮走了。醒来一看,在一个山洞里，一个皮狐蹲在一边，把她吓了一跳。皮狐并没有伤害她的意思。它直立起身子，举起前爪作揖,然后身子又匍匐在地上，说给我做媳妇吧，咱俩过日子。大闺女吓得直哭。皮狐出去了，他怕大闺女逃跑，把洞口用石头垒上。过了一会儿，皮狐回来了，叼回了一只兔子，扔在大闺女面前，大闺女还哭，不吃。皮狐又出去，一霎儿又回来了，叼回了一只鸡，大闺女还哭，不吃。皮狐又走了，他下到了山下一家子人家，看见一个小媳妇正在摊煎饼，他偷偷过去，背起一摞煎饼就跑。大闺女看见煎饼不哭了，也许是饿了，吃起来。从此，大闺女和皮狐过起日子来。一年过去，生了个小孩。有一天，大闺女在洞里奶孩子，听见洞顶上咚咚响，她就喊是谁呀，刨俺的屋。那人想怎么洞里还有人说话，就下来看个究竟，这一看不要紧，原来是失踪一年的姐姐，姐弟相拥，泣不成声。弟弟问姐姐怎么在这深山老林里。姐姐哭诉了自己的遭遇，并指着那小孩说，这就是那皮狐的。弟弟说，姐你怎么跟一个皮狐过。姐姐说我不和他过怎么治？先前他怕我跑了，每次出去都用石头把洞口封死，我想跑跑不了，没办法才和他过下去，现在有了小孩了，更没办法回去了。弟弟说不行，姐你得跟我回去，趁着皮狐没回来，咱跑吧。姐姐狠狠心，扔下小孩和弟弟跑了。回到了村子，吓得整天不敢出门。

有一天皮狐找来了，大闺女家门口有个石碾，皮狐一到日头落山就来坐石碾上，嗷嗷地叫，叫一霎儿，哭一霎儿，边哭边喊："孩儿他娘，你狠心肠，撇下咱那孩儿哭断肠！"天天傍黑来，晚上走。弟弟想："姐姐的名声叫这皮狐败坏了，以后还怎么找婆家。"他就想了个办法，熬了一锅鳔，在皮狐来之前，倒在了碾上，皮狐不知道，来到一腚坐石碾上，结果被鳔得巴巴地，跑也跑不了了。弟弟拿着棍子出来，一阵乱棍，把皮狐打死了。

民　歌

沂蒙山小调

人人那个都说哎沂蒙山好
沂蒙那个山上哎好风光
青山那个绿水哎多好那个看
风吹那个谷穗哎遍地香

解放区的军民心连那个心
开荒那个种地哎打胜仗
咱们的领袖毛主席哎领导得好
沂蒙山的人民哎喜洋洋

五更曲

一呀一更里，
月亮出东山，
奴在房中打盘算，
真正犯了难，
有心去抗战吧，
爹娘又阻拦，
抗战的人儿都是男子汉，
女子不能占先，
思想起，泪涟涟。

二呀二更里呀，
月亮将朝东，
奴在房中泪盈盈，
想起好悲恸，
有心去抗战吧，
爹娘他不答应，
实在真苦情。
男子能参军呀，
女子就不行，

思想起来好伤情。

三呀三更里呀，
月亮照天心，
奴在房里泪淋淋，
思想起来好伤心。
可恨日本兵呀，
烧杀又奸淫，
日思夜想总得为穷人，
必须把命拼。

四呀四更里呀，
月亮将朝西，
二老爹娘谁得知，
小奴我心欢喜。
换上奴的鞋呀，
换上奴的衣，
收拾收拾今晚出门去，
心中实在乐意。

五呀五更里呀，
月亮将要落，
十冬腊月冻破奴的脚，
脚疼也忍着。
翻过几道山呀，
越过几道河，
主力部队去找奴的哥，
抗战多么快乐。

送郎参军

送情郎送在屋门外，
伸手抓住你的个武装带，
问问郎多咱回来。

送情郎送在影壁墙，
看看我郎真是好，
就跟蜂蜜蘸着红糖。

送情郎送在大门西，
你是我的郎来，
我是你的妻。

送情郎送在大门东，
顶头那个遇见叔公公，
羞得脸通红，
管他公公不公公，
送郎去当兵。

送情郎送在大门北，
顶头那个遇见二大伯，
管他大伯不大伯，
送郎去参军。

送情郎送在大门南，
打腰里掏出十块钱，
这五块打车票啊，
那五块买上洋烟。

送情郎送在十字路街，
十字路街上有好买卖，
给郎买皮鞋。

送情郎送在河沿边，
河沿那个边上也有火轮船，
扭着秧歌走起来。

大辫子甩三甩

大辫子甩三甩，
甩到那大门外，

郎来郎来问问你赶多咱来？
今天你不来明天来，
明天那个不来打信来，

听着你大炮响，
我郎你上战场，
我在家里烧上一炷香，
保佑着天和地，
保佑着我郎好好的。

民　谣

打夯歌

（领）拿起来呀，
（合）哎咳哟，
（领）再一来呀，
（合）哎咳哟，
（领）往前走呀，
（合）哎咳哟，
（领）排齐点呀，
（合）哎咳哟，

（领）从早夯到夜哟，
（合）哎咳哟，
（领）从夜夯到早哟，
（合）哎咳哟，
（领）眼睛眯糊糊哟，
（合）哎咳哟，
（领）骨架累散了哟，
（合）哎咳哟，

（领）夯头是石头做哟，
（合）哎咳哟，
（领）夯把是木头装哟，
（合）哎咳哟，
（领）一夯一个印哟，
（合）哎咳哟，
（领）姐妹们乐呵呵哟，
（合）哎咳哟，

（领）大家要齐心哟，
（合）哎咳哟，
（领）使劲用力夯哟，
（合）哎咳哟，
（领）汗水流成河哟，
（合）哎咳哟，
（领）泥土变黄金哟，
（合）哎咳哟，
……

辞灶歌

灶君王，灶君王，
依着锅，靠着墙。
锅里做的稀米饭，
顿顿饭来你先尝。

一年一回腊月二十三，
一年一回上天堂。
上天骑着白玉马，
上天堂里见玉皇，
打着公事拜两行。

多说好言语，
少说不良话，
保着六月下大雨，
保着穷苦人家多打万石粮。

打的谷子少出糠，
保的当家人欢欢乐乐上房坐，
锅头保着裙钗女，

裙钗女保了保牛羊。

敬天歌

大年初一天气寒，
多拜老天一整年。
金香炉，银供桌，
两把烧香往上撮。
五个供，五个馍，
五碗干菜随和着，
满堂儿女把头磕。

第四节　群众教育和宣传

1938年日军进占后，国民党县、区政权基本溃散，处于瘫痪状态。抗日民主政府对于旧的区、乡、村政权，除个别明显投日通日的被马上撤换外，一般都维持原状。只是对区、乡派出指导员（如同军代表，实为区、乡党委书记）协助和监督他们工作，以便稳定地方秩序，为八路军筹办军需。当时提出“联合上层，开展下层，发动下层，改造上层”的口号，采取团结改造的方针，感召旧公职人员的抗日热情和工作积极性，让他们利用自己的影响，号召群众组织起来积极参加群众团体，使共产党领导下的抗日民族统一战线形成合力，共同发动群众抗日。与此同时，工作队进村发动群众：一般是进村后一面召开大会小会进行宣传教育，另一面寻找贫苦、正直、政治上无问题的人进行重点教育，培养积极分子，然后通过他们去串联发动一般群众，等到有一定数量的人愿意参加群众团体时，即召开群众大会，选举产生村各抗日群众组织的领导。

要战胜武装到牙齿的日本帝国主义，需要不断提高群众的文化水平，使他们开阔眼界，懂得抗战和革命的道理，了解国际和国内的形势，加强民族意识和阶级观念，从精神上把广大劳动人民武装起来。为此，抗日民主政府高度重视群众教育，在穷人翻身、妇女翻身的基础上，提出“文化翻身、不作睁眼瞎子”的口号，举办各类识字班，以冬季农闲时最为活跃，俗称为冬学。1947年，国民党军重点进攻山东解放区，冬学停办。1948年，解放了的地方复办冬学，有些地方还逐步将冬学改为长年民校。冬学的办学形式灵活多样。因时因地因人制宜，农民白天忙就组织他们上夜校，妇女中午有空就办午校。孟家庄也曾出现过这样的冬学。

冬学教材都把识字和思想教育紧密地结合在一起，如“人人去当兵，当兵打日本”，“中国大，日本小，中国人多，日本人少”。教材内容又与当时的中心任务、农民的生活相结合，如“好爹娘送儿上前线，好妻子送丈夫把军参”，“民兵担架去出征，听指挥、听命令、勇敢向前冲”，“鬼子快完蛋，赶快垒猪圈，喂猪积肥多生产”，“一粒粮食一颗子弹”，“自己动手克服困难，吃饱穿暖”等。在识字教材中，有寸、尺、升、斗，斤、两，鸡、鸭、牛、羊、马，1、2、3、4、5，一、二、三、四、五等，还有关于生产常识的，如二十四节气和选种、浸种，防治病虫害以及肥料的种类和效用等。

孟家庄所在的区域是沂蒙山区最早建立抗日民主政权的地区之一，也是共产党最早开展群众教育的地区之一。自1940年始，抗日根据地及游击区开办抗日小学，进行爱国主义教育，开展抗日救亡活动。教师除教学外，在宣传抗日、组织并参加支援前线、动员参军等方面均起到了积极作用。当时咸家庄有一处抗日小学，孟家庄人李绪训等1944年去咸家庄抗日小学读书，1年后转到玉皇山小学。教师是东近台的张玉亮。1947年，国民党军进攻山东解放区，学校大多停办。玉皇山抗日小学亦停办。1949年秋冬之际，党组织在孟家庄开办了夜校，夜校坚持开了两个月。地点在李如茂的东屋，教师是李继田。参加学习的有十几个人。

中华人民共和国成立初期，党和政府加强了扫盲教育，孟家庄及其周边村庄继续兴办午学、夜校，对群众特别是青少年进行教育，主要内容是识字、算数、唱歌。孟家庄的教师依然是李继田。邻村咸家庄因为是学校驻地，地方大，教师多，扫盲教育开展得比孟家庄更胜一筹。当时在咸家庄为闺女的咸立英后来嫁到孟家庄，至今能唱二三十首那时学习的歌曲。

1950年5月1日，《中华人民共和国婚姻法》公布实施。规定“废除包办强迫、男尊女卑、漠视子女利益的封建婚姻制度，实行男女婚姻自由、保护妇女和子女的合法权益的新婚姻制度。”还规定“禁止重婚、纳妾。禁止童养媳。禁止干涉寡妇婚姻自由。禁止任何人借婚姻关系索取财物。”孟家庄开始宣传贯彻《中华人民共和国婚姻法》的群众教育活动。通过报告会、黑板报、编排、演出节目、访问等形式，对群众进行教育。

“文化大革命”后期，又掀起一次扫盲教育高潮。县里专门组织编写了《庄农识字课本》，内容是“权耙扫帚扬场掀，碌碡簸箕赶牛鞭；筛子抬筐麻袋囤，胶轮条筐和车绊；锄镰锨镢样样有，各种农具要齐全”之类，教育对象主要是不识字的成年人，把村办学校的教师分到各生产队，利用晚上的时间进行教学，每天晚上学习2个小时。除识字、算数外，还背诵“老三篇”（毛泽东写的三篇短文：《纪念白求恩》《为人民服务》《愚公移山》）、毛泽东诗词，也教唱当时流行的革命歌曲。

改革开放后，又进行过一次大规模的扫盲运动，形式和上一次差不多，依然是村办学校的教师组织教学，学习内容以识字、算数为主。到1985年，孟家庄的成年人绝大多数脱盲。

1976年10月，组织进行揭批江青反革命集团的活动，揭发、批判江青反革命集团的一系列极“左”谬论和罪行。1978年中共十一届三中全会以后至2000年，孟家庄根据上级指示要求，先后开展解放思想、实事求是、实行改革开放、实行家庭联产承包责任制、实行义务教育、实行计划生育等方面的群众教育活动。

进入21世纪，群众教育的重点主要集中在计划生育、环境保护、遵纪守法、社会主义新风尚方面。2007年中共十七大召开后，增强诚信意识为重点，加强社会公德、职业道德、家庭美德、个人品德建设成为群众教育的重点。

2012年中共十八大召开后，社会主义核心价值观、反腐倡廉、四德建设、移风易俗、建设美丽乡村、乡村振兴等内容成为群众教育的主题。

村内沿街墙壁宣传画
（王庆安摄于2018年10月7日）

第五节　年画和壁画

孟家庄常见的神位年画有门神、财神、天地、灶君。部分家户有马王、老君、关帝、孔圣。过去的年画多为雕版印刷。现代变为了机械印刷。解放后，孟家庄村民家中开始贴挂毛主席像，“文化大革命”结束后，贴挂华国锋主席像。现在许多家户还保留贴挂毛主席像的习惯。二十世纪六七十年代，普遍流行样板戏年画，出现戏曲和英雄故事连环画年画。改革开放以后，明星大头肖像照挂历、年历等画片开始流行。同时观音菩萨、老寿星等传统图案也重新进入百姓家。如今村民家的装饰画日趋多元化，随着各类牌匾画和十字绣以及书法条幅等的出现，传统年画又回归于常见的神位年画。

二十世纪六七十年代，孟家庄紧跟国家形势，在街头巷尾大写毛主席语录，绘制毛主席头像。一时间家家户户的街门道、院外墙上等处都画满了毛主席头像。学雷锋开始后，也画雷锋的头像。2017年初，村委响应上级号召，在街道墙壁上绘制了许多宣传社会主义核心价值观的壁画。

第六节　报刊杂志和农家书屋

20世纪60年代初，村集体开始订阅《人民日报》《大众日报》《农村大众》等报纸。“文化大革命”初期，党支部订阅《参考消息》《红旗》杂志等。“文化大革命”后期，大队办公室开始订阅《农业学大寨》《毛主席语录》《最高指示》等刊物。

20世纪90年代，村委会除订阅《人民日报》《参考消息》《大众日报》《农村大众》等报刊外，开始订阅《党建》《支部生活》《乡镇建设》《求是》等。

90年代后，市县均创办、发行报刊，村两委又增订了《临沂日报》《沂蒙晚报》《平邑县报》等报纸。

进入21世纪后，孟家庄每年都出资800元，用于订阅党报党刊。

村民个人也订阅、购买一些书刊杂志，如《齐鲁晚报》《广播电视报》《健康报》等。一些专业户随着发展壮大，也根据自己从事的产业订阅报刊，比如种植果树的订阅果树栽培技术方面的报刊，养鸡专业户订阅《中国禽业导刊》等。

孟家庄的农家书屋建于2011年，当时镇里赠送了五六十本图书，2018年6月图书增加到100多本，内容涵盖农业技术、法律法规、优生优育、烹饪技术、家庭菜谱、文学艺术等诸多方面。

第七节　广播、电影、电视、电话及电脑互联网

广　播

1957年10月，平邑县成立县广播站筹建小组，1958年6月1日，平邑县广播站建成正式开播。县城至各公社广播信号传输均借用邮电局电话线路。1965年，于逢俊家安装了广播喇叭，是孟家庄第一户安喇叭的人家，当时每个喇叭3.5元。1968年秋，平邑县架设平邑至武台广播专线，武台公社设立广播放大站。1969年孟家庄几乎家家户户安上了广播喇叭。孟家庄村民开始通过播音接收外部的声音，了解外面的世界。县广播站自开播后，坚持每天中午、晚上两次播音，共播音3小时35分，其中自办节目60分钟。1970年后，每天早上增加1次播音，并延长每次的播音时间，全天播音计6小时35分。县广播站除转播中央人民广播电台及山东广播电台的指定节目外，还自办节目。自办节目内容主要有农村节目、平邑新闻和综合节目、简明新闻、社教节目、时事政策问答、“农业学大寨”、法制教育讲座、学雷锋做好事、科技知识、为您服务、天气预报、广告以及自办文艺节目等。80年代，中午播放流行的每周一歌。

孟家庄最早有收音机的是李继军。李继军的收音机长约20厘米，高约10厘米，是从部队复员时带回来的。1982年，孟家庄开拖拉机的李绪松买回一台木制的箱盒式收音机，长约50厘米，高约20厘米。约半年后，党支部书记魏常乾家也买回一台。之后不出一年，孟家庄大部分人家都买了收音机，买回的收音机样式也逐渐多样化，有双卡收录机和小型的收录机等，村民用收音机收听《杨家将》《岳飞传》《夜幕下的哈尔滨》《小喇叭》《长篇小说连播》等节目。随着收音机、电视机大量进入个人家庭，家用广播喇叭逐渐淡出孟家庄的家庭生活。

1977年10月，孟家庄征得建材701矿同意，将建材701矿通往水沟村的输水用电专线接入孟家庄，结束了孟家庄不通电的历史。1978年夏天，孟

家庄用2亩地和县供销社换取扩大机一台，由电工于孝恩在大队办公室东路边高大的毛白杨树上安上了高音大喇叭，从此下通知不再沿街呼喊，改为使用大喇叭。进入90年代，收音机、电视机逐渐普及，家用广播喇叭渐渐退出历史舞台。现在广播仅在下通知时使用。

电　影

1962年，平邑县电影队第一次在孟家庄放电影，放映的电影是《李双双》，放映地点在村东河滩，在两棵树之间悬挂银幕。在文化设施相对落后的孟家庄，电影使村民眼界大开。每到放映队要来村里放电影时，大人小孩奔走相告，犹如过节般喜庆。有的人家甚至会把外村的亲戚请来看电影。看电影，给村民单调的生活平添了一抹亮色，丰富了他们的精神世界。1975年以前，县电影放映队在全县各地巡回放电影，孟家庄每年只能放三四次电影。1975年武台公社成立电影放映队后，每年放映场次略有增加。放映队一般三名工作人员，用独轮车推着发电机和放映器材、胶片挨村放映。每到一村，皆安排食宿，放映时利用两棵距离合适的树悬挂银幕，一人负责看护发电机，另外两人在放映机旁工作。放映场地一般选在打麦场里，孟家庄的放映场地大多在书记魏常乾家附近的西场里。有时放映队去附近的村庄放电影时，村民也不嫌路远，走路去观看。生产队常常提前收工，村民收工后回家匆匆忙忙吃一点儿晚饭，然后走好几里地赶往邻村，最远时能到10多里外的村去。

从1952年到1966年“文化大革命”开始，曾经在孟家庄放映的国产影片有《战斗里成长》《鸡毛信》《五更寒》《白毛女》《赵一曼》《李双双》《钢铁战士》《英雄虎胆》《海鹰》《暴风骤雨》《红旗谱》《野火春风斗古城》《青春之歌》《在烈火中永生》《刘三姐》《五朵金花》《阿诗玛》等。外国影片有苏联电影《列宁在十月》《列宁在一九一八年》《乡村女教师》《夏伯阳》及罗马尼亚电影《斯特凡大公》等。有宣传新婚姻法的《刘巧儿》《小二黑结婚》等，均为黑白影片。1966年“文化大革命”开始后，放映的影片有《地雷战》《地道战》《南征北战》《平原游击队》《火红的年代》《国庆十点钟》《小兵张嘎》《铁道卫士》《英雄儿女》《奇袭》《打击侵略者》《上甘岭》《苦菜花》《铁道游击队》等。60年代末至70年代初期的影片有《龙江颂》《智取威虎山》《红灯记》《沙家浜》《红色娘子军》《青松岭》《奇袭白虎团》《平原作战》《杜鹃山》《海港》《红雨》《春苗》《艳阳天》《金光大道》《侦察兵》《沂蒙颂》《三打白骨精》等。

20世纪70年代的国产影片有《闪闪的红星》《向阳院的故事》《激战无名川》《车轮滚滚》《创业》《海霞》《欢腾的小凉河》《难忘的战斗》《大浪淘沙》《渡江侦察记》《小螺号》《黑三角》《决裂》《战洪图》《东方红》等。外国影片有朝鲜电影《卖花姑娘》《看不见的战线》《原形毕露》，越南电影《阿福》，阿尔巴尼亚电影《第八个是铜像》

《地下游击队》《宁死不屈》等。

20世纪80年代，一方面一大批曾经被江青反革命集团视为“大毒草”禁锢的优秀影片，如《一江春水向东流》《天涯歌女》《芦笙恋歌》《柳堡的故事》《鄂尔多斯风暴》《怒潮》《红楼梦》《天仙配》《追鱼》《魔术师奇遇》《柳毅传书》《大闹天宫》等，被解放出来重新上映。另一方面，在改革开放的大背景下，电影工作者精神振奋，大胆探索，不断拍摄出新的优秀影片，如《于无声处》《甜蜜的事业》《小花》《红牡丹》《牧马人》《芙蓉镇》《雁归来》《庐山恋》《海外赤子》《瞧这一家子》《七品芝麻官》《白蛇传》《神秘的大佛》《今夜星光灿烂》《巴山夜雨》《少林寺》《自古英雄出少年》《火烧圆明园》《喜盈门》《被爱情遗忘的角落》《许茂和他的女儿们》《西安事变》《南昌起义》《大渡河》《风雨下钟山》《陈毅市长》《吉鸿昌》《阿Q正传》《子夜》《哪吒闹海》《便衣警察》《阿凡提》等，一时间让人应接不暇，成为一代人美好的记忆。

20世纪90年代以后，随着电视机的普及，电影逐渐淡出了孟家庄人的生活。

电　视

1982年，孟家庄村民咸立孝购买了一台泰山牌12英寸黑白电视机，村民争相观看，咸立孝不胜其扰，不得不采取卖票的方式限制观看人数。1984年，开拖拉机的李继林买回了一台日本产12英寸彩色电视机，一时间引起村民们羡慕。随着孟家庄村民生活水平逐步提高，到1985年，孟家庄大多数人家购买了电视机。之后家用广播喇叭逐渐淡出孟家庄的家庭生活。再之后收音机也逐渐淡出。

2012年，有线电视接入孟家庄，现在几乎家家户户开通了有线电视。许多家庭购买了大尺寸等离子彩电和液晶彩电。部分村民还购置卡拉OK设备、VCD影碟机、DVD影碟机等。

电话和手机

孟家庄最早安装家庭电话的是李绪会和李绪国。1992年，于孝恩在村委院内安装了4位数小型程控交换机，初装费300元，本村内打电话不产生费用。以此为契机，孟家庄有七八十户人家安装了电话。该交换机一直沿用到2008年才撤除。

1994年，李绪国、李绪会率先安装程控电话。1995年，由李绪排出面联系，组织孟庆良、于孝恩、李绪民、李绪水、李绪怀、孟宪学等10户人家安装了程控电话。

1995年，村民委员会主任李绪排、开大车的李绪怀、李绪孔等人购买了BB机。

1996年以后，在武台电镀厂担任副厂长的李绵厚和做大理石加工生意的李绪会先后购买了大哥大。

2000年，在烟台工作的李绪章将自己用过的一部手机送给了李锋。李绵厚、李绪会也更换了小巧轻便、式样新颖的手机。当时手机在武台交不了话费，必须到平邑县城去交。到 2005 年前后，村里的年轻人已经大部分购买了手机。到 2010 年前后，手机在年轻人群中基本已经普及，部分老年人也开始购买手机。2015 年前后，年轻人纷纷将手机更换成智能手机，智能手机功能强大，能上网阅读、查阅资料、看视频、聊天、购物、K 歌、导航，已经不亚于电脑，由于其便于携带，随时随地可以使用，已经逐渐成为影响人们文化生活的重要元素。

电脑、网络

2007 年，李锋化 3700 元组装了一台电脑，是孟家庄第一台电脑。当时用电话线上网。2008 年以后，青年男女结婚时电脑是必备嫁妆。2018 年 6 月，孟家庄已有手提、台式电脑 100 余台。许多人家中还安有 WiFi，能支持电脑、手机、电视上网。

借助这些越来越现代化的文化用品，孟家庄人的文化生活也变得越来越丰富多彩。

第八节　广场舞

2013 年秋后，孟家庄组建两支广场舞舞队，成员有王中爱、孙海燕、刘会、马业荣、郑士兰、咸立霞、王玉珍、孟庆英、孟现花、孙少玲、咸会玲、于泽花、高现芳、王玉蕊、管国霞、于燕、魏电芝等。舞队活动场地在孟家庄广场，一般在晚饭后跳 2 小时左右。常跳的舞蹈有《中国大舞台》《意乱情迷》《花桥流水》《过年好》《今年大吉》等。舞蹈队员们对跳舞的评价是：健身还在其次，更主要的是心情好。舞蹈队的影响很大，观众多的时候有 200 多人。

正在跳舞的孟家庄广场舞队和观众
（王庆安摄于 2018 年 2 月 21 日）

第九节　创　作

诗歌创作

1. 李如梓诗歌

早年间李如梓生活困窘，对薄凉世界、炎凉世态有深刻体会。有一年临近年关，在自家大门上以对联形式写下一首诗《天上下雨地下滑》，然后将大门上锁，远赴东北，从此再没有回过孟家庄。诗虽不长，但道尽困窘人家酸辛，句句扎心，值得玩味。

天上下雨地下滑

李如梓

天上下雨地下滑，
自己跌倒自己爬。
亲戚邻人拉一把，
酒还酒来茶还茶。

2. 于孝恩诗歌

于孝恩自幼聪明好学，敢想敢干。六七岁时曾经用从发报机上拆下的旧线圈和磁铁连在家门口的电话线上，能够听见里面打电话的声音。成年后阅历丰富，近年经常有感而发，创作诗词、歌谣。

一八年

于孝恩

一八年，
格外忙，
山珍海味都要备，
短信微信顾不上，
手机归家长。

点着纸，
烧上香，
祖宗家谱挂上墙，
美酒佳肴供桌上，
孙子帮倒忙。

贴春联，
请家堂，
天地宅神供当央，
为保家人寿安康，
家家都一样。

小朋友，
别慌慌，
过年我长你也长，
贵贱贫富都一样，
日月皆同享。

长辈们，
坐上方，
我携子孙头磕响，
你给红包别心伤，
祝你福寿康。

清明有感

于孝恩

清明时节雨纷纷，
路上行人欲断魂。
父母在世常孝顺，
胜过死后空祭坟。
山珍海味满灵桌，
冥钱烧得满天昏。
如此排场行孝道？
分明是在哄鬼魂。
君生一饭知冷暖，
君死怎能闻腥荤？
活着不给父母钱，
死后烧钱更愚蠢！
世间为人儿女辈，
父母健在勤过问。
乌鸦尚知反哺乳，
羊羔跪乳懂感恩。
为人在世孝为先，
免得亡后假殷勤。

女 人

于孝恩

七岁八岁丑小鸭，
带刺玫瑰十七八。
二十七八被情困，
三十七八孩他妈。
四十七八进退难，
五十七八妈变马。
六十七八老嬷嬷，
七十七八多挨骂，
八十七八卧病榻，
九十七八墙上挂，
人到天堂福到家。

音乐戏剧创作

1966年冬天孟家庄毛泽东思想宣传队成立后，根据当时的形势，排练的节目主要是样板戏，但是请来的老师却是教豫剧的。孟家庄人从小听的最多的戏也是豫剧，许多经典唱段甚至能够哼唱。高宗运就根据样板戏的剧情和歌词内容，将豫剧《西厢记》《白蛇传》《花木兰》等中的经典唱段曲调，移植到样板戏中李玉和、杨子荣、郭建光、阿庆嫂、李奶奶、李铁梅、刁德一等人物的唱段上。有一次正在对着《西厢记》的曲谱研究怎样将红娘唱的“叫张生隐藏在棋盘之下，我步步行来你步步爬，放大胆忍气吞声休害怕，跟随着小红娘你就能见着她，可算得是一段风流佳话，听号令你莫要惊动了她”移植到李铁梅的唱段上，被检查工作的公社书记发现，当时将《西厢记》曲谱没收，并指责他：“好你个四类分子，让你宣传毛泽东思想，你鼓捣老一套！”后来一位副县长下来调查，经高宗运解释，副县长允许了他的做法。后来孟家庄演出时的伴奏曲都是高宗运这么改造移植过来的。

其他创作

1. 赵怀闩等人创作的歇后语：

黄鼠狼趴到墒沟里——冒充什么大黄牛。

狗吃玻璃碴子——进去什么出来什么。

牛吃了柳条儿拉出笊篱来——自编的。

孟家庄有位村民咸立贵，为人忠厚仁义，不愿求人，即使家中一点吃的没有，生产队的粮食即便掉在路边，他也不拾。村民根据他的事迹创作了不少歇后语。

有一次咸立贵媳妇生孩子，需要麦穰。咸立贵因为自已家没有，在麦穰垛边犹豫不决。村民据此创作了歇后语：咸立贵撕麦穰——犯难为了。

咸立贵打铁，铁烧红了放在砧子上，却不知道从哪里下锤打起。村民据此创作了歇后语：咸立贵打铁——烧红了知不道打什么了。

咸立贵用陶罐打水，机缘巧合罐子底掉了，村民以为神奇，据此创作了歇后语：咸立贵打罐子——科学。

2. 李绵玉、于孝恩、高西志、李伟、咸华集体创作的对联：

上联：拄拐棍，戴眼镜，穿女士鞋；

下联：攀高峰，看世界，男子气概。
横批：身残志坚咸立生

3. 捏泥哨

20 世纪 60 年代，孟家庄村民咸立贵曾经捏泥哨。捏的泥哨既卖，也送给邻居家孩子玩。

咸立贵养育三子。次子咸会录也会捏泥哨。

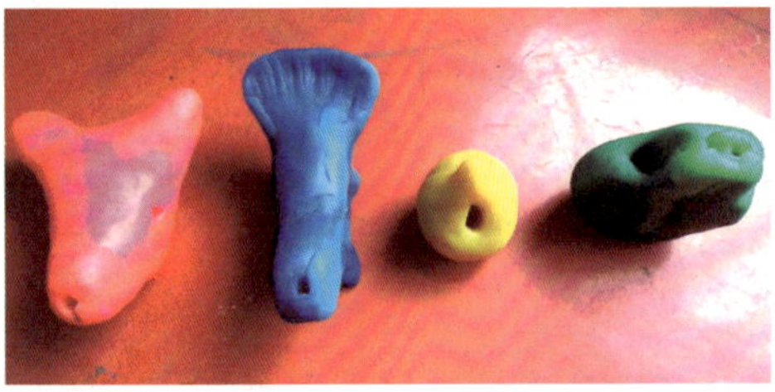

咸会录捏的泥哨
（李锋摄于 2018 年 4 月 10 日）

第十节　体　育

1958 年孟家庄小学建校后，执行“劳卫制”。“文化大革命”期间，“劳卫制”被废除，体育课改为军事训练体育课（简称“军体课”）。按山东省编写的“军体课”教材进行教学，其内容分为队列、投弹、射击、行军、游泳、爬山等。1968 年，语录操代替了广播操。1978 年按新《体育教学大纲》上课，孟家庄小学的兼职体育教师都制订学年教学计划、学期教学进度和课时计划，做到了无教案不上课。学校按照教育部、国家体委联合制定的《中小学体育暂行规定》的要求，坚持“两课”（每周两节体育课）、“两操”（早操、课间操）、“两活动”（每周两节课外体育活动）制度，基本保证每个学生每天有 1 小时的体育锻炼时间。1970–1985 年，县教育局在平邑师范举办 3 期中小学体育教师培训班，咸家庄小学有了专职体育教师（王中华）。20 世纪 80 年代，乡（镇）中心文化站和青年民兵之家的体育设施得到扩建，农民体育活动更加广泛地开展起来。1982 年，国家体委颁布了新的《国家体育锻炼标准》（简称“新标准”）。

孟家庄的民间传统体育活动多是娱乐、游戏性相结合的自发性的活动。活动项目有摔跤、游泳、滑冰、踢毽子、掰手腕及各种棋类活动等。2011 年 5 月，孟家庄建成水泥地面的露天广场 200 平方米。山东省福利彩票中心捐赠漫步机、推柔器、单杠等健身器材。2014 年，孟家庄在村东征地 3 亩，建设 200 米跑道村校共用操场，并建设了标准篮球场和小型足球场。

健身设施
（李锋摄于 2018 年 6 月 12 日）

第十一章 风 俗

第一节 人生礼俗

孟家庄所处的地理位置，历史渊源可以追溯到西周初期蒙山前的颛臾国。颛臾国的主要职能是以周王的“天子之礼”祭祀蒙山。从天子封王至被秦所灭，800余年的时间里，颛臾国内深受周礼和儒家思想影响，祭祀蒙山，迎来送往，必然崇尚礼仪，且有一套符合周礼的礼仪规则、制度，有一支为王公贵族祭祀、享受和招待的后勤保障队伍，包括数目不菲的礼官。至秦灭颛臾国，礼官流落民间，加上秦朝焚书坑儒，原来为王公贵族服务的礼仪在当地民间传播，逐步被社会各阶层接受，逐步产生了和贵族礼仪形式非常接近的礼仪规范。这一特点在丧葬礼仪中表现尤其突出。虽然在漫长的历史岁月中，由于这样那样的原因，这些礼仪在传播的过程中形式出现了变异和简化，但是大体上依然不失其贵族礼仪之风貌，具有较高的研究价值。

生育礼俗

祈 子

受传统的“多子多福”“早拉巴孩子早得济”观念影响，旧时孟家庄存在早婚、早育、多子女现象。结婚半年以上未能怀孕，或者已经生了一个男（女）孩，还想再要一个女（男）孩的人家，婆婆或领着媳妇或自己去到村东玉皇山上，在玉皇庙里的送子娘娘殿里求孩子。求孩子时，带着香、纸、鞭炮、三样供菜、红枣、酒、馒头，对守殿的妇女表明心意，然后在送子娘娘殿前烧纸上香，燃放鞭炮，然后进到送子娘娘殿内磕头，守殿的妇女站立一边帮助祈祷。祈祷毕，求孩子者往功德箱里放一定数量现金（多少根据家境），仪式即告结束。待到孩子上身或者孩子出生后，再到送子娘娘殿还愿。还愿时带三样供菜、酒、馒头和香、纸、鞭炮，并且为送子娘娘买一件红袍。届时将供菜摆在送子娘娘塑像前，焚香，烧纸，燃放鞭炮，跪在送子娘娘像前磕头致谢。

生 育

生儿育女是家庭和亲族的喜事，所以民间称怀孕为“得喜”“有喜了”，也有的称“有身子了”“双身子”。婴儿降生，称为“添喜”。根据婴儿性别，有大喜小喜之分，生男谓之大喜，生女谓之小喜。旧时代妇女生产多在自己家中，请接生婆到家里接生。孟家庄的接生婆是李如桓妻王氏。产房通常就是产妇的卧室，卫生条件一般不太讲究。接生时一般都把门窗关严，产妇分娩时，男性、儿童、寡妇和未出嫁的姑娘不许在场，就连丈夫也只能在门外等待。

旧时产妇分娩，不让婴儿在床上降生，怕污血冲了床神，对产妇和婴儿不利。都是在床前就地铺上麦穰或者谷草，让孩子生在草上，所以孩子出生又叫“落草”。婴儿落草后，一般用剪刀剪断脐带，剪刀和扎脐带的棉线要用白酒消毒。也有的用秫秸篾割，也有的用手扯断。收拾完后，在床前烧几张火纸，然后才把产妇和婴儿搬上床。胎衣要找一个僻静地方埋掉，男孩占东，女孩占西。不能让人践踏，更不能被狗吃掉，否则孩子不长命。一般把男孩的胎衣埋在磨盘底下，女孩的胎衣埋在栏圈里。分娩时用过的草，因为带有血污，不能随便乱扔，要在房内当场烧掉。生过孩子后，家里的东西禁止搬动，有“女孩管满屋，男孩管满宅”的说法。

现在绝大多数产妇都住进医院分娩，生育旧俗已被淘汰。

挂红子

婴儿降生后，主家通常在产房或者临街的大门上方挂一块红布，上面附有弓箭、铜钱、大蒜、红枣、栗子、花生等物品，叫作“挂红子”。挂红子一方面有在一定范围内报喜的作用，主家挂了红子，庄邻亲友处一般不再报喜，邻居们见到红子后就带着鸡蛋、红糖等礼物前往贺喜，主家只向产妇的娘家专门报喜即可。另一方面红子及其附属物品有辟邪的作用和象征意义。

挂红子的时间，一般在婴儿降生的当天，或者是第三天。

如果生了男孩，挂红子就用红纸包两头蒜，两本书，在门上悬挂一支箭，箭多用柳枝弯成，箭头用秫秸瓤子。寓意能打会算，读书成才，文武双全。生女孩时用红纸包两头蒜，两本书。悬挂一个弓一块红布，寓意能纺会织。

报　喜

婴儿降生后，要向产妇的娘家报喜。以前有身份的人家派佣人报喜，一般人家派弟兄去，现在大多是女婿亲自去，或者打电话报喜。婴儿降生后，女婿去丈人家报喜，女方父母提前准备好鸡蛋让女婿先带回去给产妇吃。孩子生下三天后，女方父母去看闺女，拿老母鸡，米，面，红糖，小孩衣裳。

报喜的时间一般在婴儿降生的第三天，也有当天或者第二天报喜的。

坐月子

产妇分娩后，三日内不下床，一个月内不出屋门，或者不出街门，民间称为“坐月子”。月子里产房中有许多禁忌，主要是忌生人进屋。

初生婴儿的衣服一般都是红色的和尚服，和尚服穿起来宽松，红色表示吉庆，而且民间认为红色可以避邪。婴儿的枕头一般装满麸皮，也有装着绿豆的，有的在枕头下放一本书，希望孩子长大后知书达礼。产妇不能经受风吹，一般包着头，衣服也要穿得暖和一些。饮食主要是鸡蛋（煮熟或者做成荷包蛋）、小米或者糯米做的稠饭，再加上红糖，还要吃老母鸡、猪蹄、鲫鱼汤之类补养身体和下奶的食物。民间以为产妇吃盐不能保证奶汁充足，所以一般不让产妇吃盐或者只让吃很少一点盐，还要忌吃“岔”奶的食品。有的产妇乳头内陷，婴儿无法吸吮，就让产妇的丈夫用力吸吮，直到产妇乳头外突，方便婴儿吸吮。

产妇在第三天下床。第一次下床、出屋门、进灶间、上井台都要烧纸，以谢床神、门神、灶神、井神。三日这天要谢送生神。送生神又称送生娘娘，送子娘娘。谢送生神时，生子的人家，在院中摆设供桌、供品，请一位会巫道的年长妇女主持，念经、烧纸、磕头，以谢送子之恩。

三日后产妇和婴儿择日“出行”，此前婴儿是不能见天日的，如果抱出门，头上要用伞或布遮住。出行后，产妇一般不再需要人伺候月子，自己可以料理生活，照顾婴儿。但不出满月的产妇一般不随便外出走动，据说产妇不洁净，污血会冲了神灵，使人晦气。

送祝米

男孩出生十天，女孩出生十一天，产妇娘家会集亲友前往贺喜，主家设宴招待，叫作“送祝米”或者“送粥米”。

亲友和乡邻在看到挂红子后，一般就给产妇送些鸡蛋、红糖、小米、点心或者给婴儿送些奶粉、小衣服之类的礼物，既是人情，也带有邻里相助的性质，除主家叫去陪客外，一般就不再吃请了。有的地方主家回赠几个红鸡蛋表示感谢。娘家一般礼最重，两个大筦子：一筦子米，一筦子面，上面放鸡蛋，挂面，红糖，小孩衣服，包被，用红纸包的多少不等的贺礼。其他亲戚一个筦子。回礼一般押各家带的米，面，把米、面各押回一把。

送祝米当日中午，主家设酒宴招待，席后产妇把婴儿抱出来给客人看，亲戚们要给婴儿见面礼，见面礼一般是现金，以前一两元、三五元、十元八元都有，现在动辄上百上千元的也有。看完孩子，主家拿出红鸡蛋、馒头给客人带回家去，回赠的鸡蛋是生男孩染成朱红色，生女孩染成桃红色。

铰 头

孟家庄送祝米的这天不“铰头”。过后找村里本家三个七八岁、十几岁的小女孩绞。婴儿没有多少头发，其实就是拿剪子在孩子头上剪下一点头发，或者只是比画几下。剪下的头发，要放在小孩的鞋里。铰头时亲戚给婴儿铰头钱。

起 名

孩子在婴幼儿时期，通常以乳名称呼，叫作“小名”，上学以后以学名称呼，叫作“大名”或“大号”。乳名一般由祖父母、父母等长辈给起，亲友可帮着参谋。男孩的乳名，有以属相干支起的，有以时令起的，有以数字起的，有的寄寓着对孩子的期望，有的故意起下贱憨呆的名字，认为那样孩子好养活。更多的是起寓意吉祥的乳名。男孩的名字，一般选用大气威武、气魄宏大之词，如国、民、昌、盛、中、华、宝、贵、刚、强、孔、武、朋、友、宾、忠、孝、谦、恩、仁、义、礼、智、信、乾、坤、山、川、江、河、海、洋等。女孩的名字，一般用阴柔美丽、婉约动人之词，如梅、兰、菊、莲、芬、芳、香、甜、珠、玉、翠、珍、美、丽、敏、慧、灵、巧、贞、洁、凤等，也有的直接在排行的数字后面加个“妮”字（大妮、二妮等）。现在农村的孩子起名越来越洋气，已经和城市没有差别。

满　月

婴儿降生一个月，称为“满月”。满月之后，产妇可以正常行动，对婴儿的许多禁忌也被解除，可以抱出来玩耍。一般人家这天要过满月，祝贺母子平安,称为“弥月之喜”。主家宴请宾客，亲友们送贺礼，一般为馒头、点心、衣物。旧时过满月时下请帖，请帖的格式是：“× 月 × 日为小儿（女）弥月之喜，略备薄酌，敬请光临。××× 拜”

过百日

古时候,婴儿降生百日称为“百晬”，讹为“百岁”，所以婴儿百日祝贺也称“过百岁”“做百日”“过百日”。过百日大多在婴儿出生的第九十九天，一般由姥姥、妗子、姨、姑等送礼庆祝，礼品主要是送给婴儿的衣服,有“姑家的裤，姨家的袄,妗子的花鞋穿到老”的说法。给婴儿穿衣服时，以穿裤子最为讲究，要把婴儿抱到碾盘上，由姑和姨穿，称“姑穿上，姨提上，一活活到八十上”。又称“送百日裤子”“穿百天裤”。

过生日

婴儿出生满一年，古时称“周晬”，现在称“周岁”，民间称为“做生”“过生日”。过生日时不但全家庆贺，还举行抓周仪式。抓周时在床或桌上摆设各种物品，让婴儿任意抓取，据说可以预测婴儿将来的职业。

认干亲

婴儿时期认干亲一般有两种情况：一是婴儿降生后阴阳先生断定命相不好，克父母，破解的方法就是找一个命相和孩子相和的人，让孩子认干亲转移命相；二是孩子娇贵，怕不好养，或者此前有孩子夭亡，担心自己命中无子，要找一户多子的贫寒人家认干亲，才能保住孩子。

还有认石头为干亲的风俗。一般是认定某块石头有灵，就在石头上拴上红绳，认做干亲，请它保佑孩子平安健康成长。此外，还有到庙里寄名当和尚、开锁子、烧替身等以保佑孩子平安健康的习俗。

成　年

在我国古代，为男孩子举行的成人仪式叫“加冠礼”，为女孩子举行的成人仪式叫“行笄礼”。笄就是簪子，女孩子到了十五六岁,在头顶上盘成发髻，用簪子插住，表示成年。参加过成人仪式，就表示已经成年，不再是小孩子了，此后男子可以正式参加社会工作，并可以娶妻生子，成家立业，女子就可以嫁做他人妇，主持家政了。

现在的成人仪式，一般都在学校举行，由团委组织开个会，举拳头宣誓，有的也请人向参加者宣讲社会生活习惯和法规，教给他们生产经验、爱情和家庭知识等方面的内容。

婚嫁礼俗

孟家庄的婚姻民俗，基本上是沿着传统的“六礼”传承、变异而来。“六礼”分别是纳采、问名、纳吉、纳征、请期、亲迎六项。现当代婚礼，由于社会变革，经济发展，往往新旧互见，良莠不齐，订婚、迎娶仪式趋向简单，婚礼形式渐渐多样。

议　婚

旧时一般在 16 岁左右结婚，晚者也不过 20 岁，议婚的年龄，通常在婚前一年，但也有指腹为婚、娃娃亲和童养媳等过早议婚的现象。现在一般都在二十二三岁开始提亲，结婚年龄则多在 25 岁左右。在议婚阶段，媒人起着非常重要的作用。媒人大多是腿勤嘴巧的妇女，俗称“媒婆”。媒婆对青年男女的信息特别留意，往往主动物色对象，为人保媒。20 世纪 80 年代以来，部分青年自由恋爱，但在需要媒人出席的场合，仍然请人代行媒人之职。现在一般称媒人为“介绍人”“红娘”，已不仅限于女性，热心的男性也不在少数。

在旧时代，婚嫁的对象主要是本村及周边村庄的同龄青年。虽然也讲究“门当户对”，但是家庭的政治地位、经济状况等实际差别不大。差别主要在于相貌和人品。20 世纪 50 年代之前，男子比较重视女子的人品，女子重视男方家庭的土地数量。“文化大革命”期间发生变化，入团、入党、从军的男子更受青睐。70 年代，女子希望找工人、军人、干部或者教师等不在农村出力的男子做丈夫。到 80 年代末期，自由恋爱者渐渐增多，青年男女看重对方外貌与共同语言。90 年代，人品与外貌被提到首要位置考虑，比较现实的女性都想找人长得帅又会挣钱养家的男子。进入 21 世纪，打工渐成风尚，青年男女在打工过程中自由恋爱缔结姻缘者越来越多，他们中的许多人已经不太看重对方的家庭经济情况，而是更加看重本人挣钱养家的能力和人品。

媒人说媒后，双方父母往往在暗地里托亲友打听对方家庭、财产（土地、牲畜等）及祖辈人的德行、人品，谓之“访听”“访访”“扒问”。相亲多是女方父母考察男方，由媒人在双方家庭之间来回传递信息，约定时间。考察的内容包括男方家境、未来公婆的人缘、男子的外貌等。男方考察女方则主要是女子的外貌、人品。有些是不打招呼，私下打听，叫“偷相”。有的则是明相，女方父母或者婶子大娘嫂子等连同女子本人一起来到男家，查验男方家庭，为此男方家通常提前准备，布置房间，打扫卫生。有的男方还给女子见面礼。

议亲时双方对人品都极看重，家产方面一般对男方要求高些，对相貌重视与否，旧时在双方父母，现在则完全在当事者本人。旧时父母之命至上，时兴先看男方家产，然后当事人见面，甚至当事人根本不见面，直到入洞房后才相见。20 世纪 50 年代中期以后，兴起“见面”，指的是男女双方约定在某一地点

"相看"，一般是约定在武台赶集时，在供销社或者门市部门口见面。到70年代流行男方给女方见面礼，最初是吃食，后来是现金。进入21世纪以来，对见面礼的数量附会出一些特别的意义，如1100元表示"千里挑一"，10001元表示"万里挑一"，10007元表示"万里挑七（妻）"，15000元表示"万无一失"，21800元表示"两家子一起发"，31800元表示"三家子一起发"等。

在男女提亲过程中，双方家庭都要找人看年命和生肖"和不和"，叫"和年命"。和年命一般由父母找村内识字的人或会查八卦万年历的人看。20世纪四五十年代和年命比较普遍，六七十年代只有部分家庭相信，八十年代基本消失，九十年代则彻底消失，大家都不再相信，很多年轻人连什么是"和年命"都不知道了。

经过合婚，凡属相、命相不相克者，便可以进入婚礼的下一个程序——签订婚约。

定　婚

定婚有小定与大定，小定叫作"传小启"，孟家庄称"过启""过红子""递红子"。由男方备办写有双方生辰八字的柬帖，以及衣物、首饰、现金等，一起包在一个红包袱内，由媒人送到女家。女家回启时，在男家送来的红包袱内放鞋、鞋垫、腰带等物，在20世纪80年代以前，一对绣有鸳鸯戏水、双枝连理的烟荷包是必不可少的。有的女家，只取见面钱的一部分或分文不取，放在原包袱内退回，只留下衣物。媒人往来传递红包袱，故谓之"过红儿""递红儿"。

传小启后，男方一般不能悔婚，女方则可以对男方进一步考察，如果不中意，允许悔婚，这叫"羞男不羞女"。提出退婚的一方要付给另一方一定数目的"青春损失费"（一般按每天×元计算）。

大定叫"传大启"，表示正式签订婚约，确立两家婚姻关系。旧时"大启"具有法律效力，相当于现在的结婚证书。

传大启的内容与传小启大同小异，但形式上却远比传小启隆重，因为它标志着婚约的达成。男女双方要各找一位上有父母，下有子女，且比较熟悉各种礼仪的男子，同媒人一起，由男家动身到女家传启。传大启时男女双方事先择定吉日，男方隆重设宴，请来媒人、写启人、邻里、亲友、本家户族。写启人将启写好后，连同准备送给女方的衣物及化妆品、首饰包在一个包袱里。

传过大启之后，双方的婚姻关系便得到社会公认，两家可以互通庆吊，互送节礼。在旧社会，传过大启，如果男方因故死亡，女方须终身守寡，再嫁则被视为不贞节；如果女方因故死亡，可以将尸体抬至男家，在男家家门举行简单的婚礼（拜堂时由一人抱鸡代替亡女），然后葬入男家祖坟地，此后男方可以再娶，也可由亡女之妹填房，但亡女正房的名分不变，后娶的都是"小婆"或妾。

现在，有的人家依然先按旧俗传启定婚，然后去政府民政部门登记结婚，可谓新旧参半；且在民间依然视传过启后提出退婚的一方（无论男女）为不道德。

备 喜

男方选定举行婚礼的日期，备礼去女家，征得女方同意，叫作“送日子”，又称“看日子”“查日子”，即古代的“请期”。送日子时要向女方送聘礼。聘礼多是红衫、蓝袄面、戒指、坠子、带子（取“带来儿子”之意）、袜子（取“挖来儿子”之意）等。聘礼用红包袱包好。礼物和婚单用半尺红布包着送往女家。女家及其邻居往往依据男家送日子时所送物品的数量和质量判断男家是否富裕和大方不大方，甚至会影响到婚后夫妻关系。

村里有“爷娘月”之说，是指选择结婚的日期时要避开自己的出生月份和父母的出生月份。但有的无论如何也避不开，因为除这个月份以外，其他月份对新郎、新娘都不利，所以只得定在父或母出生的月份，在这一个月内不能与父母见面，叫“爷娘月，不见面”。

喜日确定后，男方先要把新房和喜床布置好。旧时不一定盖新房，在偏房结婚者为数颇多。现在未婚女子要求愈来愈高，必在新房、正房结婚，在偏房结婚者极为罕见。大多数人家都是在订婚之前即已盖好新房，因而准备工作主要就是油漆门窗，粉刷、装潢墙壁，铺设新床，贴喜联，张灯结彩等项事情。此外，为给客人留下美好印象，往往要洒扫庭除，整理院子，全家人做新衣服，新郎尤其要穿贵重、体面的衣服，还要整修锅灶，添置各种用具，以备结婚之日待客之用。不同时代，喜床样式、档次也不同，有耙桄床、架子床、席梦思床等。

女方的备喜工作主要是准备嫁妆。嫁妆在当地叫作“赔送”，赔送越多，娘家人脸上越有光，闺女到婆家越能抬起头来做人，因而娘家都尽力置办得体面些。嫁妆在不同时期的数量、档次、样式甚至加工方式都不一样。嫁妆大多按“件”计算，有 4 件、6 件、8 件、12 件……32 件不等，穷人则往往只有一只柜子或箱子。一般情况下，父母均尽最大能量赔送女儿。

双方都要为新人套被子。被子供新人专用，故名之曰“喜被”。套喜被有许多讲究，数量上一定要是双数，一定要用新布新棉花，里外三面新。套被子时，棉絮中要放红枣、栗子、花生，取“早立子”“插花着生”之意，被子角上要缝上钱币，寓意富贵。套喜被也有许多禁忌，如忌请寡妇、孕妇、后代不旺、服孝的人帮助缝制、整理，缝制时忌绾扣打结等。

旧时女方在接到通书后便不再出门，在家里“捂白”“控食”，准备出嫁。

男女两家都提前告知亲友准备喝喜酒。亲友纷纷送喜礼。向男家送喜礼叫作“送饭”，向女家送喜礼叫作“填箱”。礼品通常以“色”为单位。一对鸡，一对鱼，一刀肉（一般在猪腰部偏上，带肋骨，4 公斤为佳），一个肘子（一条带蹄子的猪腿，3.5 公斤为佳，又称“活肘”），1 公斤粉皮等，都可算作一“色”礼，也有送喜帐（1.8 米红绸或红布、花布）的。喜帐一般是送给男方家长的，抬头写“×× 大人令郎花烛之喜”，帐心写“天作之合”“鸾凤和鸣”“龙凤呈祥”之类颂词，落款写“××贺”。喜帐的多少，往往标志着结婚人家人缘的好坏，因此至亲好友都送喜帐。礼品一般追随时尚，袜子、衣料、毯子，甚至以毛主席像或韶山画为题材的纪念品都曾经被作为喜礼送入新郎家里。90年代前后送的礼品多是床上用品，如被单，毯子，被子，被罩等。现在则直接送现金。

亲友送来礼物后，装箱、摆盒的工作往往由临嫁女和自己的嫂子共同进行，嫂子一边装箱摆盒一边向临嫁的小姑传授婚仪、房事知识及为人新妇之道。

结婚前一天下午，临嫁女由叔、兄或弟陪同，到自家祖坟上坟，意思是告别祖先，出嫁他姓。至掌灯时分，平日与临嫁女要好的姐妹前往话别，然后进行“装箱”工作。“装箱”时，先由姑、姨、婶子或大娘拿用红纸捻蘸油然后点着的“灯”将箱、柜、橱等依次照过，意思是驱邪除恶，接着把要带的东西装好，并用封条封住，姑、姨等至亲还要给压腰钱。

无论何种形式的喜礼，都要讲究吉利、喜庆，谐音不雅的物品，例如钟(终)、梨（离)、缎子（断子）等不能送，此外还讲究送礼送双数，寓意成双成对。喜礼要一笔不漏地记入账簿，俗称“喜簿”，以备将来还礼。

民间称婚嫁为“公事”，要请一位见多识广、懂得相关礼仪、深谙人情世故及待人接物之道且有较高威信的长者担任总管，称“大总管”。为了与办丧事的总管相区别，亦称“红总”，或者称“执礼客”“执客”“大执客”。总管按照主家意图安排诸项事宜，如写对联、下请柬、启用轿车、请乐队、厨师、账房先生（有内、外柜之分)、勤杂人员，安排搭棚、迎亲、送亲、搬客、宴客等等。婚事办得是否上档次，是否红火热闹，主家花钱多少是否得当，亲家宾客是否满意，礼仪是否周到，全由红总能力大小决定，因而高水平的总管在村里很受尊敬，也总是很忙。早年孟家庄比较有名的红总有李如杨，20世纪90年代以后比较有名的红总有李绪宝、孟庆良、孟现明等。近年婚宴大都在饭店举办，不再请红总。

女家要请人帮助陪送女儿。一是定“大客”，二是请“送亲婆”，三是请“忙人”。“大客”代表着女方的门第和声望。孟家庄及周边村庄严格限定新娘的舅父、伯父或叔父当大客，舅父、伯父、叔父已去世的由其长子代行其职。送亲婆一般由新娘本家的伯母、婶母或嫂子充当，相当于“伴娘”的角色。“忙人”即是帮忙的勤杂人员，其职责主要是抬、送嫁妆，帮助请、送客人，帮厨、上菜等，也叫“帮忙的”“跑腿的”。门户大的人家，一般是本家族人自动上门帮忙，门户小的人家，就要在关系比较密切的街坊邻居中请，不请别人一般不贸然去帮忙，关系不够密切，“不担是非”的请也不一定去，往往借故推脱。

临近婚期，男家要向女家送催妆礼，俗谓之“下催妆”“下催妆衣”。下催妆时要写催妆帖，并且要备四色礼物，连同嫁衣（红棉袄、红棉裤、红盖头）一起，由媒人率人抬着送往女家。女家收到催妆帖后，要开发喜钱，款待媒人和送礼人，将送来的礼品留下两样，其余退回。送催妆礼的同时，还要探询女家送嫁妆、送亲时到男家去的人数以及性别，以便早做准备，届时安排招待。

女方在嫁前两三天，要开始“饿饭”，叫“控食”。意思是减少饮食饮水，以免结婚之日坐帐时难堪。旧时女子在出嫁前十天左右就不敢吃粮，只吃鸡蛋和栗子，家人一般也特意为临嫁女安排营养较高、“撑时候”的食品。在出嫁前上轿时，新娘往往再渴也不敢喝水。

搬客

女子出嫁之前一两日，女家一般要把至亲请到家中吃喜酒，叫作“搬客”。亲朋到齐，吃罢喜酒，晚上要为临嫁的姑娘“暖轿”。暖轿的形式是请一班吹鼓手（三五人不等，吹拉弹唱，往往一人会演奏多种乐器）吹打一番，也有的请一小戏班清唱几出喜庆内容的戏。这天晚上，新娘要向父母行“辞娘礼”，感谢父母养育之恩。旧时婚礼前一天晚上，雇的轿子就来到女家，轿夫们一起参加暖轿，这时要盛情款待轿夫，请他们第二天把轿子抬稳当，不颠不晃。否则他们会在送亲时“颠轿”，把新娘颠得头晕眼花，翻肠倒肚地呕吐。

结婚当天一早，女方给待嫁的女子行加笄礼，俗谓之“上头”。上头后还要开脸，开脸又称“绞面”“绞脸”，由“全美人 ”或女方的姑、嫂子等女眷，用香粉涂扑新娘面部，然后用红线或彩花丝线将面部（重点是额前、鬓角）绒毛、汗毛绞去，具有美容的性质。上头、开脸后的女子，一般不能再见外人，直到出嫁后，方可公开露面。现在的“上头”“开脸”等事情，一般到美容院（店）去做，就是所谓的“化新娘妆”。

在孟家庄及其周边村庄，嫁妆由女家送。送嫁妆和出嫁同时进行，箱、柜、抽屉等一般不锁，钥匙插在锁上，锁挂在相应位置，这样可以在入洞房后让婆家人打开看娘家陪送的东西，但洞房内人员成分复杂，往往有丢失或损坏东西的现象，因而新媳妇入洞房后，往往一一锁牢，而后将钥匙交给陪床的小姑子，因为新婚之夜闹房者往往搜新媳妇之身找钥匙。

女家方面，女儿出了娘家门后，即可送客。用车和驴请来的客人，此时还要用车或驴送回去。

结婚前几日或当日，男家也要搬客，情形与女家搬客差不多，但吃喜酒的时间不是在婚礼前而是在婚礼后，请来的客人参加婚礼后再坐席喝喜酒。

铺床

婚礼当日早上，男家要安放婚床并铺上秫秸草席。安床特别讲究床的安置方位和走向，一般是将床安在洞房下首（即左边）山墙与另一面墙相交的位置。安床位置及方向依据女方属相、命相推算好并写在婚单上，安床人照单办理即可。孟家庄及其周边村庄都是请大伯哥和叔公公安床。过去男家铺床都是安床人先按婚单所示安好床，然后依次铺上高粱秸（根要朝东）、豆秸、麦穰、黄草（一人一小把，均匀地撒在床上），然后铺上一至二领红席。有的还在床上搭一席棚，以便坐帐。现在结婚都买带席梦思床垫的床。

铺床通常也包含两项内容：铺婆家准备的床上用品；铺娘家准备的床上用品。一般先由婆家请的丈夫健在、儿女双全且属相与新娘相合的婶子或嫂子二人，将婆家准备及亲友赠送的毯子、床单悉数铺上（送礼的亲友往往寻找机会进洞房看礼物，自己所送礼物未摆出者往往不高兴），然后依次将婆家套的褥子（俗称“铺”）、被子（俗称“盖”）铺上，一般人家是两铺两盖，其中有一条被子的一头是敞着口未缝合的，该被子要放在最上面而且敞着的一头放在上首即男方位置。女方嫁妆送来后，新娘娘家陪送的被褥（通常也是两铺两盖），则由女方陪嫁妆而来的铺床人（属相与新娘相和的“全美人”）与婆家请的女铺床人共同铺于床上。

铺床时要在床的四角放枣、花生和栗子，或者把麸子、枣、钱币撒到床上。

床铺好后，一般不能空着，一般由小姑子“看床”。新床铺好，要由新郎未婚的侄子在床上面坐一下或者滚几下。年龄小的上床后，大人在一边念叨：“上滚床，下滚床，一年一个状元郎。”如果在上面尿了床，主家不但不生气，反而认为是早生贵子的好兆头。

与此同时，要打扫庭院，张贴对联。结婚用的对联又称“喜联”，村民称为“喜对子”，内容主要是赞颂两人结合的完美、对未来婚姻生活的憧憬，以及对婚姻当事人的美好祝愿等，用词高贵典雅，寓意吉祥美好

贴对联时，所有门的门心上贴喜或囍字，洞房内墙上贴《百子图》《吉庆有余》《麒麟送子》等年画，顶棚、床围子上贴剪纸图案，窗户上糊红纸，并贴上《喜鹊登梅》《梅开百子》等窗花。有婚纱照的往往在显眼位置挂婚纱照。总之，一切要布置得热烈、喜庆，焕然一新。

嫁　娶

村民称姑娘出嫁为“出门子”，旧时女子出嫁，新娘穿红袄、红棉裤，发辫挽成发髻，用红带子扎腿，头顶“蒙头红子”，手拿新毛巾，按照选好的吉时，由她的兄弟抬到门外，扶进轿中。鼓乐前导，花轿上路。

旧时殷富人家的女儿，出嫁除有整套嫁妆（衣、被、家具齐全为一整套）外，还有三架抬盒：第一架是八色礼：四果四肴；第二架是全席一桌，供新娘子进门三天开斋吃用；第三架是两个压床用的团圆饼以及宽心面、香油、白糖等。又有三架明盒：第一架抬的是穿衣镜、梳头镜、宫灯、纱灯、香油长命灯、马灯、玻璃罩子灯（大烟灯）等；第二架抬的是金银首饰、胭脂花粉、雪花膏、花露水、香皂等；第三架抬的是碗盏、水烟袋、旱烟袋、铜壶、酒壶、酒盅等。送亲者有“大客”二人，必须是伯、叔和至亲娘舅。“大客”须穿戴靴、帽、外套等官服，自家没有的要借用。送亲者还有纪、纲（指跟班的）二人，嬷嬷一人，丫鬟一人，鼓乐两班十六人，放炮者二人；另有一人持“青龙大吉”帖队前开道，凡花轿经过的桥、牌坊、碑碣、碾、磨、碌碡及庵观、寺院等，均贴一张“青龙大吉”帖。嫁妆前有一班鼓乐作大乐，花轿前一班鼓乐奏细乐，打马

上伞一柄、宫灯两盏、纱灯两盏，有一大吉人随轿抱一只大红公鸡，轿后是嬷嬷和丫鬟坐一辆大车，送亲的大客二人坐另一辆大车，纪、纲二人分别骑马两头跑，前后照应。在民国年间，大户人家的送嫁队伍还有武装护送，最前面是黄旗队两个班，皆着军装，一律肩扛汉阳造快枪，队长戴金箍军帽，腰束武装带，左挎指挥刀，右背盒子枪，骑大红马压队。送嫁队伍最后是本村黄旗队一个班，身穿便衣，背土洋炮，吹拐子号护送。一路上号声、鼓乐声、炮声不断。行至男方村外落轿，由跟班一人、嬷嬷一人骑马前去请安报喜，交换陪、送客人的名片，返回时再放炮奏乐。一般人家难有如此气派，没有抬盒，将被子放在柜或箱上，压床的团圆饼放在八仙桌上，灯和油由一老者提着，穿衣镜让小孩子抱着，没有花轿，用独轮车垫上被子，一边坐新媳妇，一边坐送亲女客，车子一人推一人拉，迤逦而行，倒也不乏热闹。

送亲的队伍，路上不能落轿，经过村镇时要鸣锣奏乐，吸引人们夹道观看。旧时结婚称为“小登科”，不仅准许无功名而官服冠戴，而且连县太爷的官轿遇到娶亲队伍时也要让路。娶亲途中，若遇有出殡者，并不躲避，谓之“白头到老”；若迎面遇上另一娶亲队伍，则谓之“喜上加喜”，并且两个新娘还要交换礼物，有的日后还当作亲戚走动；但若遇上娶亲队伍与自己朝同一方向行动，则往往互相抢先，谓之“争上风”。

花轿来到男家村头，先是鸣锣吹号，男方接客的出村来迎接。这时花轿在街心徐徐而行，抬轿者卖弄精神，稳稳地颤动着轿子，谓之“压街”“晃街”“踏街”。粗细乐翻着花样地吹奏，看热闹的男女老少簇拥着朝男家新房而去。

女子出嫁的送亲队伍里，走在最前面的是抱着一只黑母鸡的儿童（一般是出嫁女子的弟弟或侄子）。至新郎家时新郎家首先由一成年男子抱着一只红公鸡出来，到送亲队伍前，让红公鸡和黑母鸡头对着头“亲”一下，然后和抱鸡男童一并进家。这一对鸡要养着，不能杀。

紧接着，男家有迎嫁妆的，有迎轿的（即迎新娘的，孟家庄称为“迎新媳妇的”“架新媳妇的”，类似于伴娘），贫寒人家雇不起轿，新娘坐独轮车或地排车出嫁，所以有“接车子的”。女家嫁妆上通常挂有大红花，当地有围观者争抢大红花的习俗，并有接过车子后到新娘兜里掏烟的习俗，因而“接车子的”往往先去新娘兜里掏烟，而后再“接车子”。花轿来到男家门口，迎亲的人首先对着花轿放一挂鞭炮，或者是三声响炮，然后花轿面对喜神所在方位落定。有时轿或车面对的方向与喜神所在方位并不一致，男家便给轿夫及吹鼓手每人一个红包，谓之“调轿礼”。轿夫们接了红包，并不搭话，只是把轿掉过来。因为轿不能落地，所以轿夫们只是抬着轿不放时，男家就要开“调轿礼”。

新娘下轿前，一般由两个姑娘或者两个全奂妇女（即全美人）掀开轿帘或车蒙布。孟家庄有新郎拜车的习俗，由一位男家请的陪送亲客的男子领着新郎，到轿前作两个揖（只有新郎作揖）。

新娘自从在娘家穿上上轿鞋后，脚就不许沾地，直到入洞房脱鞋坐帐为止，因此，下轿时脚下要踩着红毡走，因为只有三块红毡来回倒替，故谓之“倒毡”，即古代的“传席”“传袋”之意。新娘头顶蒙头红，由两个全央女人搀着，向院内走，一路有人向其身上撒五谷杂粮、彩色纸屑、草节、麸子、栗子、枣、花生等，此即古代的“撒谷豆”，目的在于驱邪。有的人家还一边撒一边唱喜歌。

新娘被搀扶进院内，开始举行拜天地的仪式。天地桌摆在堂屋门一侧，天地桌上摆一个合升（没有合升的用一红纸包着的碗代替也可），合升里下面放豆芽，豆芽上面放一块豆腐。另有两根蜡烛，新人进门时点上，拜完天地喝完面汤后别人可以拿走，据说能驱邪治病。新郎、新娘并肩立于天地桌前，司礼高喊：“脱帽，一拜天地，二拜高堂，夫妻对拜，礼毕。”然后新郎从天地桌后边拐过去，并不进洞房，新娘由“架媳妇的”二人搀入洞房。如果新娘命犯天狗，新娘下轿后由一成年男子挑着一块系有红布的长方形腊肉或新鲜猪肥膘肉作为前导，当新娘进洞房一步门里一步门外时，将肉隔着屋扔到房后，同时向院内围观人群之上撒栗子、枣、糖块、拆开包的香烟以及染红绿两色的花生果，据说长方形猪肉可以辟邪，也有一种说法：结婚后多年不怀孕的妇女，吃了此肉可以开怀怀孕。

新娘被送入洞房之后，坐帐之前，还有一些仪式。孟家庄是喝面汤，面汤就是当地的面叶，类似于面片。面叶由新郎方面准备，拜天地时下锅，下熟后新娘已入洞房，这时盛出四小茶碗，由忙人用传盘端进新房，同时把新郎叫到新房内，由两名上头婆子陪着新郎新娘喝。新郎新娘喝的面汤端进新房后，再先给公公婆婆各盛出一碗（祖父祖母健在者要先给祖父祖母盛），碗上放上筷子，端给他们喝，然后盛出一大盆，置于天井院内，围观之人纷纷争抢而食，据说可以辟邪。洞房内，新郎新娘喝完面汤后，新娘要拿出一双从娘家带来的鞋，给新郎换上，新郎穿此鞋时后跟不能在新房里提，要趿拉着出新房后再提，新郎此后便不再进新房，直到晚上喝交杯酒时再进去。

坐帐　撒帐

新娘入洞房后，面朝喜神所在的方位坐在床上，谓之“坐帐”。此时，就有人端来栗子、红枣、花生、麸子等物撒在床上，谓之“撒帐”。

旧时坐帐要坐三天，为此新娘在婚前数日即节食，临上轿前亦不敢饮水，以免坐帐时难堪；后来改为一天，或者象征性地坐一下午。新娘坐帐一般由未结婚的小姑子陪伴。坐帐时实际已进入闹房阶段，亲戚朋友、街坊邻居往往前来观看新娘，让新娘点烟，向新娘要糖果、点心吃；也有的是来看嫁妆，看别人送的礼物，以此评判新媳妇娘家的贫富及其人缘。新郎在白天不可进洞房，俗以为新郎白天进了洞房，将一生惧内。

宴　客

新媳妇在洞房坐帐的时候，新郎及其家人忙于招待宾朋。待客的好坏对于男家的形象具有非同寻常的意义，往往直接影响到男家的声誉及下面子女婚姻的质量，因此大多竭尽全力甚至不惜高筑债台，也要高标准招待。女家的来客是贵客，俗称“大客”，必须高规格招待。送亲客有男有女，一般男女不同席，男客一般由新郎的舅舅、叔或村干部作陪，女客一般由新郎的舅妈（俗称妗子）、媒人、迎媳妇的、上头婆子、铺床人（女）作陪。大客席称“上席”，边吃喝边叙谈，往往长达两三个时辰方散。前来送嫁妆的人们称为“小客”，一般安排在厢房等处宴饮，称为“下首客”“下席”，下席宴饮时上菜速度较快，因此往往风卷残云，不敢流连，但男家礼节必须尽到，敬酒之外，还要开喜钱、喜烟。

除女方的送亲客外，男家的亲朋也要请来赴宴，俗称“喝喜酒”“坐席”。孟家庄以小八仙桌为宴饮用桌，八仙桌的特点是桌的四条边长度相等，每条边前可坐 2 人，共 8 人。宴饮时座位有很多讲究，一般以饭桌靠后墙（所坐之人面对屋门）的一侧为尊，靠后墙及靠门的一侧又以右为尊，其余两侧中，右面的一侧为尊，同一侧内上面的为尊。女家来的“大客”要被请到上首即靠后墙的一侧落座，并且讲究“娘舅为大”，要让新娘的舅舅坐最尊贵位置。宴饮时饭菜也很有讲究，上多少个碟子，多少个碗或盘、多少个汤，敬多少次酒，往往被视为评判礼节是否隆重的主要依据，甚至每道菜是什么菜，上几道菜后开始敬酒，都有严格规定，饭菜上到一半时，还要上点心，谓之“中饭”。陪客之人席间要为大客斟酒夹菜，敬烟续茶，每上一道新菜，都要换到大客面前，总之要礼貌周到，不失礼节。

谢风尘　叩喜

在新媳妇进入洞房，女家来的客人被请到客厅安座之后，男家家长要到客厅向客人“谢风尘”。谢风尘时，夹毡客在前铺毡，吹鼓手在旁奏乐（一般用大号吹奏《状元游街》），司礼在一边高喊“喜主谢喜客的风尘”。这时喜客应离开座位迎上前去，与喜主对面而立接礼。喜主和喜客同时作揖，而后同时迈左脚行礼，左脚恢复原位后，再作揖，而后同时迈右脚行礼，喜主退出客厅后，还要在客厅外向着喜客作揖。此后，喜客要到喜主家里向喜主叩喜，叩喜时如果喜主一方有老人（指新郎的祖父祖母）健在，喜客应跪下给老人叩头。叩喜时司礼在一边高喊“喜客给喜主叩喜”。其他细节一如谢风尘时。因为谢风尘和叩喜时的动作在外人看来就像喜主和喜客在扛膀，所以又称此礼节为“扛膀”。

赶　喜

办喜事的人家，常有唱喜歌者来贺喜，民间称为“赶喜”“喜郎”。赶喜者多是乞讨为生的穷人，听说谁家有喜事，便赶来凑热闹，主家酒饭招待之外，还要开给喜钱和两盒喜烟。民间有“无人赶喜不好价”的说法。喜郎一般先在办婚事的人家门前放一挂（有的只放三个）鞭炮，然后打起竹板，在门前唱喜歌，喜歌多是赞美祝颂之辞，并无固定格式，触景生情，即兴创作。喜歌唱罢，进门高喊一声：“给大爷道喜了！”便跪倒磕头，并随手将用红线串制钱而编成的“钱串子”扔在院内，撒的遍地都是，然后起身退到门外，找地方休息等赏。主家一般安排有专人打发赶喜郎，这时此人要赶紧将“钱串子”拾起来，吩咐厨上炒两样或四样菜，并温一壶酒，拿两包烟，用传盘端到门外（有的人家还安有桌子），另有赏钱用红纸包着。赶喜郎有的各赶各的，也有的几个集体行动。有时主家招待不好，还要讨价还价，酒足饭饱之后，往往还要一些干菜、馒头之类，近年竟然发展到要酒要钱，然后才肯离开。

闹　房

结婚当日晚上喝“交杯酒”，喝交杯酒时即可闹房，旁观者往往让新郎新娘互相布菜，甚至互相喂菜。饮过交杯酒后，也有不少有趣的活动。喝交杯酒时要上一盘生豆芽，喝完交杯酒后新娘要吃鸡蛋，鸡蛋往往只煮到八分熟，新娘吃时别人故意问“生不生”，新娘则轻轻答以“生”，即生养孩子的意思。然后还要吃栗子、枣之类，都是盼望早生孩子的意思。

闹房的主要是晚辈，尤以弟侄辈为甚。他们围住新娘索烟要糖，说些俏皮话，制造欢乐气氛。喝交杯酒时的闹房，一般是连同新郎一起闹，闹的方式有“咬苹果”“报户口”“谈恋爱经过”及唱歌等。闹房俗称“吵喜”，一般吵吵嚷嚷半夜不休，长辈往往在幕后指挥，得不到喜烟喜糖不肯罢休，最后往往是公婆出面解围、许愿，甚至赠以烟糖，闹房者方才离去。

闹房者走出洞房，依然不肯离去，还要在门口窗外听房。俗以为无人听房不吉，如无人听房，则由老婆婆拿一把笤帚竖在窗台上，并用手将糊窗户的红纸捅几个窟窿。

新婚第一夜，有“新娘先说话生女孩，新郎先说话生男孩”和“新婚之夜不说话，将来的孩子是哑巴”之类的说法。因此新郎无话找话也要和新娘说上几句，新娘听新郎说话后，一般并不接话，却起身开箱开柜，拿出上好的点心和新郎共享。此时在外面听房的人少不得从窗户里讨一把点心，然后各自散去。这时新婚夫妇的洞房之夜才真正开始。

新婚之夜，洞房之内的灯火要长明不灭。

婚后礼俗

婚后礼俗大致有请安、庙见、回门、叫媳妇几项。

婚礼次日一早，新郎新娘双双拜见新郎父母、伯、伯母、叔、婶、舅、妗子、姑、姑夫、兄、嫂、姐、姐夫等亲戚，称为“分大小”。旧时新娘要给长辈磕头，然后给应拜见的每人一双鞋（过去是新娘亲手缝制，现在则多为从商店购买甚至批发而来），所以又称此仪式为“拜鞋”“磕头”。长辈们（公公、婆婆除外）往往要给新媳妇开“磕头钱”。之后，行庙见之礼。有祠堂（俗称“家庙”）的进祠堂，无祠堂的由本家兄嫂带领新郎新娘到祖坟去焚香上供，烧化纸钱，认祖归宗，并于每座坟头上压一红纸，俗称“上喜坟”“磕喜头”。未上过喜坟的媳妇，往往不被承认。上喜坟时新娘不能步行，须由平辈或晚辈用车子推着，车子另一侧有嫂子“陪车”，到墓地坟前磕头，并在每个坟头上压一块四方红纸。上过喜坟后，新郎还要领着新媳妇到本家户族认门，交代关系称谓，以便其早日进入家庭、家族角色。

孟家庄一带回门风俗与别处不同。别处回门新郎陪同新娘回娘家，孟家庄一带回门新娘娘家去新郎家接闺女回门，新郎并不同去；新娘回到娘家住一夜，第二天送回新郎家。女方娘家去请新娘回门的人，应事先安排好，讲究双数，一般是大客两人，推车一人，拉车一人。因为孟家庄地处山区，旧时道路难行，讲究用毛驴拉车，并有一人牵驴。因为是头一次去男家，道路不熟悉，男家往往一早收拾利落，备好上等烟茶，派人到村头迎接。见面后由新娘逐一介绍，按长幼辈分落座寒暄。同时新娘收拾好一个红布包袱，小别婆家。路上，新娘要将特意留着的喜烟分赠娘家来接的人，到家后还要将饼干、糖果等分送给父母及前来问候的婶子大娘吃。据说吃了新人给的东西，年老时腰不酸腿不疼。婚后第三天，新娘由娘家返回婆家时，娘家备好“四色礼”：鸡、鱼、肉、粉皮。送新娘回到婆家。婆家要隆重款待客人，饭菜规格与新婚之日招待大客相同，十大碗菜四个肉碟（条件好的八、十二、十六个碟子不等，分为点心碟、肉碟、菜碟、果碟），要找人陪客。待到酒足饭饱，还要陪客人寒暄叙谈，直到夕阳西下，主送客归。此俗后来发展到当天叫回娘家，吃过饭后即送回，称为“一叫一送”。

回门之后，紧接着就开始“叫对月”，也叫“接新媳妇”“接妹妹”。首先是新娘父亲的同胞兄弟亦即新娘的伯、叔亲自来接，20 世纪五六十年代以前，接闺女要牵着毛驴，让闺女骑在毛驴上。后来要推着独轮车子，车子两边用木棍、染红的苘或麻绳绑着架子，上面铺有被子，车子一般不空着去，通常由新娘的娘家侄子“压车”。接闺女的时间紧挨在回门之后，此时男家不能撤灶棚拆锅，要准备丰盛的筵席招待亲家，接新娘的人在男家用足酒饭，开始推着新娘和孙子回家，一般要在天傍黑时到家为好，讲究出嫁的闺女进家时看不见（实际上是天黑看不清）屋笆。新娘回娘家因有走亲戚性质，所以要带礼物。过去常见的礼物是蒸一筅子白面馒头，上用红颜色点花，另有油条、烧饼、挂面、饼干之类。新娘在娘家住一夜，次日一早送回婆家，而此时，另一位娘家伯或叔、兄又推着车子去男家等着接了，男家同样盛筵招待，同样接走，同样送回，如此往返，直到新妇娘家近支的伯、叔、已婚的兄（有时还包括堂兄）逐个接遍，男家的婚礼仪式才告结束。有的新妇父亲兄弟众多，伯、叔、堂兄逐个接完，竟至一二十天，男家为此耗资颇巨，往往苦不堪言。此俗在 20 世纪 80 年代改革开放后渐废。

至此，所有婚礼仪式全部结束。

喜事新办

1939 年 5 月共产党领导的八路军 115 师进入孟家庄所在的蒙山前一带以后，当地进入急剧变革的时代，1949

年中华人民共和国成立，1950年4月13日中华人民共和国第一部法规《中华人民共和国婚姻法》颁布实施，广大农村人的婚姻观念彻底转变，千百年来婚嫁听从“父母之命、媒妁之言”的局面得到彻底改观，虽然仍有父母对儿女婚事横加干涉，但毕竟有悖法律，理不直，气不壮；青年人有法律做保护，也敢于和封建婚姻制度抗争，因而传统的订婚仪式逐渐减少。在中华人民共和国成立初期短短的几年时间里，青年人逐渐成为掌握自己婚姻命运的主人，父母逐渐退居次要的“顾问”位置，历史上无数青年人向往并为之奋斗的美好境界，由于强有力的政府行为的介入，令人惊喜地来到了青年人的面前。20世纪50年代，青年男女缔结婚姻，虽然形式上依然经由媒人说合，但当事人基本上能够做主。媒人说合之后，男方通常给女方买一些手帕、围巾之类作订婚礼物。但男女双方依然遵循着订婚后结婚前不见面不来往旧俗。至结婚时，公社和大队均要求必须先到政府部门登记领取结婚证，而后方可举行婚礼。甚至出现过在婚礼当天，女方花轿已经走到半路上，大队干部得知尚未登记，马上安排妇女干部在半路上把新娘从花轿里拉出来，强迫其到公社登记领结婚证，而后再上花轿去往男家的事情。至20世纪60年代，农村出现了订婚时男女相约进县城或者公社驻地照相馆照二寸半身合影，照片男女各执一份为信物的现象，并很快成为一种风气。照相的同时，往往在县城或公社驻地商店为女方购置衣物。这一时期，男女在订婚后结婚前不见面不来往的老规矩也被打破，逢年过节，男方亲往女家送节礼，女方也可以正大光明地“过婆家”，帮助婆家干家务。50–60年代，在结婚日期的约定方面，农村仍然看重按生辰八字选日子。

20世纪80年代，人们注重实际，订婚时女方要彩礼的风气逐渐兴起。进入90年代，农村订婚开始看重对方的素质、才华与潜力，姑娘争嫁专业户、文明户、小能人。自由恋爱已成风气。

婚礼形式，20世纪50年代初期，农村基本因循旧制，只是摆天地桌拜天地的明显减少，随后要“年命”“八字”的也减少了。1958年之前，花轿尚时有所见。1958年“大跃进”后，花轿基本绝迹，而代之以马车、独轮推车，条件好的也有用自行车的。“文化大革命”期间，礼俗极不正常，要求女方以镢头、铁锨、筐做嫁妆，婚嫁皆步行，村里毛泽东思想宣传队抱着贴有毛主席画像的玻璃相框，扛着两面红旗，敲锣打鼓送亲，婚服不再是红袄红裤，而代之以日常服装。进门不拜堂，先向挂在堂屋前墙上的毛泽东画像三鞠躬，致礼祝寿，背语录，合唱《东方红》，有的还奏国歌，不像婚礼，倒像政治会议。之后，散喜糖，入洞房。送亲的宣传队员将毛主席相框又抱回去。若婚礼由村干部主持，则行完礼不入洞房，而是下地“干革命”。村民李绪民结婚的时候，新婚夫妻竟然被安排到两个会战工地，婚后五六天方才见面。若无人监督则新娘入洞房后还可坐帐。至于“挑红”“撒帐”等已不常见，“听房”“闹房”则禁之不止。70年代初，乡村以独轮车送嫁，送亲女客、大客步行，或女客陪车，大客步行。拜堂改为先拜毛泽东像，再拜公婆，然后送入洞房。70年代末，新娘乘敞篷三轮车或拖拉机出嫁。1980年代，农村大兴拖拉机迎娶，用收录机放乐曲代替乐队，讲排场，大操大办有所抬头。进入90年代，青年男女外出打工，结识的工友互相产生好感，进而互生爱慕之情，自由恋爱缔结姻缘的不在少数，青年男女婚嫁的对象不再像老辈人那样局限在本村和周边几个有限的村庄，跨乡镇，跨县、市甚至跨省缔结婚姻的逐渐增多。结婚形式也随着时代发展趋于多元：有的举行简单的结婚仪式后，新婚夫妻即外出旅游；有的则大操大办，追随城市风尚，雇“轿车”，摆筵席。进入21世纪以来，随着社会和观念的不断开放，定婚、结婚仪式日益趋向多元化。举行婚礼的当天，男家租车（双数，高档的用轿车，其次用红色面包车，其中1~2辆货车拉嫁妆）到女家迎娶。举行婚礼时，新郎着西装，胸配红花（花下红布条幅上写有“新郎”字样），新娘着白色婚服，胸配写有“新娘”字样的红花；上头、开脸已为到美容店或者婚庆公司化妆替代，婚礼仪程也演变为一拜天地；二拜高堂；夫妻互拜；主婚人讲话；证婚人讲话；来宾致辞；入洞房。有的委托婚庆公司，自家操办的，也大多借鉴婚庆公司的程序，或者略加增删，请婚庆公司代为录像，并刻录光盘纪念。新娘上车由兄弟、侄子抬上车，男家招待“大客”“小客”、回门等活动依然遵从旧俗。

后来逐渐发展到结婚时请婚庆公司，有的先在家中按照传统样式拜天地，拜父母，入洞房，然后到酒店按照婚庆公司安排举行洋式婚礼，然后在饭店举办婚宴。

2015年12月孟家庄红白理事会成立以后，大力倡导喜事新办，让群众办喜事讲文明有意义。明确了“六提倡、六反对”标准：提倡简约定亲，反对盲目攀比；提倡举办一次婚礼仪式（中式），反对重复浪费；提倡新式婚礼，反对豪华婚礼；提倡“礼轻情重”，反对高额礼金；提倡环保婚礼，反对乱贴红纸和大量燃放鞭炮；提倡低碳迎亲，反对豪华车队。逐渐形成新风尚。

丧葬礼俗

在2015年12月红白理事会成立以前，有人去世，丧礼持续三天，第一天亡人停尸在家（夏天炎热时当天火化，摆放骨灰盒），举行小殓、送路、泼汤（第一遍）、烧头刀纸、逃服、守灵等仪式。第二天布置灵棚，请吹鼓手、央丧执大宾、大总理、内柜、忙人，举行请魂、报丧、破孝、开丧、泼汤、翻棺、大殓、夜祭场、守灵等仪式。第三天举行朝奠礼、参神礼、辞灵、泼汤、送魂、出棺、路祭、下葬等仪式。第四天早上还要举行圆坟仪式。

孟家庄红白理事会成立以后，明确提出丧事“八取消、八提倡”标准：取消家族自己办丧，提倡村（居）红白理事会办理；取消普穿白大褂，提倡戴白花、黑纱；取消三天丧，提倡一天丧；

取消吹鼓手，提倡放哀乐；取消摆筵席，提倡大锅菜；取消石棺、木棺，提倡直接埋葬骨灰盒；取消摆祭、赏钱、压烟，提倡节俭吊唁；取消各类扎彩，提倡节俭祭祀。红白理事会为村民办理红白公事提供全过程、一条龙服务，所有的事宜都由红白理事会拿主意并帮助办理，逐渐形成了移风易俗的新风尚。

备　丧

备棺。孟家庄人称棺材为“寿材”“寿器”。家中有年龄较大或身体多病的老人的家庭，常常提前为老人准备棺材。有的是准备木板，有的准备成棺。提前做好的棺材，刚做成时要举行敬棺仪式，一般是儿女在棺前作揖磕头，讲究的还摆放供菜，焚香烧纸。之后一般会移放到柴房等不重要的房间放置。

备衣。死人穿的衣服，叫作“寿衣”“送老衣裳”“老衣裳”。旧时一般人年过五十就开始准备寿衣布料，年过七十预做寿衣，七十岁以前亡故者，寿衣都是临时赶做或者买的。儿女们在做寿衣时，不能啼哭流泪，认为泪水滴到寿衣上，死者穿了会经常想念儿女心情不安。缝寿衣时的线末端不能系疙瘩。寿衣一般不用皮毛和绸缎，大多用棉和绢。无论何时亡故，寿衣都以棉衣为主。寿衣的件数，如果死者配偶尚在，上衣为三件，从内至外依次是小夹袄（两层布，中间不衬棉花）、小袄、大袄，下衣为棉裤（男性蓝色，女性绿色），另有帽（男性为瓜皮帽或官帽，女性为女式帽）、布鞋（蓝色，男性鞋底绣或画葫芦图案，寓意多子多孙；女性鞋底绣或画莲花图案）。如果死者配偶已故，上衣增为四件，男性增一长衣（下端至膝盖），女性增一裙子。如果老人没换衣服就死在里间的床上，叫“光着身子走了”，则在上五七坟时于坟前焚烧一身寿衣。

初丧（第一天）

送终。正常死亡的老人，一般不在病床上咽最后一口气，在病人生命垂危时，一般要为其沐浴更衣，然后将其移至正屋明间的灵床上，在亲属的守护下度过弥留期，这叫“送终”。临终之前，如果死者为男性，通常由儿子和女儿为其沐浴更衣、理发、修剪指甲，如果是女性，则由女儿和儿媳料理，除擦洗脸面、手脚和修剪指甲之类事项外，像理发、梳头、插戴等技术性的工作，也可以请人来做。病人临终，穿好寿衣，由长子抱头，次子抱脚，其他人帮助，由病床抬到外间，放在北墙边等待咽气。如果死者系夜间突然发病，在里间去世，必须引魂。引魂时买一只公鸡，用笸帚托着，从死者去世的床上，托过屋梁，在死者脸前放一会儿。眼看病人将要咽气，家人要在他右手放一条长约 20 厘米、用麻拧成的打狗鞭，左手放和他岁数相等数量的用白面烙制的打狗饼子。病人咽气后，要在死者居住的堂屋明间中央临时搭设灵床。有的用现成的木床，有的用门板或秫秸或苇箔在长凳上搭成。灵床搭成后，要尽快将尸体抬到灵床上，叫“停丧”。病人即便在夜间 12

点以前咽气，也和第二天合在一起算作一天。正常情况下，病人病重期间，子女须臾不离身边，重要亲戚和近支本家时常探望，一日数次前往，故而去世时重要亲戚和近支本家一般在场，并且帮助进行小殓。

请大总理和襄礼大宾。老人辞世后，丧主强忍悲痛，把本族近支长辈请到家中，商议治丧事宜，然后根据议定的意见请大总理和襄礼大宾（亦称丧执大宾）。（大总理一般由德高望重并且熟悉治丧流程礼仪的人担任。李、孟两姓因门户较大，本族内就有历代培养的大总理，李家有李如杨、李继亮、李继昌、李继本、李绪宝、李绪班，孟家有孟宪伦、孟庆存、孟宪明。这些大总理有时也应邀为外姓或外村人服务。旧时大总理和丧执大宾、账房须丧主子女安排人亲自去请，后来一般通过电话联系。）大总理根据主家意图，负责治丧活动期间的生活安排。大总理安排的事情主要有：请鼓手、厨师、账房先生（有内、外柜之分）、勤杂人员分工，安排收拾襄礼房、账房、搭棚（灵棚、鼓手棚、厨房棚）等，大总理在治丧活动中具有绝对权威。襄礼大宾主要负责丧事礼仪活动，一般由5人组成，分别是：正引1人，统赞1人，首尾1人，执客2人。丧事期间，丧执大宾有专用休息房间，称为“襄礼房”。丧礼上专管财物登记结算的称账房，称帮忙的人为忙人。

小殓。死者遗体头南脚北安放在灵床上后，往死者嘴里放一条长二三厘米的金鱼（系塑料材质镀金色，“噙口钱”变异形式），然后用一张白纸（俗称蒙脸纸）盖住脸和上半身（蒙脸纸盖上后不能再掀开）。灵床前摆放一矮方凳，上面放一盏豆油或花生油灯，称“长明灯”。灵床前放一生胚陶盆，称“老盆”。停灵期间，早烧开门纸，晚烧关门纸，吊丧者进灵堂参灵的，也要在老盆里烧纸。遗体安排就绪，在门框上贴对联。街坊邻居看见，即知道该户有人去世了。

擢汤。孟家庄及周边村庄方言，称“泼”为“擢”，称“泼汤”为“擢汤”。“擢汤”其实就是“报庙”。擢汤的地点是土地庙。汤是用生水、面粉和小米混合烧开而成，装在一只罐子里。擢汤时由同族人中年龄较小的晚辈两人抬着汤罐走在最前，死者子女和同族晚辈按男女长幼顺序排列成行，去往土地庙。到达土地庙，死者子女及其家属在前，族人亲戚在后，跪在地上，死者儿子在供桌前焚香烧纸，然后用勺舀汤浇在供桌前，连喊三遍“爷（娘）来喝汤”，然后磕三个头，磕头时族人陪同。擢汤的次数和时间都有讲究。丧主家如果是父母中的一位辞世另一位健在，擢汤的次数为单数，一般是五次，擢汤的时间安排是辞世当天下午一次，第二天早、晚各一次，第三天早一次，出殡前一次。如果是父母中的一位已经辞世，现在辞世的是另一位，擢汤的次数为双数，或取消第二天早上的一次，或在第二天中午加一次。第一天晚上和第二天早上的擢汤仪式，孝子孝眷和近支本家参加。开丧以后的擢汤仪式，吹鼓手在前吹奏，两位执客在前，一个端纸，一个提酒，孝子孝眷及宾朋随后。临出殡前的一次擢汤仪式最为隆重，死者子女及其配偶、本门年龄小于死者的平辈、所有晚辈以及所有前来吊唁的亲戚悉数参加。鼓乐前导，哭声震天，浩浩荡荡，沿途群众围观，场面宏大，此谓之“哀荣”，主家往往引以为荣。

烧头刀纸。亡人辞世当天，亲友得到消息的，均赶往事主家，在死者灵床前磕一个头，烧一包纸，死者儿子跪在灵床东侧，女儿和儿媳跪在灵床西侧，掩腔放声大哭：“我的爷（娘）呀……”来人向死者磕头毕，依次向死者儿子、女儿、儿媳表示慰问，死者儿子、女儿、儿媳向来人磕头致谢。这一仪式叫作“烧头刀纸”，也叫“烧倒头纸”。

逃服。死者已经出嫁的女儿，往往在老人病重时，就已经来照料伺候，并且在老人咽气时守在旁边。待老人咽气、小殓、攉第一次汤后，即回到婆家逃服。回到婆家后，分别给公婆、大娘、婶子磕两个头，告诉他们自己生身父亲（母亲）已经去世，商定为自家看家、次日前往陪奠、第三天吊孝、出任内柜人员等事宜，然后当晚赶回娘家守灵。

守灵。守灵者为死者儿子、儿媳、女儿、孙子、孙媳、侄子、侄女、曾孙、曾孙女等。守灵时间从老人咽气开始，一直到出殡安葬。守灵时在灵床东、西、北侧铺一层麦穰，守灵者男性在灵床东侧、女性在灵床西侧，均以长在前幼在后顺序，席地而坐，无特殊情况须臾不离。守灵者主要职责：一是陪护亡人，焚烧纸钱；二是对前来吊唁者表示迎接和感谢。每当有吊唁者前来，执事客在门前高喊“有人参灵！”或者“客至！”守灵者即放声悲哭。吊唁者进灵屋谓之“参灵”。参灵时参灵者先向亡人遗体磕头，然后起身和亡人子女中与自己关系最近的简短交谈，当参灵者磕头毕起身时，守灵者须一齐或依次向参灵者磕头致谢。守灵者磕头致谢时，参灵者若年长或者辈分大，则身体略微前倾，右手半握，左手叠放于右手之下，垂于腹部受礼；若为平辈，则上前一步将守灵者扶起；若年幼或者辈分小，则须立即跪地磕头还礼。由于吊唁参灵者接连不断，灵屋内守灵者的悲哭声也连续不断。加之守灵者（特别是亡人子女）在老人病重期间即晨昏在侧昼夜煎熬，可谓心力交瘁痛苦不堪，许多哭哑嗓子，甚至虚脱晕厥。

吊祭（第二天）

第二天一早，攉一次汤。早饭后，大总理和丧执大宾、忙人陆续到来，治丧活动开始在大总理和丧执大宾的指挥下有条不紊地开展。

搭灵棚。灵棚位于灵堂门前，下设灵桌（孟家庄人称“果桌子”），东西南三处横柱上挂客人敬献的挽幛。灵桌上摆放死者遗像，遗像前摆放亡人灵位。若亡人为男性，灵位上竖写“先严府君×××（亡人姓名）之灵位”，若亡人为女性，灵位上竖写“先慈×（亡人姓）氏太君之灵位”。灵位前摆放10个供，其中鸡、鱼、肉、汤必不可少，其余为点心、时鲜果品、馒头和煎饼，凑够10种即可。食品之前，摆放一刀火纸、一把香、一个酒盅、一个汤匙（调羹）、一双筷子。供桌前横放一装有麦穰的袋子，以便献祭者跪拜。灵桌前面适当位置放脸盆、毛巾，供盥洗之用。

报丧。死者过世第二天，向亲友发出治丧通知,叫作“报丧”,也叫“报殡”。报丧人持报丧帖，报丧帖上写明陪奠人（亡人亲戚家最年长男性）、架住人（主要指亡人儿媳和已出嫁女儿、侄女、孙女，意思是治丧期间举行仪式时亡人儿媳、女儿要有人架扶，架扶儿媳一般由娘家兄弟媳妇、侄媳妇承担，架扶女儿、侄女、孙女一般由婆家兄弟媳妇承担，名字由亡人儿媳、女儿、侄女、孙女提供）、内柜（亡人儿媳娘家兄弟或侄子、亡人女婿的兄弟或侄子）名单。报丧人到达亲友家中,要向亲友报告亡人死因、死亡时间、什么时间开吊、什么时间出殡等，报告完毕，立即返回。报丧人走后,亲戚或朋友家便商量前往奔丧人员，吊仪钱数等。

请魂。请魂就是请暂押土地庙的死者灵魂回家受祭。请魂时，死者长子右手拉哀杖，左手抱招魂幡（在一长约80厘米的高粱秸秆上端夹半张火纸），其余儿子依长幼顺序跟随，由执事客引领,到土地庙前,执事客在前,焚化纸钱，死者长子跪地磕头，一边喊“爷（娘），请魂啦！”其余儿子跟随，本家男丁在死者儿子身后陪同磕头。磕头毕，执事客点燃一炷香，放在盘子中前导，死者儿子紧随其后，本家男丁每人从忙人手中取已经点燃的香一炷，依与死者房分远近、行辈、长幼顺序，跟随在死者儿子身后返回丧家，执事客将盘中的香插在灵棚中亡人灵前的香炉里，其余人手中的香不带进家。招魂幡在下葬时插在棺材正中，起坟时以招魂幡为中心，以防埋偏。请魂以后，开始指路，指路也叫“送路”，意思是为死者的灵魂指明去往西天的道路。由死者长子出门，到村头立于矮凳上，面向墓地，高喊“爷（娘），宽敞大路！”

请鼓手。村民称吹鼓手为“鼓手”。鼓手有两种，一种是吹奏“大乐”的班子，使用唢呐、长号、大鼓、大锣等；另一种是细乐班子，乐器有笙、管、笛、云锣等。鼓手由大总理根据主家意图安排人或者通过电话聘请。鼓手一般在出殡前一天午饭前到位，到位后在鼓手棚(鼓手棚一般搭在大门内靠南院墙处)内坐定，稍事休息，吹奏一番。然后即根据丧执大宾指令为各种仪式伴奏。

开丧。开丧时间在出殡前一天午饭前。开丧前，鼓手在前吹奏，两位执客率孝子至襄礼房央丧执大宾。至襄礼房内，丧执大宾起立，执客喊：“孝子孝眷央大宾襄礼！”孝子面对丧执大宾作一个揖,磕两个头,然后退出,返回灵屋。（此后凡夜祭、落门纸、朝奠礼、辞灵、送魂等仪式开始前孝子均须先至襄礼房央丧执大宾，仪式同上）丧执大宾出襄礼房，行至灵棚，此时两位执客已经分立灵桌两边，正引和统赞站立灵桌东侧执客南，首尾站立灵桌西侧执客南。开丧时先悬门纸。门纸为一张上下略长、左右略窄的白纸，正中位置竖写“敞门受弔”四个大字；右侧上方用小字竖写“生于×年×月×日×时”（亡人生辰）；左侧靠近“敞门受弔”处靠上写一“闻”字，其下写亡人因患何病、多方治疗无效等情况；再左侧粘贴书写着祭拜者的拜条，书写内容因与亡人关系不同而有差别。若父丧母在，写“孤子 ××× 泣血稽颡率齐期孙 ××× 泣血稽叩”；若母丧父在，写“期夫 ××× 泣泪率哀子 ××× 泣血稽颡统功服孙 ××× 泣血稽叩”；若父母双亡，则写“孤哀子 ××× 泣血稽颡率齐期孙 ××× 泣血稽叩”。门纸开丧时悬挂于丧主大门上，当天晚上夜祭仪式结束后落下，次日一早再悬挂在大门上，出殡前送魂时落下和亡人灵位等一起焚化。门纸悬挂期间,亲宾可以到丧主家吊孝。举行悬门纸仪式，由两位执客带领孝子到大门外，执客高喊：鞠一；再；三。执事者鸣炮，悬门纸！孝子依执客号令对着门纸作三个揖，执事者鸣炮三声，执客将门纸悬挂在大门上。然后执客领孝子进入灵棚，面向灵位站立，执客回到灵桌两边。

首尾高喊：就位！

正引高喊：肃静！执事者各司其事,司鼓者起鼓,司号者扬号,鼓号三通。

吹鼓手鼓号三通后,其中一人报告：三通鼓已罢。

正引高喊：鸣炮三门，奏启门乐！

吹鼓手奏启门乐后,其中一人报告：启门乐已罢。

正引高喊：引孝子降神！

统赞高喊：诣盥洗所。依杖。浴手。着巾。湿巾。净巾。盥洗已毕。带杖，诣神案前。跪。卧杖。

孝子依统赞指令到脸盆前，盥洗，复拉哀杖，长子走到灵桌前面跪下，其余孝子在长子身后跪下，将哀杖横放在自己前面。

统赞高喊：上香。

灵桌东面的执客双手将桌上的香捧起，递到长子手里，长子双手捧着从桌前东端缓缓移至西端，递到灵桌西面的执客手里，灵桌西面的执客双手接过放在桌上。

统赞高喊：奠酒。

灵桌东面的执客双手将桌上的酒杯端起，递到长子手里，长子双手捧着将酒缓缓酹于桌前，将酒杯递到灵桌西面的执客手里，灵桌西面的执客双手接过放回原位。

统赞高喊：俯，伏。

长子率孝子磕一个头。

统赞高喊：平身，复拜位。

长子站起，退回原位。

统赞高喊：作乐，行开丧礼。

吹鼓手作乐伴奏。

开丧礼为四拜四叩之礼，具体如下：

首尾高喊：鞠一。

所有孝子作揖。

正引高喊：俯，伏。

所有孝子磕头。

首尾高喊：鞠二。

所有孝子作揖。

正引高喊：俯，伏。

所有孝子磕头。

首尾高喊：鞠三。

所有孝子作揖。

正引高喊：俯，伏。

所有孝子磕头。

首尾高喊：鞠四。

所有孝子作揖。

正引高喊：俯，伏。

所有孝子磕头。

首尾高喊：平身。

正引高喊：引孝子行初献礼。

统赞高喊：诣孝案前。跪。

长子再到灵桌前跪下，其余孝子在其身后跪下。

统赞高喊：初上香。

灵桌东面的执客双手将桌上的香捧起，递到长子手里，长子双手捧着从桌前东端缓缓移至西端，递到灵桌西面的执客手里，灵桌西面的执客双手接过放在桌上。

统赞依次高喊：初奠酒。初献箸。初献羹匙。初献果品。初献雉鸡。初献文鱼。初献南果（水果）。初献海味。初献方臀（熟猪肉）。初献汤。初献馔（馒头）。初献神食（煎饼）。初献白（银子，以白纸一包替代）。每喊一种祭品名字，灵桌东面的执客便双手将桌上盛放该祭品的盘子端起，递到长子手里，长子双手捧着从桌前东端缓缓移至西端，递到灵桌西面的执客手里，灵桌西面的执客双手接过放在桌上。最后统赞高喊：献礼已毕。俯。伏。致哀。哀止。执杖兴。

孝子磕头，手拿哀杖站起。

统赞高喊：平身。复拜位。行参神礼。

参神礼仍是四拜四叩之礼。孝子们依令行礼毕进入灵屋。此时襄礼大宾已返回襄礼房。执客带领孝子鼓乐相随到襄礼房谢襄礼大宾。至襄礼房内，襄礼大宾起立，执客喊：孝子孝眷谢襄礼大宾！孝子面对丧执大宾作一个揖，磕两个头，然后退出，返回灵屋。（之后在夜祭、洗奠礼、朝奠礼、辞灵、送魂等礼仪过程完成后孝子均须到襄礼房谢襄礼大宾，仪式同上）

破孝。分内破孝和外破孝。内破孝是指为亡人儿子、儿媳、女儿、孙子、孙媳、侄子、侄女、曾孙、曾孙女破孝，可在亡人辞世当天破，也可在亡人辞世第二天开丧前破。外破孝是指为亡人女婿、侄女婿、孙女婿、已婚的姊妹婆家人等破孝，破孝时间一般在亡人辞世第二天开丧后。亡人本门平辈年龄小于亡人的，以及非同胞兄弟家的侄子、侄孙等，只有一个孝帽，破孝时间在亡人辞世第二天开丧后，或者随来随破。古时参加丧礼的五服之内的血亲根据与亡人关系的远近须穿戴不同的孝服。内破孝在死者家院子里，外破孝在院外当街。外破孝时，鼓乐相随，孝子向来宾作揖磕头，也叫“拜孝”。来宾中若有辈分小于“拜孝”人的，须跪在地上，并且在“拜孝”人磕头时向对方磕头回拜。出殡当天，死者子女同事、朋友前来吊唁，也要破孝。一般是每人一个孝帽，哪个子女的同事、朋友来，哪个子女出去拜孝。

翻棺。棺材在使用前，盖都是反放着的，因为要举行翻棺仪式。翻棺时死者已经出嫁的女儿、侄女、外甥、外甥女都要上翻棺礼。旧时几元现金即可，后来逐渐增加到数十元，数百元。一般晚辈不高于长辈。举行罢翻棺仪式，即将棺材移至灵堂，举行大殓仪式。

大殓。把死者遗体装殓入棺，谓之大殓。在实行火化以前，入殓前，死者儿女按长幼顺序排列成行，为死者“净面”。一般用棉球在脸盆中象征性地蘸一下，然后在死者脸上虚晃几下，表示擦拭，同时喊："爷（娘），净面！"净面后，亲属瞻仰遗容，向遗体告别。如果死者是女性，此时一定要有娘家人（一般是死者的兄弟或侄子）在场，得不到娘家人的同意不能入殓。入殓时，先在棺底放置一些栗子树枝和枣树枝（寓意早立子，用树枝是为了表示和婚嫁喜事的区别）、十二个铜钱或者儿女每人放进一点现金（几元至几十元不等），寓意人财两旺。然后在棺底撒一锨土、一碗高粱，其上铺棉花一斤，再上面铺一床被子，头部位置放一陶盆，盆内放一用白布缝制的鸡。然后由长子捧头，次子抱腿，其余儿子抬腰，或者由外人帮着，小心翼翼地将遗体放入棺中。遗体摆正后，盖一床被子。女儿根据自己家境和心意，朝被子上面放一定数量现金，如果死者生前抽烟，还要放几盒烟。实行火化以后，大殓时不再净面，将骨灰盒包裹到寿衣里，其余一如从前。大殓毕，就将棺衣罩在棺材上。

夜祭。夜祭仪式是整个治丧活动中最隆重的仪式，要行"三献礼"（初献礼、亚献礼、终献礼），中间穿插着点戏。"三献礼"本是儒家的祭奠仪式，必须是家中有获得了功名的秀才，才有资格举办三献礼。而在孟家庄，却成了家家户户都可以举行的仪式。行"三献礼"前先行降神礼、参神礼，行降神礼前孝子不仅要央大宾襄礼，还要央亲宾陪奠。

初献礼后吹鼓手奏雅乐（合乐、一枝花）。亚献礼后作卡乐（一般为戏剧中较为花哨的乐曲，演奏时吹唢呐者将茶碗置于唢呐下端做出各种动作，模拟戏剧中人物对话，惟妙惟肖）两首，缓解一下众人情绪。终献礼后作朝凤乐。表达对亡灵的敬仰。之后引孝子行献茶礼（分捧茶、转茶、奠茶三步，仪式如同献礼中的奠酒）、辞神礼（四揖四叩）后，孝子们依令进入灵屋。之后孝子鼓乐相随至门外大街谢陪奠亲宾（之后陪奠亲宾可以返回自己家，次日再来参加有关仪式）；到襄礼房谢襄礼大宾。之后返回灵屋。

落门纸。夜祭活动结束，紧接着就落门纸，行洗奠礼。落门纸礼仪与悬门纸礼仪同。洗奠礼分降神礼、初献礼、辞神礼三个过程，仪式如前。之后孝子们依令进入灵堂守灵。其余人各回各家。至此，第二天的治丧活动结束。

出殡（第三天）

朝奠礼。第三天一早，行朝奠礼。朝奠礼分悬门纸降神、初献礼、参神三个过程，礼仪如前。举行完朝奠礼后，在丧主家大门外一侧，放置纸幡（用将白纸剪裁成长30厘米宽2厘米的白色纸条，依据死者去世时岁数，一岁一张，用白线或苘捆绑在高1.2米左右的高粱秸上端，呈纷披状），根据死者性别，男左女右。此物有的地方称为"岁头纸"，孟家庄人却理解为"摇钱树"，在出殡前送魂时焚化。

吊孝。亲友得到亡人离世消息后，往往结伴前往吊孝，一般是未进灵堂，先放悲声，哭喊："我的爷（娘）呀！"（侄子侄女也这样喊），边喊边扑到棺材前磕头，在棺材两边守灵的孝子孝眷在听见哭喊的同时也放声哭喊，在来客磕头时要跪着陪哭，来客磕完头要向来客磕头回礼，来客如果是守灵者的长辈，将守灵者扶起，如果是平辈或晚辈，则要给守灵者磕头并将其扶起，然后，来客一般也和守灵者交谈，守灵者一般向来客介绍死者亡故前后情况，客人陪同感叹唏嘘，这一仪式叫作“参灵”。

吊客中，亲戚往往以家族为单位，同事或者朋友往往也相约同行，所以少者三两人，多者十余人，他们在吹鼓手的伴奏中走到供桌前，顶头在前，其余在后，并且按长幼顺序排列站好，作揖，磕头，或者三鞠躬。此时执客喊“回礼”，跪在灵堂里的孝子孝眷向吊客磕头表示感谢。吊客中如果发现回礼的人中有自己的长辈，此时要到长辈面前再给长辈磕头。行礼仪式过后，丧家设宴招待，席间孝子孝眷要到场作揖磕头表示感谢。然后重要的吊客可以参加出殡仪式，把死者送到墓地，不太重要的吊客即可打道回府。

与死者关系密切的吊客通常会送挽幛，也称礼幛，以示悼念。挽幛独立成幅，用整幅布做成，颜色以白、青、蓝为主，也有人用床单或毛毯代替。挽幛竖挂于死者的灵堂或者大门之外，孟家庄人称之为“挂幛子”。幛子上的文字竖写，从右向左分三部分，第一部分为上款：右边顶格写对死者的称呼、姓名及颂词。根据送挽幛人和死者的关系称呼各不相同，如“××× 老大人千秋”“××× 老太君千古”。第二部分：正中间写祭悼语，字体要大，但不可超过上款与下款，俗称“幛心”，“幛心”内容一般是对死者一生功德、品行的赞颂之词，或者表达挽者的心情、愿望，因死者性别、身份不同也有区别，一般为四字句，如“德高望重”“天地同悲”等。第三部分为下款：左边靠下写送挽幛人身份、称呼、姓名。一般前面加“愚”字。如：“愚姻弟 ××× 敬挽”“愚 ××× 泣挽”。挽幛上的文字，有的先用纸写好，然后用大头针或线缝在上面，也有的直接用粉笔在幛子上书写。以下是孟家庄挽幛幛心部分常用的文字举例。男女通用：神游仙界、音容宛在、硕德流芳、梓里共悲、风范长存、驾鹤西归、德泽犹存、含笑九泉、天人同悲、浩气长存、千古流芳。男用：浩气长存、忠厚楷模、范式乡村、敦厚可风、德望常昭、大德永存、高风亮节、誉满桑梓、鹤归华表、驾返泉台、仁厚传芳。女用：瑶池添座、蟠桃有约、西赴瑶池、懿范犹存、慈容宛在、驾返瑶池、神伴瑶池、母仪千古、淑德常存。

20 世纪 70 年代后，孟家庄人开始在吊仪上送花圈，后来逐渐形成一套礼仪。通常在花圈框架上覆一床被单，被单上插满白色纸花。女儿家敬献的花圈被单的颜色，必须是白或黄色，其他人敬献的颜色可以随意。死者去世第二天，亦即出殡前一天，死者已经结婚的女儿家，抬着花圈前往吊唁。孝子要由执客带领，鼓乐相随，到路口迎接。迎接时执客高喊：孝子孝眷谢 ×××（献花圈者姓名）一路风尘！孝子孝眷给来宾作揖磕头。然后执客再喊：谢 ××× 敬献花圈！孝子孝眷再次给来宾作揖磕头。出殡当天，前来吊唁的宾朋，也有的敬献花圈。一般是上礼时向办事人员说明吊礼数目的同时，说明敬献花圈一个，并且说明来宾与死者的关系，由办事人员根据宾主关系代写挽联。出殡当天宾朋敬献的花圈，孝子也要由执客带领，鼓乐相随，到路口迎接。礼仪如前。花圈一般在葬后第二天圆坟时一并抬（或用车运）到墓地，最后围放在坟墓上。

辞灵。等所有重要亲戚到齐，就举行辞灵仪式。因辞灵仪式一般都在中午举行，故又称“行午奠礼”。辞灵分孝子孝眷辞灵和客辞灵（即客融灵）两部分。孝子孝眷辞灵仪式在先，分参神、献礼、辞神三个过程，仪式如前。其中献礼分两次，分别称“午献礼”“终献礼”，中间奏卡乐，可点戏。完成后孝子至门外大街谢陪奠亲宾后返回灵屋。关系稍疏远些的陪奠亲宾此后可回自己家，次日再来参加有关仪式。客融灵是宾客的辞灵仪式。仪式举行前，来宾中的主祭宾须先付“鼓头钱”（鼓手是主人家请的，客人请鼓手吹奏时须另外给钱。旧时一二元，后来逐渐增加，10~50 元不等）。然后以揖礼央襄礼大宾。客融灵亦分降神（盥洗、信香、奠酒），参神（四揖四叩），献礼（上香、奠爵、献果品、献金裱各一次），辞神（四揖四叩）四个过程，仪式如前。祭后退出灵棚。稍后孝子到大街上谢融灵，仪式如谢陪奠亲宾，为四揖四叩两次。之后客人以揖礼谢襄礼大宾，襄礼大宾以揖礼回谢，即“扛膀”。

送魂。送魂时先落门纸。仪式与悬门纸同。门纸落下后，由执客带到送魂处，送魂时和亡人灵位等一起焚化。孝子回灵棚。灵堂内则举行扫福仪式。扫福时，女执客在棺衣上铺火纸，火纸上撒几把麸子，亡人儿媳一手端簸箕，一手拿一把新笤帚，从材头到材尾，把麸子扫到簸箕里，然后女执客把簸箕里的麸子用火纸包起来，让亡人儿媳带回家保存。若亡人有多个儿子，则平均分成多份，每个儿子家一份。因“麸”与“福”同音，寓意给儿家“留福”。

扫福毕，女眷出灵堂，跟随孝子到村头为亡人送魂。送魂时亡人长子怀抱立在大门外的摇钱树，忙人带三盏生面灯、三个干草个子，纸马或纸轿。亡人为男性用纸马，纸马系亡人女儿家从扎彩店购买；亡人为女性则用纸轿，纸轿系亡人娘家侄子从扎彩店购买。三个干草个子分别代表亡人、家亲和来人。送魂时襄礼大宾悉数到场，送魂地点在村头路口，面向墓地方向摆放纸马或纸轿，其后摆放干草个子和生面灯，孝子孝眷亦面向墓地方向立于纸马（纸轿）及干草个子后，亡人长子将怀中的摇钱树和干草个子、生面灯放在一起，孝子孝眷先在道路正中位置立定，正引高喊：引孝子孝眷行亡人礼，作揖，磕三个头。孝子孝眷依令作揖磕头。然后孝子孝眷以原位置为基点向左平移一两步，正引高喊：引孝子孝眷行家亲礼，作揖，磕两个头。孝子孝眷再依令作揖磕头。然后孝子孝眷退后一步，从行亡人礼位置后面转到右侧一两步位置，前跨一步立定，正引高喊：引孝子孝眷行来人礼，作揖。（此处不磕头），孝子孝眷依令作揖。之后忙人在路上将亡人灵位、门纸、摇钱树、干草个子、生面灯、纸马（纸轿）一起点燃焚化。孝子回家出殡，女眷在送魂处等候参加路祭仪式。

出殡。举行罢送魂仪式，孝子回到自家门口，此时门口已经搭好抬棺材的架子。孝子行至架子前，行四揖四叩祭舆礼。之后正引命令孝子摸架子。长子摸架子前端中间部分，其余孝子摸架子两侧位置。摸毕，孝子们回家跪在灵堂门口（此时灵棚已撤，摆放灵位的神案已经抬到送魂处），大总理在灵堂内指挥启灵出棺。启灵时，孝子们放声大哭，举重之人涌入灵堂，在棺材托板处穿两根大绳，前面有人双手在后背着棺头，两侧及后面的人用手托着。大总理高喊："着手，起——"棺材缓缓抬起。这时正引高喊：孝子谢重客！孝子们便在门外不停地磕头。为确保棺材平稳前行，大总理亲自上阵，手持一根长长的高粱秸，目光犀利地巡视着抬棺者，谁若是抬的高了，就毫不客气地用高粱秸敲谁的头。在举重者抬举下，棺材平稳地出屋门，出大门，又平稳地行至路上。其间孝子们一边在本族同辈或晚辈的架扶下倒退着一边放声大哭。举重人把棺材抬扶到架子上放稳，架子工用绳索稳好棺。大总理站到架子上棺材后面正中位置，手持高粱秸巡视一圈，高喊"着肩，起——"，棺材平稳升起。与此同时，正引高喊：执事者抓瓦。亡人长子身边早有人（如果死者为男性，此人为孝子舅家表兄弟；如果死者为女性，此人为死者娘家侄子）站在那里，听见正引高呼，便双手将地上的"老盆"捧着端起。此时正引再喊：顶瓦。站在亡人长子身边的人将"老盆"在死者长子头上比画一下，高高举起。

在棺材离地的同时，正引用足力气高喊：碎瓦！高举"老盆"的人应声将"老盆"朝地上的石头摔下，这叫"顶老盆"。据说老盆摔得越碎子孙越兴旺。如果摔成了两瓣，则由举盆者用脚将其踩碎。此时孝子们痛断肝肠，撕心裂肺，往往捶胸顿足，跌脚跳高（在孟家庄有谁此时跳得高谁家日子过得兴旺的说法）。吹鼓手们的吹奏也达到高潮，其中长大唢呐模拟的男子哀哭之声尤其惊人，其场面之惨痛，往往令观者落泪。背棺和抬棺者在孟家庄被称为"举重的"，一般是八人或十六人，棺材特别沉重时多达三十二人，须两班倒换着抬。举重者都是主动来帮忙的外姓人，如果死者生前为人不好，没有人帮忙背棺抬棺，是很不光彩的事。在孟家庄，出殡前儿女要吃点东西，并且要怀揣两个馒头。出殡仪式结束将两个馒头放到自家粮食囤里。

路祭。棺材抬至先前送魂之处，要将棺材停放在路中央，举行路祭仪式。行路祭时棺材前面摆放供桌，供桌上依次摆放亡人遗像、灵位和鸡、鱼、肉三样供品，供桌前铺白席，吊孝亲宾在白席上行礼致祭，孝子孝眷跪在白席后回礼。行路祭时，一般逆着吊礼簿登记的顺序举行，亦即礼簿登记的最后一位最先开始。路祭仪式开始，吹鼓手奏乐，正引按照礼簿登记的名字呼喊：请 ××× 行礼。被喊到名字的客人即率自家来宾上前行礼。先集体对着灵位和棺材作两个揖，磕两个头，然后主祭宾上前跪在供桌前上香、奠酒、献果品（饼干），然后退回拜位，再集体对着灵位和棺材作两个揖，磕两个头。此时正引高喊：孝眷回礼。孝子孝眷一齐向致祭亲宾磕头。待所有来宾致祭完毕，大总理高喊“着肩，起——”，棺材再次平稳升起，起棺上路。吹鼓手在孝子前奏乐，孝子手拉哀杖行走在棺材前，死者同族本支的晚辈及死者的女婿、外孙则陪同孝子把死者送到墓地安葬。女眷们不用去墓地，此时可以回家。回家路上不能哭，要在路上或路边摸块石头拿着，回家放到粮食囤里。出殡路上，除路祭外，棺材中途不能落地，必须四平八稳地前行，大总理（或称“架子头”）站在抬棺材的架子后端，手持长杆，喝声不断，还把一碗水放在棺材上，如水朝什么地方洒，就用杆子打谁，或者打抬高了的那位，以保持平衡。孟家庄人认为不如此即是对死者之大不敬，对丧主也不吉利。

安葬。孟家庄人称墓地林地，每个宗族都有自己的林地。一般先请阴阳先生选中“风水宝地”后再开挖墓穴，即“提圹”。“提圹”时间在出殡当天早饭后。开挖前要由孝子抱公鸡“破土”。破土时将公鸡鸡冠掐破，将鸡血抹在破土用的镢头或者铁锨上，然后孝子手持镢头刨两下，或用铁锨铲两掀土，后面的工作即由忙人完成。破土用的公鸡带回家后杀死熬好，待吃饭时专给抬架子的人吃。墓穴开挖好后，须安排专人看守，严禁任何人或者动物进入。下葬之前，亡人本家晚辈先点燃几张火纸扔进墓穴烘圹。墓北侧略靠上位置挖一个10余厘米见方的龛，龛内放长明灯。棺材安放入墓，亡人儿子看是否正当。如果不正，需要调正。棺材调正后，将灵床上亡人最后用过的和行路祭时用的两领白席盖在棺材上，席上放三锨土，大总理高喊：“行安葬礼，作揖，磕四个头。”孝子们依令行礼后，每人抓一把土，绕坟墓逆时针转一圈，边转边把手中的土撒在地上，即可回家。忙人将招魂幡竖在棺材正中位置培土起坟。

孝子回到家，设宴招待所有帮助治丧的襄礼大宾和忙人。席间孝子及本族同支死者晚辈中的男性要陪同孝子向襄礼大宾和忙人作揖磕头，表示感谢。

葬后习俗

葬后第二天或第三天，死者亲属赴墓地为新坟添土祈福，叫作圆坟。圆坟当天，忙人事先将花圈运到墓地，在墓地和泥，紧绕新坟糊起一圈高20~30厘米的泥墙，仅在前面墓门留一小段不糊，圆坟时将孝子孝眷哀杖插于墓门处坟上，由孝子们将墓门处缺口糊圆，然后孝子孝眷绕坟墓逆时针转一圈，边转边将系在腰上的孝绳解下，然后离开墓地回家，回家的路上把孝绳破解成苘披，回家后将苘披挂牛栏门上。孝子孝眷离开的同时，忙人将花圈围放在坟墓上，将亡人女儿、孙女家的舍耗（也叫“扎彩”，是从扎彩店购买的纸扎金山、银山、摇钱树、聚宝盆、元宝楼、丫鬟、仆人等，近年逐渐兴起纸扎楼房、轿车、彩电、冰箱、洗衣机、童男童女等，并且有印成人民币、美元、日元、英镑、马克等模样的冥币）、烧纸等在墓前一起烧掉。同时燃放鞭炮或者礼炮。圆坟仪式结束后，主家设宴招待襄礼大宾、账房人员、女执客和亲戚。宴前账房人员向主家交账，主家根据一定比例退还已经出嫁女儿、侄女、孙女家吊礼钱（有的甚至全部退还）。宴罢，亲戚告别返家，一边根据和亡人关系哭喊“我的 ×× 呀”，一边离开丧主家上路。主家一般赠送襄礼大宾、账房人员、女执客等每人一条香烟表示感谢。

旧时从亡人去世之日起，每七天举行一次焚香烧纸祭奠礼仪，谓之“烧七”。一般从一七烧到五七。上五七坟之前，灵堂天天夜间有人值守，不关屋门。五七祭奠最为隆重，重要亲戚俱来参加，近于一次“小发丧”。祭祀完毕回家后，丧家设宴款待参加祭祀的亲朋。上过五七坟后，丧事才算基本结束。孟家庄有“五七三十五，才知亡人入了土”之说。古有百日守灵尽孝习俗。百日这天，亡人家属上坟祭祀，谓之“上百日坟”，仪式相对简单。亡人去世的日子民间称为“忌日”，每年此日，儿女到亡人墓前上忌日坟。三周年内，亡人晚辈男性穿白鞋，帽檐镶白边，女性着素装，扎白带，上衣沿镶白边。儿子家逢春节不贴对联，亡人兄弟、侄子家当年贴紫蓝色对联。三周年后，子女可以除去丧服，不再守孝，恢复正常生活；已出嫁女儿家不再去上忌日坟。

走亲戚

亲戚间要经常“走动”，才能“亲”起来，俗话说“三年不上门，是亲也不亲”，所以孟家庄人很重视“走亲戚”，和亲戚不走动的人，称之为“堵起门自己过”“玩独的”。

走亲戚有约定俗成的时间。首先是在亲戚家有公事的时候，重要的亲戚必须到场。这些公事主要包括儿娶女嫁、丧事、生儿育女、盖屋、搬家温锅等。事主往往根据亲疏关系提前多日通知，告知公事的时间、地点等，特别重要的公事像婚事、丧事还要依照礼仪派人到重要亲戚家通知，临近公事时要派人和车轿去接，叫作“搬客”。亲戚来时讲究的抬着礼盒，普通人家挎着用红包袱蒙着的篼子，礼盒或篼子里放着礼品和用红纸包着的喜钱。主家有专人负责接礼盒或篼子，将来客姓名一一登记并在礼盒或篼子上做记号，将礼品和喜钱登记造册（不全拿出，一般只拿出 1/2 或 1/3），然后将事先准备好的饼干、花生、香烟和喜糖等放进亲戚带来的礼盒或篼子里，然后再用红包袱包好，叫“回礼”。公事完成后，主家还要派人和车轿去送，叫作“送客”。未接到通知的，一般是关系疏远或者关系已经恶化的亲戚，不去不为失礼。

其次是在老人生日的时候。村民平时不为老人过生日，仅在老人 60、70、80 岁整寿时，隆重为老人过生日，叫作“做寿”。做寿时儿女提前多日即开始准备礼品，购买父母喜欢或者实用的衣服、食品、土特产，生日临近，购买烟酒糖茶、鸡鸭鱼肉、水果蔬菜。生日当天，已婚儿女全家出动，或肩挑手提，或乘车远赴，早早赶到老人家中，女人帮助做菜做饭，男爷们抽烟喝茶，相互聚谈。老人根据子孙辈的饮食喜好，事先也准备许多好吃好玩的东西。一家人欢欢喜喜，说说笑笑，同时又忙忙碌碌，一派节日气氛。中午时分，饭菜准备妥当，全家人按长幼顺序排定座次，围坐聚餐，席间欢声笑语，推杯换盏，大快朵颐，一派欢乐祥和气象。吃罢饭，男爷们茶水伺候，女儿们则和母亲一起，给各家回礼。回礼不一定贵重，但必定是最贴心的物品，因为儿女是母亲养大的，喜欢与爱好早已了然于心。儿女虽已结婚，甚至已经有了儿孙，但是收到父母的回礼后，心里依然热乎乎的。所以给老人过生日，老人图的是儿孙满堂的热闹与满足，儿女们则重温承欢父母膝下的温暖与留恋。所以即便是在抢收抢种的农忙时节，人们也不舍得不过生日。

春节前后也是走亲戚的时候。春节前，一进入腊月，就有已经结婚分家的儿女，带着礼品到父母家去，叫作“送年”。有的不但给父母送年，还给爷爷奶奶、姥爷姥娘、叔叔大爷、舅、姑、姨家送。当年结婚的叫“新亲”。“新亲”女婿给岳父母送年的礼品最为正规和隆重，礼品要按“色”送，一般四色礼，猪肉一刀（先前是腰后窝 5 公斤，近年改为带骨连腿猪后臀）、大红公鸡两只、活鱼两条、粉皮 1 公斤。另外还要送衣服、饰品、烟酒、土特产等。一般是小两口一同前往，岳父母家只是简单随意招待，岳父母家将公鸡和活鱼作为回礼返还（孟家庄及周边村讲究“喘气的东西不留”）。待到春节后，新婚夫妇到岳父母家拜年的时候，要隆重招待新女婿（孟家庄村民称为“新客”），有的甚至专门找厨师做菜，上十大碗，并且找人陪客，席间陪客殷勤布菜劝酒，气氛隆重而热烈。

春节后走亲戚实际上就是“串亲”。父系亲属是“亲”族，“亲”族排在“戚”族前面。所以新年到来拜年时首先进行家拜，一家人中，晚辈给长辈拜年，平辈之间互相拜年；然后进行近拜，就是给没出五服的长辈拜年；最后进行远拜，给出了五服的长辈和亲朋好友拜年。晚辈向长辈拜年时，长辈一般要给晚辈压岁钱。家拜时间一般在大年初一。初二以后就开始去给亲戚拜年，其实也是“串亲”的继续，最重要的亲戚是岳父母、外祖父母和已婚的姑、舅、姨家。所以一般正月初二已婚女儿回娘家，初三开始到外祖父母和姑、舅、姨家走亲戚。走亲戚一般带礼品。每到一家，主人都好酒好菜热情招待，还要给晚辈磕头钱。

中秋节前，也是走亲戚的重要时段，民间称为“送八月十五”。“送八月十五”必不可少的礼品是月饼，其他礼品搭配比较随意，鸡鱼肉蛋，烟酒糖茶，点心水果，牛奶、方便面等都可以。自家出产的特色产品作为礼品别具一格，例如过去许多人家自制月饼、果酒、酱油、醋、点心，现在自家养殖的莲藕、鱼虾、鸡鸭，自家大棚栽培的反季节蔬菜，自家果园出产的时鲜果品等，皆可作为送节礼品。未婚男子给女家送八月十五依然最为隆重，除按“色”带的礼品外，还要给未婚妻送换季衣服或者买换季衣服的礼金，只是由于正值农忙时节，一般不在女家吃饭，两家在一个村或者邻村居住的,往往在晚饭后去送节，去到放下礼品，喝几杯茶，说一会话，即告辞回家。女家回礼可,不回礼亦可。一般由未婚妻送出家门或送出村。

新鲜粮食、果品下来的时候，往往送给亲戚“尝鲜”。比较典型的是新麦子下来后送馍馍篼子。篼子是用去皮的杞柳或藤条编制的一种类似筐子的器具，形似元宝，两头翘，中间凹，可背可挎，颜色洁白，器形庄重。过去孟家庄水浇地不多，仅有少得可怜的河边地块适合种植小麦，所以普通百姓家里平日以煎饼为主食，一年到头难得吃几回面食。每当农历五月中下旬,麦收结束,家家蒸一锅馒头走亲戚。篼子里一般装十几到二十个馒头（必须是双数），用红包袱皮一蒙，打发儿女趁热给亲戚送去。接到篼子的人家舍不得享用，附就亲戚家送来的篼子，原封不动地送给了其他亲戚。而第三家亲戚同样又转手送到了第四家，于是篼子在本村的亲戚间送来送去，有的篼子最终竟又送回了最初送篼子的人家里。一时间成为笑谈。

家中种植的果品蔬菜成熟的时候，一般也都给亲戚家送一点“尝鲜”。自家喂养的猪、牛、羊等宰杀以后，也给亲戚家送一块肉去。

亲戚之间，不论谁家有人生比较重的病，或者遇到灾祸，其他亲戚一般都要去探望或者慰问。如果是老人生病，一般带些鸡蛋、奶粉、点心之类的礼物，也有的带鸡、鲤鱼去探望，寓“吉利”之意。如果是孩子有病，则带些孩子喜欢食品或玩具去探望。如果是遇到灾祸，往往带主家急需的物品或者现金去表示慰问。这样的探望或慰问，除非路途遥远，一般不在主家吃饭，去到以后，放下礼品，说一番安慰宽心的话即告辞。主家一般将礼品留一半或者三分之一，并且送出很远，再三表示感谢。

有些人虽然不是亲戚，但是由于某一阶段曾经有过共同的经历,其间脾气、志趣相投，慢慢成了要好的朋友，互相之间不是亲戚胜似亲戚，叫作“生得近不如走得近”，也当亲戚走动。那些关系比较亲密的同学、战友、同事、工友等，就是这种情形。

走亲戚时迎来送往有一些必要的礼节，如果做得不好或者不到位，会被视为“失礼”，如果不是故意为之，会被人看作“无礼”“无家教”。

对远道而来的亲戚，一般尽可能到车站迎接，限于条件或遇特殊情况不能远迎，也应到路口或村头恭候。见面时要按照亲戚关系依次称呼问好，亲戚手中有礼品时，要立即接过亲戚手中的礼品，并且要说“来玩玩就很好啦，还带什么东西”“还让你花钱”之类的话，来者则说“没什么好东西,你不要嫌弃”或者“孩子结婚，这是应该的”。常来的亲戚不用远迎，也要在家门口迎接。亲戚到来，主人一般都说：“对不起（或很抱歉），有失远迎！”然后抢先一步为亲戚开门或撩门帘，亲戚坐定，端上茶水、糖果，对会吸烟的亲戚要敬烟，点烟。若是夏天天热，要打开空调、电风扇，递上扇子或送上冷饮。给亲戚斟茶不要斟满，斟茶后要双手端着茶杯送到亲戚手里，单手端茶或把茶杯直接放在亲戚面前是不礼貌的。

初次来访的亲戚，一般全家人都出来相见，并简单地逐个作介绍，以示欢迎。相见后，男主人陪客，其他人都要告退。

对远道而来或久别重逢的亲戚，往往设酒宴款待，叫“接风洗尘”，为即将出远门或将长时间分别的亲戚设酒送行，叫“饯行”。酒宴有的安排在酒馆里，有的安排在家里。宴会的座位也有讲究，一般是让辈分最大或者年龄最大的坐上座，其他人根据相互间或者和主人间的关系安排座位。主人一般在末座接菜添酒、敬烟续茶。

亲戚告辞时，主人一般要表示挽留，见亲戚起身要走，主人要抢先一步开门，并为之送行。经常来的亲戚送到门外就可以，对于初次来访的亲戚，往往全家人都陪送到门外，甚至更远些。对于上了年纪的长辈，要照料到上路或上车后。分别时主人说“请慢走”“请走好”“不远送啦”“以后再来”之类的客气话。亲戚说“请留步”“不要送了”“快回吧”等。

这些礼节和其中的道理，大人们往往从孩子（特别是男孩子）刚刚懂事起，就利用走亲串友、参加婚丧嫁娶活动、大年夜守岁等机会，言传身教地进行教育。有关待客的礼仪，是从客人来了以后怎么称呼，怎么接过客人带来的礼物，怎么把客人让进门，怎么敬茶、续茶，怎么敬烟，怎么为客人点烟，怎么陪客人说话等等教起的。待到吃饭入席时，哪个座位最重要，哪位客人坐在哪儿都有讲究。一定要把最重要的客人安排在上座。吃饭时做什么样的菜，菜由什么人做、什么人朝桌上送、怎么摆放，也有很多讲究。吃饭时主人要不断地向客人让菜，让酒，续茶水，才显得热情周到，不怠慢客人。虽然是口耳相传，却也传承久远，许多礼仪标准甚至可以从《礼记》中找到源头。

第二节　衣食住行习俗

孟家庄的衣食住行习俗，既体现了历史的传承和悠久的文明，又体现了时代的特色和发展的成果，也表现出群众生活的智慧、对美好生活的热爱和执着追求。

服饰习俗

因时代、职业不同，服饰习俗存在一定差异。20世纪50年代以前，富裕人家夏天着长袍，外套马褂、短褂，肥便裤。头戴礼帽或瓜皮帽，足穿圆口布鞋。冬天穿大袄大褂。一般人家，男青年夏天穿短褂长裤，不穿裤头，足穿粗布铲鞋，出门时头戴斗笠。冬天穿大襟小袄、大裆棉裤，头戴家做的棉帽，足穿家做的棉鞋或草窝子。春秋天穿夹袄、坎肩，戴瓜皮帽，穿窄口平底布鞋。雨天披蓑衣。中山装是一种翻折式立领上装，因孙中山喜爱穿着而得名。“文化大革命”期间，曾经流行黄军装，改革开放以后，西装、夹克、面包服、羽绒服等都曾经流行，近年的趋势是，年轻人服饰发型已经和城市没有区别，中老年人仍以中山装为主流。

旧时女子未婚时穿红褂绿裤，或绿褂红裤，结婚后穿蓝印花布，即使穿青、蓝色衣服，也在袖口、裤脚、大襟边上镶上花边，穿花鞋。青壮年妇女多用红绿带子扎腿，老年妇女喜扎青色布带。女子最讲究的是发型和头饰。清代以来，孟家庄女子通行的发型是，年幼时绾双髻，俗名“鬏髻”。为姑娘时，毛脸，不戴帽，扎一条长辫子垂在背后，辫子用红头绳扎，家有丧事时换用白头绳扎。婚后，拆开长辫，挽一圆髻于脑后，俗名曰“纂”，梳头就叫“挽纂”。无论婚否，一律额覆短发，谓之“刘海儿”。20 世纪 40 年代，青年妇女普遍剪短发，开始时比较长，披肩，后来渐短。已婚妇女仍然挽纂，有新婚来不及蓄长发者，将脑后短发叠起，用小梳子挽住，乡间谑称为“野鹊尾巴”。50 年代：时兴长辫，单辫双辫，各取所好，以长为美，并且在辫根辫梢等处扎装饰性的绸带。60 年代：有女子仿效电影《女篮五号》中运动员发型，人称“五号头”（刘海不超过眉毛，鬓角不遮住耳朵，发根与脖子平齐，不用戴发卡，也不用扎头绳），后来有羊角辫、扎刷、马尾辫等样式。再后来披肩发、烫发等发型也在孟家庄流行过，90 年代以后女青年进城务工，服饰发型已经和城市没有差别，各种流行样式都能见到，但女青年穿裙子者仍然比较少见。

20 世纪 50–70 年代，流行方头巾，老少皆用，只有颜色有所区别。天气寒冷时，或者系在脖子上，或者对角扎在头上。

20 世纪 40 年代，孟家庄附近成为山东共产党领导的抗日根据地，根据地大力开展了放脚的活动，禁止缠足，小女孩没有再缠足的了，缠足不久的妇女，纷纷放脚，形成了一种风气。之后，妇女穿鞋出现了几种不同的情形。多年缠足的妇女无法全放开，俗称“小脚”“捣捣脚”“尖尖脚”，只能穿尖脚的女鞋；缠足又放开的，不能完全复原，俗称“半大脚”“解放脚”“地瓜脚”“包米骨子脚”，这部分人穿的是半大鞋；没经缠足的叫作“天足”“大板脚”，这些人就穿大脚绣花鞋了。

儿童夏天穿兜肚，冬天戴虎头帽，穿虎头鞋，穿开裆裤。略微长大时，男孩留茶壶盖、铲子头、平头发式，女孩扎羊角辫。

饮食习俗

村民春、夏、秋季一日三餐，冬季两餐。20 世纪 80 年代以前，一般人家平常日早饭和午饭多以地瓜干煎饼为主食，佐以豆沫、咸菜、辣椒等小菜。豆沫也叫“渣豆腐”，是一道家常小菜。做豆沫可用的原料廉价而且容易获得，各种菜叶（白菜叶、芹菜叶、莴苣叶、萝卜缨、芥菜缨、地瓜秧等）和萝卜、蔓菁、芸豆、豆角等蔬菜，甚至野菜均可。用菜叶和野菜做时先将菜叶、野菜煮熟淘洗干净，剁细，用萝卜、蔓菁、芸豆、豆角等做时直接将原料洗净、剁细即可。

做时在锅内放少量凉水，将剁细的原料放入，在原料上面加少许豆面，盖好锅盖，点火烧 10 分钟，待豆面熟透，加入适量食盐翻匀即可。豆沫可以一次做一大锅，到第二、三顿饭吃时用油、葱花、姜末炒热，味道更加丰富诱人。

晚饭多是糊粥和煎饼，糊粥一般是用玉米、小米等磨制的面粉熬成。煎饼是一种杂粮薄饼，由地瓜干、玉米、高粱、小米等磨成面糊，在烧热的鏊子上，用煎饼筢子摊平烙制而成。煎饼制作简便，久而不腐，容易携带，自孟家庄建村以来即是农家主食。

老年人晚饭前炒一两样蔬菜，喝一点白酒。贫寒人家平日难得吃上大米白面，只在中秋节、春节能吃上几次，吃肉更是稀罕，一般人家半年能吃一次就不错。有亲戚客人到来，也就是鸡蛋、韭菜、豆腐之类招待。杀一只家养的小鸡，和自己从山上拣来的蘑菇炖在一起，就是待客的最高规格。20 世纪 80 年代以后，人民生活普遍改善，面食基本成为主粮，煎饼豆沫之类反而成了人人稀罕的调剂食品。

迎送新亲、稀贵客人及婚嫁的宴宾饮食，非常讲究。除烟茶款待外，在用饭上，贵客初来多吃面条，寓意“常来常往”，一般不吃水饺。红事用饭多为馒头；白事米饭为主，近年也多用馒头。菜无论多少，均为双数，一般 8~10 个主菜，荤素搭配，但必有鸡鱼肉蛋。主菜之前，还要上碟子，碟子一般以 4 个或者 4 个的倍数为单位，有点心碟（主要是各式面点，也叫面碟）、肉碟（主要是热炒猪头下货）、菜碟（主要是热炒青菜）、果碟（主要是干果、果脯）、清口碟（主要是葱丝、姜片、蒜瓣、萝卜片）等。席间备以白酒或啤酒、果酒。主菜上到一半，上两碟点心，谓之“中饭”，主人开始敬酒。敬酒按“轮”计算，一般不敬单轮，多者达六轮、八轮之多。随着社会发展，孟家庄待客宴席也经常变化。全国解放前后，红白公事宴席就是十大碗，另外根据家境确定增加几个碟子，困难家庭不上碟子客人也能谅解。十大碗用的碗是陶瓷黑碗。1970 年后，多用陶瓷汤盘上菜，用碗者少见。1980 年以后，村民生活水平提高，平常待客也讲究要有鸡有鱼，另外配以时鲜蔬菜，婚丧公事待客则鸡鱼之外以猪头下货为主，配以时鲜蔬菜。近年结婚一般到饭店、酒店设宴，丧葬招待则依然在家中设宴。

孟家庄周边山地面积大，山中生长着各种野菜，比如苦菜、银心菜、薄荷、百合等，山林草丛中有很多禽兽、昆虫，比如野兔、獾猪、山鸡、蚂蚱、蟋蟀、蝎子、蜂蛹、蝉、山水牛等，河流湖汊里有丰富的水生动植物，比如鱼鳖虾蟹、莲藕、莲蓬、水芹等，还有家养或者放养的牛、羊、猪、狗等，这些也都被村民精心研制，开发成了食品，因风味独特，逐渐成为地方名吃。

老年人大多有喝茶的习惯。茶是当地人或者自己炒制的老干烘，早上起床，天不明就在黄泥墩成的火炉上生火烧水，烧开了水，冲到茶壶里，把水滤掉，从第二遍水喝起，一直喝到茶水没了颜色，成了“乏茶”。因为每天早上烧水喝茶的时间都在卯时左右，所以称作“卯时茶”。

居住习俗

20世纪50年代以前，村民居住条件普遍较差。普通村民的房屋都是一排三五间北房，在房前一侧建锅屋或者柴草棚。条件好些的人家建有三合院、四合院。因为当时土地归私人所有，村民都是在自家土地上选址建房，根本没有规划，村内房屋大小不一，高低不齐。正屋(俗称堂屋)一般坐北朝南，朝阳背阴。每户正屋一般三间，每间东西长3~3.5米，南北宽3.5~4米，最多不超过5米，墙高2.5米以上。墙体分上下两层，下层地基(俗称坚脚)，用石头垒砌到高出地面20~30厘米，四面墙都是用泥土掺杂麦穰夯起来的土墙，每隔一段距离穿插三块摞成品字形的土坯，以防土墙坍塌，墙角、门窗两边也用土坯定型，两边山墙顶端三角形处也用土坯。房屋的东西外墙为山墙，有的兄弟或族人相邻两家共用1个山墙，叫作“伙山”。房梁为等腰三角形木制框架，两个底角呈35度角，房梁两端墙内各竖一扎壮木柱，称为“顶梁柱”。房梁上一般搭5~7根檩棒，上铺秫秸扎制的坠子(俗称屋笆)，坠子上糊一层厚厚的黄泥，泥上苫麦秸或者黄茅草，然后用木板拍平。正屋前墙正中位置留一双扇门，两边前墙各留一扇木格子窗，后墙不留窗，有的在正对屋门离地60~80厘米位置留一高约1米宽约80厘米的双扇小门(用以阻挡禽畜)。厢房一般留单扇门。房门多为实木制作，多榫卯结构，结实耐用。窗户木格带棂，冬季纸糊遮风避寒，夏天换成线网以驱蚊避蝇。因材料有限，门、窗均简陋狭小，房屋矮而且窄，风透光度差，光线阴暗，居住环境较差。

每到严冬，穷苦人家往往住地窨子，也叫“地窝子”，半在地上，半在地下，暖和而又潮润，老年人尤其喜欢居住。

大部分人家院墙是用泥土掺杂麦穰夯起来的土墙，院墙不高，到人胸膛，从院子里能看见在外面路上走过的人，从外边路上也能看见院子里的人。墙头用蜀黍苗做椽，椽上糊半圆形掺杂麦穰的泥坠墙头。少部分条件好的人家用石板坠墙头。许多人家院墙是用树枝插的篱笆。大多没有门楼，有门楼的也是用杂木打一个木架，固定在墙上，上面苫草。一般人家大都在院子里接就院墙搭一个简易的草棚，草棚没有屋脊，屋面斜向一边，有的甚至除接就院墙的一面有墙外，其余三面均无墙，只栽两根木头柱子支撑着，草棚一般用作磨房、草屋、锅屋。有的人家没有锅屋，做饭就在堂屋里。

家家户户的院子周围，都栽着高大的榆树、椿树、楸树、杨树、梧桐和低矮的花椒树、香椿树，院子里面大都栽着一两棵槐树、石榴。

20世纪60年代中期以后，进入一个房屋建设的高峰。但是由于经济条件限制，格局和建筑材料均无大变化，仅仅是宽度略有增加。

20世纪70年代，村民(当时叫社员)开始盖瓦房，瓦有用黄土烧制的红瓦，有用机器加工的水泥瓦，更好的是带釉子的瓷瓦，但是因为价钱昂贵，孟家庄没有人用。许多人家盖的房子是“四不露毛”。这种房子前后屋檐扣两三行瓦，两头山墙顶上扣的是青石薄板，前后左右四个边均不露麦秸或黄草，所以叫“四不露毛”。

20世纪70年代村民住房
（王庆安摄于2017年10月29日）

20世纪80年代村民住房
（王庆安摄于2018年2月17日）

20世纪60年代初期出现了一个人口生育高峰，到了20世纪80年代，20世纪60年代初出生的人陆续进入了婚嫁期，对房屋的需求急剧增加。同时整个国家处于改革开放初期，随着思想不断解放，各种束缚逐渐放松，社会经济迅速发展，一派欣欣向荣景象。在孟家庄，实行联产承包责任制以后，土地收入增加，村民八仙过海各显其能，纷纷从事多种经营，经济条件有所好转。恰逢当地政府倡导对村庄进行整体规划。孟家庄村两委审时度势，适时抓住机会，对整个村庄进行了整体规划，每位宅基东西长12米，南北长15米（包含院子）。横成排竖成行，中间用大街小巷隔开，使整个村庄最终形成了布局合理、整齐划一、设施配套、环境整洁、村貌优美的格局。

由于受规划限制，村民建房时长度（东西方向）无变化余地，宽度（南北方向）逐渐加大到5米、5.5米、6米，带出厦的房屋宽度达到6.5米。建筑材料逐渐开始用砖、瓦，水泥，门窗均开始变高变宽，安装透明玻璃，后墙开始留窗户，只是位置较高。

到20世纪90年代，村民大兴建筑平房，上下圈梁，钢筋水泥立柱，外墙镶嵌瓷瓦，屋内铺地面砖，院内配房、厕所也设计成平房，并且建有阶梯上下，房顶用水泥抹平，可以在上面晾晒粮食，夏天也可以在上面乘凉。院墙用红砖垒砌，高大门楼，带影壁墙，大铁门，门两边带烧制好的瓷瓦对联，讲究的还在门两侧各安一石头雕刻的石狮子。

1992年6月，村民李绪国建起4间钢筋混凝土结构平房，楼房式设计，上下钢筋水泥圈梁，20根钢筋水泥立柱。卧室、客厅、厨房、卫生间俱全，高档瓷砖装饰，安装太阳能和钢门窗，坚固、美观、宽敞明亮。此后村民纷纷效仿，一时形成风气。

进入21世纪，村民住房基本为钢筋混凝土结构建筑，门窗均采用铝合金材质，高档瓷砖装饰，安装太阳能。而且建有高墙大院、高大门楼、影壁墙、铁门等。

2002年以后，村庄内未划宅基，近年许多村民在外地创业或者打工，为生活方便，有的在当地购买房屋，截至2018年3月，已有2户在武台镇购买房屋，4户在平邑县城购买房屋，5户在临沂市区购买房屋，1户在济南购买房屋，1户在北京购买房屋。

20世纪90年代村民住房
（王庆安摄于2017年10月31日）

村民孟庆度2015年建造的楼房
（王庆安摄于2018年2月4日）

建房造屋，在孟家庄历来被看作大事，从动工到建成，有各种不同的仪式和活动。

从前，选择房基地要请“地理先生”或者“阴阳先生”看风水，看好地方之后，择吉日请瓦匠丈量、“开基”。开基时，燃放鞭炮，主人还要开赏钱给“掌尺人”。开基同时，请木匠来做门窗框，做房架（房梁、杈手、檩棒）。打好地基安门框，垒墙过半安窗框，都事先贴好“安门大吉”“安窗大吉”的红纸横批，有的还在门框上贴上对联。常用的对联用语有“太公今日从此过，他说今日安门好”“太公从此过，今日安门吉”“安门今日好，立户此时吉”“安门逢黄道，立户遇吉时”等。

旧时建房，上梁这天习俗众多。上梁时先在梁贴红对联。常用的用语有：“吉星高照”“上梁大吉”“擎天白玉柱，架海紫金梁”“太公在此，诸神退位”等。脊檩正中，横着放一本皇历，皇历上面放一双红筷子，从筷子的正中，垂下一缕红丝线，红丝线上穿一串10枚铜制钱（以铸有“太平”“康熙”字样者为佳）形成一个钱串，钱串下再系一块一尺见方的红布。孟家庄人管脊檩上这些物事叫作“屋心”，据说有驱邪镇宅的作用。它的实际作用是充当观察梁安放端正与否的重要参照。

上梁吉时到，主家先安排人在房架四周燃放鞭炮。与此同时，匠人头儿高喊“太公在此，诸神退位！”全体工匠和前来帮忙的人一齐动手拉梁上架、安放脊檩，然后安好檩棒。

上梁完成当日，主家盛宴招待匠人和前来帮忙的亲戚朋友。

旧时建房，都是亲戚、邻居帮忙，主家不开工钱，所以一天三顿管饭，晚饭上酒，工间休息时茶水、烟伺候。早年买好烟叶（坦埠绺子）放在烟笸里，后来每天送帮忙人一包香烟。在20世纪六七十年代，一般用普滕牌香烟（每包一毛五）。平日管饭炒菜不太讲究，开工、上梁、完工之日晚饭必定上10大碗，烟用金鹿牌（每包三毛六），条件好的人家用大前门牌（每包五毛一）。

进入20世纪80年代，建房开始支付工钱，除开工、上梁、完工酒菜招待外，平时不再管饭，只管茶水，每天一包香烟。20 世纪 80 年代后期，孟家庄人开始建平房，进入 20 世纪 90 年代后，开始建楼房，均不用上梁，上梁招待一般在封顶的那天。

新房建成后，房主择吉日搬进新房，并于当日安床。孟家庄风俗搬家都在夜间 12 点以后开始搬运东西，天明前搬完。据说是因为富裕人家怕露富招贼，贫穷人家怕露穷说不上儿媳妇。搬家时先搬鸡笼，紧接着搬锅，搬前锅里放块豆腐，然后才搬其他东西，搬完后在新宅燃放鞭炮。

主人乔迁新居后，择日（一般选择农历逢一、六的日子，因为一、六是武台集，买菜方便）请亲友去往新宅“温锅”。亲友此前已多次表示前往祝贺乔迁之意，温锅时亲友一般带礼品前往，在 20 世纪 80 年代以前，礼品最重的是主人已婚的女儿家，一般四色礼（鸡一对、鱼两条、肉 5 公斤左右，粉皮 1 公斤），另有酒、馒头等。其他亲友一般二色礼，一般是 1 公斤粉皮，一棒子散酒（1.5 公斤）。后来发展到直接上干礼，就是给主家现金。主家设宴招待，一般三四桌。

出行习俗

中华人民共和国成立以前，只有村西一条简易公路，其余都是乡间小道。交通工具只有独轮推车和毛驴，骑马者极为少见。村民出门主要靠步行，携带物品主要靠肩挑手提或者背着扛着。做买卖者物品全靠肩膀挑担，俗称“挑八根绳”。早期木轮推车载重可达三四百公斤，但是因为主要依靠脚力，每天只能行走二三十公里路。后来换成胶皮轮胎的车轮，情况有所好转，但是出行依然要依靠脚力。

中华人民共和国成立以后，村西公路上开始有载客用的公共汽车往来，称为“客车”“班车”，但由于路况太差，每遇天气恶劣，便不能通行，而且当时规定死板，不到车站，司机绝不停车，服务态度也差。20 世纪六七十年代，国家干部和部分工人开始拥有自己的自行车，但是凭票供应，农民难以买到。到 20 世纪 80 年代，自行车成为许多女青年索要的结婚彩礼，甚至有男方不给买自行车就不结婚的。20 世纪 80 年代末 90 年代初，自行车在农村大为普及，一时间上至六七十岁的老头老太太，下至四五岁的黄口小儿，争相学骑自行车。

孟家庄地处山区，虽然地势相对平坦，但是在 20 世纪 80 年代村里整体规划以前，从村里到田间，七高八低，坑洼不平，交通极为不便。进入 21 世纪以来，村村硬化道路，不单硬化村内街巷，还硬化田间生产路，村民富裕以后，几乎家家有摩托车、电动自行车，农用拖拉机、三轮车基本普及，穿村而过的客车招手即停，载重四五十吨的货车能够轻而易举地开到田间地头收购农副产品，客货运输极为便利。

1997 年 12 月，村民李绪会投入 17 万元，购买普通桑塔纳轿车一辆，是村民购买的第一辆轿车。到 2018 年 6 月，孟家庄村民拥有私家轿车近百辆，各类货车不下百辆。

第三节 岁时节日习俗

岁时节日，可分为传统节日和新兴节日两大类。传统节日包括传统节令和传统节会。传统节令主要有节气节令和农历节令。传统节会，一般融宗教信仰、娱乐和经贸活动于一体。新兴节日是国家自 1912 年采用公历纪年以来各类带有纪念意义的节日。

立 春

农历“立春”之日，标志着冬天的结束，春天开始。立春这天，有“咬春”的习俗。“咬春”是在立春时吃生萝卜。据说立春之日咬一口生萝卜可消除春困。如果谁在立春的那一刹那咬住了萝卜，谁就能青春永驻，长生不老。立春当日下午，家家户户炒菜，喝酒，吃水饺。

立春有缝布鸡的习俗。布鸡以前是为未生过麻疹的孩子缝制，后来则是为未接种过麻疹疫苗（俗称“种豆子”）的孩子制作。缝制时间一般在立春前和立春的当天。立春前缝制的谓之“迎春鸡”，立春当天缝制的谓之“打春鸡”。“迎春鸡”缝一只，“打春鸡”缝两只。缝好后分别缝在孩子袄袖和帽子上，或者分别缝在两个袄袖上（已经接种过麻疹疫苗的孩子不缝）。这样一直戴到正月十六日，在孩子的母亲回娘家（旧俗已婚女子自农历年底至正月十五一般不出远门，更不准回娘家，正月十六是回娘家的日子）的路上扔到河里，让水漂走——河水长流不息，喻长命百岁之意。

村民认为孩子戴上春鸡，鸡会把孩子身上的“痘”吃掉，孩子一世不生痘疮。

现在，立春日前几日，许多超市出售缝制好的精美布鸡，花费不多，即可买到。

春 节

农历正月初一，俗称“过年”“过大年”，是一年中最大的传统节日。早年在生产队时，村东南有 20 多亩水汪，水汪内种植大片莲藕。每年刚进入腊月，生产队就开始扒藕，扒出的藕除每人分三四公斤外，其余部分都到集市出售。腊八节后，就开始忙年，家家置办年货（购置器用必添碗筷，寓意增添人口，家丁兴旺）。

旧时讲究正月里不摊煎饼，所以家家户户要在进入腊月前后，在鏊子上摊煎饼。人口多的家庭，摊的煎饼厚厚一大摞，有 1 米多高，以备正月食用。早年生活困难，摊制煎饼的原料主要是地瓜干。改革开放后，逐渐演变成玉米、面粉等，有的还掺杂大豆、花生等。近年食品日益丰富，超市里购买十分方便，已经无人在家里摊煎饼。

另外还要准备礼品馈赠亲友，俗称“送年”。当年结婚的男子，被岳父母家称为“新客（孟家庄读作‘kei’）”。新客到岳父母家送年的礼品最为讲究，必须是“四色（孟家庄读作‘shei’）礼”。四色礼分别是：红公鸡一对，鲜鱼一对，猪肉一刀（早年为猪腰窝部位肉 5 公斤左右，1990 年以后演变为带腿骨的猪前腿或后腿一条），粉皮 1 公斤。去送年时，鸡腿上、鱼嘴里拴红绳或者布条，猪肉或猪腿上绑二指宽、七八厘米长的红布。岳父母家将鸡和鱼作为回礼，讲究“喘气的东西不留”，寓意来回走动。

每年腊月二十前后，是走亲访友的高峰期，不单亲戚互相走动送年，要好的同事、朋友间也送年，对于本年度对自己生意、事业、生活等方面有过特殊帮助的人，更是要赠以厚礼表示感谢。新客到岳父母家送年时，岳父母家并不隆重招待，等过了年，小夫妻俩去拜年的时候，专门办十大碗酒席，并且找陪客盛情款待。

腊月二十二日前，要彻底打扫家庭卫生，男女老幼添置新衣服、理发，并且购置烟花爆竹、对联、门神、灶君、灶糖等。

腊月二十三，是辞灶日，民间称为“过小年”，祭祀时间在晚上，在锅灶边墙前一年贴的灶君像下摆放一张矮方凳，凳上摆放香炉、煮熟的猪肉、灶糖，一个酒杯。凳前放一匹用秫秸梃子插制的马,并且放一点麸子(用以喂马)，一刀火纸。辞灶时点香，供肉，奠酒，将墙上的旧灶君像揭下，连同马和火纸一并烧掉，一边烧一边口中念叨：“腊月二十三，打发灶君老爷上西天，多说好话,少垫闲言,再待七天回来过新年。”然后磕三个头，燃放鞭炮，即可将凳上的供品和酒杯撤走，只留香炉，香炉中的香燃尽不续。待到二十九或者三十贴春联时一并将新买的灶君像贴在锅灶边墙上，除夕晚上再在香炉插香点燃，并且摆放油炸或者炒熟的豆腐、煮熟的方肉、藕盒等三样供菜和一刀火纸。

过了小年，就开始做豆腐(谐音“兜福”，人口多的自己家做一包，人口少的两三家合做一包)。早年在生产队时，孟家庄每个生产队都有副业，加工豆腐、粉皮等，用豆腐渣等喂猪。腊月二十四五前后，各生产队都杀猪，按户均分猪肉。

武台大集景象(王庆安摄于2018年2月11日)

腊月二十六是武台集，家家户户去赶年集。年集上人山人海，各式各样的商贩摆起摊子，货物琳琅满目。熙熙攘攘的采办年货的人，摩肩接踵。到处是说笑声、叫卖声、讨价还价声。村民们不顾嘈杂，往返穿梭，或停或走，或蹲或立，翻捡着，说笑着，褒贬着，找寻自己需要的家什物品,也有闲着没事的，就三五个人凑在一堆，闲话家常。最亮眼的是卖年画、对联、过门笺的摊子，花花绿绿一条街，处处透着喜庆。最吸引孩子们的是卖各式玩具的摊子，泥狗、风车、翻花、木制刀剑、哗啦棒槌，应有尽有。最热闹的是烟花市场，卖鞭炮的总是面对面地摆摊子，人站在高桌子上吆喝“小二姐下江南，不图挣钱光图玩”，然后放一挂鞭炮。对面的摊主也不甘示弱，一边高声喊着“火车不是推的，泰山不是垒的，牛皮不是吹的”，也放一挂鞭炮。大火鞭、二踢脚、钻天猴、地出溜子，各种声响此起彼伏，“噼里啪啦”“乒乒乓乓”，煞是热闹。

女孩子赶年集就爱买花，卖花人把纸或绢做的花插在木棍上端扎着麦秸的把子上，扛在肩上四处叫卖。花的颜色以大红为主，偶尔也有黄色的，花瓣层层叠叠，而且有蝴蝶触角样的蕊，用胶粘在铁丝上，下面不忘衬托一两片绿叶，有的表层还涂有一层蜡，简单而又精致。女孩子买回去，到过年时戴在头上，扎在发辫上，走到哪里都有人夸好看。还有捏面人的，摊子虽然不大，但是手指娴熟地捻、揉、搓，再配以刀、蓖、针的搓、切、点，制成的人物活灵活现，不由人不爱见。在村民心目中，赶年集不在于购买东西多少，还是一种精神享受。所以不论大人小孩都爱赶年集，也都保存着关于赶年集的美好记忆。

过了二十六，年一天近起一天，家家户户忙着加工食品，炸年货，煮猪肉，杀鸡宰鱼，准备过年。孟家庄历史上兴请家堂。请家堂所需的一切物品，也要在三十前准备妥当。

二十九，就有人家贴春联。早年春联都是各家各户买来红纸请村里有学问的人给写，近年都到集市购买。家中有老人去世，当年不贴春联，第二年贴蓝对联；亡人近支未出五服的本家晚辈，当年贴蓝色对联，第二年贴红对联；与亡人同辈的兄弟，如果亡人年龄长于自己，则不贴对联，如果亡人年龄小于自己，则须贴蓝对联。亡人近支中的长辈，可以贴红对联。贴红对联时一并贴过门笺、窗花、年画，挂灯笼，有的还倒贴一个“福”，寓意“福到”。大门外贴“出门见喜”，院内贴“满院春光”，室内正面贴“人口平安”，床头贴“身卧福地”或“身体健康”。牲畜圈内贴“六畜兴旺”等。

贴着春联的李绪国家
（王庆安摄于 2018 年 2 月 17 日）

腊月三十是除夕，又称“年除”，黎明时分，家家户户打扫庭院，将打扫的垃圾归置一角，或者在院中置碎草一堆，点燃使之冒烟，放一挂（旧时穷人家放一个或者三个）鞭炮，谓之“wang蚊殃”。早饭后，前一天没贴春联的人家，男子或者孩子开始张贴对联，贴完对联就开始打纸。早年打纸是用刻有内方外圆古铜钱模样的一截圆木在烧纸上逐行严密磕打，直到把整张烧纸磕遍，印满铜钱痕迹。现在依然有人这样打纸，更多的则是用百元面额的人民币放在烧纸上逐行“印钱”。打或印完纸后，用双手将打好的烧纸拨转分散开，然后一沓一沓的分好卷起，放在簸箕或者纸箱里，准备下午请家堂和夜间敬天用。

村民祖祖辈辈敬畏神灵，大年三十当天家家户户在院内搭天地棚。天地棚不大，仅仅是用秫秸箔将天地桌围住（前面留门），门两边一边插一根带青枝绿叶的竹竿，天地棚上面用秫秸箔罩住（也有的在围天地桌时使秫秸箔上端向里倾斜，自然形成一个尖顶）。天地桌上供奉天地之神位和宅神之位，神位前依次摆放香炉、三样供菜和三个酒杯，并将铁锨、镢头等农具依靠在天地棚后。

祖祖辈辈传承着请祖先亡灵回家过年的习俗，谓之“请家堂”。请家堂的时间在除夕下午晚饭前，先在家中堂屋正中墙上展开家堂轴子（平日卷着）。家堂轴子上写着自家已经亡故的历代祖

家堂轴子
（王庆安摄于 2018 年 2 月 17 日）

先名讳，算是列祖列宗牌位。家堂轴子下面摆一张八仙桌，桌两边分别放一张

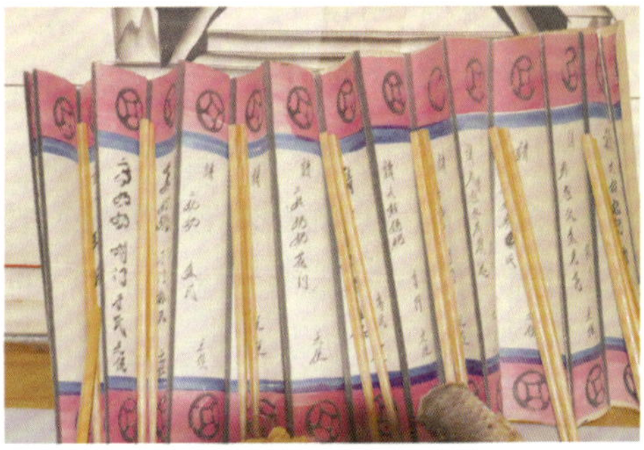
写着牌位的折子
（王庆安摄于 2018 年 2 月 17 日）

椅子或者凳子，并准备好供品（先不朝供桌上摆）。讲究的人家同时在天井里搭天地棚子，并置三牲（猪头、整鸡、整鱼）、香、烛、水酒于天地桌上，专为敬天地诸神和宅神。请家堂时，同姓近支子孙们（一般是堂叔兄弟及其后代）相约一起，在簸箕里放书写着牌位的折子、三炷香、一刀火纸、一挂鞭炮（或者抱一箱礼炮）到村西头大路上，面朝自家祖坟，点燃纸钱，引着香放在簸箕前端（燃烧处伸出簸箕外），鸣放鞭炮，其中最年长者率同辈和晚辈跪倒，磕头，口说“老爷奶奶回家过年”，然后端起簸箕回家（一般不回头）。回到家，将折子竖放在家堂轴子下方，将香插在香炉里（此后一直到送家堂前此香不能断），先往茶碗里斟茶（意谓祖先进家先敬茶），然后在供桌上摆放供菜、水果、点心、馒头等，并在酒杯里斟酒。大约进家 10 分钟后，在家门外地上横放一根木棍，俗谓“拦门棍”，其功能：一防野鬼进家与祖宗争食供品，二防新丧之鬼回自己家中作祟。债主一般不再到上了拦门棍的人家里去讨债。之所以留 10 分钟时间，是因为请家堂时不单请

本族祖先，而且请本音门中三代宗亲、外曾祖父母、外祖父母、祖姑母、姑母、舅、岳父母、姐、姻兄等，只不过他们的名字不在家堂轴子上面，而是另外写一个折子，相当于零散牌位。因为这些先人中有的墓地在外村，怕路途遥远赶不到，留10分钟时间，等他们进家后再上拦门棍。

主持仪式者进到堂屋后，即将折子从传盘中取出，按照右上左下的顺序放在八仙桌上，然后摆起香烛供品，并于桌前焚纸（如有直系祖新丧，可另外加纸一大包或数小包），奠酒，率全家人磕头。这叫作“拜家堂”。拜过家堂之后，即于八仙桌下首摆上饭桌，上酒上菜，合家吃团圆饭。

吃过团圆饭，请家堂的人家开始“串香”。串香实际上是拜家堂的继续，其方式是村中所有请家堂的人家互相串门拜访，以前串香时手提一把锡酒壶，临出家门时把锡酒壶里灌满酒，每到一家必先到家堂桌前，把自己带来的酒斟到主人家家堂桌子上的酒盅里奠酒，并且要朝主人家的家堂轴子磕三个头，以表示对主家祖宗的尊敬。请家堂的人家都在家堂桌子前地上铺一领席（早年是白席，近年是凉席），条件好的人家铺红毡。串香之后，长辈们回到自己家中陪家堂。

与此同时，家家户户挑水，备柴，柴多是芝麻秸、豆秸、棉花柴，有“芝麻秸做大官，豆秸棒年年旺”和“豆秸棒、棉花柴，金银财宝一起来”之说。至夜，大人在天地桌上摆放供品，点上香，用豆腐压锅，妇女包饺子炒花生，合家围坐炉旁，围炉取暖，通宵不睡，谓之“守岁”。20世纪90年代以来，随着电视的逐渐普及，阖家聚集观看中央电视台春节联欢晚会。午夜子时过后，发纸敬天，长辈率领全家先在天地棚前磕头、再到灶君像前磕头，最后到家堂桌前磕头，然后燃放鞭炮、烟花。

在家里发完纸，各家都拿一两包纸到大街上去烧，一边烧一边口中念叨：“路神、河神、无辜的鬼魂来使钱。”

发纸敬天之后，全家老少围坐桌前吃年夜饭，年夜饭是水饺，俗称“五更包子”，水饺全用素馅，寓意全年素静。一般都在饺子里按全家人口数包上钱（旧时多是“小钱”，现为硬币）、红糖，据说吃着带钱的饺子来年发财，吃着带红糖的饺子幸福甜蜜。过年要说吉利话，如水饺煮破了不说“破”而说“挣了”，馍馍裂了头不说“裂纹”而说“开花”或“笑了”。发纸时间各家不同，每年都是自午夜至黎明此起彼伏的鞭炮声连绵不断。年夜饭过后，拜年开始。拜年时首先进行家拜，一家人中，晚辈给长辈拜年，平辈之间互相拜年；然后进行近拜，就是给没出五服的长辈拜年；最后进行远拜，给出了五服的长辈和亲朋好友拜年。旧时拜年一般要磕头，现在改成问好或电话拜年、发短信拜年。商人拜年，除问好外，还互道恭喜发财。晚辈向长辈拜年时，长辈一般给晚辈压岁钱。拜年有尽早之俗，多在早饭前结束。早饭后，男女老少身着盛装，姑嫂结队，兄弟同行，走街串户，相互祝贺，共庆佳节，或娱乐游戏，尽情欢乐。

旧时年初一拜年时，拜年的人进家后，先到天地桌前磕头，再到家堂桌前磕头，再到健在的长辈面前磕头。所以富贵人家都在天地桌和家堂桌前铺毡或毯子，没有条件的也铺席或者草，准备有人串香、拜年。初一白天，是女子们到各家拜家堂的时间。除怀孕者都要到家堂桌前磕头。

年初二晚饭后送家堂。送家堂是整个仪式的高潮。地点一般仍在请家堂处。送家堂时，各家男丁全部出动。先在家堂桌上斟茶，点烟（意思是请祖先喝碗茶，抽根烟再走），在香炉里点燃三炷香，等香上端的香灰掉落一段（孟家庄人称为“打了香花”或者“打了香帽”，据说香灰的形状可以预示吉凶），即将三炷香取出，放在簸箕前端（燃烧的一端伸出簸箕外），同时将折子、烧纸、鞭炮放在簸箕里端着，将拦门棍拿开，端簸箕者在前，其余人依长幼顺序跟在后面，到村西大路上去送家堂。到大路上，在路边面向自家墓地，将簸箕放在地上，焚化纸钱，将簸箕里燃烧着的香一起烧掉，一边口中念叨：“老爷奶奶各位祖宗，过完年了，您回去看家去吧，到十五去给您送灯。”然后燃放鞭炮。然后收起折子（也有的将折子烧掉），回

送家堂

（王庆安摄于 2018 年 2 月 17 日）

家后撤下家堂轴子，或者将家堂轴子卷起来，大家分食供品，仪式便告结束。

正月初三开始串亲。串亲其实是拜年的继续。串亲的对象主要是岳父母、外祖父母、姑、舅、姨家。串亲时一般都要带些礼物，对方盛情接待，而且还要回礼。

孟家庄及其周边村庄居民皆以正月初六为火神生日。村民称火神为“火神老爷”，大多不知其姓甚名谁，但皆以正月初六为其生日。孟家庄村东玉皇山上的玉皇庙里有火神殿。当日，孟家庄村民为火神过生日。事先寻找一处闲宅，村民自愿出资，有专人安排购买香、纸、供品，布置神堂并操持祭神事宜。一般神堂北墙上，正对着屋门处，张贴火神像。火神形象相貌凶狠，三头六臂，并有风火轮、火葫芦、火印、火剑、火弓等火器配备，酷似神话传说中“哪吒”的变形。火神像前摆放供桌，供桌上摆放火神牌位、香炉、供品等。正月初六下午，祭神人员为主，村民自发参与，敲锣打鼓，扛着红旗，有时到村东玉皇山火神殿前，有时到村东通往玉皇山的路上，请火神进村过生日，仪式程序与请家堂类似，端着簸箕，烧纸，点香，放鞭炮，磕头。返回时将点燃的香放在簸箕里，依然敲锣打鼓。进家后，将点燃的香插到火神牌位前的香炉里，然后摆放供品。祭神人员自此不离神堂，村民不断前来祭拜，从自家带纸、香，或者把钱交给祭神人员代为致祭。当晚村民纷纷到神堂陪伴火神，情形亦与请家堂类似。次日早晨送火神，依然敲锣打鼓，扛着红旗，情形与送家堂类似。

村东约 1 公里处即是玉皇山。玉皇

山上有座玉皇庙。相传原先此山不叫玉皇山，山上有个海眼，海眼直通东海，经常往外涌水，导致洪水泛滥，民不聊生。后来在山上建起玉皇庙，才把海眼镇住。从此风调雨顺，五谷丰登。孟家庄及其周边村庄居民均以正月初九为玉皇大帝生日，每年举行庙会，庙会一般五天，其间必请戏班唱戏。庙会时间不固定，有时提前几天，有时拖后几天，主要根据戏班的档期确定。庙会时间确定后，工作人员提前向周边村庄每一家发请帖，居民即开始捐资，庙会所需费用由此而来。庙会期间，庙里每一个殿都安排专人值守。庙内不断有人焚香烧纸祭祀，庙外则有商人摆摊售卖货物，人来人往，热闹非凡。孟家庄因为生意人多，生活相对富裕，每年庙会捐资都占大头儿。2018 年，庙会共捐资近 25000 元，孟家庄村民捐资接近 20000 元。

庙会过后，村民务农的开始备耕，店铺纷纷开业，外出打工的纷纷奔往外地，开始又一年紧张忙碌的奋斗。

元宵节

农历正月十五日，又称“灯节”。这天下午，家家围坐喝酒、吃水饺。傍晚时分，家家户户到自家祖茔给亡故先人送灯。送灯时焚香烧纸，放鞭炮。至夜，家家户户上灯，用粗面或胡萝卜制作各种形状的灯盏，放于大门两侧、门口床前、仓囤、猪圈、鸡窝、磨道、井边、碾旁、场间、关帝庙、土地庙前。有的人家用白面做成象征十二个月或十二属相的灯点燃，照射各处，灯光所及预兆洁净，不孽生虫蝎。儿童在大人指导下用面灯照射身上各个部位，寓意心明眼亮，不生疾病，然后三五成群手提彩灯，燃放“起火”“滴滴锦”“二踢脚”等，或在村外空旷地带将用过的刷帚头点燃抛向空中，俗曰扔“刷帚灯”。村民根据灯花形状预测当年“收什么”，例如灯花形状呈麦穗状，则表示当年麦子丰收，灯花形状呈豆状，则表示当年豆类丰收。或者预测每月雨水情况，甚至能看出是几龙治水。

为祖先送灯

（李锋摄于 2018 年 3 月 2 日）

正月十六

正月十六早上，未出阁的大闺女相约到河边去做“巧巧饭”，她们自愿结合，三五成群，带着锅、碗、瓢、盆、筷子，先是挨家攒米，然后到河边，有的砌灶，有的拾柴，有的烧火，共同做一锅稀饭。饭做好以后，先舀出一勺，慢慢浇到河里，边浇边唱：“鱼，鱼，你喝饭，给我留着针和线；虾，虾，你喝汤，给我留着针线筐。”连唱三遍。有的还要往锅里扔一些用秫秸做的女工用品，然后大家分吃“巧巧饭”，据说谁若是吃到女工用品，谁就会心灵手巧。有的姑娘要做两锅饭，一锅姐妹们吃，另一锅则端回家去给老人们吃，据说吃了这种“巧巧饭”的老人，能长命百岁。近年此俗渐废。

二月二

农历二月二日，又称“青龙节”或“春龙节”。当日，村民黎明即起，各户在院中、场间，用擀面杖或木棍敲打簸箕，将草木灰撒在地上，围成仓囤形状，俗称“打簸箕”“围仓囤”。有的人家在“仓囤”中间放置少许五谷杂粮，上压石板，待第二天看什么种子先扭嘴发芽，就预示着当年收什么。有的还要撒出梯子形状，寓意囤高粮满，兆示丰年。如果当日天晴无风，则预示着年成好，能安住囤，如果灰囤被风刮散，则不收囤。俗语有“二月二，龙抬头，大囤尖，小囤流”之说。

当日，家家户户炒“蝎豆”，俗称“料豆”“蝎子爪”。有的人家提前一两天就把蝎豆炒好。蝎豆一般用黄豆炒制，有的蝎豆还粘上糖面或在盐水中泡过再炒，或者和花生米放在一起炒，花样颇多。吃蝎豆据说可以辟邪驱虫，故也有人称“吃虫虫”，还有人说谁若吃了七家的蝎豆，便能长命百岁，故而常见易豆而食的热闹景象。

过去人们通常把二月二看作年节系列的终止，从此停止各种娱乐活动，开始恢复常业，扛活的长工开始上工，一般农家开始试犁。

此日有祭土地神的习俗，当日上午，男性青壮年携带烧纸和蝎豆到土地庙祭祀土地神，有春季生产即将开始，求土地爷多多关照的意思，故而民间又有“土地老爷还有个二月二”的说法。

旧时，孟家庄及其周边村庄皆有已婚女子正月十六被接回娘家，至二月二方送回婆家的风俗。现在已经不拘旧礼，个别人家依然遵照旧俗接，只是不再住到二月二才送回。大多数人家都是已婚女儿自己回娘家，回娘家的时间也不再受旧俗约束。

二月十九

传说二月十九是各路神仙到玉皇庙和玉皇大帝聚会的日子。每年此日，玉皇庙会敲锣打鼓表示庆祝，有的年份也请人唱戏。周边村民有前往祭拜者。

寒食　清明

农历二十四节气中的“清明”为清明节，旧时是农历三月三日，现在是阳历四月四日或五日。清明前一天为寒食。孟家庄将两个节日连在一起过。

清明节家家门上插柳枝、片松（柏树）枝，传说是为纪念介子推母子。孟家庄有墓祭习俗，家家置办供菜、烧纸、鞭炮到墓地上坟，为坟墓添新土。当天，已出嫁的女儿也回娘家上坟，买来纸、香，有的自己不去墓地，由娘家兄弟将纸、香带到墓地焚化。闺女回娘家上坟时，儿子家隆重招待，要找人陪客，并且把外甥让到上坐位置。

清明前后，村民有放风筝的习俗。

旧时，民间称放风筝为“放晦气”，放到最后把丝线剪断，让风筝随风飞走，以为飞走的风筝会把一年的种种晦气带走。

村民有清明立碑的习俗。立碑费用根据材质和样式有一定差别，少者三四千，多者逾万。立碑时经常走动的亲戚参加并且上礼钱,礼钱数目不统一，但礼金总额大致与立碑所需经费相当。碑立好后行树碑礼。行树碑礼时，在碑前供台上摆好供菜，请一德高望重之人宣读碑文，然后烧纸、祭奠，燃放鞭炮或礼炮，最后所有参加人员一起磕三个头。农历十月初一也是立碑的日子。

清明立碑
（李锋摄于 2018 年 4 月 5 日）

端午节

农历五月初五为端午节，又称“五月端午”和“端阳节”。这一天，孟家庄家家户户门窗屋檐插艾蒿。小孩手足系五色线，并将艾枝夹在耳朵上，有的将艾叶等驱虫物缝成“香荷包”戴在胸前，意在驱蛇、蝎、蜈蚣、壁虎、蟾蜍之五毒。早饭家家户户吃粽子，粽子的做法是把芦苇叶或竹叶泡湿,糯米发开，以豆沙、枣仁等为馅，包成三角或四角形状，蒸煮熟而食之。当地有“吃了端午粽，一年不生病”之说。另有采药习俗，多于日出前采集车前子、竹叶、桑叶、艾、茵陈、大麦及小麦秸秆等，以备家庭医用。

五月十三

每年农历五月十三,有敬天的习俗。说是敬天，其实敬的是关羽，当地有五月十三关老爷磨刀的说法，是根据农历五月十三通常天空有隐隐约约的打雷声的自然现象演绎出来的。虽然孟家庄村内有关帝庙（后来挪到了村东），但是居民并不到关帝庙去敬，而是在自家院子里摆三样供菜（一般为一块煮熟的猪肉、一条鱼、一盘油炒或炸豆腐），烧纸，奠酒，磕头。

六月六

农历六月初六日，俗称“六月六”，有敬天的习俗。说是敬天，其实敬的是龙王。敬天的方式和程序与五月十三类似。

当地有“六月六晒龙衣”习俗，中午晒衣以防潮湿。

村民间有“六月六湿龙衣，旱涝四十天”之说，意思是六月六若下雨，会连续 40 天；六月六若不下雨，也会连续 40 天。

七　夕

农历七月七日，俗称“七夕”。七

夕节的民俗活动与牛郎织女传说有关，民间传说，七夕这天半夜三更躲在葡萄架下，能听到牛郎织女说悄悄话，所以有好奇的少年男女,常常守在葡萄架下，试验传说灵不灵。

七月十五

农历七月十五日，又称鬼节。当天不让小孩子出门。早年晚饭一般吃水饺，饭后吃时令水果。现在一般都做丰盛的饭菜，举行家宴。

八月十五

农历八月十五是中秋节，又称之为“八月节”“团圆节”，是非常重要的传统节日。有在中秋节前串亲的习俗，串亲的礼品主要是月饼，数量多少不等。过去许多人家自己做月饼，或者自备饼馅请糕点铺代做。现在都到商店、超市购买。串亲的礼品除月饼外，还有鸡、鱼、肉、酒、水果等。通常进入农历八月就开始串亲，一直到八月十四结束。当地把中秋节视为仅次于春节的团圆节日，出门在外的人都要赶回家“团圆”，这一天晚饭,家家户户举行家宴。为此，一大早就开始杀猪宰羊，收拾鸡鱼。晚间全家人围坐一起，一边吃月饼，一边赏月。赏月时，老人给儿童讲述嫦娥奔月、吴刚伐桂、玉兔捣药等故事。

十月一

农历十月初一日，是祭祀祖先的日子。孟家庄一带，出嫁的闺女在十月初一之前回娘家上坟，并且给去世的老人换衣服。上坟程序同清明节。旧时换衣服是用纸剪裁成衣服模样在坟前烧纸时一并烧掉，现在都是从寿衣店买一身寿衣烧掉。与清明节时一样，闺女回娘家上坟时，儿子家隆重招待，要找人陪客，并且把外甥让到上坐位置。

十月初一当日,家家户户上坟添土。

冬　至

冬至，是二十四节气之一，又叫“冬节”“消寒节”，时间一般在 12 月 21–23 日之间。自古流传“数九歌”：“一九二九不出手，三九四九冰上走；五九和六九，河边看杨柳；七九河冻开，八九燕子来；九九加一九，耕牛遍地走。”

冬至当天晚饭，家家户户吃水饺。据说吃水饺是怕冻掉耳朵，取“饺儿”谐音“胶耳”之意。

腊月初一

农历十二月又称“腊月”，孟家庄近年兴起敬路神的习俗。兴起原因有二：一是 335 省道穿孟家庄而过，近年车辆逐年增加，曾经发生过几次严重车祸；二是近年私家车辆增多，孟家庄各种车辆数以百计，也容易发生事故，村民敬路神，有求路神保佑平安的意思。

敬路神一般由村内几位女执客操心张罗，初一之前或者当日一早，各家各户或者将钱（一般每户 10 元）交给女执客，或者将烧纸和香送到村中心十字路口，女执客们安排人员购买供菜、烧纸、香等，置办齐全后，首先在村中心十字路口，然后在村西、村北出村路和335省道交会处摆供，焚香，烧纸，磕头致祭。有私家车的人家，同时在自家车前摆设供桌供品，焚香烧纸磕头，祭奠路神和车神。

腊　八

农历腊月初八日，俗称“腊八”。民间早晨喝“腊八粥”。腊八粥多用大米、小米、豇豆、绿豆、红枣等熬制而成。旧时有施舍粥饭之俗，现已废。

新兴节日

中华人民共和国成立后，国家有法定的节假日：元旦、国际劳动妇女节、植树节、国际劳动节、中国青年节、国际儿童节、中国共产党建党纪念日、中国人民解放军建军节、教师节、国庆节等。孟家庄村民一般不像对待传统节日那样重视，只有元旦、“五·一”“十·一”时，在晚饭时举行家宴，或者吃水饺。青年男女也多选择元旦、“五·一”“十·一”作自己的婚期，以避旧式婚期选择的繁琐忌讳。

第四节　生产贸易习俗

孟家庄地处蒙山南麓，地理环境相对复杂，与此相适应，形成了丰富多彩的生产门类，如农、林、牧、副、渔等，并在上百年的历史发展中，形成了许多具有地方特色的传统生产习俗。中华人民共和国成立后，尤其是改革开放以来的几十年，随着社会、经济的快速发展和农村社会的急剧变革，许多传统生产习俗或者业已消失，或者正在消失。

农业生产习俗

村民从历史上就以种植农作物为主，当地有俗语曰：“买卖不挣钱，回头看庄田。”在自然经济条件下，一般情况下男子耕作，女子料理家务。种植的主要粮食作物有小麦、地瓜、玉米、花生、大豆、高粱、谷子、绿豆等，纤维作物有棉花、苘、麻等，还有各类蔬菜、瓜、藕、药材等。农民劳动一般日出而作，日落而息，春种、夏锄、秋收、冬藏，年复一年，周而复始。每当春节过后，就拾掇犁具，向田间运粪，准备春耕。地是早就留出来的已经休养了一个冬天的“春茬地”（或叫“春地”），运粪用的工具主要就是独轮车和地排车，旧时条件好的人家用毛驴，在毛驴背上放置特制的鞍子、架子，架子上再放上荆条或绵槐条编制的驮篓驮筐。条件差的人家，就用扁担和筐朝地里担或者抬。耕地之前，先要用铁锨把土杂肥均匀地撒开，叫作“撒粪”或“扬粪”。

耕地用的工具是用牛或骡马驴等拉的铁犁，没有畜力的人家就用人拉，或者用镢头刨，用铁锨翻。耕过的土地要用耙碎土，然后用卸了耙齿的耙把地整平。为了方便灌溉，通常根据地势和水利设施位置把大块的土地整成若干个长方形畦子。

“谷雨前后，种瓜点豆”，春种开始。播种有撒播、点播、条播之分。撒播先用水洇透畦子，然后用手将作物种子撒在地面，再用筛子筛着盖上一层细土；点播一般前面一人用镢头刨坑，后面一人点种，最后面一人用脚盖土，或者点种的人点完种接着盖上土；条播要用耩子，耩子由耩子脚、耩子腿、斗、杆、扶手、拖板等部件组成，操作时前面一人牵引牲畜，行走时快慢均匀，方向笔直，后面一人扶耩子，边走边摇晃，以便种子均匀下地。没有牲畜的人家，就用人来拉耩子，一般三人或者五人拉，当中一人驾辕，其余的人拉帮套（又叫“拉边套”），这些人统称“拉耩子的”，后面扶着边走边摇的人叫“扶耩子的”“摇耩子的”或“晃耩子的”。绝大多数耩子里都安着一个铃铛，走起来铃声叮当，清脆悦耳。

“三分种，七分管。”播种之后的田间管理非常重要。夏天是庄稼生长的旺盛期，要不断地锄草，灭虫，施肥，灌溉，才能确保庄稼丰收。在最热的三伏天里，要在比人还高、密不透风的庄稼地里耕耘不辍，很是辛苦。

收获季节最是紧张，收割后，一天不下种心就不实落。夏季小麦收割俗称“麦收”，麦收时节最是忙碌，俗话说“三秋不如一麦忙”，因为一方面小麦成熟很快，有“麦熟一晌”的说法，如果误了收割，会损失很多。加之过去都是人工用镰刀收割麦子，费时费力，劳动强度极大。另一方面，夏季庄稼生长迅速，俗话说“夏季田，夏季田，早一宿，高一拳。”早一天播种比晚一天播种，就会多打粮食，而且有时早一天不仅仅是一天的时间，如果早播一天下了雨，等于早好几天，因为那时要等地不黏才能播种。所以必须抢收抢种，这叫“抢茬”或“抢茬子”，否则，就会“人误地一时，地误人一年”。所以麦收是最劳累的时候，旧时一个麦季下来，许多人都要瘦一圈。

现在夏季收麦大都用联合收割机，条件好的收种都用机器，劳动强度大大降低，那些在外打工的人，回家三五天的工夫，收种就都完成，接着又外出去打工了，有的甚至都不用回家了。

秋天也很忙碌，而且战线拉得长，既要把丰收的果实收回家，储藏好，又要播种下新的种子。各家各户常常事前备足干粮，早、午饭多在田间地头吃。天气炎热时，就早出工，晚收工，中午歇大晌。大人忙碌，孩子也不清闲，他们将丢落在田地中的地瓜、花生从地里用小镢头刨出来弄回家，这叫“拦地瓜”“拦花生”。

玉米成熟比较早，最先收割。收割时先把成熟的苞谷掰下，运回来晒着，然后再去砍秸秆。许多庄稼要先用镰刀割下，然后一捆捆地捆好，运到场上打场脱粒。有的作物成熟了要抓紧收割，比如豆子，如果收割不及时，豆荚爆裂，豆粒就脱落在地上了。地瓜和花生收起来很麻烦，要用镢头一墩一墩地从地里刨出来，再从秧上摘下，地瓜还得切成瓜干，等晾晒干了再一片一片拾起，最后才运回家收藏。如果遇到连阴雨，瓜干就会烂掉。棉花采摘期比较长，要摘好几茬，都是手工采摘。现在许多庄稼都用机械收割。在忙着秋收的同时，还要忙着腾茬子，耕地，播种小麦。直到在霜降前将粮食全部收藏好，才算是忙完了这一年。

1981 年实行家庭联产承包责任制后，生活节奏变快，村民大多利用农闲，或者到外地务工经商，或者在村里做小买卖增加收入。

气候对农业生产具有决定性的影响，劳动人民在长期的生产实践中逐渐认识到这一点，并且用通俗易懂的语言，对其中规律性的东西做了科学的总结，由此产生了大量的“农谚”。旧时，农业生产力低下，农民靠天吃饭，有天旱“祈雨”，喜雨过后“贺雨”之俗。

畜禽业生产习俗

村民饲养的大家畜（民间习惯称为“牲口”）主要有牛、驴、骡、马等，一般家畜家禽主要有猪、羊、狗、兔、鸡、鸭、鹅等。饲养大家畜主要是为了帮助生产，饲养一般家畜家禽主要是为了攒钱贴补家用，偶尔改善生活，攒粪用以肥田，维持农业生产。孟家庄饲养家畜和家禽的方式一般是圈养和放养相结合，春、夏、秋三季，野外有青草的时候，就让老人或小孩儿在野外放牧，或者饭前饭后牵到野外放牧，冬天就圈养在家中，用植物秸秆或者储备下的干草喂养。由于住处离放养场所距离较近，在放牧的季节，一般也是白天放牧，晚间赶回家中圈起来。

牛是最常见的大家畜。在生产队时代，各个生产队都喂养七八头牛。牛耐力强，可以用于多种农田作业。村民喂养的主要是黄牛，黄牛主要在旱地帮助生产。毛驴和骡马主要用于运输时代替脚力，孟家庄地处山区，一度喂养毛驴的较多，喂养骡马的比较少。

养猪主要是为了攒粪，俗话说“养猪不赚钱，肥了屋后一块田”。喂猪的场所称为“猪栏”“猪圈”。猪圈由圈坑、圈台、圈墙、圈门等部分组成，条件好的猪圈圈台上建有房屋一样的顶盖，简易的只在圈台上用石头垒个猪窝。喂猪通常把猪食放在槽子里，槽子大多是由石匠用整块的石头錾出来的。圈坑低于圈台而又和圈台相通连，猪粪汇集到圈坑内，每过一段时间撒一层垫栏土，猪在圈坑内来回走动，俗称“踩粪”。当垫栏土和圈台快一样高时，就把圈坑里混合了猪粪尿的土清理出猪圈，这个过程俗称“出猪栏”或“出猪圈”。在生产队时代，人粪尿和猪粪都根据数量换算成工分，

种猪母猪俗称“老母猪”，种猪公猪俗称“脚猪”“ 种猪”。一般养母猪的农家不养种猪。母猪发情俗称“起圈”“叫栏”或“打圈子”，为母猪配种叫“找猪”。母猪生产和产后一般都悉心照顾，给刚下崽的母猪做小米稀饭。喂养母猪的人家主要靠卖小猪挣钱，不喂养母猪的人家从喂养母猪的人家购买小猪喂养。孟家庄人称小猪为“猪秧子”“猪奶光子”，购买小猪叫“拉猪秧子”。猪育肥后出卖，俗称“出圈”。公猪长到两三个月后，倘不准备留作种猪，

就要请有手艺的人来做简易手术，摘除睾丸，俗称“摘（孟家庄人读 zhei）猪”。旧时摘猪不收费，但主家一般要管饭。改革开放后农村逐渐进入商品社会，时间开始变得“值钱”，摘猪者开始收点小费，但一般不再在主家吃饭。从拉来“猪秧子”到育肥出卖，一般需要半年到一年时间，家庭妇女天天喂养，大多对猪产生感情，到出圈时大多伤心落泪。

村民喂养的羊有山羊和绵羊。山羊灵敏活泼、爱吃吊草，素有“山羊猴子”之称。山羊善于爬山，能在高山悬崖陡壁上奔跑和跳跃，所以放养的山羊肌肉坚实而又发达，脂肪很少，具有平原和家庭饲养的山羊所无法比拟的优点。山羊长大后主要卖给屠羊户卖肉或者卖给羊肉馆做全羊汤。全羊汤味道鲜美，令人食之不忘。加工全羊汤时，对材料的选择和准备、刀工处理、烹调火候、调料的搭配、中药的配方等都是一丝不苟。一定选用放养的黑山羊或者红山羊，将收拾干净的羊肉、羊杂骨、头蹄下水，配以山水和各种各样的中草药，下到锅里一起煮，就连杀羊时流出来的羊血，也要另外放在锅里加热制成血豆腐，等最后羊肉熬煮到一定火候时加入锅中。投放的中草药有丁香、白芷、大、小茴香、姜、川椒、豆蔻、人参、黄芪、杜仲、当归、地黄、冬虫夏草、龟板、鹿茸等，而且在夏季和冬季投放的中草药品种也有所不同，因为这样才能使做出来的羊肉不腥、不膻、不腻，而且冬天食用补身壮体，夏天食用清肠健胃，可以补中益气，舒筋活血，增进食欲，预防流感。甚至连用来烧火的柴也有很多讲究，最理想的木柴是果木劈柴。要一次把水加足，先用旺火煮开，煮熟后剔出骨头，把羊肉切成小块，连同剔出的骨头一起放回锅中，然后改用文火慢慢地熬，直到把汤熬成白色，食用时再根据个人喜好加入盐、醋、胡椒粉、辣椒面、香菜末、味精。并且不加葱和酱油。有的人家还把煮熟的羊肉和内脏分别进行加工，一个器官做成一道菜，甚至连骨头也能制成精美的佳肴。

喂养绵羊主要是为了出售羊绒和羊毛。

村民几乎家家户户养狗，旧时养的都是本地品种，俗称“笨狗子”“土狗子”，一般都是从喂养母狗的亲戚、邻居家抱养小狗。小狗聪明伶俐，喜欢与人嬉戏，特别招人喜爱，小孩子往往很快和小狗成为朋友。养狗的人家一般为狗建一个简易的窝，也有的用绳子或者铁链子把狗拴在窝边的橛子或者树上。狗一般都忠诚护主，能替主人看家护院，有的甚至能够在危急时刻救主人性命。20 世纪 70 年代，看护山林的赵怀闩从邻山护林员处抱养一只狗养大。某春日月夜，与护林房一沟之隔的南岭顶上突然响起了一声惊人的狼嚎，赵怀闩养的狗与邻山护林员家养的母狗闻声如两箭齐发，各从其处直奔嚎声而上，与狼对峙于岭顶良久，最后狼知难而退。孟家庄近年来养的狗品种逐渐增多，许多人家也养起了宠物狗，但喂养方式不像城里人那样讲究，和过去养本地品种时差别不大。

养鸡。家庭妇女对母鸡的感情非常深厚。过去农村生活困难，鸡蛋是摄取蛋白增加营养的主要渠道，也是日常零钱的主要来源。“地瓜干子是主粮，鸡腚眼子是银行”曾经是孟家庄人生活的真实写照。农家养鸡大多从游走乡间叫卖的商人（俗称“卖小鸡儿的”）处赊或者买，“卖小鸡儿的”肩挑两大筐鸡苗，在大街小巷间边走边喊“卖——小鸡儿了——”沿街妇女便纷纷走出家门，围拢在鸡苗筐边挑选自己中意的小鸡儿，或买或赊，一般买便宜些，因为喂养过程中可能有损耗，也可能认定的小鸡儿性别有出入。有的人家喂的小鸡儿是自家养的老母鸡孵化的，老母鸡孵化小鸡俗称“抱窝”。公鸡多被宰杀食用，大都在中秋节和春节期间杀掉。

养鹅鸭。鹅鸭主要是靠近河边湖汊的人家喂养，早上把鹅鸭赶出家门，晚上赶回家里。喂养鹅鸭主要是为了母鹅母鸭下蛋，鹅蛋鸭蛋带有腥味，一般不直接食用，放盐水里腌制成咸鹅蛋咸鸭蛋，到时候从盐水里捞出来煮熟，是一道经济实惠的小菜。

村内许多人家养长毛兔，有的户喂养七八十只。长毛兔被毛密度大，毛丛结构明显，毛纤维有波浪形弯曲，在兔体上不易缠结。母兔腰背平直，臀部丰满宽圆，性情温顺。平均每胎可产崽 6 只，最多 12 只以上。养长毛兔主要是为了卖兔毛挣钱。每只成年兔每年能产毛 750~900 克，优良品种可达 1000 克以上，收益可观。

渔业生产习俗

孟家庄东临浚河支流白马河，与大王庄水库近在咫尺，1988 年以前村东村南环绕着 20 余亩水汪，村西还有两三个因村民挖土垫猪、牛、羊圈形成的水塘。周边溪流河汊里的鱼虾没有主人，谁都可以捕捞。捕捞鱼虾用的工具有撒网、端网、戳网、地笼子等。撒网有一根总纲，网底有铁坠脚，适合在相对较大的水域捕捞。捕捞时将网用力撒在水面上，网在坠脚的重力作用下迅速下沉，把鱼罩在里面，这时撒网人牵拉渔网总纲，把网拖上岸来，将网中的鱼一一摘下，放到挂在腰间的鱼篓里。端网高不足一米，宽不足两米，两侧串在木棍或者竹竿上，适合在面积较小的浅水汪里捕捞。捕捞时弯腰端着网，网底贴着水底地面朝前赶，一直赶到岸边端起，鱼虾就在里面了。戳网网口是圆形的，固定在圆形铁圈上，铁圈又固定在一长杆上，见到水里有鱼时，须眼疾手快，用力戳去，然后迅速端出水面，能不能捉到鱼，关键全在一戳上。地笼子有方形的，有圆形的，由多个钢筋焊成的方形或圆形的骨架间隔一定距离支撑着渔网，看起来像一个长长的笼子，使用时笼子里放置一些牛羊骨头之类作为鱼饵，然后将笼子放到水里沉在水底，一般头一天晚上放到水里，第二天一早提出水面收拾鱼虾。山区水面有限，渔业资源有限，不能支撑起一个职业，只是偶有小获以作生活调剂。当地民间对热衷于捞鱼摸虾的人向来瞧不大起，认为是不务正业，所以有句俗话说：“捞鱼摸虾，饿死一门家。”

林木花草种植习俗

村里有600亩山林，主要有松、柏和杂树林。孟家庄人非常珍视这片山林，由于管理严格，保护有力，一代一代的孟家庄人封山造林，辛勤培育养护，这些地方森林茂密，空气新鲜，景色如画，现在已经成为林场的一部分，管理更加严格。

孟家庄自古以来有在四旁（田旁、村旁、路旁、宅旁）植树的习俗，并且很早就知道利用各种质地不同的木材制造生产工具、治疗疾病和饲养畜禽。

自20世纪60年代，就在村东南岭地种植了60亩苹果。改革开放以来，在镇党委、政府倡导和扶持下，又特别加强了果树栽培。先后发展过苹果、山楂、葡萄、黄桃等，最多时果树种植面积达到五六百亩。春暖花开之际，万紫千红，分外妖娆。为观赏果树繁花盛开的景象，镇政府举办“桃花节”。除此之外，还在地边沟旁种植白杨、槐树、柳树、楸树、桑树等。

村里家家户户都有自己的庭院，旧时院子周围都栽着高大的枣树、榆树、椿树、楸树、杨树、梧桐和低矮的花椒树、香椿树，院子里面大都栽着一两棵石榴。民间有“前种榆，后种槐”的说法。老百姓称榆树籽为“榆钱子”，据说把它种在门前，主人可以发财。因为桑与丧谐音，所以都忌讳在门前种桑。

绝大多数人家都在院子里养花种草，像菊花、兰草、月季、牡丹、海棠、杜鹃，等等，都是孟家庄人喜欢种植的花草。

手工业生产习俗

最常见的工匠有木匠、石匠、铁匠、泥瓦匠。也出现过染匠、篾匠、剃头匠。其他工匠如裁缝匠、鞋匠、银匠、铜匠、锡匠、补锅匠、白铁匠、编匠、窑匠、锢炉匠、扎彩匠、皮匠、箍桶匠、戗剪子磨菜刀的工匠等，孟家庄虽然没有，但因生活所需，也常和他们打交道。

木匠是生活中最不可缺少的工匠。木匠有粗细之分，专门修建房屋的是粗木匠，打制家具、农具等器物的是细木匠。木匠做活，一切都按尺寸来，因而有歇后语：“木匠打孩子——深浅有数”，“木匠打孩子——有尺寸的”。孟家庄的木匠有咸化太、咸化本、孟庆月、孟庆明、孟庆珠、孟庆亮、李绵山等。

铁匠推着二把手小车，带着工具，走村串乡，招揽生意。每到一地，支炉生火，拉起风箱，烧红铁料，徒弟抡大锤，师傅敲小锤，在一阵叮叮当当声中，坚硬的铁块转眼之间被锻打成各种铁器，就像变戏法一样。除了打制、修理农具和用具之外，铁匠还兼挂马掌。孟家庄的李绪训一家，从其祖父李如秀开始，连续三代人当铁匠。

石匠也有粗细之分，粗石匠主要是开山取石，他们的技艺精到处，在于辨石脉、选石场、打炮眼、下钻。他们山中取石，就如砍瓜切菜一般。细石匠主要从事对石料进行精细加工的工作，他们施展技艺的天地非常广阔，其中的许多技艺如今已发展成为工艺品制造艺术。石匠有高宗运、高西军、孟宪增等。

随着生活方式的改变，有些行业已

经消逝，如锔碗锔缸的，但是“没有金刚钻，别揽瓷器活”之类的俗语，却依然在生活中使用。

商业贸易习俗

村民商业贸易活动主要有如下几种形式：

行　商

行商又称游商小贩，俗称“做跑买卖的”，主要是指无固定摊点，到处流动经营的商人。村民的商业贸易活动以这种方式为最多，具体又有如下几种情况：

赶　集

距离孟家庄最近的集市是武台集。另外仲村、保太、蒙阴县的常马、联城（大庄）集距离孟家庄也都不远。是孟家庄人经常赶的集。离的最近、去的最多的集民间称之为“首集”。孟家庄人

李锋在武台年集上
（王庆安摄于 2018 年 2 月 11 日）

的首集是武台，但是具体到每一个人又不完全一样，一般把自己觉得赶着顺利、盈利多的集作为首集。

村里常年在集上摆摊售卖货物的商人不多，孟昭存一家曾经多年在集上卖烧饼、油条，李绪方曾经在集上卖茶叶、百货。更多的是季节性售卖，在收获季节将自家种植的粮食、蔬菜、水果、喂养的畜禽等运到集市上出售。

赶集不仅为售卖货物，也为购买自家所需物品。集市上各色货物齐全，可谓包罗万象，让人应接不暇。但是看似混乱实则有序，根据货物品类划分成一个个片区，民间称之为“市”或者“摊子”，如“菜市”“粮食市”“柴火市”“猪肉摊子”“海货摊子”等，售卖或购买者目的性很强，一般直奔相应的“市”或“摊子”而去。去到却不急着买卖，先一个摊子一个摊子问价，买货的叫作货比三家，卖货的则可以根据问来的价格为自家的货物定价。遇到自己中意的物品，往往对货主指出货物的各种不足，货主并不生气，俗话说“褒贬是买家”。经过一番讨价还价，货主觉得尚有盈利，买家觉得已经便宜，或者货有所值，即可成交。如果货主觉得低于进货价格，或者刨去运费等花销已经无利可图，便不再降价，会客气地说：你到别处再看看吧。民间有个歇后语，叫“少钱不卖——到价了”，说的就是这种情况。即使买卖不成，双方也客客气气，叫作“买卖不成仁义在”。

当然也有人赶集啥也不买，只为感受集市的热闹，民间称之为“赶闲集”。这种人一般不问价，四处闲逛，心情淡定而悠闲。还有的专在有艺术情趣的摊子（书画、捏面人、糖画、乐器）前停留观赏，或者喜欢看戏曲、歌舞、马戏、魔术杂技等的表演，属于有文化情怀的闲人。

与集市相类似的交易形式还有庙会。庙会，也称庙市，每年定期举行一两次，相当于超大规模的集市，所以能够在庙会上买到平日集市上买不到的东西。庙会文化气息比一般集市浓郁，有各种游乐活动，比如说书的、唱戏的、变戏法的、耍猴的……比一般集市更富有文化气息。离孟家庄最近的庙会是玉皇山庙会，但是规模却不比武台的集市大。

周边还有一些"山会"。山会一般分为春季山会、秋季山会，根据山会所在地物产特点，往往以买卖某些特定物品为主，比如"骡马会""牛羊会"等。

串村收购或叫卖

孟家庄周边村庄大量出产花生、金银花。村里许多人在周边村庄收购过花生米、金银花。村民李绪会早在 1980 年就从泗水收购花生米卖到蒙阴，又从蒙阴收购花生油卖到泗水方便面生产厂家，赚取差价。并且以串村收购贩卖积累原始资本，在此基础上成就了更大的事业。

村民李绵增、李绪财、李绪班等都收购过金银花。2018 年新上任的村主任李华年轻时曾以自行车为工具去泗水县常林镇买大米，再到蒙阴县常马乡一带串村叫卖。至今还有七八人常年在外收头发辫子。

1990–2012 年，村民李继保曾经肩挑茶叶在周边村庄走街串巷叫卖，每天可卖茶叶 10 余公斤，获利 30 多元。

商业贸易活动往往是相互的，孟家庄人到处游走经商的同时，周边村庄的游商小贩也到孟家庄地盘上经商做小买卖。其中最为常见的有：

货郎，担着挑子串乡，货郎挑子一般一头是一个小巧玲珑的货架，上面挂着各种货样，有针头线脑、雪花膏、梳头油等，是大姑娘小媳妇的心爱物。另一头是货箱，货物藏在里面，也可以当座位用。货郎不吆喝，手里拿着一个"货郎鼓"，"货郎鼓"碗口大，有的是一个小鼓，有的上面一个小锣下面一个小鼓，左右各有软线锤，可摇出许多花点。每到一地，货郎反复摇动"货郎鼓"，大姑娘小媳妇就会围拢过来。

锢炉挑儿，俗称"锔锅、锔碗、锔大缸的"。旧时村民生活困难，锅碗盆缸等用具摔、碰破了不舍得扔掉，找地方放起来等锢炉匠人来时给补。锢炉匠肩挑锢炉挑儿游村串巷招揽生意。锢炉挑儿的一边是工具箱，内有三层小抽屉，最上一层是各式各样的锔子，中间一层放锉子、钻头等小家什，最下层放铁锤等大件。锤有三把：一把作锻打之用，最大最重，一把中号的砸锔子，最小号的一把，一端呈斜面，专门往器具上打锔子。挑子的另一边是风箱，大小与工具箱差不多，用它吹风生火，打制锅锔或钻头。还有一个很小的铁炉子和铁砧子。铁砧子有巴掌大，上面一个半圆形的弧形，一边是一个平耳朵，另一边有一锥形的小尾巴。锢炉挑儿上挂着三把钻。一把是拉钻，两只手并用，一手按，一手拉；一把是武钻，一只手拉，腾出一只手做其他的动作，使用这种钻的都是手艺高超的老锢炉匠；第三把叫弓钻，是专门锔锅用的。锢炉匠都有一把很特别的刷子，是用鸡翎（翅膀上最长的羽毛）制作的，其作用是刷洗旧锅碗盆上的泥沙、灰尘等。锢炉拜师学艺，一年就可以出徒。学徒期间学习拼、合、扎、固、钻、钉、锔等工艺，师傅不给工钱，管饭，出徒时，师傅给徒弟置办一副挑子行头。干锢炉匠必须踏实、心细、有耐性，俗话说“没有金刚钻，不揽瓷器活”，既是指锢炉匠要有好工具，也是指锢炉匠手艺必须高超才能立住脚。每到一村，锢炉匠沿街高喊“锔锅，锔盆，锔大缸……”村民便将需要修补的器具拿出来请锢炉匠修补。进入21世纪以来，随着生活水平提高，锅碗盆缸等破了要么扔掉，要么卖破烂，锢炉匠人已经失业。

磨刀磨剪子的，肩扛一条长凳，长凳固定一块磨石，边走边喊：“戗剪子咻——磨菜刀——。”

收破烂的，旧时一般不挑担，背负一麻袋，以收购破布为主。一种吆喝：“收破烂——”，另一种吆喝：“乱——头发，换——洋火！”旧时农村妇女都有一个“梳头匣子”，每年梳头收拾的头发，都积攒在这匣子中，积有相当数量，即可从这类小贩那里换取一盒两盒火柴（俗称洋火）。近年则开着三轮车，车上放一个小喇叭，反复播放录音，收购各种废旧物品。

近年来，经常有人开着三轮车或者小型四轮货车进村卖各种食品、水果、器具。均使用喇叭反复播放录音，录音内容不尽一致，有的直接呼喊销售物品名称：鞋垫子、鞋油、鞋胶、老鼠药、蛇蚤药、粘鼠板、香皂、肥皂……

坐商

所谓坐商，就是店铺经营，因为经营过程中，经营者大部分时间都是坐等客人上门，所以叫坐商。

店铺经营有固定的营业地点、时间和经营项目。传统的坐商分为大店和小铺两种，后来又出现了一种新型的经营形式——超市。

孟家庄农资商店
（王庆安摄于2018年3月17日）

孟家庄的店铺，比较早的有于逢俊开办的西饭铺子、于逢明开办的肉铺、孟继瑞开办，延续至孟广信、孟昭存、孟宪强的北饭铺子、李如秀创办，延续至李继武、李绪训的铁匠铺和宪昌母亲咸氏创办的豆腐坊。其中，西饭铺子、肉铺是典型的店铺经营；北饭铺子虽然名曰饭铺，其实主要加工售卖烧饼、油条，并不经营其他饭菜，后来又发展到赶四集，可谓兼具行商性质；铁匠铺虽然家有店铺，但是经常游村串乡招揽生意，也算兼具行商性质。豆腐坊加工的豆腐肩担着游街串巷售卖，也兼具行商性质。

高级社至1980年实行家庭联产承包责任制期间兴办的店铺大多是加工作坊兼作商铺。有大队的挂面坊、木匠铺、油坊、面粉、棉花加工厂、各生产队创办的豆腐坊、挂面坊、粉坊、皮匠铺等。真正纯粹的商铺是供销社的代销点，时称门市部。

改革开放以后，店铺明显增加，至2018年4月，共有店铺10家，其中超市4家、豆腐坊、挂面坊、理发店、饲料批发店、机械维修加工、花木销售各1家。另在武台镇驻地有建材商铺1家，在外地开办的店铺10余家，其中经营掉渣饼的店铺七八家。

经营店铺的人家，在准备开办店铺的时候，讲究给店铺取个好名称，多带有吉祥、兴隆、信义的含义。

店铺招徕顾客的方法是悬挂招幌。招幌，又称幌子，最初指的是酒店的酒旗，后来泛指悬挂在店门口或立在门前的各种标志物。招幌的作用，在于标明经营项目，宣传自己的经营特色。

招幌的形式多种多样：有的店家直接悬挂出售的商品，如卖麻的店门首挂一束长麻，卖棉花、代客弹棉花的以网装一团棉花悬挂门前，修车的铺子于路旁树一木桩悬挂一只车圈，毡鞋店悬挂一只毡鞋，草帽店则悬挂草帽。有的店家悬挂商品模型，蜡烛店作木蜡烛悬门前，卖酒的则挂一木制涂银粉代锡酒壶的标志。有的店家挂文字招牌，如茶叶店挂块菱形木牌，上写一个大大的“茶”字；对于不能悬挂的液体类商品，比方酒店或油铺，就挂个酒葫芦或油瓶。灯笼、霓虹灯也常被商家用作招幌。有以特殊物件、特殊标识为幌子的：理发店以红蓝相间条纹为行业标记，或绘门前墙上，或作圆形电转标识，一望便知为理发店。

孟家庄金融服务场所
（王庆安摄于2018年2月17日）

一般文字招牌有表明货全的，如药店的“丸散丹膏，参茸饮片”；有宣扬货好的，如茶叶店的“清润肺心，香气宜人”，酒店的“太白遗风，陈年老酒”；有以便宜相号召的，如小饭铺的“家常便饭，经济小吃”；有夸耀信用的，如“货真价实，童叟无欺”；也有宣传店铺历史长有传统产品的，等等。

其他如卖点心的在包裹外加招贴（俗名“果子贴”），印年画的在一边一角印上字号，甚至有的把印着店铺字号的美人画广泛送人，使招幌深入千家万户，这就很有些像现代意义的广告宣传了。

在相当长的一段时间里，人们比较尊重坐商，称他们为“老板”“经理”“老总”，对行商则不够尊重，称他们为“商贩”“游商小贩”“二道贩子”。随着社会发展，人们思想不断解放，经商行为由销售转变为贩销结合，慢慢又发展到将工匠的作坊发展为工厂，已经显现出工商一体化的趋势，其商业贸易习俗也不断发生变化。

第五节　游艺娱乐习俗

孟家庄的游艺娱乐活动，发生年代很早，具有丰富的历史文化内涵。

玩打仗

在抗日战争时期，孟家庄是八路军的游击区，再加上中华人民共和国成立后若干革命战斗电影的影响，20 世纪 70 年代的男孩子们最热衷的游戏是玩打仗。开始之前是司令员参谋长的一通角色安排，接着是队伍的脚步声和号子声。谁家准备垫猪圈的一堆黄土坷垃，大块儿的被搬到路上垒了战壕，小块儿的被当成手榴弹扔了个路满。“战斗”并无事先安排的严格章法，直至尽兴而罢。偶尔也有真把“战士”打伤的时候，甚至不得不家长出面协调解决。但是那样的游戏依然是许多人美好的回忆。

溜　冰

村南早年有一个面积 20 多亩的水汪，村西也曾经有过几个面积不小的水塘。每年冬天严寒时节，水面凝固成坚硬厚实的冰面，是天然的大溜冰场。村里的男女老少，都到那里去溜冰娱乐。

溜冰不需要什么玩具，而且简单易学。初学者一般在靠近岸边的地方学习。大都是家长教孩子，或者哥哥姐姐教弟弟妹妹。一旦学会，慢慢练习熟练了，就可以到离岸较远的地方去溜，速度越来越快，可以享受那种飞翔的快感。

溜冰有很多花样，有打滑、双脚轮番倒替滑、转圈滑等，也可以几个人进行比赛。

年龄小的孩子，可以弄一块木板或者纸壳，蹲或者坐在上面，由大人用手拉着或者在后面推着滑动。

滚铁环

滚铁环游戏盛行于二十世纪六七十年代。玩具由两部分组成，一是铁丝或铁皮构成的圆环，一是推铁环用的长柄或者顶端弯成“U”形的铁丝或铁钩子。玩时手持铁钩，推一个圆形铁环向前跑。

滚铁环可以单人玩乐，也可以集体比赛。有竞速、障碍（如绕树丛、过独木桥）、接力等比赛项目。参加游戏者右手持长柄，将铁环置于“U”形槽内，人跟在铁环后头快速奔跑。铁环便在地面滚动起来。

滚铁环最好在平坦的路面，或坡度不大的草坡。高手们即使在山路或凹凸不平的村内，也能行走自如。

最有意思的项目是集体比赛。比赛时一般比谁推得远、推得快，铁环倒地为输。

比赛开始参赛者设定一个目的地，然后一齐出发，看谁能最快到达终点。场地上，铁环快速滚动，围观者大声呐喊加油助威，场面最是热闹。若谁的铁环跌倒在地，或停滞不前，则马上被淘汰出局。

弹琉璃蛋儿

所谓“琉璃蛋儿”，实际上就是玻璃球儿，该游戏一般男孩子玩。弹球时，要用大拇指、食指、中指配合夹住主球，由大拇指将球弹出，以击打球次数的多少得分。游戏时，先在地上画五个长方形的小格子或者挖五个小坑，叫“锅儿”，离“锅儿”3 米多远画一条横线，而后游戏者在距离相等的地方往横线处扔球，离线最近的一方先弹。弹球者要尽快地把球按顺序弹入五个“锅儿”中，入完所有“锅儿”的称为王，王重新在横线处弹球，那些还没成王的，谁被弹着谁就输。因此在成王过程中，每个人尽可能把对方的球远远地弹离“锅儿”边，不让对方成王。而一旦每个人都成王，那么几个王则要混战，弹中对方的球可以接着弹，直至将对方的球弹出横线为赢，赢的球归胜者。最后会剩下一个王，这一盘就算终止，再玩下盘。弹球看似简单,但要求掌握准度和力度，并且有相应的技战术，何时进攻，何时防守，具备一定章法套路。男孩子们在游戏中还创造出“定子儿”“偏子儿”等如同击打台球那样的实战技巧，弹球成为一种情趣盎然的智慧型游戏。

踢毽子

毽子由一小块布、一枚铜钱和七八根鸡毛或布条制作而成。鸡毛最好是雄鸡的，又长又好看，也好踢。商店里也有现成的毽子卖。游戏开始前，踢毽者先约定踢毽技巧。各人或各方依次按照约定技巧踢毽，完成数量多者胜。游戏花样繁多，可以单人踢、双人踢，也可以多人踢,还可以玩踢毽过河。单人踢、双人踢时，均以完成数量定胜负，完成数量多者胜。

多人踢时，参加游戏的所有人或者围成一圈，或者相对而立，或边走边踢，轮流踢毽，使之不落地。毽子在谁身旁落地，谁受罚。踢毽过河时，要先分出甲乙方，分别立于界河两边，一方踢毽过河，对手必须在毽子落地前，或首次落地弹起时踢回去，否则对手得一分。积十分一局，五局三胜制。

跳皮筋

跳皮筋用的道具皮筋是用橡胶制成的有弹性的细绳，长 3 米左右，皮筋被牵直固定之后，即可来回踏跳。可三人至五人一起玩，亦可分两组比赛，边跳边唱非常有趣。先由俩人各拿一端把皮筋抻长，其他人轮流跳，按规定动作，完成者为胜,中途跳错或没钩好皮筋时，就换另一人跳。

跳皮筋主要以下肢动作为主，加以手臂和身体其他部位的配合,主要有挑、勾、踩、跨、摆、碰、绕、掏、压、踢等 10 余种腿部基本动作。跳时皮筋高度从脚踝处开始,逐渐向上移动到膝盖、腰、胸、肩头、耳朵、头顶,然后举高“小举”“大举”，难度越来越大，跳者只许用脚不许用手钩皮筋，边跳边唱着自编的歌谣。

翻棉单

翻棉单主要是女孩子玩的游戏。道具就是 0.6 米左右长的一段毛线或者线绳子。把线绳的两端系上。一般都是两个人玩。玩时把绳子在手上有规律的缠绕几道，另一个人用手指挑起，按下，就把绳子绕到了自己的手上。能够玩出许多花样，如屋子、碗、面条、大树、蚊子等，既锻炼手指的精确，又锻炼大脑的灵活。

放风筝

风筝种类繁多，有动物形状类，如蝴蝶、鹰、金鱼、蜻蜓等，也有想象中的动物，如龙、凤凰等。植物形状类，如莲花、葫芦等。人物形状类，如孙悟空、美人、童子、戏剧脸谱以及传说中的仙人——寿星等。也有动物和人物配合在一起的，如“仙鹤童子”；也有吉祥寓意的，如“连年有余”。物品形状类。如扇子、花篮、三角、四边、五角、六角、八边形等。字形风筝，如双喜字、福、寿字等。

村民放的风筝大多是民间艺人制作的廉价风筝，也有自己制作的风筝。这类风筝的特点是结构和画面都比较简练，色彩和图案比较明快、粗犷，充满着浓厚的生活气息和乡土味。

放风筝的时间主要是在春天的清明前后，秋季也有放的，但比较少。一般都在田中进行。医学认为：在春日里放风筝，有疏泄内热、增强体质的好处。因为，冬天里人们久居室内，气血郁结、精气封藏，往往内热积聚，代谢减弱。当春天到来时，人们沐浴着阳光，在芳草如茵的野外放风筝，呼吸新鲜空气，舒展四肢筋骨，既促进血液循环，扩张毛孔，有利于泄热散郁，又活动了筋骨和臂腿肌肉，增大了肺活量，有助于促进代谢，增强身体素质。放风筝还能驱除疲劳和健脑益智。在放风筝时，手臂要牵拉动作，腿脚要奔走移步，眼睛要仰望遥视，注意力要集中在凌空翱翔的风筝上。在和煦的春风里，蓝天里的风筝五彩缤纷，千姿百态，上下翱翔，令人心旷神怡，疲劳顿消，陶醉在大自然中，享受着运动的乐趣。

拾子儿

也称“抓子儿”。道具是直径 1 厘米左右的圆球形石子，每五个石子为一副。玩时先把石子撒在地上，用两根手指捏起一个石子扔向空中，然后翻手去拾地上的石子，并把拾起的石子放到另一只手里，再翻过手来把从空中下落的石子接住，然后把刚刚接住的石子再次扔向空中，再翻手去拾地上的石子。拾的花样很多：可以一次捏起一个石子，可以一次抓起两个石子，也可以一次捞起三个或四个石子，并且每一次拾的时候嘴里还唱着相应的歌谣。等到把所有的石子都拾到另一只手里后，就把手里的石子再撒到地上，开始新的一轮。一个人可以连续拾好多轮，直到出现失误时才让给别人拾。如果拾的时候没从地上拾起来，或者拾起的数目不对，或者接石子时没有接住，就是失误了，得让给别人拾，等到别人出现失误时再轮回来。失误少者为胜利者。

跳　房

也称“跳方”“嘎方”（有地方称单脚跳为“嘎”）。至少两人参加。玩时先在地上并排画六个（也可以是八个或十个）方格，用一碎瓦片（石片或沙包也可）作“瓦儿”。参加者排定顺序后，第一位站在方格外，将“瓦儿”抛于第一方格内（出格称“瞎了”，压界线称“压杠”，都属于犯规），然后单脚跳动，并用脚将“瓦儿”踢向下一格，六个方格依次全部跳过后，再将“瓦儿”抛入第二个方格内，将五个方格依次全部跳过，依此类推，六个方格全部跳完后，可以背对方格，将“瓦儿”从头顶向后抛出，“瓦儿”落在哪一格，哪一格即为胜者的“房子”，这叫作“盖房子”，再跳到自己的“房子”时，可以落脚休息。如果在跳的过程中双脚落地，也属于犯规，犯规者要让给下一个跳，直到排在自己前面的人犯了规时，才能接着跳下去。最后以每个参加者盖房子的多少决定输赢。

老鹰捉小鸡

游戏开始前，先分担角色。一人当老母鸡，一人当老鹰，其余的当小鸡。小鸡依次在母鸡后牵着衣襟排成一队，老鹰站在母鸡对面，作捉小鸡姿势。游戏开始时，老鹰叫“噢——西——”，作赶鸡动作。母鸡身后的小鸡作惊恐状“咯咯咯咯，咯咯哒——”。老鹰再叫“噢——西——”，便转圈去捉母鸡身后的小鸡，母鸡连忙伸开手臂左右阻挡，众小鸡在其身后左躲右闪，前跑后退，并发出“咯咯咯——”的叫声。老鹰在捉小鸡时，用手拍着肩膀者便是被捉到了，就从小鸡的队伍里退下来。若老鹰累了，站着休息一会儿，母鸡就会带着众小鸡一齐逗喊老鹰“老鹰，老鹰，转转，给你个小鸡看看”，老鹰被激怒后，便会叫着“噢——西——”捉起小鸡来。等到母鸡身后的小鸡全都被老鹰捉光了，一场游戏便结束了。然后重新分担角色，再开始游戏。

摸大瞎

摸大瞎游戏多在晚间室外场地上进行。参加游戏的人数不限，一儿童当“瞎子”，玩时众儿童集合在一起，以出手拳等方式决定扮“瞎子”者（用手帕将其双眼蒙上）。游戏开始后，众儿童分别推拥“瞎子”，并说：“瞎瞎，这里有瞎。”“瞎子”即凭听觉根据说话声和脚步声像摸鱼似的摸追推拥他的儿童。如捉住后，被捉者即扮作“瞎子”，继续游戏下去。

捉迷藏

孟家庄称捉迷藏为“藏有儿”或“藏有有儿”，也有的叫“收家”。参加游戏的人数不限，多在天黑以后进行。游戏前先用以下的方法分工：众儿童以右手握拳相叠，并握住下面一人伸出的食指。然后，自下而上一个个抽出，谁抽到七谁就充当捉者。再由另一个儿童自愿出来用手从背后捂住捉者的眼睛，并负责监督捉者不让他作弊（如偷看或起动过早），其余的儿童则各找隐蔽的地方躲藏起来。当估计众儿童都已藏妥时，捉者就会大声问："藏好了吗？"如果有谁还没有藏妥，就会大声回答："还没吩，再等一会儿！"如果捉者问后没有人回答，捉者就会通知众儿童道："藏好了我就去找啦！"于是便开始找起来。如果他找了一阵子还没有找到一个人时，藏没的儿童就会从各自的隐蔽处自动出来，跑到一个预定的地点，摸住一个预定的实体，并且一面跑一面喊"收家"，以招引捉者来堵截。如果某儿童在跑的半路上不被捉住，他就算"过关"了，不许捉者再捉他。如果儿童在半路上被捉住，或者待在藏的地方被捉者找到，这个儿童就要充当下一局的捉者（同时，捂眼的儿童也另换一个），本局藏有儿游戏就算结束。这样一局一局地藏有儿，直到兴尽而止。

丢手绢

玩时首先选出一个丢手绢者。其余人向内围坐一圈，丢手绢者在圈外走动，边走边唱歌谣："拉，拉杨叶，谁回头，是个鳖。"然后伺机将手绢丢在某人背后，并走一圈回来抓住他，被抓者受惩罚。双方互换角色。若坐地者发现身后手绢，则急追丢手绢者。后者可以占据前者位置。互换角色。

过家家

男女儿童皆可参加，人数多少皆可。玩过家家游戏时，有的儿童当"爸爸"，有的当"妈妈"，还有的当"爷爷""奶奶""外公""外婆""哥哥""姐姐""弟弟""妹妹"以及"叔叔""婶婶"，等等。各儿童承当的角色由众儿童自己商量决定。游戏的方式主要是模仿大人过日子，模拟干一些家务活（如"做饭""哄孩子""买菜""洗衣服"等）以及抱着"孩子"（"孩子"多由枕头等充当）去医院"打针"，给孩子"喂奶""吃药"等。这种游戏活动在客观上起到了培养生活角色的作用，游戏在儿童中盛行不衰。

打沙包

打沙包的主要方式有投接沙包和夹沙包两种。投接沙包的玩法是：在地上画出两条平行线，相距 10 米左右。或长方格。分出甲乙方，用"剪子、包袱、锤"决出投方与接方，或自由商定。接方站在平行线中间，投方站在两条平行线外，分别用沙包、或皮球、或毽等投掷接方。被击中者，与投方互换角色。或接方在空中接沙包，得 1 分；接方被沙包击中而未接住，减少 1 分。少于 0 分者，"死"，或分数过多时也"死"。与投方交换角色。团体赛时，接方全体都"死"时，与对手交换角色。接方达到预定分数时，为一局，交换角色。

夹沙包的玩法是：双方隔线而立。团体赛时，各出一人。用"剪子、包袱、锤"决出上场顺序。上场者先用双脚夹住沙包跳起，并甩向对方。对方用同样方法把沙包甩回来。有时候也可以向后甩沙包。或一起向前甩沙包。或一方用脚甩，对方用手接沙包。不能一下将沙包甩到对方一侧者负。团体赛时，由其队友接替夹沙包。或接住沙包，双方互换角色。

打脑儿

打脑儿是孟家庄一带特有的方言，所谓“脑儿”，是一种玩具，是在一个木头削制的圆球上缠绕毛线或者橡胶皮条制成的富有弹性的小球。打“脑儿”的玩法与打沙包类似，先在地上画出两条平行线，相距 10 米左右。或长方格。分出甲乙方，用“剪子、包袱、锤”决出投方与接方，或自由商定。接方站在平行线中间，投方站在两条平行线外，分别用“脑儿”投掷接方。被击中者，与投方互换角色。或接方在空中接“脑儿”，得一分；接方被“脑儿”击中而未接住，减少一分。少于 0 分者，“死”，或分数过多时也“死”。与投方交换角色。团体赛时，接方全体都“死”时，与对手交换角色。接方达到预定分数时，为一局，交换角色。

打　瓦

打瓦又称“打阎王”，一年四季皆可进行，深受男孩子的喜爱。打瓦所用之“瓦”要结实耐打，多用坚硬的小石片。玩打瓦游戏的场地多选在广场或宽平的大街上。游戏之前，先在场地上划上相距 10 余米的两条平行线，一条是打瓦者站立的准线，前面的另一条线则按一定的要求摆上四块砖或石板供击打。这四块各有名称：中间的一砖叫“鼻子”，它两侧的两块叫“耳朵”，它后面的一块叫“阎王”。打瓦游戏多为五六个儿童玩，多几人也无妨。游戏开始后，众儿童按先后顺序一个个站在准线上，用手中的“瓦”去击打四块砖或石板中的一块。四块中，“阎王”最难打，凡能打中“阎王”者便是这局比赛的“司令”。技巧高超的男孩能抛出手中的“瓦”，使之越过“鼻子”而击中“阎王”；或者使之从“鼻子”和“耳朵”的空隙中穿过而击中“阎王”。如不能打中“阎王”而打中“鼻子”或“耳朵”也算胜利，但却不能当“司令”。如若任何目标都打不中，则必须听从“司令”的命令，让打中“鼻子”和“耳朵”的男孩扭住耳朵，在自己的头上弹儿下或者自己讲一个笑话，以示惩罚。有些当“司令”的男孩喜欢恶作剧。没打中者受到弹头或罚讲笑话后仍不允许，这时打中“鼻子”和“耳朵”的男孩就要继续扭住受罚者的耳朵，唱道：“打铜鼓，吹洋号，问问司令饶不饶？”“司令”说：“不饶。叫他再学狗叫（或鸡叫等）。”此时受罚者只有遵命去作才行，否则便是犯规。但这类惩罚不能超过三次。玩这一游戏时，往往围着很多人看热闹。笑声和喊叫声不绝于耳，气氛极为欢快有趣。打瓦游戏对训练儿童们的投掷力很有帮助。

打翘子

打翘子游戏是一种男孩子玩的游戏，在二十世纪七八十年代特别流行。游戏的工具由“翘子”和“翘杠”组成。“翘子”用木头制作，最好用枣木或者槐木、榆木等质地坚硬的木头。制作时将一段直径 5~8 厘米、长 10~20 厘米的坚硬木棍两端用刀或斧头砍削成尖即可。“翘杠”实际就是一根长约 60 厘米、粗细合适、握着顺手的木棒。

打翘子有多种玩法，可以一两个人玩，也可以多人玩。比较常见的玩法有两种，比较豪放的玩法是在空旷平整的场地或者宽阔的街道上，把翘子放在地上，蹲下身子用翘杠敲击翘子前端尖细部分，当翘子飞起来半米高左右时，用翘杠全力击打翘子中间部位，翘子便呼啸着向前飞去，以翘子飞出的距离远近定胜负，也可以以连续击打翘子不瞎的次数多少定胜负。

另一种玩法则比较精细。游戏开始前用“剪子、包袱、锤”决定出场顺序，然后在平整的地面上用翘杠画出类似于“跳房”的许多空格，将“翘子”放在第一个空格外面。玩时先用翘杠轻轻敲击翘子前端尖细部分，当翘子飞起来 20 厘米高时，用翘杠轻轻敲击翘子中间部位，使翘子进入第一空格，如果翘子能准确进入第一空格，则重复以上动作，使翘子进入第二空格，以此类推，使翘子依次进入所有空格。翘子不能准确进入应该进入的空格者负，换对方上场。

抽陀螺

孟家庄村民称为“抽黏黏转子”。有打陀螺、陀螺过河、撞陀螺、打陀螺越障等多种玩法。打陀螺时，游戏者各打自己的陀螺，使之旋转。规定抽打次数。陀螺旋转时间长者为胜。陀螺过河的玩法是双方共打一个陀螺。以线为界，努力把陀螺打到对方一边。陀螺在哪一边停止旋转，哪一边失败。撞陀螺分甲乙方，决出攻守方，有时守方只有一人：用绳子接住抛起的陀螺者为胜方。或用上述“打陀螺”决出胜方攻击，负方防守。守方放出自己陀螺旋转，攻方用自己陀螺撞击守方陀螺。双方各打己方陀螺，互相撞击。攻方陀螺将守方陀螺撞出界线，或撞倒，且己方依然旋转者胜。否则，双方互换角色。撞中，但未将守方撞出界者，后退到更远处击打。旋转时间长者胜。打陀螺越障时，各打陀螺上坡。或跨越小障碍。陀螺停转，就地重打。陀螺先到达坡顶或终点者胜。

打　拐

游戏开始前，先分出甲乙方。或一人设擂台，其他人攻擂。游戏者各自左脚立地，手扶右腿盘在左腿前，膝盖朝前，形成“拐”。用拐进攻敌方。或拐在腿后，用肩膀撞对方。或拐在腿后，用膝盖攻击对手。斗拐者跌到、或拐脱手为负。集体游戏时，队员全部落拐一方负。

斗　草

斗草游戏是趣味性、知识性较强的娱乐活动，深受女孩子们喜爱。一种玩法是两人持草（花、树叶等）相斗，每人两手各持草（花、树叶）茎（柄）的一端，并使双方的草（花、树叶）茎（柄）相勾搭，然后皆用力去拉，谁的草（花、树叶）茎（柄）被拉断就为输家，反之则为赢家。还有一种比技巧和运气的斗草游戏。冬天时，折取湖边芦苇丛中的藜蒿杆草秆，将其在一个平面上折成多角的“之”字形，然后在“之”字向下的锐角处勾挂另外一根“之”字形草秆。这样一根接一根地勾挂下去，看谁挂得多。

还有一种名为“割豆腐”的斗草游戏，方法是，取三棱草长茎一根，相斗的两人（多为儿童）各持一端，破为两半，一齐朝草茎的中间部位劈去。至中心部位时，交换其中的一股，再向两边拉开去。最后若是劈拉成正方形者称为“小子”（当地人小男孩为小子），运气最好，为全胜；若是劈拉成“H”形者称为“闺女”，运气次之；若是劈拉不能成此两种形状，则运气不佳，视为全败。

还有一种斗草玩法，参与者不限，各自奔赴田间沟坡采集植物样本，一枝一叶一株均可。然后会齐于某处（一般为一株大树荫下，或一干净巨石之上），比一比谁收集的多。某人拿出一个品种，其他人中亦有者不计分，缺者计 1 分，累计分多者为输家。

下　棋

当地非常流行象棋。围棋爱好者也比较多，儿童玩的动物棋、跳棋也渐渐时兴。民间曾经流行“五虎”“憋死牛”等棋类游戏，乡间连黄口小儿也能熟练为之。憋死牛，又叫“老虎吃食”，画棋盘为区形，双方各于横边置子二枚，每人一步，被逼至走投无路的那一方为输家。

打　牌

最为流行的玩法有“打百分”“争上游”“勾级”“保皇”等，不分男女老少，都能玩上几把。

争上游扑克玩法比较简单，游戏人数可多可少，牌数可根据人数增减（至少一副牌，可以去掉大小王）。玩时首先约定游戏规则：第一个拿到红桃或者黑桃 3 的玩家先出牌、四张或四张以上点数相同的牌为炸弹、八张点数相同的牌为导弹等。每局游戏先出牌的玩家，可以出任意的牌型，然后其他玩家依次出牌。轮到出牌时，可以选择“不出”或出比上一个玩家的牌型大的牌。如果一个玩家出牌后其他玩家都选择放弃，则该玩家获得自由出牌权，可以出任意大小和牌型的牌。先将手中牌出净者为赢家。

“勾级”打法据说是由青岛人在 20 世纪 70 年代末期发明的，由 6 个人用 4 付扑克进行，特别强调联邦配合的一种扑克娱乐活动。又写作“够级”“勾击”或“勾机”。其主要特点是参加打牌的六人中，按照座位间隔分为敌对的两个“联邦”，每个“联邦”三个人，同一个“联邦”的牌友称为“一伙的”，另一个“联邦”的牌友则被称为“对头”或“对门”。打牌过程中本联邦的牌友互相照顾，对敌对联邦的牌友则毫不留情。

保皇扑克一般是五个人玩，一个皇帝，一个保子，然后剩下的三个是平民。在保皇游戏中，有的是明保，有的是暗保。暗保的玩法最是有趣，因为谁是保子需要用心研判。判断准确，就打对了对手，判断不准确，就打了“本家”，而牌技高超的玩家往往真真假假、虚虚实实，令人难以判断，对初学者的智力是非常大的考验。

第六节　信仰和禁忌

孟家庄原本在西周以主祭蒙山立国的古颛臾国域内，民间有绵绵不绝的道教传承。中华人民共和国成立以前，村民受封建主义、帝国主义和官僚资本主义三座大山的压迫，生存艰难，无法掌控自己的命运，只能求助神灵以获安慰，民间广布着复杂的信仰习俗，但大多属道教范畴。中华人民共和国成立后，村民开始接受系统的唯物论教育，绝大多数村民放弃了有神论，将对祖宗的感恩怀念与对神仙的顶礼膜拜区分开来，逐步确立起马克思主义世界观，能够比较客观地观察世界、认识世界，将对未来幸福的争取寄托于自己的奋发努力上，把命运掌控在自己手中。出于对历史事实的尊重，本着“前事不忘，后事之师”的愿望，今将孟家庄人过去的信仰习惯、生活禁忌以及陈风陋俗略记于下。

信　仰

神灵信仰

玉皇大帝。村东不远有玉皇庙。据说玉皇大帝姓张。玉皇大帝的生日是正月初九，玉皇庙在这天举行庆祝活动，还举行庙会，周围远近村庄的村民都来赶会进香，在玉皇大帝面前烧香祈求风调雨顺好年景。玉皇庙庙会活动近年仍在举行，但其主旨已发生迁移：村民参与更多的是为了娱乐消闲，而不是拜神求福。

王母娘娘。地位仅次于玉皇大帝。民间认为她是玉皇大帝的妻子，相当于人间的皇后。据说她能够制造琼浆玉液和长生不死药，并拥有蟠桃园，园中的蟠桃三千年结一次果，吃了可长生不老，被称为“仙桃”。传说农历的三月初三是王母娘娘生日，天庭在这一天为她举行盛大的寿宴，接到邀请的神仙都赶到天庭祝寿，王母娘娘请众神仙吃蟠桃，民间称为“蟠桃会”。这天王母娘娘不吃荤腥，为她准备的供品都是素的，如点心、水果、馒头、豆腐等。可以准备三样，或准备一样，但是准备一样时个数应该是三个。

山神。山神是主宰一方山林的神灵，但是不知道名姓和形貌。村民信奉山神，在山场西边曾有一座山神庙，现已倒塌，但房基可辨。有两通倒地的清末石碑在。人们祭祀山神时通常祈祷山神管好自己的“狗”（其实指的是狼），不要让它们出来祸害人和家畜。祭祀时在庙里摆供烧香焚纸，念叨祭词。

龙王。村里没有龙王庙，一般不单独祭祀龙王，也没举行过求雨活动，但是都知道有龙王，知道龙王能够行云播雨，也知道河神就是小龙。村里还有黑龙秃尾巴老李的传说。

东岳神。村民称东岳神为“泰山老爷”，据说“泰山老爷”的生日是三月二十八，但是并不举行祭祀仪式。有的人家墙上安“泰山石敢当”。

土地爷。土地爷是地方保护神，被称为“一村之长”。村里有土地庙一间，庙址在村东河边，低矮简易，里面供有土地老爷和土地奶奶的塑像神位。传说农历二月初二是土地爷生日，人们在这天祭土地神，向他供炒的豆子，焚香烧纸，祈求农业生产丰收。孟家庄有俗语“土地老爷还有个二月二”。有人去世时必定到土地庙去“擢汤”。“擢汤”时，要烧纸祭土地爷，请求土地爷对死者关照。

门神。村民对门神的敬奉方式主要就是过年时在大门上张贴门神，过年期间与诸神一起享受祭祀。除了春节期间对门神的祭祀，一些特殊的日子也祭祀门神。结婚时新娘初次进门，初生婴儿出行等，都要祭奠门神，请他行方便。

灶神。灶神俗称“灶君”“灶王爷”。家家户户将他的神位供在锅台旁边。通常是在灶台前的墙上贴灶王爷的神像，也有的贴灶王爷爷和灶王奶奶的二人像。神像两旁有一副对联“上天言好事，回宫降吉祥”，横批是“一家之主”。传说灶神的职责是监督全家人一年的言行举止和善恶，到年终上天向玉皇大帝报告，然后由玉皇大帝给予赏罚，同时还有保佑一家老小平安的功能。对灶王最重要的祭祀是辞灶。时间在腊月二十三晚上，在锅灶边墙前灶君像下摆放一张矮方凳，凳上摆放香炉、煮熟的猪肉、灶糖，一个酒杯。凳前放一匹用秫秸梃子插制的马，放一点麸子（用以喂马）、一刀火纸。辞灶时点香，供肉，奠酒，将墙上的旧灶君像揭下，连同马和火纸一并烧掉，一边烧一边口中念叨：“腊月二十三，打发灶君老爷上西天，多说好话,少垫闲言,再待七天回来过新年。”然后磕三个头，燃放鞭炮，将凳上的供品和酒杯撤走，只留香炉，香炉中的香燃尽不续。待到二十九或者三十贴春联时一并将新买的灶君像贴在锅灶边墙上，除夕晚上再在香炉插香点燃，并且摆放油炸或者炒熟的豆腐、煮熟的方肉、耦盒等三样供菜和一刀火纸。

财神。孟家庄供奉的财神是关羽。以前村头有关帝庙，后来被破坏，近年在白马河东建了一座简易的关帝庙。村里做买卖的人家多，许多人家里供着财神，每月初一、十五和重要节日都给财神上供烧香。

送子娘娘。村民信奉的送子娘娘是观音菩萨，也称“观音老母”。玉皇庙里有观音殿。祈子求孙的妇女们经常到观音殿求愿。一旦愿望实现,就去还愿。还愿时带供菜到庙里烧香、放鞭炮，有的将大红布披在观音老母塑像上，称之为“挂袍”。还有些妇女缝制精美的绣花鞋送到观音老母神像前。

火神。村民称火神为“火神老爷”，不知其姓甚名谁，村东玉皇山上的玉皇庙里有火神殿，以正月初六为火神生日。事先寻一处闲宅，村民自愿出资，有专人安排购买香、纸、供品，布置神堂并操持祭神事宜。一般神堂北墙上，正对着屋门处，张贴火神像。火神形象相貌凶狠，三头六臂，并有风火轮、火葫芦、火印、火剑、火弓等火器配备，酷似神话传说中“哪吒”的变形。火神像前摆放供桌，供桌上摆放火神牌位、香炉、供品等。正月初六下午，祭神人员为主，村民自发参与，敲锣打鼓，扛着红旗，有时到村东玉皇山火神殿前，有时到村东通往玉皇山的路上，请火神进村过生日，仪式程序与请家堂类似，端着簸箕，烧纸，点香，放鞭炮，磕头。返回时将点燃的香放在簸箕里，依然敲锣打鼓。进家后，将点燃的香插到火神牌位前的香炉里，然后摆放供品。祭神人员自此不离神堂，村民不断前来祭拜，从自家带纸、香，或者把钱交给祭神人员代为致祭。当晚村民纷纷到神堂陪伴火神，情形亦与请家堂类似。次日早晨送火神，依然敲锣打鼓，扛着红旗，情形与送家堂类似。

太岁。太岁是凶神。据古籍记载，太岁统领诸神，为百神之首，故民间对其非常敬畏。传说太岁的行宫在地下，而且不断变换方位。民间认为不能与太岁相冲撞，否则有凶事发生。“太岁头上不能动土”是流行的俗语，所以“太岁头上动土”就成为胆大妄为、敢于冒犯冲撞的代语。如果谁在太岁头上动了土，就会挖出一种会动的肉块，即太岁的化身，动土之人必遭灾祸。孟家庄人对太岁的信仰主要体现在建房时，要请人推算太岁方位，避免与之冲撞。

护家神。村民认为，一个家庭日子过得好，必定是有护家神保着，所以要在家里给护家神安供桌。护家神主要有两位，一位是财神，一位是观音菩萨。供桌一般安在客厅东北角。供桌上供奉着护家神塑像或者牌位，塑像或牌位前放一个香炉，有的还摆放供品（多为水果），每月初一、十五和重要节日都要为护家神烧香磕头。

柴仙。村里许多人家院子里建有柴楼，一般是在庭院僻静一角搭一小房，大小如狗窝，形制如小庙。柴楼里面供奉的是柴仙。柴仙其实就是狼。供奉柴仙主要就是祈求狼不要祸害自家人和畜禽。因孟家庄地处蒙山深处，村东有白马河，村西有马金沟，早年林密狼多，常顺河沟进村侵扰。村民由怕生敬，希冀以供奉狼头的方式与之达成和解，获得平静安宁的生活。如今世易时移，以狼为代表的猛兽已逐渐消失，许多人家已不清楚供奉柴仙意义何在，但供奉柴仙的风俗还是保留下来，柴仙庙也越修越精致，成为名副其实的柴仙“楼”。

民间在漫长的历史过程中形成了众多神灵，作为个体，普通百姓知道的有限，但对所有神灵都心存敬畏，一般在年节或者重要活动（婚嫁、丧葬）需要祭祀神灵的时候，另外准备一部分香和纸钱，写一个“天地全神之位”，或者在地上另外画一个圆圈，留一个门，一边在圆圈内焚香烧纸，一边口中念叨：所有的各路神仙，都到这里来使钱，保佑我们全家平安。人们相信“心到神知”，觉得他们对所有神仙都敬到了，神仙就不会难为他们。

其他信仰

祖灵信仰。在村民的意识里，自己亲人去世后，其灵魂依然不死，而且能够庇佑子孙后代。基于此认识，村民对亡灵有非常隆重的祭祀仪式。最隆重的祭祀首先表现在丧葬仪式中。丧葬仪式项目繁多，礼仪复杂，每一个项目都竭尽所能表现对亡灵的敬畏（详情见“人生礼俗”之“丧葬礼俗”）。对祖灵隆重的祭祀还表现在春节期间的请家堂活动中（详情见“岁时节日习俗”之“春节”）。

风水信仰。受传统和地域文化影响，村民信奉风水，年龄越大信奉的人越多。他们相信一个地方的风水能影响人的未来发展。旧时建房前必定请人看风水选址。后来宅基地由村里统一规划，个人挑选的余地不大，不以本人意志为转移，此观念有所淡化。但在丧葬活动中死者墓地的选址依然遵从旧俗，为亡人选择风水宝地下葬，认为那样能为亡人后代带来好运。会看风水的人一般师徒相传，轻易不对人解释原理，只笼统讲一些易经八卦、阴阳五行等含糊道理，常常让人难辨真假。

吉日信仰。吉日俗称“好日子”，选择“好日子”称择日，亦称择吉术，是从易学发展出的术数信仰。择吉术涉及生活的方方面面，在婚嫁、建造、出行、开张、祭祀等活动中尤其受到重视。选择婚日主要依据女方生肖生辰。建造房屋主要是选择打地基的日期、上梁的日期和入住的日期。

禁　忌

岁时节日禁忌

春节期间忌争吵骂人，忌打碎器物，认为新年打碎器物是不好的兆头，打碎器物时，说“岁岁（碎碎）平安”或“旧的不去，新的不来”。如果打碎的是锅等重要器物，要在天黑后将碎片扔到废井中，扔完掉头就走，不能回头。正月里忌有丧事，尤忌大年初一家中有人去世，万一真有，均谎称是初二去世。正月忌剃头，俗话说“正月不剃头，剃头死舅舅”。出嫁的女儿忌在娘家过年，忌年三十晚上和初一住在娘家，据说已嫁女儿在娘家过年会把娘家吃穷住穷。正月初一忌睡懒觉，认为这天睡懒觉一年不勤。未出嫁的闺女忌给父母磕头拜年。早餐忌吃米饭和糊涂，认为这样一年里将会麻烦，糊涂。忌吃鱼肉，吃素馅饺子，否则一年不素静。忌讲不吉利的话，认为大年初一说的话会应验。忌洗碗刷锅扫地，忌倒垃圾，认为会将财气洗掉扫走，不能聚财。忌读书，否则会眼盲；忌动针线，忌裁剪，否则来年妇女活计多，会生“忙病”，意思是越忙越生病。忌讨债，否则对双方都不利。初一忌打井水，认为这天是井龙王休息日，打水会惊扰井龙王休息。忌在别人家吃饭。忌吃药。初五以前忌推磨。大年初二下午送家堂，未出嫁的姑娘忌跟着上林。正月初三新出嫁的姑娘带着新女婿回娘家，新女婿准备的礼忌单数。初二以后开始走亲戚，忌主家将礼品全留下，要留一部分压篮子或包袱，往往另外放一些赠送的东西。正月初五忌出门。初七忌动针线，因为初七为人日，“人日动针线，专扎婆婆眼”。初八忌转，凡能转动的工具如纺车、碾、磨等都不能使用。初十是石头生日，忌搬动石头，忌动碾、磨、石臼等器具。正月十五晚上忌家里黑灯瞎火，角角落落里都要掌上灯。新媳妇忌观娘家灯，俗谓“看了娘家灯，要死老公公”，意思是已婚女儿不能在娘家过正月十五。妇女忌做针线。

二月二忌妇女动刀剪针线，怕戳了龙眼。忌推磨，怕压了龙头。忌挑水，忌搂草。日出前忌出屋门，怕出门“踢了囤尖”，丰收无望。忌喝面条，据说喝了面条会见长虫。寒食忌动烟火，须吃冷食。

五月忌修房盖屋，认为修房盖屋会长秃子。五月初五端午节，忌家门口不插艾。五月十三为雨节，传说是关公磨刀的日子，忌动刀。

立秋当日忌去河、汪洗澡，否则会长“秋狗子”（指痱子之类的东西）；立秋后忌吃甜瓜，有俗语说“打了春的萝卜立了秋的瓜，死了老婆还走丈人家——是那个事不是那个味了”。七月十五忌到处乱走，尤忌出远门。据说此日鬼魂出来游走，怕碰到鬼。九月忌套棉被。据说九月套棉被犯九女星，不吉。

十月忌无霜。认为十月里不下霜，次年有灾荒。

腊月二十三辞灶日，又称“过小年”。忌对灶王不敬。民间认为辞灶后，诸神升天，百无禁忌。因此，多选择此时嫁娶，不怕礼数不周众神怪罪，称为“乱岁”。年三十忌说气话、粗话。包饺子时忌失手落在地上，晚上煮饺子时忌把饺子落到锅台上。请家堂时忌骑车或坐车，要步行前往祖坟。忌将去世不满三年的人和祖先一起供奉，要另写牌位单独供奉。祖先请来后，供桌两边的座位忌人坐。为祖先准备的供品中，有一种是煮熟的方肉，煮方肉忌放盐。半夜敬天发纸时做供品的饺子忌用肉馅。祭神灵时忌喊孩子名字。

生活生产禁忌

孕育禁忌

妇女怀孕后，忌吃兔肉、狗肉、驴肉、鲜姜、螃蟹、雀肉、辣椒、葱、蒜；忌吃生长异常之物，忌喝酒。孕妇忌看丑恶肮脏之物。忌爬高、提重物和抬手臂举高，恐孩子流产。忌孕妇在场时往墙壁、门窗、家具等上面钉钉子，恐伤着胎神。忌孕妇动剪刀、针线、锥子，忌剪断或扎穿衣物。忌坐石臼，恐婴儿出生时为“腚生”，即孩子出生时臀部先出；忌坐绳子，恐孩子出生时脐带绕颈；忌倒坐门槛，恐生孩子时难产；忌进葡萄架下，怕生葡萄胎；孕妇洗衣服忌多用水，恐生产时胎水多。雷雨天气忌孕妇出门。孕妇忌骑牲畜，忌推碾。忌在孕妇房里房外搬动器物，忌在孕妇房屋周围拴牛羊马猪等牲畜。孕妇忌参加丧事。孕妇忌参加婚礼，不能靠近新娘，不能触摸新娘的轿子、嫁妆之类物品，不能到洞房里去，不能坐新人的婚床，也不能出席婚宴。孕妇忌见产妇，忌踩产妇的血泊。孕妇忌去寺庙拜神，恐冲犯神仙。打井、建灶、上梁时忌孕妇在场。忌妇女在娘家分娩，万一在娘家生孩子，丈夫必须用牛将自家院子耕一遍破解。民间有“借死不借生”习俗。意思是说房子可以借给人给死人出殡，却不能借给人生孩子。认为让外人在自家生孩子,自家的“福气”会被新生子带走。也认为产妇的血给自家带来晦气。旧时妇女一般都在自家生产，分娩时忌开门窗，忌男子进产房，孕妇的丈夫也不例外。未出嫁的姑娘、寡妇、戴孝之人忌进产房。产妇忌在床上分娩，认为会冲犯床神，对产妇和孩子不利。孩子生下后，忌用剪刀剪断脐带，用秫秸篾割断，因为剪子与“减子”音同,怕对孩子不利。产妇临盆后血水忌随意乱泼。胎衣忌随便处置，男孩胎衣埋在磨盘底下，女孩胎衣埋在栏圈里面；忌让人践踏，忌让狗刨出来吃，忌让虫蚁蛇爬。如果婴儿生下来为死婴或生下不久夭折，忌进自家祖坟。产妇产后一个月内忌开门窗，不能吹风，身上要捂得严严实实，怕得“产后风”和“月子风”。产妇尽量不下床，不出屋门，俗称“坐月子”。产妇不出满月忌串门。产妇忌碰冷水，否则会落下腰酸腿疼病。忌吃鸡鱼，认为鸡鱼是“发物”，产妇吃了会流血。忌吃生冷食物，忌吃辣，怕孩子吃了奶会上火。忌喝茶，怕“岔奶”。忌吃豆角、干煎饼，也是怕“岔奶”。产妇忌梳头、洗脸、洗澡、刷牙、剪指甲等。月子里忌夫妻同房。产妇忌参加葬礼，即便亲生父母去世，也不能让产妇知道，怕她因悲伤身，落下月子病。孩子降生一个月内，忌生人上门。月子里产妇卧房内外忌有大声响，怕婴儿受到惊吓。孩子不出满月只吃母乳，忌吃别的食物。婴儿穿的上衣忌封边，认为那样阻碍孩子成长，毛边的衣服使孩子“有长势头”。舅舅在孩子满月时给孩子铰头发，铰下的头发用红线拴成两束，掖到舅舅鞋底，让舅舅踩在脚下面，意思是以后舅舅能管住外甥。孩子满月后，姥姥家来叫满月，称“挪臊窝”“挪屎窝”，忌讳产妇和孩子不请自去，一定要娘家人来接。一般是由孩子的舅舅来接，到了姥姥家后，忌姥姥过来接孩子，必须妗子过来接，认为姥姥接孩子会“赖姥姥”，在姥姥家好生病。去姥娘家住满月不能时间太长，一般三两天即可。据说在姥娘家住的时间太长也会“赖姥娘家”。孩子过一百天时忌讳说“百日”,称为“百岁”。孩子的父母忌说自己的孩子长得俊长得聪明，特别忌讳说自己的孩子身体好、壮实、从来不生病之类的话，怕被神灵听见认为是说狂话，越想好越不得好。

婚嫁禁忌

同姓男女未出五服忌成婚，有亲戚关系的男女忌差辈通婚，否则有乱伦之嫌。旧时表亲婚是常见的婚姻形式，民间认为“亲上加亲，辈辈亲，打断骨头连着筋”。但是，表亲婚中忌骨血倒流，指的是舅家的儿子不能娶姑家的女儿。男女婚配忌双方属相冲犯、八字不合。男方向女方送聘礼,礼品数目忌单喜双，取意“成双成对”“好事成双”。大定以后双方都忌悔婚。婚期一般由男方择定，再去征求女方意见。忌女方主动要求婚期。婚期忌无春之年，也就是当年没有立春日。有两个立春日的年份也忌结婚。本命年忌结婚。服丧期间忌结婚。结婚日期忌定在“爷娘月”“公婆月”“媒人月”，即不能在爷娘、公婆、媒人的生日月份结婚,不然会克爹娘、公婆、媒人。新娘月经期忌碰上婚期，一般要避开或采取措施使其提前或拖后。具体婚期取双忌单。婚期选定后，男女双方开始忙着做嫁娶的准备工作。男女双方为结婚准备衣物被褥时忌请寡妇、孕妇、后代不旺和服孝的人参加。结婚用的喜被在缝制时忌绾扣打结，否则将来小两口之间会疙疙瘩瘩。男方布置洞房“铺床”人忌选择与新人属相相克之人。新房布置好后，忌空房，由新郎的胞弟或堂弟陪着在新床上睡，称“压床”。送嫁迎嫁忌用与新人属相不合者，忌用寡妇、孕妇和服孝者。还有“姑不接,姨不送,姐姐架出一身病”的说法。是说新郎的姑姑不迎嫁，新娘的姨不送嫁，双方的姐姐都不搀扶新娘。新娘父母不送嫁，不出席男家喜筵。新郎去接新娘时花轿不能空，要找一个父母双全聪明伶俐的男童坐，称为“压轿”。用轿车迎亲后称“压车”。新娘上轿前娘家嫂子做一碗汤面，新娘忌不吃或吃完，一般是吃一半留一半。新娘上轿时忌脚踏地，上轿后忌掉泪，在去婆家的途中忌说话。新娘出嫁途中忌大小便，出嫁前忌大吃大喝。花轿中途忌落地，轿夫累了可以换人或换肩，实在不行，可以用轿撑子撑住轿杆稍作休息；花轿忌在途中遇上另一家娶亲的，万一遇上，双方的送客交换预先准备好的顶针或手帕；到婆家后，新娘脚忌沾地，要踩着红毡或麻袋进入洞房。新婚之日，新娘从出家门上轿、到婆家过门、入洞房，整个过程中忌回头，不然以后会改嫁，因为旧时把改嫁的妇女称作“回头”；新娘坐床忌说笑。新婚之夜，新人喝过“合卺酒”后，不能再走出屋门。新婚之夜忌无人闹洞房，认为“不闹不旺相”。长辈和大伯哥忌闹洞房，一般是弟侄辈中的人闹。闹完洞房后新人就寝，屋外忌无人偷听新郎新娘说私房话，认为“人不听鬼听，人听传喜，鬼听传忧”。若没人听房，婆婆就在新房窗外放把扫帚，上面搭件衣服，假装有人在偷听。新郎新娘忌新婚之夜不说话,据说两人不说话,将来生的孩子是哑巴。又有新郎先说会生男孩，新娘先说生女孩之说。

丧葬禁忌

人去世忌说“死”，忌在老人和病人面前谈论死亡，也忌当面与他们谈论料理后事。忌死在大年三十和正月初一。忌在五月、六月、十二月死人，民间常以死在“大腊月里”和“五黄六月”诅咒人。忌老人在晚饭后死亡，认为凌晨去世对子孙后代有利，是把三顿饭都给子孙留下了，以后不愁吃喝；而晚饭后去世的老人则被认为把三顿饭都吃走了，让下辈人没有好日子过。人在临死时忌没有做完自己想做的事，忌眼前没有亲人，或自己想见的亲人不全，不然不能安心地闭眼，称“死不瞑目”。平日里说某人死时身边没人“送终”是非常狠毒的话。忌老人死在里间卧床或偏房里，一定要在老人临死前为其净面净身更换寿衣，然后将其挪到正屋明间。尤忌老人没换寿衣就死在里间卧床上，认为阳间的衣服到了阴间不管用，穿了也等于没穿，称此为“老人光着身子走了”，是大不孝。死者穿的寿衣忌用缎子，缎子与“断子”音同。忌用兽皮毛料，否则，死者转世变为兽类。寿衣忌双数，一般是三、五、七、九身。停放日期也忌双日，一般为三天、五天、七天。去亲友家报丧者一般为丧家近亲晚辈，报丧时忌在亲友家吃饭。死者小殓后，脸上蒙白纸或黄表纸，称“蒙脸纸”，蒙上以后忌再揭开。死者脚跟下放一盏豆油灯,叫“长明灯”“照尸灯”。这盏灯白天黑夜均不能熄灭，一直燃到发丧为止。停丧期间，忌猫接近尸体、灵柩。民间以为猫等动物靠近尸体会引起诈尸。“送魂”途中，乐班演奏肃穆悠远之音乐，孝子孝眷缓缓前行，忌有人哭泣，恐亡魂听到哭声悲伤，以至走错了路或舍不得离家而去。棺材忌用柳木制作。棺材做好后忌随意移动。棺材忌放在潮湿处。忌双日发丧，怕发“重丧”。入殓时死者不能见天，要在死者上面罩着被子或被单抬入棺材内。盖棺时，除死者最亲近的人外，其他人要后退几步甚至退到别的房间，不能让自己的影子关入棺材，否则就认为魂魄与死者一起也被封入棺材中，对自己的健康不利。出了嫁的闺女入殓盖棺时必须有娘家兄弟在侧表示满意方可盖棺。入殓以后忌雨打棺材，否则子孙后代会遭贫寒。俗语说“雨打棺材盖，子孙没有被褥盖”，“雨打灵，辈辈穷”。忌在院子里停灵。安葬路上遇雷雨视为不吉。丧期忌穿着孝衣进别人家门，孝子孝眷忌穿颜色鲜艳衣服，男子忌理发、剃须，女子忌擦脂涂粉，忌说笑，通常是非丧事不谈，忌喝酒吃肉，忌进行房事，忌过问丧事花费料理事宜，一律由丧事里柜做主。吊丧亲友忌将火纸拿进别人家门，如果碰巧路过某户人家有事，要将火纸放在大门外才能进去，否则会引起主人不快。摔老盆忌一次摔不碎。出殡途中，除路祭外，棺材忌再落地。棺材忌抬不平。墓穴底部忌用石头砌，认为石头扎不下根去。灵柩抬进坟地忌慢行，一进坟地就要快跑到墓坑,称为“抢穴”，以防风水宝地被仙家狐怪抢占。下葬时，忌站在墓坑边上，避免人影入墓坑。安葬时一般讲究高处为头，低处为脚，称“头枕高山脚蹬水”。墓地忌外人随意动土、砍伐或钉楔砸桩，不然会破了风水，对子孙不利。掘人祖坟被认为是最阴损的行为。老人去世百日之内，丧眷忌去别人家串门，忌参加娱乐活动，忌和别人吵闹打骂，家中忌办喜事。三年以内不贴春联，或者贴蓝色对联。服孝期间不能穿戴红色衣服鞋帽，孕妇忌在腰间系孝带，恐对胎儿不吉。孝鞋上的白布忌用手扯破，应让其自行烂掉。初丧时缝在鞋面上的白布烂掉后，儿子、女儿和媳妇就穿用白布做的鞋,须穿满三年。

衣食住行禁忌

家中有老人忌穿白鞋，忌戴白色帽子和在头上绑白带子。丧葬期间忌穿红色衣服。衣服忌用四个或六个纽扣，应该用三、五、七等单数。忌衣服下摆毛边，因为丧服的下摆都是毛边的。上衣腰身忌短,要盖住臀部,以免露出腰腹的皮肤。忌在二月和八月做衣服，尤忌在二、八月做婚嫁服和被褥。忌衣服穿在身上缝补。忌歪戴帽子。忌反穿衣服，老人去世后为其穿寿衣时，一般由长子反穿在身上，然后脱下给死者套上，因此，认为反穿衣服犯凶事。另，旧时女子再嫁时反穿罗裙，步行到再嫁的夫君家。因此女子平时若反穿罗裙被视为不吉。忌穿别人衣物，认为“穿他人衣不安宁”。忌将夭亡孩子的衣物送人。女人衣服忌晾晒在过路的地方。忌男人穿女人衣服。男人忌从晾晒的女人衣裤下经过。

贴身内衣忌晾晒在显眼地方，也不能让外人触摸。女人与孩子的衣服忌在室外过夜。婴幼儿忌穿贵重衣服。

忌喝隔夜茶。忌吃无鳞鱼。忌喝半温不热的水。忌吃病死鸡鸭，忌吃蛇鼠等物。吃鸡时，忌小孩吃鸡爪。忌小孩吃猪脑。忌两人同吃一瓣蒜。忌两人吃同一个梨，因其谐音“分离”。未婚女子忌吃不见天的鸡蛋，就是杀母鸡时在母鸡体内取出的未成形的鸡蛋。幼儿忌吃鱼籽，认为吃了不识数。忌吃猫肉。待客时忌用狗肉。酒席上忌晚辈坐长辈位子。斟酒、茶忌酒壶和茶壶的壶嘴冲着客人，认为壶嘴冲客会有口舌之争。斟酒忌不满，斟茶则忌满。饭前忌用筷子敲空碗，以为饭前敲碗露“穷气”，因旧时花子讨饭时敲碗。吃饭时忌背对饭桌。上菜时忌晚辈先动筷，应由桌上的老人先夹“头筷”。吃饭时忌将筷子竖插在饭上，因为丧葬时供奉死人将筷子竖插在饭上。吃饭时忌咂巴嘴和发出响声。忌吃饭时将筷子伸到别人面前夹菜，忌筷子与别人的相撞。给人盛饭盛汤时忌将勺子外翻，因为勺子外翻是给犯人牢食的舀法。吃饭时间忌去别人家串门，串门到开饭时要及时离开，忌看别人吃饭。

选择宅基地忌低洼地带。房屋朝向忌坐南朝北。宅院地势忌前高后低，出门爬坡。忌院落住房正冲山丘、路口、河流；忌大门冲小胡同。实在无法避免时，可在适当位置放置“泰山石敢当”镇邪。宅基地一般选择正方形。忌院子成簸箕形，认为主失财，建院墙时，通常在院墙南端向里收几寸，使之形成斗形，认为这样能守财。建宅动工时要选择吉日。五月忌盖屋，认为五月是恶月、毒月，古语说“五月盖屋，令人头秃”，又说“五月五，忌上屋”。忌大门冲剪子股路，认为会被剪得人烟不旺。大门忌冲山墙，认为冲山墙出门碰到“山”，做事不顺利。打地基、苫屋忌选在初一、十五。忌房屋院墙比周围人家低，认为被压“风水”“运气”，尤忌紧紧相邻的两家中房檐压房檐。两家忌正对大门，通常要错开，称“斜对门”。如果不能错开，一定要两家大门同样宽，忌一大一小。厕所忌建在正屋左侧，即所谓的上首。忌在正屋檐下垒鸡窝。宅院内部忌门窗相对。院门前忌有双池，忌有坟头；忌有砖瓦窑。大门口忌冲碾。忌正房屋脊低于配房。屋后忌栽柳树，院中忌栽杨树。建房用梁喜用榆木，因榆梁谐音“余粮”，忌用桑木、槐木、楸木。忌在门槛上面砍剁东西。室内安床忌与房梁交叉。新房建成后忌空房，要尽快搬进去住，如不能马上去住，要先进去住两天，或将家人的衣服鞋子放一两件在新屋里，表示住上人了。搬家时忌太岁，要注意避开太岁。

忌煞日、黑道日、“杨公忌”日忌

出门。忌六月和腊月出门。出门忌带的钱粮少，俗话说“穷家富路”，意思是出门要带足盘缠。为了防贼，路上忌财帛外露。出行忌走夜路。赶夜路时听到有人喊叫，切忌应声，恐遭鬼祟。出行忌遇戴孝服丧之人，忌路遇殡葬队伍，万一遇上可将衣帽脱下，扑打数下进行破解，称为“散晦气”。忌公公随意进儿媳卧室；忌大伯哥随意进弟媳卧室，公公、儿媳以及大伯、弟媳之间尽量少说话，确实需要说话时要严肃。相互之间见面时要穿着齐整。妇女忌当着男性长辈面给孩子喂奶。成年男子忌常去寡妇家。忌男女同席，家中来客妻女不上桌。老年人走亲戚，忌留宿。俗话说“七十不留宿，八十不留饭，九十不留坐”，以免发生不测。家中来客，忌擦桌子、扫地。忌当着客人面骂狗和孩子，否则会被认为是“指桑骂槐”，客人会觉得尴尬。客人忌在主人家东翻西看，不能随意拉抽屉、翻衣柜，忌到灶间看准备的饭菜。吃饭时，忌客人先动筷。主人不动，客人则不动。送客时要送出大门口，不然被认为不懂礼，待人冷落。晚辈探望长辈忌在午后或黄昏时间，应于午前去。做客忌空手，客人走时，忌主人让客人空手而归；但探望病人时必须将礼物全部留下，忌将部分礼物压回。赠送礼品忌送人剪刀、雨伞，忌送人钟表。送礼忌单数，如送礼钱时，可以送二十、四十、六十、八十、一百，忌送三十、五十、七十，尤忌二十五、五十、二百五这样的数，因为“二百五、半吊子”是骂人的话。忌送亲友扫帚、笤帚之类的物品，如一定要送，可将物品从院墙里扔出去，到外面再捡起来送给客人。借别人药壶忌送还。

生产贸易禁忌

耕种忌违反农时，俗语有“人误地一时，地误人一年”之说。农谚有云“谷雨种花（棉花）大车拉，小满种花不回家”,“五月栽茄子,到老炒不了一碟子”。祭祀活动期间忌生产。麦子收到场里打麦时，忌向别人打听产量，表示产量高得没数。忌精确估算别人家的产量，尤忌往低里估算别人的产量。忌在地里夸自家庄稼长得好，怕被地母娘娘听见，放出虫子祸害庄稼。各行业都有自己的祖师爷，忌对祖师爷不敬的言行。与师傅同桌吃饭时，师傅动筷以后，徒弟才能拿筷子。师傅放下筷子，徒弟没有吃饱也要马上放下筷子。同门师徒有自己固定的活动区域，忌外来的同行匠人进入。木匠干活有“留活头”的习惯，完工后，有意留点没做完的小活，即使全都做完了，也要留下刨花让主家自己收拾。据说这样意味着“还有活干”。做棺材时忌“留活头”，要将下脚料刨花之类收拾得干干净净，否则会被认为咒人家再死人。石匠忌在正月初十干活。因为正月初十是石头的生日，怕触犯石神。石匠放炮采石时忌说狂话如“我放的炮没有不响的”“炮可别不响”“可别炸着人”等。修房盖屋时，忌对木匠、石匠招待不周，怕木匠石匠在屋上或墙上“使镇物”。

生意人忌早上向外借钱，中午 12 点以前忌退货换货，认为上午是进财的时间，往外借钱和退换货不吉。一般人不会在早上到别人家借钱。做买卖忌短秤。旧式秤一市斤为十六两，秤上十六个星代表天上十六个星，其中包括福禄寿三星。俗以为短人家一两会减福，短二两会减禄，短三两会减寿。遇到短斤缺两的卖家，顾客可以砸他的摊子，折断他的秤。卖牲口时忌卖或送缰绳，牲口卖掉以后，要将缰绳收回。民间以为绳子是“财引子”，卖牲口不留缰绳，等于自己没有留下财源。商家忌自己的招牌掉下来或歪倒，认为砸了招牌，晦气。店伙计忌背朝店门而坐，忌敲打账桌，忌冲店门口小便，扫地时忌从里向外扫，忌在店门口打哈欠、伸懒腰，俗以为这些行为会把财神挡在门外，发不了财。开药店和棺材铺、寿衣铺、花圈铺的生意人忌过度热情，忌说“欢迎再来”之类的话。

其他禁忌

男性忌41岁，认为41岁妨妻，逢41岁时通常说40岁或42岁。忌说73岁、84岁，民间有俗语说“七十三、八十四，阎王不叫自己去”。认为73岁和84岁是老人的两道坎。实际上是因为孔子和孟子去世时的年龄分别为73岁和84岁，人们认为圣人都活不过的岁数，一般人更不行。忌说100岁，到100岁时通常说99岁或101岁。50岁以前忌做大寿，认为做早了寿会“催寿”。为老人做寿有“做九不做十”的习俗。因为十是满数，怕满寿，另外，“十”与“死”音近。甲子年忌婚嫁。民间将甲子年称为“寡妇年”，逢嫁娶都提前或延期。俗以为甲子年是兵荒马乱之年，故有甲子年“过半年”习俗，意思是及早结束甲子年。本命年忌嫁娶。逢本命年穿戴红色内衣内裤或腰带避邪。

幼儿换牙时掉的牙忌随便扔弃，掉下来的上牙要扔在阳沟里，下牙要扔到房顶上。晚上忌梳头，说“晚上梳头鬼来揪”，意思是晚上梳头，头上长秃斑。

忌拔白头发，认为白发越拔越多。“打人不打脸”，轻易不骂人“不要脸”和“没脸没皮”。父母动手打孩子，打孩子的屁股，忌打头和脸。认为打孩子的头会把孩子打傻，打孩子的脸会让孩子失去自尊。忌女人眼睛下方长痣，称这种痣为“滴泪痣”。忌鼻两翼长痣，认为鼻翼长痣身体经常生病。女人忌嘴大，认为女人嘴大没福分。忌晚辈拍打长辈肩膀，认为是大不敬。长辈可抚摸晚辈的头以示疼爱，但忌晚辈触摸长辈头颅，被认为是冒犯。一般关系男女同行，除儿童外忌手拉手。忌直呼长辈姓名，更不能称其乳名，晚辈须依照辈分称呼长辈，如爷爷、奶奶、大爷、叔叔、大娘、婶子、姑姑等。进门忌踩门槛。未嫁女子忌将板凳歪倒坐其侧面。忌晚上剪指甲。忌用脚碰或踢神像、食物、炊具、衣物、人的照片等。

忌讳别人向自己吐唾沫，被吐唾沫者会觉得自己受到了侮辱，常会回吐表示报复。忌讳冲着别人吐痰。与人交谈时忌讳唾沫星子喷到对方脸、身上。忌讳看到和接触女人经血。忌讳直接说“病”字。有人生病，问候时常以“不如可”“不合适”“不舒服”“不舒坦”“不好受”替代。忌讳直接说“死”字。说到亲近的人死亡时常用“戒饭了”“老了”“走了”“不在了”“没了”“享福去了”

替代。对于自杀常用“想不开”“钻牛角尖儿”“寻短见”“喝药”“上吊”替代。有孩子夭折,家人常说“坑人”“不填还人”，或“叫神仙叫走了”在年节、婚丧仪式上，忌说不吉利话。如过年煮破饺子不说“破了”,要说“挣了”或“喜了（笑了）”；蒸馒头时，馒头裂缝，不说裂了，而说“喜得裂开嘴了”。过年摔碎了东西,要说“岁岁（碎碎的谐音）平安”。忌直呼神名，要在后面加敬语“爷”“老爷”“爷爷”“娘娘”“奶奶”“老母”等。如“灶王爷”“土地爷”“财神爷”“老天爷”“天老爷”“泰山奶奶”“泰山老母”“泰山老奶奶”或“泰山娘娘”“观音老母”“送子娘娘”等。年、节或者神灵生日时间买神像时不能说“买”，而要说“请”,比如“请财神”“请灶君”。给神灵烧纸说是给神灵“发钱粮”。

忌直呼狐狸、黄鼬、刺猬、蛇本名，而将它们称为“大仙”。称狐狸为“狐仙”“胡爷”，称黄鼬为“黄大仙”，称蛇为“小龙”“长虫”“长物”。有的人家将其供奉为“家仙”。

忌对神灵说大不敬的话，怕遭神灵“报应”。

第七节　方言土语

方言土语包括俗语、谚语、歇后语。形式灵活，内容丰富多彩，涉及生活的方方面面，语言淳朴而拙实，是人民群众集体智慧的结晶，具有浓厚的乡土气息和育人与文化传承功能。

俗　语

孟家庄的俗语，内容极其丰富，语言生动形象，地域特点鲜明，具有很强的表现力。

秋虫鸣，懒妇惊。
再要好，大敬小。
发不发，看娃娃。
前有车，后有辙。
民不告，官不究。
二八月，乱穿衣。
六腊月，不出门。
刀子嘴，豆腐心。
软的欺，硬的怕。
站得高，看得远。
拨一拨，转一转。
树挪死，人挪活。

能容小人，方成君子。
争着不足，让着有余。
吃着碗里，看着锅里。
物离乡贵，人离乡贱。
眼见为实，耳听为虚。
又想吃鱼，又嫌腥气。
敲锣卖糖，各管一行。
男女搭配，干活不累。
旧的不去，新的不来。
国有大臣，家有长子。
清官如水，贪官如泥。
起小看大，三岁看老。
一实为实，十实为虚。
不怕一万，就怕万一。
尺有所短，寸有所长。
比上不足，比下有余。
靠山吃山，靠水吃水。

宁为鸡头，不为牛后。
大难不死，必有后福。
站着般高，躺倒四齐。
人穷志短，马瘦毛长。
人前教子，人后教妻。
人口上百，形形色色。
人怕齐心，虎怕成群。
鳖在泥里，人在时里。
靠山山倒，靠墙墙歪。
灰没火热，酱没盐咸。
欠情不还，寝食不安。
千人议事，一人作主。
病从口入，祸从口出。
不懂装懂，到老傻种。
不怕人老，就怕心老。
阎王好见，小鬼难缠。

买卖不挣钱，回头看庄田。
留得青山在，不怕没柴烧。
多少当点官，强起扛铁锨。
想谁不见谁，怕谁遇着谁。
宁走十里路，不走一步险。
有理让三分，才是大人心。
不怕人不敬，就怕己不正。
锅大盖垫小，论哥不论嫂。
冻死迎风站，饿死不低头。
在家千日好，出门一日难。
上山打虎易，开口告人难。
叫天天不应，叫地地不灵。
秀才不出门，便知天下事。
自在不成人，成人不自在。
人比人得死，货比货得扔。
人往高处走，水往低处流。
人敬我一尺，我敬人一丈。
人不亲土亲，河不亲水亲。

富人一席酒，穷人半年粮。
米怕夹生煮，人怕愁上愁。
木不钻不透，话不说不明。
满壶水不响，半壶水叮当。
为人不见面，见面去一半。
不是一家人，不进一家门。
七十不留宿，八十不留坐。
错从错中找，差从差上来。
便宜没好货，好货不便宜。
打了盆说盆，打了罐说罐。
钱到公事办，火到猪头烂。
蛇无头不行，鸟无头不飞。
好事不出门，坏事传千里。
好事不背人，背人没好事。
一个吩咐的，顶十个干的。
病来如山倒，病去如抽丝。
是福不是祸，是祸躲不过。
没有金刚钻，别揽瓷器活。
没有百亩地，难打万石粮。
没有打虎艺，怎敢进山林。
宁拆十座庙，不坏一门亲。
有钱多买书，无事少赶集。
宝剑赠壮士，红粉送佳人。
易求无价宝，难得有情郎。
钱财如粪土，情义值千金。

有理走遍天下，无理寸步难行。
听过不如见过，见过不如做过。
明人不用细讲，响鼓不用重槌。
宁给好汉牵马，不给赖汉当爷。
宁在马前作揖，不在马后磕头。
休与小人为敌，小人自有对头。
羊有跪乳之恩，鸦有反哺之义。

养子不教如养驴，养女不教如养猪。

有地不种仓库虚。有书不读子孙愚。
小时不教成浑虫，长大不学成懒龙。
天冷不冻织女手，荒年不饿勤耕人。
好儿不如好媳妇，好女不如好女婿。
男人好吃要背账，女人好吃要上当。
不怕虎狼当面坐，只怕人前两面刀。
不怕吃饭挑大碗，就怕干活爱偷懒。
门前有马非为富，家里有人不算穷。
人在好时莫得意，鲜花再艳有败时。
将军肩上能跑马，宰相肚里好撑船。
一个鸡蛋吃不饱，一身臭名背到老。
一人说话全有理，两人说话见高低。
良言一句三冬暖，恶语一声六月寒。
常将有时想无时，莫待无日思有日。
弟兄不和邻里欺，将相不和邻国欺。
好娘不打留头女，好爷不打娶妻男。
害人之心不可有，防人之心不可无。
顶着鹅毛不知轻，压着磨盘不知重。
受恩深处宜先退，得意浓时便可休。
命里只有八合米，走遍天下不满升。
有钱的王八座上宾，无钱的君子下流胚。

不当家不知柴米贵
醉死不认那壶酒钱
心急喝不得热糊粥
弯刀子对着瓢切菜
小庙盛不下大神仙
小神担不起大香火
小洞不补大洞尺五
到老砍不出个犁撒
矮子面前不说短话
除了障眼法就是实法
剜到篮子里就是个菜
官不修衙门客不修店
鼻子臭不能割了扔了
天塌下来有高个子撑着
是骡子是马拉出来遛遛
听兔子叫唤不能种豆子
老天爷饿不死瞎眼雀儿
一个槽头难拴两头叫驴
嫁出去的闺女泼出去的水
骑驴的不知道挑脚的难处
挣仨板的不和挣俩板的搭腔
人家知道是驴不走还是磨不转
孙猴子再能跑不出如来佛的掌心
赶集上山，去就是一天。
家有万贯，带毛的不算。
细水长流，过日子不愁。
有敬怕的，没有吓怕的。
锦上添花，不如雪中送炭。
差一点儿，捞不着吸烟卷儿。
人都是敬怕的，没有讹怕的。
起了个早五更，赶了个晚集。
出上就是卖的，蔫油了是晒的。
高人门前站，不用打扮也好看。
穷时帮一口，强似有时帮一斗。
三岁不成驴，到老是个驴驹子。
有状元的学生，没状元的老师。
有狠心的儿女，没狠心的爷娘。
三十六拜都拜了，不差那一哆嗦。
狼吃了不心疼，狗吃了打出屎来。
张家长，李家短，七个鼻子八个眼。
龙生龙，凤生凤，老鼠儿子会打洞。
鱼找鱼，虾找虾，王八找个鳖亲家。
不怕慢，就怕站，一站就是二里半。
姑是姑，姨是姨，逮着姑夫当马骑。
人老奸，马老滑，兔子老了鹰难拿。
别靠前，别靠后，骑个毛驴占中游。
马大骡子大了值钱，人大了不值钱。

谚 语

孟家庄人勤劳勇敢，睿智诙谐，在长期的生产生活实践中创造、传承了大量的谚语。谚语内容极其丰富。大致可以分为三类：一是生产类谚语，总结生产经验，包括气象、时令、耕作技术、家畜饲养等内容，如“早霞不出门，晚霞行千里”“清明前后，种瓜点豆”“春雨贵如油”“八月十五云遮月，正月十五雪打灯”“蚕无夜食不长，马无夜草不肥，人无外财不富”等；二是事理类谚语，反映社会人情世态、讲述为人处世之道等内容，如“善有善报，恶有恶报，不是不报，时候未到”“严师出高徒”“人无远虑，必有近忧”“一个篱笆三个桩，一个好汉三个帮”等；三是生活类谚语，主要是总结日常生活各方面的经验，如“饭后百步走，活到九十九”“病从口入，祸从口出”“冬吃萝卜夏吃姜，不用医生开药方”“细水长流，吃穿不愁”等。这些谚语精炼概括，极富哲理，同时又形象活泼，饱含化育力。

气象谚语

雷打立春节，惊蛰雨不歇。

清明不清，不下雨就刮风。

夏至有雨三伏风，重阳无雨一冬晴。

小暑若刮西南风，农民忙碌一场空。

春寒雨水大，春暖百花魁。

吃了端午粽，才把棉袄扔。

过了芒种，不可强种。

交了六月节，龙王不停歇。

六月下连阴，遍地是黄金。

早立秋，冷飕飕。晚立秋，热死牛。

七月十五定旱涝，八月十五定收成。

八月初一下一阵，旱到来年五月尽。

八月十五云遮月，正月十五雪打灯。

重阳无雨盼十三，十三无雨一冬干。

一场秋雨一场寒，十场秋雨就穿棉。

大雪不封地，不过三五日。

冬至前，不结冰，冬至后，冻煞人。

不刮东风不下雨，不刮西风不晴天。

旱了东风不下雨，涝了西风不晴天。

月亮套在圈当中，不是下雨就刮风。

早晨下雨当日晴，晚上下雨到天明。

东南雨，上不来，上来就要淹锅台。

北面打闪，下雨不远。

春刮东南夏刮北，六月北风到不了黑。

星星稠，晒死牛。

久雨见星光，明天雨更旺。

红云变黑云，必定大雨淋。

烟往火里埋，不久有雨来。

日落乌云涨，半夜听水响。

缸穿裙，山戴帽，蚂蚁搬家蛇过道，大雨不久要来到。

羊群咩咩不吃草，大雨霎时要来到。

久晴雀噪雨，久雨雀噪晴。

鸡往高处跳，大雨快来到。

鸡晒翅，下透地。

鸡在高处鸣，雨止天要晴。

蚯蚓叫，雨来到。

蚂蚁垛高楼，大雨没有头。

蚂蚁满地跑，天气一定好。

青蛙叫得欢，必要阴雨天。

青蛙崖上跑，来雨下不小。

蠓虫子打脸，离下雨不远。

今晚蚊子恶，明天有雨落。

蝉不响，要变天。

鱼打漂，雨来到。

泥鳅向上翻，必定大雨天。

鲤鱼水里跳，有雨要来到。

雷公先唱歌，有雨也不多。

盐罐返潮，大雨难逃。

缸穿裙，雨淋淋。

雷击天边，大雨连天。

大风刮树头，雨水满地流。

大雾不过三，过三十八天。

黑云翻花，有雹到家。

猪衔草，寒潮到。

（月亮）初一初二不见面，初三初四一条线，初五初六月芽子，初七初八半拉子。

十五没有十六圆，十七十八少半边。

二十整整，月出一更。二十二三，月出正南。二十四五，月漫东屋。二十七八，月出一煞儿。

夏走十里不黑，冬走十里不明。

生产谚语

惊蛰不耕田，不会打算盘。

谷雨芝麻小满黍，过了立夏种上谷。

立夏前后种山药，枣芽发青种棉花。

夏至出蒜，不出就烂。

入伏不点豆，点上也难收。

头伏萝卜二伏菜，三伏荞麦来得快。

立秋摘棉花，白露打胡桃。

白露早，寒露迟，秋分种麦正当时。

七月核桃八月梨，九月柿子乱赶集。

霜降不出葱，越长心越空。

小雪拔白菜，大雪收菠菜。

冬天麦盖三层被，来年枕着馒头睡。

种地不上粪，等于瞎胡混。

东奔西跑，不如拾粪拔草。

庄稼不认爹和娘，精耕细作多打粮。

地要勤锄，场要勤翻。

庄稼长草，等于蛇咬。

过了端午节，锄地不能歇。

谷要稀，麦要稠，芝麻地里卧下牛。

淹不死的白菜，旱不死的葱。

地瓜勤翻秧，刨时用车装。

好种子出好苗，好葫芦出好瓢。

饿死爹娘，不吃种粮。

庄稼不让爹和娘，工夫到了长得强。

人养猪，猪养地，地养人。

锄头上有三宝：治旱治涝又治草。

三春没有一秋长，三秋没有一麦忙。

春天刨一镢，秋天熬一锅。

蚕老一时，麦熟一晌。

拉车不用教，甩开胳膊大下腰。

长木匠，短铁匠，不长不短是石匠。

家有车轮转，给官也不换。

开了药铺打了铁，什么买卖也别做。

山上多栽树，等于修水库。

栽树在河畔，防洪保堤岸。

树要长得凶，造林在春冬。

绿了荒山头，千沟清水流。

山上没有树，五谷保不住。

栽树没巧，深埋实捣。

栽树使劲砸，火棍头子也发芽。

要想果树长得好，年年要把老枝铰。

一亩园，十亩田。

一棵果树三分田，百棵果树十亩园。

庄稼人不喂猪，好比秀才不读书。

牛要满饱，马喂夜草。

驴子是个怪，骑着比牵着快。

喂羊养兔，穷可变富。

鸡鸭喂全，不愁油盐。

日喂猫，夜喂狗。

买鸭看嘴，买鸡看腿。

巧喂蚕，四十五天卖高钱。

猪吃百样草，看你找不找。

养牛没有巧，水足草料饱。

寸草铡三刀，无料也上膘。

盐水草上浇，过冬不掉膘。

老牛过冬，就怕西北风。

三九四九，保护耕牛。

不怕使三天，就怕猛三鞭。

不怕千日用，就怕一时劳。

牛有千斤力，不能一时用。

宁拉十步缓，不拉一步喘。

牛鼻不冒汗，可能有病患。

牛耳不大摇，服药快治疗。

猪恋食，狗恋家。

鸡吃活食，鸭吃死食

鸡抱鸡，二十一，

鸭抱鸭，二十八。

三个月的鸡，吱吱吱，

三个月的鹅，肩上驮，

三个月的鸭，动刀杀。

家有万担粮，不喂脖子长。

紧拉鱼，慢拉虾，不紧不慢拉王八。

社会生活谚语

越冷越打战，越热越出汗，越穷越没有，越有越方便。

天上下雨地下流，两口子打架不记仇。白天同吃一锅饭，晚上睡觉一个枕头。

一个巧皮匠，没有好鞋样；两个笨皮匠，做事好商量；三个臭皮匠，顶个诸葛亮。

木匠怕砍楔，铁匠怕打钉，瓦匠怕垒角，先生怕写帖。

软的怕硬的，硬的怕愣的，愣的怕横的，横的怕不要命的。

心底无私天地宽，私字当头成事难。

火心要虚，人心要公。

众人拾柴火焰高，独木桥上难行人。

害人如害已，害来害去害自己。

家不和，外人欺。

孩不嫌娘丑，狗不嫌家贫，瓜不嫌秧细。

在家是个癞和尚，出门就是一棚僧。

不怕不挣钱，就怕货不全。

常吃东西眼是秤。

树不修长不直，人不教育没出息。

出门多带钱，自己少做难。

出门不叫哥，必然走路多。

人熟是一宝，俩好合一好。

人敬有的，狗咬丑的。

书到用时方恨少，事非经过不知难。

刷帚不离锅脖，秤杆不离秤砣，老头离不开老婆。

生产好比摇钱树，节约恰似聚宝盆。

勤俭节约粮满仓，大手大脚库底光。

省囤尖不省囤底。

一天省一把，十年买匹马。

烧火不冒火头，一年省头大黄牛。

有时省一口，缺时当一斗。

不会精打细算，枉有家财万贯。

丰年节俭，灾年不慌。

出门走路看天气，吃喝穿衣量家当。

越吃越馋，越闲越懒，越懒越贪。

在家孝父母，强似远烧香。

地是刮金板，全靠人勤俭。

一花不是春，一木不成林。

肥水不落外人田，家事不向外人谈。

山高遮不住太阳，水大淹不了月亮。

秤砣虽小压千斤，胡椒虽小辣人心。

树老半心空，人老百事通。

小错不纠，大错难收。

三天不吃饭，夫妻也要散。

人家夸一朵花，自己夸人笑话。

响水不深，深水不响。

放虎归山，必有后患。

救了落水狗，反被咬一口。

打蛇打七寸，挖树要挖根。

破鼓乱人捶，墙倒众人推。

赶集没钱，不如在家玩。

好话不瞒人，瞒人没好话。

行船靠舵，赶车靠鞭。

不眠知夜长，久交识人心。

头回上当，二回心亮。

有女不用愁，自然有人求。

有剩下的男，没剩下的女，瞎子瘸子找个主儿。

薄酒胜茶汤，丑妻胜空房。

男怕投错行，女怕嫁错郎。

家有一老，强似活宝。

苗怕虫咬，孩怕惯娇。

好儿不用多，一个顶十个。

教子不严父之过，养女不贤娘的错。

娘勤女不懒，爹懒儿好闲。

孩子离开娘，有三分规矩。

兄弟易和，妯娌难处。

若要让人敬，必先敬别人。

路直有人行，心好有人亲。

邪底子瞒不过庄亲，家底子骗不过近邻。

坑骗偷盗再巧妙，街坊邻居都知道。

邻居好，赛金宝。

朋友千个少，冤家一个多。

树直用处多，人直朋友多。

平时肯帮人，急时有人帮。

河水有清有混，朋友有假有真。

人不相处，不知厚薄。

演戏碰了钉，方知艺不精。

好戏能把人唱醉，孬戏能把人唱睡。

人不到八十八，不能笑话聋和瞎。

不怕吃亏，就怕忘事。

只要有原物在，就不怕死胡赖。

人有三成三败，花有重谢重开。

不怕别人看不起，就怕自己没志气。

说话没留手，必然吃苦头。

端人家碗，服人家管。

要与人家赛种田，莫与人家比过年。

出嫁闺女哭是笑，落第举子笑是哭。

贫居闹市无人问，富在深山有远亲。

人在矮檐下，不得不低头。

近水识鱼性，近山识鸟音。

认理不认人，帮理难帮亲。

腰缠黄金，不如一艺在身。

捎话捎多了，捎钱捎少了。

学好千日不足，学坏一日有余。

一步走错，百步难回。

庄稼怕天旱，做事怕蛮干。

岁寒知松柏，患难见友情。

劈木劈小头，问路问老头。

吃姜顶数老的辣，看家还是老嬷嬷。

为官别逞强，逞强不久长。

婶子大娘一大群，不如亲娘一个人。

不当家不知柴米贵，不养儿女不知父母恩。

在家千日好，出门一时难。

七岁八岁讨人嫌，鸡鸭鹅狗不喜欢。

三里不同俗，五里改规矩。

半大小子，吃死老子。

十里赶个嘴，不如在家喝凉水。

摊着三门富亲不算穷，遇上三门穷亲不算富。

穷怕亲戚富怕贼。

牛不知角弯，马不知脸长。

路不走不到，事不做不成。

铁匠冒冒烟，强似木匠干一天。

百菜当中白菜好，诸肉当中猪肉香。

满堂儿女，不如半路夫妻。

贫贱夫妻苦中乐，富贵夫妻乐中苦。

有事但与君子讲，是非莫给小人言。

看树莫看皮，看人不看衣。

能吃过头饭，不说过头话。

宁给儿孙留本事，别给儿孙留钱财。

没有乡下泥腿子，饿死城市油嘴子。

话怕三头对面，事怕究根揪蔓。

一人不如二人计，三人打个好主意。

小心无大错，谨慎出诸葛。

难事要先办，丑话讲在前。

不怕角色小，就怕演不好。

人家金窝银窝，不如自家草窝。

树不经风不成材，人不受苦志不坚。

秀才见面谈书，屠夫见面谈猪。

穷了别提方便，老了别提当年。

儿大三分客，妻贤夫祸少。

三年不上门，是亲也不亲。

亲戚别犯财，犯财两不来。

父母谈话不插嘴，朋友打仗不伸腿。

灯里无油熬捻子，锅里无米骂汉子。

壶里无酒难留客，池里无水难养鱼。

打人无好拳，骂人无好言。

宁跟明白人打架，不跟糊涂人说话。

宁学人本事，莫贪人钱财。

踢人一脚，要防十拳。

有理胆子壮，无理心里慌。

任劳不任怨，累死也白干。

遇事强出头，自己找忧愁。

当官的好不好，要看百姓饱不饱。

偷吃不肥，做贼不富。

人不死，债不烂。

好汉打不出村。

卫生与健康谚语

早起早睡，精神百倍

饭后走百步，不用上药铺。

冬吃萝卜夏吃姜，不用医生开药方。

饭前开水烫碗筷，不得疾病不受害。

吃饭先喝汤，不用治病方。

饭吃八成饱，到老肠胃好。

早饭好，午饭饱，晚饭要吃少。

若要饭菜香，细细嚼成浆。

细嚼烂咽，强似吃仙丹。

饥不暴食，渴不狂饮。

宁吃鲜桃一口，不吃烂杏一筐。

臭鱼烂虾，害命的冤家。

一顿吃伤，十顿喝汤。

会吃千顿香，滥吃一顿伤。

有尿不尿，耽误睡觉

脾气躁，催人老。

情绪低，损身体。

睡前洗脚，强似吃药。

春捂秋冻，一年不病。

常晒阳光，身体如钢。

牙齿不掏不空，耳朵不挖不聋。

有钱难买老来瘦。

伤筋动骨一白天。

劝学谚语

有志不在年高，无志枉活百岁。

晨不早起误一天，幼不勤学误一生。

天下无难事，只怕心不专。

不怕不知，就怕不学。

人活七十七，领教不为低。

知多与知少，不在人大小。

树靠人修，学靠自修。

师傅领进门，修行在个人。

补漏趁天晴，学习趁年轻。

年轻贪玩乐，到老不成人。

一寸光阴一寸金，寸金难买寸光阴。

家有万两金，不如藏上万卷书。

学在苦中求，艺在勤中练。

学问勤中得，巧自熟中生。

常思脑筋灵，常写手不笨。

好记性不如烂笔头。

笔杆并不重，无志拿不动。

读书不解意，等于啃树皮。

听过不如见过，见过不如干过。

书到用时方恨少，事非经过不知难。

志大才疏，到老放猪。

自大不值钱，虚心受人赞。

年轻不学好，到老吃不饱。

投师不名，学艺不高。

嘴勤不走冤枉路，处处留心皆学问。

歇后语

刘黑七穿袜子——贼手摸脚

下雨天打老婆——闲着也是闲着（或没事找事）

披着棉单去赶集——孬好是件大衣裳

对着镜子作揖——自己敬自己

兄弟媳妇嫁大伯——高升一级

锅边上的小米——熬出来了

盆子打水——没罐系（没关系）

拽着胡子过河——牵须过渡（谦虚过度）

寡妇老婆死了孩子——没指望了

脸盆里扎猛子——不知深浅

玻璃袜子玻璃鞋——明脚（名角）

孔夫子搬家——净是书（输）

聋子耳朵——摆设

死鬼要账——活该

绿头蝇坐月子——一肚子坏蛆

麻子不叫麻子——坑人

磨道里的驴——听喝声

卖棺材的跺脚——恨人不死

喇叭匠子分家——摊不着号

背着儿媳妇爬泰山——出力不落好

蛤蟆垫桌子——硬撑

少了钱不卖——到价了

癞蛤蟆掀门帘——露一小手

瘸子的腿——旧筋了

三十六人抬棺材——好大的架子

扁嘴吃了筷子——回不过脖来

苘杆子打狼——两头怕

纳鞋底不用针锥——针（真）好

锅中的鲤鱼——翻不起浪花来了

蛤蟆蝌蚪害头疼——浑身是病

敞棚里睡觉——没门儿

搂草打兔子——一举两得

拉屎扒地瓜——一举两得

瘸巴打围——坐着喊

出溜船（即蚯蚓）过姥娘家——拐了十八道弯

疤瘌眼照镜子——自找难看

花椒插米饭——麻饭（麻烦）了

耗子扛枪——窝里横

地瓜秧子烤火——甜么兮的脸

薄罗叶上坟——坑祖

关起大门起国号——自己封自己

戴着草帽子亲嘴——差一截儿

西北风刮蒺藜——连风带刺（连讽带刺）

席上滚地下——差不多

要饭的烤席篓子——穷烧包

板凳上睡觉——想得宽

豆腐掉到灰堆里——没法收拾

堵着笼子抓鸡——手到擒来

山顶上滚石头——石打石

砂锅捣蒜——一锤子买卖

蝎子拉屎——独一份儿

龙王搬家——离海（厉害）

牵着羊进照相馆——出羊（洋）相

棉花店死老板——不弹（谈）

腊月里生人——冻手冻脚（动手动脚）

正月十五贴门神——晚了半个月

曹操诸葛亮——脾气不一样

秃子跟着月亮走——沾光

瞎子点灯——白费蜡

瞎子放驴——由它去

瞎驴牵了槽上——喂（为）你不知道喂（为）你

驴屎蛋子上长莪子——在那粪(份）儿上

光着光腚压屋脊——对不住四邻

武大郎开店——不要高人

猴子戴礼帽——装绅士

猴子坐殿——稳不住

隔着窗户吹喇叭——鸣（名）声在外

隔墙撂鳖子——净充老鳖驾云

哑巴吃黄连——有苦说不出来

哑巴吃饺子——心里有数

木匠戴枷——自作自受

木匠打孩子——有尺寸的

黄鼠狼给鸡拜年——没安好心

黄鼠狼去尾巴——没有值钱的毛

二月二打簸箕——各人自己围（为）的

二十一天不出鸡——坏蛋

八百亩地一棵草——独苗

八寸半的脖子——不够一尺（吃）

八月十五逮了个鳖——有也过节无也过节

十年长八岁——越长越倒搐

十腚账还了九腚了——还有一腚账

王八肚子上插鸡毛——龟（归）心似箭

王八羔子打龟孙——都不是好东西

大闺女上轿——头一回

大闺女养了个胖小子——出力不赚脸

大年五更吃包子——没外人

大年五更死了个驴——不好也说好

大年三十闯家来个兔子（指野兔）——有也过年无也过年

小米掉到针眼里——巧极了

小二姐播豆子——个个成实

老和尚留头发——打着回家的谱儿

老嬷嬷奶孩子——早就撂下的活了

老嬷嬷跳井——尖脚（坚决）到底

老嬷嬷吃柿子——专拣软的捏

老虎吃蓑衣——没滋没味

老牛掉到枯井里——有劲使不上

老鳖吹号——找圆音（原因）

老鼠钻到风箱里——两头受气

老鼠钻到书柜里——咬文嚼字

老鼠腰里掖了杆枪——起了打猫的

心了

老鸹趴到猪腚上——自己看不着自己黑

猪八戒啃猪蹄——自吃自

猪八戒夹了半刀火纸——硬充读书人

屎壳郎趴在脚面子上——不咬人厌恶人

屎壳郎搬家——滚蛋

屎壳郎趴在鞭梢上——只知道腾云驾雾不知道死在眼前

狗拿耗子——多管闲事

狗掀门帘——全凭一张嘴

狗皮帽子——没反正

狗咬犸猴——两头怕

狗爪子泥墙——道道多

狗皮贴到墙上——不像画（话）

属破车子的——得勤敲打着点儿

属螃蟹的——横行霸道

属老鼠的——搁爪就忘

属猪的——就知道吃

属狗的——记吃不记打

属驴的——受摸捞不受戗

属煎饼鏊子的——一面儿

属地瓜土豆的——一窝一窝的

谜　语

孟家庄的谜语，大多以生活中常见的动植物、生产工具、生活用品以及生产活动为谜底。

红门楼，白门槛，锁不住，关不严。——嘴

一家兄弟多，上下并排坐，谁要进门来，绝不轻放过。——牙齿

一个小姑娘，生在水中央，身穿粉红衫，坐在绿船上。——荷花

头上鸡翎双插，身穿绿盔绿甲，走路龙行虎步，住下细吹细打。——蝈蝈

戴着平顶帽，身穿圆筒袄，虽然一只眼，暗中逞英豪。——手电筒

兄弟七八个，围着柱子坐。说声要分家，衣裳都撕破。——大蒜

红公鸡，绿尾巴，一头扎到地底下。——萝卜

生根不落地，有叶不开花，街上有的卖，园里不种它。——豆芽

根似紫竹叶像云，层层叠叠爱煞人，一个骨朵两样花，先开金来后开银。——棉花

生在皮州，住在缝州，眼州得病，死在济宁（挤拧）州。——虱子

又没皮，又没毛，穿了一身紫罗袍，走动好像孙悟空，坐那就把身子摇。——跳蚤

兄弟六七人，各进一道门，那个进错了，出来笑煞人。——扣子

上一口下两口品字模样，女娲娘制就的遮盖阴阳。穷也有富也有色不一样，冬也穿夏也挂四季安康。若不是古先祖留下此物，男和女就乱了纲常。——裤子

一个小汪，四四方方，里边小鱼，格格泱泱。——火柴

千条线，万条线，落到河里看不见。——雨

俺家有棵麻，五股六柯杈，刮风刮不倒，下雨就开花。——伞

丁点丁点，浑身是眼儿。——顶针

四四方方一座城，一年四季穿白绫。要想穿红，还得姑娘陪相公。——窗户

一点铁，一点铜，一点木头一点绳。——秤

四方头，扁扁嘴，腰里一个眼，眼里一个腿。——斧子

嘴有城门大，牙有七八千，浑身都是眼，尾巴就一根。——渔网

此物管八面，人人有两片，用手摸得着，自己看不见。——耳朵

一天过去，脱件衣裳，一年过去，全身脱光。——日历

不洗真干净，洗洗不干净，不洗有人吃，洗了无人用。——水

一个老头不多高，咳嗽一声不见了。——炮仗

圆溜溜，亮纱纱，使不着，墙上趴。——箩面箩

石头层层不见山，路程不远走不完，雷声轰轰不下雨，大雪飘飘不觉寒。——推磨

七尺长，八尺宽，当中坐个女儿官，脚一踏，手一攀，七零八落都动弹。——织布

爹娘，你为什么把我生在山上；木匠，你为什么掏了我的肚肠；和尚，你为什么不住地敲在我的头上？——木鱼

八砖摞八砖，十千搭八千。谁要猜着这个谜，不做皇帝也做官；谁要猜不着这个谜，拉拉着棍子去要饭。——书

打我我不恼，背后有人挑。心中似明镜，只为路一条。——灯笼。

尖尖身细白如银，论秤没有半毫分。眼睛长在屁股上，老认衣裳不认人。——针。

穿一身锦绣衣束身可体，三年来在洞中修炼成真，那一日出洞来闲暇玩耍，忽然间遇匪人起了歹心。多亏了隐身草把我藏就，清早起脱锦衣展翅腾云。每日里在林间飞舞弹唱，怕只怕金风起秋日来临。把娇儿寄托在林梢以上，一阵阵眼昏花坠落埃尘。——蝉

小奴家生长在高山以上，有月老他把俺许配东方，俺夫妻到一处谈笑玩耍，怕只怕九月后秋露寒霜！奴相公回家去安乐居住，把小奴丢在外身受凄凉！要想得俺夫妻重逢相会，单等到来年见五月端阳。——石磙

漫地开花苦无情，倒惹闲人闹哄哄。多少好花不结籽，花败人散各西东。——焰火

字　谜

三山倒悬，两月相连；上有可耕之田，下有长流之川；一家共有六口，两口不团圆。——用

四山纵横，两日绸缪，富是他的脚，累是他的头。——田

四个不字颠倒颠，四个八字紧相连，四个人字不招见，一个十字中间站。——米

生员与和尚口角，和尚不成和尚，生员不成生员。——赏

五谷丰登——移

十滴水——汁

洋婆子——要

天天——晦

道士腰里两块糖，和尚头下一条巾。虽是平常两个字，难倒多少聪明人！——平常

第十二章　人　物

第一节　人物传略

李如杨（1895–1973），男，汉族，1895 年出生于孟家庄。李如杨智勇超人，有豪侠气。日军占领时期，有汉奸向日军报告李如堂（系李如杨堂兄）通共，日军将李如堂抓住，要在孟家庄村西将其活埋。李如杨贴身裹了一层羊皮，外罩农装去找翻译官为李如堂求情。日军试其胆量，刀刺其身。归村后解身，刀刺处仅剩很薄一层皮。最后竟然将李如堂救出。李如杨熟悉民间礼仪，20 世纪 50 年代是四五百口人的孟家庄红白公事的大总管，村内纠纷，皆请其调解。北山（当地人称武台往北直到白马关方圆数十里的区域）著名的牲口行家，常为买卖牲口的双方定价，但不收经纪费。1960 年秋天，协助高汗祥创办草绳加工厂，为供销社加工草绳，为集体创收。李如杨精于各种农事，眼光尤其独到，其三子李继本自 1958 年起连续多年担任大队长。李如杨所在的第三生产队队长李绪恩是李如杨孙辈，李继德是李如杨子侄辈，三队队长凡事听从李如杨安排。第三生产队最早发展副业，副业也发展得最好，与智慧老人李如杨有重要关系。1973 年 4 月 6 日去世。

孟广仁（约 1900–1965），男，汉族，1900 年出生于孟家庄。1939 年至 1943 年间担任庄长。日军占领时期，白天应付日军、伪军，晚上为八路军、武工队、游击队服务。

1964 年底，孟广仁携三子到东北投奔长子孟昭忠，不幸于 1965 年 1 月 10 日煤气中毒，和三子孟昭营一起去世。

于逢俊（1900–1966），男，汉族，1900年出生于武台于家洼。于学敏长子。于家祖籍于家庄（位于西近台东北 500 米、蒋里村东南），后迁居武台于家洼，早年曾经在孟家庄村西大路至西河边购买土地 18 亩。1932 年初，于逢俊在孟家庄村北紧邻大路处建北屋四间，后又盖起东屋四间，娶孟家庄咸氏女，之后开起烧饼果子铺，村民称西饭铺子。于家自此迁入孟家庄，但户口仍在武台。1935 年，于逢俊在西饭铺子西紧挨着建起三大间北屋，建成后其胞弟于逢明（当时已经结婚）来此居住，杀猪为业。自此于逢明一家也迁入孟家庄。

1938 年 12 月，日军侵占平邑，扶持伪政权及武装，于地方、铜石、柏林、仲村安设据点，分别住日军一个小队，30人左右，均设“红部”。后在平邑境内先后增设据点37个，碉堡59座，兵力部署除少数日军外，多以伪军为主。日军曾经在武台、白马关、玉皇山等地建起多处炮楼。1939年春，国民党第五十七军两个团分驻白马关、九女关一带。1939年5月25日，八路军115师东进支队前梯队从泰西进入蒙山西麓马家峪、西昌乐一带。在很短的时间内就打通了马家峪、李家庄、康阜庄、西武沟、东武沟、承安庄、公家庄、蒋沟、大夫宁、杨家庙、汪家坡、黄崖、杨谢、陈家庄、郭家庄、柘沟、万寿宫、邢家庄、薄板沟、栏马庄、岐古庄、东庄、上冶等30多个村庄的道路，开始在蒙山前创建抗日根据地。

于逢俊开办西饭铺子期间，中国共产党领导的抗日游击队队员李增太（蒙阴县联城榛子崖人）、锄奸队长刘丕学（平邑县保太柳家村人，后南下，曾任上海市公安局副局长）经常在饭铺吃饭住宿开会，孟家庄西饭铺子成为共产党游击队的秘密活动场所，于逢俊长子于汝宽10多岁起即经常帮助李、刘跑腿办事。土地改革时，于逢俊被定为中农成分。1956年加入高级社时，于家带18亩地加入孟家庄高级社，户口也转到孟家庄。当时平邑县县长骑着毛驴到孟家庄视察，特别强调指出西饭铺历史上为革命做出过重要贡献，应当作为集体副业保留，仍由于家经营，并且每月由政府供应一袋白面、一套猪头下水。孟家庄借着县长批准办副业的机会，在村北大路西侧新建起一个大院，正房由于逢俊开饭店，厢房办起了挂面坊和木匠铺，成为孟家庄集体副业的源头。村民称之为北店，在当地是名气很响的饭店（入高级社时县长批准保留的当地饭铺只有孟家庄西饭铺和白马关凉水泉子饭店）。1965年秋于逢俊身体不佳不再经营饭店。李继聚接手负责副业，在院内靠南墙建起长20米、宽6米的5间敞篷，安装一台12马力单缸140柴油机，用柴油机带动地杠，地杠带动面粉机一台、粉碎机一台（用于粉碎地瓜干、饲草）、棉花去籽机一台、弹花机一台、花生米压辊机一台，并在一边安装榨油设备，办起油坊。于逢俊1966年春天因病去世。

北店紧邻的公路，修建于1955年，1980年路面宽7米，1988年加宽到了9米，加之留绿化带，北店被占去近半。1992年改建为村委办公室，1997年村委办公室迁往现址，孟家庄小学迁到村委办公室旧址又用作村小学，2010年于逢俊长孙于孝恩用旧宅置换并将自己创办的修理厂一并买下。

李如堂（　　–1963），男，汉族，土地改革时被定为富农，祖产发家，因反革命罪入狱。20世纪60年代出狱回家。娶妻两次，无后而绝。其宅在村南，5间堂屋，门朝东，四合院，是当时孟家庄最宽敞气派的宅子。土地改革时被没收作村办公场所。初级社成立时称“南社”。此后，“南社”先后充当初级社办公场所、南社食堂、小学校舍、生产队队部场院等。在孟家庄相当长的历史时期里，南社一直都是一处重要的场所。

孟昭金（1904–1980），男，汉族，1904 年出生于孟家庄。1941 年 1 月加入中国共产党，为孟家庄党小组成员。1944 年 1 月蒙山县全境解放，孟昭金担任孟家庄庄长。1951 年，应咸家庄庄长之请，用本村近 200 亩山林地调换咸家庄土地。但村民说是他将地送给了咸家庄，至今引以为憾事。1951 年 10 月 1 日被蒙山县人民政府任命为白马乡民兵治安委员。1953 年春天，孟宪龙在准备维修玉皇山小学时，因不知情，误将土坯托在了刚刚播种树种的地里，又因性格刚强与林业部门汪姓领导闹僵，终以破坏林业生产罪判刑。孟昭金负连带责任被开除党籍。“文化大革命”期间曾被批斗。1981 年 1 月 12 日去世。

高汗祥（1909–1965），男，汉族，高丕槐四子，1909 年出生于孟家庄，幼年家贫。20 世纪 40 年代末曾任农救会长，1953–1955 年担任互助组副组长，1955 年 3 月至 1956 年 11 月担任初级社副社长，1956 年 11 月至 1958 年 10 月担任高级社副社长，1958 年 10 月至 1965 年 3 月担任贫协主任。高汗祥长期担任村政要职，主要分管副业，为创建村集体副业立下过汗马功劳。1956 年春天，与李如杨去放城为初级社买牛两头,吃饭不舍得花集体钱。1960 年秋，与李如杨在南社创办草绳加工厂，为供销社加工草绳，挣的加工费归大队。10 余位社员参与加工，社员按加工草绳斤两计工分。到冬天转入南社东边地窨子里加工。历时一年有余。曾经连续多年领导孟家庄村民在大望山植树造林。1965 年 3 月 2 日去世。

李继荣（1910–1970），男，汉族，李如桐长子，李照平长孙，1910 年出生于孟家庄。性耿直，不苟言笑，做事认真。熟悉各种农活，尤擅长种菜，曾多年担任第三生产队队长。任职期间对各种农活要求严格，不允许社员偷懒，更不允许拿公家东西。乐于助人，邻里乡亲有困难时常以自家东西相助。故而乡亲对他既惧怕，又敬重。一生勤俭持家，但家有来客时必热情招待，且必请本族长辈陪酒。深受族叔如杨器重。吃饭讲究，煎白鳞鱼油不蒙不吃。1970 年 7 月 14 日去世，时年 61 岁。

李王氏（1910–1997），女，汉族，叶家庄人。1931 年嫁为孟家庄李如桓妻，后学得接生技术，为武台北区人民服务 40 余年。孟家庄 40 岁以上的人全都是她接生的。村民至今感念。

李如芝（1912–1983），男，汉族。李昭凤七子，李清连之孙。1912 年出生于孟家庄。未上过学。不善农耕，家庭极困难。曾经参与剪辫子、反对裹脚、土地改革等运动。曾经担任白马乡文教助理，1952 年至 1955 年 3 月担任庄长、1955 年 3 月至 1956 年冬担任孟家庄北初级社社长，1956 年冬至 1958 年 10 月担任孟家庄高级社副社长。晚年患病，身体状况不佳，在生产队拾粪。1983 年春天去世。

李如槐（1912–1955），男，汉族，李照启次子，李清顺之孙。早年曾在李继田宅办私学，李继田是其学生。

李继正（1914–1995），男，汉族，李如杨长子，1914年出生于孟家庄，曾于20世纪30年代防土匪时期担任孟家庄占围子司号员，参加过淮海战役支前，被评为支前模范，解放后务农，耕田治家，善农耕，与邻里相处友善，育有四子两女，先后将二子李绪章，三子李绪排送入部队参加革命。1995年2月11日病逝，享年82岁。

李继营（1918–1988），李如桐次子，1918年出生于孟家庄。妻咸氏，1916年生，咸家庄人，1935年秋虚20岁时嫁入李家，长李继营2岁。咸氏大个子，裹脚。身体强壮，精神饱满。解放前是中农，入社前有土地20余亩。北岭十几亩，东南沟2亩多，家西（烈士陵园西）四五亩，藕汪三分。李继营是庄稼把式，精于各种农活，犹擅种菜。咸氏虽不下地，但上场，每年垛草垛时都是咸氏站在垛上。入社后李继营在生产队菜园种菜；咸氏持家。李继营赶集，主要是武台集。购买日常生活用品。一般是背着褡裢，或者挎着柳条篮子。咸氏不赶集。李继营留着胡子，“八”字胡。冬天戴一顶圆瓜皮毡帽。夏天喜欢摇蒲扇。李继营天天早上喝茶，老干烘。妻咸氏也喝，但没有瘾。老夫妻两个都有长烟袋，各用各的，包铜口的。李继营的长烟袋天天挂在脖子上。李继营饮酒。常在灶火里烤花生做酒肴。1988年2月离世，享年71岁。

李继田（1921–1998），男，汉族，李如仑长子，李如山嗣子，李照远之孙。1921年出生于孟家庄。早年曾就学于李如槐的私塾。日军占领时期曾经担任过保长。其间，白天完成日本侵略者安排的催交军需任务，夜间接待八路军干部，完成八路军交代的任务。后因担任过保长被处分。后成为孟家庄的启蒙教师。其宅子曾长期出借为孟家庄的教室，直到1953年底。咸光谦等十余人是他的学生，李继友、李继亮、李继恒、李继坤、李绪存、李绪典、李绪林、李绪起、李绪廷、李绪运、李绪坤、孟宪章、孟宪文、孟宪运、咸化乾、咸化智、咸光谦等都曾在李继田的房子里读过书。1998年去世。

孟宪龙（1921–1982），男，汉族，1921年出生于孟家庄。1938年冬加入费县五区游击大队，1939年7月1日加入中国共产党，是孟家庄第一位中国共产党员。1941年1月担任白马乡党支部书记兼文书，先后在孟家庄发展孟昭金、咸化玉、孟宪璞等多人加入中国共产党，并介绍魏常乾加入中国新民主主义青年团。1953年在准备维修玉皇山小学时，因不知情，误将土坯托在了刚刚播种树种的地里，又因性格刚强与林业部门汪姓领导闹僵，终以破坏林业生产罪判刑。刑满释放后于1959年冬携妻迁往辽宁省抚顺市河北公社将军大队第二生产队。1982 年 5 月 28 日逝世。

李继军(1924–2002)，男，汉族，1924 年 11 月出生于孟家庄，因家贫未上过学。曾任村民兵队长。1947 年被抓壮丁加入国民党军队，后在战斗中被解放军俘虏，加入中国人民解放军，先后担任机枪手、班长、排长等职务，参加过抗美援朝战争，战斗中因持续不断用枪，右手被机枪烫伤，荣立一等功。退伍后返回孟家庄务农，在第四生产队担任保管员。晚年患病偏瘫，缠绵病榻多年，2002 年 12 月辞世。

孟宪伦（1924–2015），男，汉族，孟昭祥长子，孟广田长孙。1924 年 7 月 6 日出生于孟家庄。孟家庄第一任民兵队长，孟家庄大队第一生产队第一任队长，会各种农活。“文化大革命”时曾担任大队革委会主任。2015 年 12 月 25 日去世。

李绪奎（1926–1985），男，汉族，1926 年 11 月 16 日出生于孟家庄。1944 年 4 月参加八路军，曾先后任职于上海市军管会，上海北方区海运管理局行政处、综合服务公司，1970 年 12 月 26 日，随上海五矿驻山东省莱芜市张家洼工程指挥部，系科级干部。1985 年 3 月 27 日去世。

高汗富（1926–1977）男，汉族，1926 年出生于孟家庄。高汗富幼年时，其父高丕祥讨饭途中饿死于驿头村，驿头村居民帮助攒钱购买最便宜的棺材，为便于发丧就地埋葬于驿头村地界，之后高汗富母亲改嫁到驿头村，高汗富兄妹四人也随母前往驿头村定居。后来其堂兄高汗仓顾念高汗富、高汗岭兄弟系高家骨血，在征得高汗富母亲同意后将其兄弟接回孟家庄代养。高汗富返回孟家庄居住后曾经在孟家庄给人放驴。1944 年 4 月，高汗仓亲自将其送到白马参加了八路军。当时封振武司令员提笔为高汗仓写了“送弟参军”四个字。高汗富参加八路军后曾经参加摸李家庄日本炮楼行动。后来随部队调往东北，曾经参加辽沈战役。1946 年加入中国共产党。四平战斗中负伤，四颗牙被子弹打掉。后来又先后参加过平津战役、淮海战役、解放海南岛、抗美援朝等重大战役，多次立功受奖。1954 年退伍后到驿头村居住，晚年又返回孟家庄居住，1977 年冬去世，因膝下无子，由其弟高汗岭之子高宗民为其送终。

李继新（1927–2006），男，汉族，1927 年出生于孟家庄，1945 年春至 1948 年 1 月担任儿童团长。20 世纪 40 年代曾经被评为劳动模范。2006 年春去世。

李继本（1929–2016），男，汉族，李如杨三子，李照启之孙。1929 年 9 月出生于孟家庄。1949 年参军，一年后因腿疾退伍。1956年冬，担任孟家庄高级农业合作社副社长。1957年1月，由白马乡党总支书记、乡长杜开恩和孟家庄党支部书记、孟家庄高级农业合作社社长孟宪璞介绍加入中国共产党。1958–1978年，担任孟家庄大队大队长。带领群众历经土地改革、互助组、合作社、人民公社、“文化大革命”等重要历史时期，享有崇高威望，建设时期对改变孟家庄落后贫穷面貌，十年动乱时期对稳定孟家庄大局，都发挥了重要作用。2016年12月14日去世。

李绪谦(1931–)，男，汉族，1931年6月8日出生于孟家庄。文化程度小学。1944年春天担任孟家庄儿童团长，是孟家庄第一任儿童团长。自1958年1月参加工作，至1985年8月，长期担任孟家庄治保主任。1960年1月加入中国共产党。

李继川(1932–2005)，男，汉族，1932年3月7日出生于孟家庄。1959年1月加入中国共产党。先后担任第四生产队副队长、队长、政治队长。1959年2月至1968年3月、1972年12月至1985年2月担任村党支部委员。1968年3月至1970年12月担任孟家庄革委会党的核心小组组长。2005年9月12日去世。

于汝宽(1932–1979)，男，汉族，于逢俊长子，于学敏长孙。1932年9月出生于孟家庄。文化程度初小。1951年2月在孟家庄入团，1951年7月4日与魏长乾、李继昌一起参加公安军，是当时临沂公安处的公安兵，主要任务是看押犯人。1952年去沂水（临沂专署），1954年去临沂。历任战士、步枪手、班长等职，荣立二等功一次、三等功四次，两次被评为五好。1955年8月转为义务兵。当时国家经济困难，公安战士生活条件非常差，犯人每天粮食定量7两，战士却以吃糠、菜为主。于汝宽因此落下胃病。1958年1月转为公安兵，隶属中国人民警察临沂公安支队一中队。1958年，被评为先进工作者。1960年6月，获中华人民共和国体育运动委员会颁发的劳卫制一级测验及格证书。1966年11月退伍，转为临沂地区公安处公安员，1967年2月“砸烂公检法”时返回孟家庄居住。1976年底，临沂地区公安局准备为其恢复职务，安排其回原单位上班，因身体状况不佳谢绝，1979年12月去世。

孟宪璞(1933–1983)，男，汉族，1933年出生于孟家庄。1951年经孟宪龙介绍加入中国共产党并担任中国共产党孟家庄支部第一任书记，1953–1955年担任白马乡武装队孟家庄分队长，之后先后担任过孟家庄互助组组长、孟家庄南初级

农业合作社社长、孟家庄高级农业合作社社长、孟家庄大队党支部书记等职务，1959年12月招工进入济南钢铁厂工作，先后担任炉前工、车间党支部书记、原料工段段长、主任等职务，1983年5月因公殉职。

李继昌（1933–2009），男，汉族，1933年生于孟家庄，1951年7月与魏长乾、于汝宽一起参军，是当时临沂公安处的公安兵。1952年去沂水（临沂专署），1954年去临沂。1957年6月退伍。退伍后招工到平邑县供销合作社工作，历任县社秘书、东阳供销社主任、店子供销社主任、丰阳供销社主任。1962年国家困难粮食供应紧张时辞职回乡务农，1970–1972年任第四生产队会计，1972–1975年任大队副业会计，1983–1992年任大队会计。李继昌为人耿直，不善交际。2009年7月17日去世。

李绪恩（1934–2012），男，汉族，1934年出生于孟家庄，任第三生产队队长长达20余年，以清廉公正、不徇私情著名。任职期间，副业搞得很好，工值在本大队所有生产队中一直最高，约是兄弟生产队的2倍，本队社员受益颇丰，李绪恩因此深受爱戴和尊敬。2012年1月25日去世。

李继聚（1936–1998），男，汉族，1936年出生于孟家庄。系孟家庄第一任团支部书记，1965年接手主管副业，1966年9月以后担任村革命委员会副主任，继续主管副业。即便在“文化大革命”期间，李继聚也把主要心思用在了发展副业上，在原有饭店、木匠铺、挂面坊、油坊基础上，先后创建了大队面粉、棉花加工厂、染坊等。对孟家庄村民思想具有重要影响，但由于身处特定历史时期，受到不公正批判。1983年个人从事起重维修业务，逐渐建立起孟家庄起重机械修配厂（3名员工），1993年因身体原因停产，1994年初身体恢复后在平邑县西张庄重新开工，1995年6月因病返家休养。1998年8月25日因病去世。

李绪运（1938–2007），男，汉族，李继营次子，李如桐之孙，1938年出生于孟家庄。中华人民共和国成立前后就读于玉皇山小学，聪明灵透，与孟宪章同学。幼时因玩弄战时遗弃炮弹损失左手。公社化集体劳动时一般不下地，除做会计外，兼职管理场院粮草。1980年实行家庭联产承包责任制分地到户后，也下地干活，锄头、镢头、铁锨等农具都能使用，但要困难些，劳动效率低些。其兄绪京成家分出单过后，三弟绪坤外出读师范，后又去咸家庄教书，绪运成为母亲咸氏家务上的主要帮手，也渐渐成为事实上的当家人。绪运在家主管家务，在生产队任会计，里外历练，使绪运心智高于常人，性子慢，热心肠。1995年，侄子绵国因庸医误诊错用药物致汞中毒，蒙阴兖州济南四处奔波求医，皆绪运陪同。绪运因左手残疾，婚事不顺，年至30方娶石河人李常爱为妻。李常爱小绪运10余岁，有智障。李绪运2007年春辞世，享年70岁。

咸化智（1940–2001），男，汉族，1940年8月15日出生于孟家庄，1950–1953年，在孟家庄小学（李继田宅）读初小。1955–1956年，在武台天齐庙读高小。1960年，任哈尔滨铁路桥梁工程队桥工。1964–1970年春，担任孟家庄首任卫生员，当时称“赤脚医生”。咸化智曾师从武台中西医兼通的医生于如洋学医。2001年3月22日去世。

李继亮（1940–2013），男，汉族，1940年11月出生于孟家庄，1960年初中毕业，是孟家庄第一个初中生。1960年参加工作，1963–1974年担任大队会计（其间1966年9月至1967年10月被造反派夺权）、革委会成员，经常带队参加修水库工作，在工地上发票、记工分。1974年3月入党。同年8月调工作区担任文书，办公地点在孟家庄。1976年春调武台公社铁木业社担任党支部书记、厂长（员工26人，半数为正式职工），1980年铁木业社更名为农机厂，担任农机厂党支部书记、厂长。1984年2月，调武台公社电镀厂担任党支部书记、厂长兼武台公社经济委员会副主任（公社党委副书记兼任经济委员会主任）。1989年12月退休，每月退休金84元。1990年，在职农业户口职工全部转为正式职工，李继亮因已退休，不在转正范围。1990–1993年，养鸡8000只，1993年为果品公司收购苹果（当时为果品公司垫付资金至今有2万余元未要回），贩运大理石板。2001年春至2002年春加工、销售挂面。2002年春至2011年12月帮助儿子李绪国照应小百货门头。2013年秋因患肺纤维化病治疗40余天，于9月19日去世。

李继亮工作认真积极，在职期间，多次获公社、县级表彰奖励。在本家族内办事公道，威望颇高，多年担任孟家庄红白公事大总管。

李绪林（1946–2016），男，汉族，1946年4月2日出生于孟家庄，1965–1968年在平邑一中读书，是孟家庄最早的高中生。1968年任咸家庄小学（驻咸家庄村）教师。1978年4月1日，考入山东省昌潍师范专科学校化学系，1980年1月15日毕业。1980年任平邑县第十三中学（武台中学）教师，1986年6月10日加入中国共产党。2008年退休。2016年去世。

李继忠（1946–1996），男，汉族，李如茂次子，李照凤之孙，1946年出生于孟家庄。1975年春任孟家庄卫生室第三任乡村医生。1989年合作医疗停办。医疗站改组为医疗联合体，合作医疗改为承包制。“赤脚医生”改为“乡村医生”。1981年春，李继忠与李绪如分家，分别经营自己的诊所。不久，李继忠接受其姊建议，远走辽宁抚顺谋求发展。李继忠为人厚道，实行家庭联产承包责任制后，孟家庄先后多人到辽宁抚顺打工，李继忠均尽可能提供帮助，并经常邀请他们去家中聚餐。1996年因病去世。

李绪生（1948–1998），男，汉族，李继荣之子，李如桐之孙，1948年出生于孟家庄。1962年毕业于天齐庙小学。小学毕业后即在第三生产队副业组参加劳动，轧过挂面，打过烧饼，吊过粉皮，做过豆腐、豆腐皮。为人厚道，性格温和，做事认真，心灵手巧。善厨艺，会做地道的肘子席，本门男婚女嫁、生孩子喝喜酒，家中来了贵客，都请他帮忙炒菜。1981年实行家庭联产承包责任制后，先后做过挂面、豆腐、豆腐皮。他做的豆腐、豆腐皮又滑又嫩，深受村民喜爱，每天早晨担着挑子，敲着梆子，围着村转一圈就卖完了，回家不耽误干农活。李绪生热心肠，1995年侄子绵国汞中毒住院，绪生为其出面四处筹钱。1998年9月21日因病去世。

李继先（生卒年月不详），男，汉族，李如海之子。李继先幼年（20世纪30年代）随姐姐离开孟家庄，后在北京读书，18岁时毕业于南京大学，懂日语等数门外国语。解放后自修中医。“文化大革命”时期受冲击被发送原籍，1972年加入村卫生室，任村医。时年50余岁，村卫生室迁到三间正堂屋里，购置中草药，各以陶罐储之。1980年因调入建材701矿离任。其女李建超，子李建伟，皆在孟家庄长大，后随李继先进入建材701矿，并参加工作。

第二节　人物简介

上级驻村干部

刘玉朋，男，汉族，1976年6月20日出生于武台镇大家庄，1995年9月毕业于山东农业函授大学，1995年12月至2013年2月在武台镇计生委工作，2013年2月至2014年2月担任武台镇武沟工作区书记，2014年3月至今担任武台镇孟家庄工作区书记。

杨大鹏，男，汉族，临沂市商务局干部，2018年4月到孟家庄担任第一书记。

王静波，男，汉族，临沂市商务局干部，2018年4月到孟家庄担任第一副书记。

王艺潼，女，汉族，丰阳镇人，出生于1993年10月，毕业于四川传媒学院，2014年12月加入中国共产党，2016年12月参加工作，工作单位武台镇党建办，2017年2月担任驻孟家庄村指导员。

现任村干部

李绪国，男，汉族，李继亮之子，李如财之孙，1961年10月1日出生于孟家庄。1970年冬入孟家庄小学，直接从二年级读起，1971年读完二年级后又跳过三年级直接升入四年级，1972年冬天到咸家庄联小读五年级，1973年冬天小学毕业后继续在咸家庄联小读初中，1974年中小学由冬季招生改为秋季招生。同年7月咸家庄联小初中部连同工作区（也称管理区）办公室由咸家庄搬迁到孟家庄。8月初在本村的咸家庄联小初中部继续初二学业。1975年6月初中毕业。8月升入武台中学读高中，1977年6月高中毕业。

1977年11月参加工作。1977年11月至1985年3月在平邑县武台公社农机厂从事修理农机工作。每月6元工资，须交生产队3元换10分工。1985年3月至1986年8月调入平邑县保险公司武台代办所担任业务员，其间经常被请到武台公社电镀厂帮助维修设备。1986年8月正式调入武台公社电镀厂工作。1987年5月经村两委请求、公社领导动员，回到孟家庄担任会计。1987年3月被选为村民委员会委员。1987年3月至1993年3月担任孟家庄村民委员会委员、会计。1993年3月至2013年2月担任孟家庄党支部委员、村民委员会委员、会计。2013年2月至今担任孟家庄党支部书记。

2013年，团结带领村两委成员，积极筹措资金，先后硬化村内副街3条，面积4000余平方米，硬化田间生产路面积400余平方米，绿化大街1400余平方米，安装路灯56盏，粉刷墙面4600余平方米，修建“神墨连心桥”一座，维修村党支部、村民委员会办公室9间150平方米，购买桌椅25套，设立党员活动室、便民服务室、夜间值班室，电网改造新上变压器一台，整理线路1200米256户。2014年，继续筹措资金，硬化村内背街小巷17000平方米，绿化副街1800平方米，砌垒村内街道两边排水沟1400米。2015年，建设幸福院一处，建筑面积120平方米，购买床15张，被褥15套，办公桌2套。2016年，建设红十字会博爱卫生站一处，面积160平方米，购买空调一台，旱厕改造90户。2017年，硬化至大王庄水库田间生产路（300×4米），旱厕改造110户，全村旱厕改造完成90%。

李绪国为人谦和，待人真诚，吃苦耐劳，踏实能干，办事公道，顾全大局。曾经做过挂面，开过超市，种过黄烟、黄桃、姜、丹参等，是发家致富的能手。自2013年2月连续两届当选孟家庄党支部书记。

1999年3月，被中共武台镇委员会、武台镇人民政府评为“1998年度计划生育工作先进工作者”。2009年6月，被中共武台镇委员会评为“优秀共产党员”。2013年6月，被中共武台镇委员会评为“2013年度优秀党支部书记”。2016年6月，被中共临沂市委授予“优秀共产党员”称号。系武台镇第十四届人民代表大会代表，平邑县第十八届人民代表大会代表。

李华，男，汉族，1974年1月20日出生于孟家庄。李继恒三子，李如茂之孙。1982–1987年在咸家庄完小（驻孟家庄）读小学，1987–1990年在武台中学读初中。初中毕业后开始参加农业劳动。1990年秋，李华与村友结伴，天刚亮时出发，骑自行车行24.4公里，约7点钟到泗水县泉林镇，简单吃些早饭后，购100公斤大米，用自行车驮回孟家庄。一般情况下，到孟家庄时大约在13点到14点之间。午饭后休息。之后的两三天，李华和他的村友依旧用自行车，驮着大米翻过蒙山，到蒙阴县的常马、联城一带的村庄去零售。村民可以用现金买，也可以用玉米换。100公斤大米卖完，可得利润40元左右。

1991年正月，李华投奔生活在辽宁抚顺的叔叔李继忠，一开始是做菜农，每日8元，每月有200多元的收入。1992–1994年间，在辽宁抚顺一家洗煤厂开车，三班制休息，月收入350元左右。1995年，在辽宁抚顺与李绪坤、李绪传、李绪乾等一起给人挖菜窖子，月收入600元左右。1997年结婚后，与妻子孙海燕经营理发店。2003年，与村友一起去北京做房屋装修，有活儿就干，没活儿就回平邑，大约半年干半年歇，日收入25元，一年里断断续续，有三四千元的收入。2004–2005年间，在平邑仲村康复村钢化炉厂制玻璃茶几，计件取酬，日收入80元左右。

2010年秋，通过亲友介绍，承包了县水利局的塘坝工程，李华组织了自己的建筑工程队，少时30余人，多时达60余人，做到2011年春。2011年秋，与工友柏林人宋西宝合作，承修本村南北街副街路面工程。2012年春，购买价值2万余元的设备，率领十几个人的工程队，历时29天，独立完成了本村9600余平的东西小街路面工程。后来陆续购置摊铺机、搅拌机、磨光机、镇平尺、震动梁、三轮车，共投入10万余元。自2012年以后，先后完成东近台路面工程，咸家庄路面工程，地方镇路面工程，董家庄路面工程，康阜庄一带的厂房地面工程，水沟学校的院墙工程，地面工程，岐山2座幼儿园的地面工程，岐山药厂的厂房地面工程。

李华1994年从辽宁抚顺专程回村与本村姑娘孙海燕订婚，1997年结婚，1998年生子。李华2015年加入中国共产党，2018年当选为村主任。

李锋，男，汉族，李绪排之子，李继正之孙，1982年7月19日出生于孟家庄。1989–1994年，在孟家庄读小学，1994–1997年，在武台中学读初中，1997–2000年，在平邑一中读高中。2001年10月，担任共青团孟家庄支部书记。2004年6月加入中国共产党。2013年1月担任中共孟家庄支部委员兼村会计，2014年6月，兼任中共孟家庄支部纪检委员。2015–2018年，参加山东省首批村两委在职干部专科学历教育学习，获大学专科学历。2016 年，当选为武台镇党代表。2017 年，被评为武台镇优秀共产党员。

咸会德，男，汉族，咸立忠长子，咸化贵之孙，1962 年 10 月 1 日出生于孟家庄。1970 年春至 1972 冬，在孟家庄小学（南社）读初小（1 至 2 年级）；1973 年春至 1975 年冬，在咸家庄联小（驻咸家庄）读高小（3 至 5 年级）；1975 年夏至 1977 年夏，在咸家庄联小（驻孟家庄）读初中；1977–1979 年，在武台北平邑十三中读高中，1979 年高中毕业。“文化大革命”后期，咸会德在社办副业中给公交车补胎，逐渐掌握补胎技术。1982 年春，咸会德与咸立孝、孙述清、孙述运 4 人合作在村南路东搞汽补轮胎，两次分酬共 1300 元。1983 年底分开，二孙到村北路西另设点做，二咸仍在原址做。1984 年咸立孝退出另谋出路，咸会德自己做。后来增加了自行车修理业务。1985 年秋后，承包村桃园 3 亩半，后又扩大到 7 亩，共有桃树 300 余株。2010–2013 年间桃市大旺，年收入 40000 余元。近年桃市起伏，桃树老化，逐渐代谢减株，现存结果树 3 亩，幼林 2 亩，花生地 2 亩。2000–2010 年间，兼职邮政储蓄代办员，每月有四五百元的收入。1979–1984 年，任第二生产队会计。1984–1987 年，当选村委委员，任村二组组长，村工。2010 年春天干村工，2013 年任村保管员至今。2014 年任治保主任，2018 年任村委委员。咸会德善人义士，常义务修路修桥。2010 年，与李绵国一起，义务出工出料，将村西南高行岭村井井壁增高 1 米多。2010 年 6 月，加入中国共产党。2017 年 6 月，被中共武台镇委员会评为“优秀共产党员”。

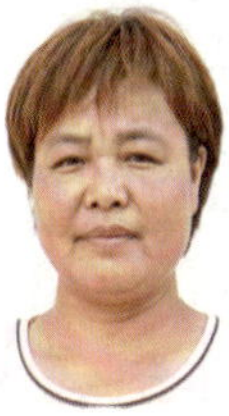

李绪连，女，汉族，曾用名李慧、李会，李继和长女，李如财孙女，1968 年 1 月出生于孟家庄村，1976–1980 年在孟家庄小学（泉子北）读小学 1 至 4 年级，1980–1981 年在咸家庄完小（驻孟家庄）读 5 年级。1981–1983 年在武台中学读初中。1995 年 3 月至 2001 年 10 月任孟家庄团支部书记，现任孟家庄民代表委委员会委员、孟家庄妇女联合会主任、孟家庄公共卫生与计划生育委员会主任委员、孟家庄治安保卫委员会委员。

1996 年 3 月，被武台乡党委、政府评为 1995 年度计划生育“先进工作者”；1999 年 3 月，被武台镇党委、政府评为 1998 年度计划生育“先进工作者”；2000 年 3 月，被武台镇党委、政府评为 1999 年度计划生育“先进工作者”；2008 年 6 月，被武台镇党委、政府评为“三星级村计生主任”；2009 年 2 月，被武台镇党委、政府评为 2008 年度计划生育工作“先进个人”；2009 年 3 月，被武台镇党委、政府评为 2008 年度妇女工作“先进个人”；2010 年 2 月，被武台镇党委、政府授予 2009 年度计划生育“先进工作者”称号；2010 年 3 月，被平邑县人口与计划生育领导小组授予优秀村计划生育宣传员荣誉称号；2015 年 3 月，被武台镇党委、政府评为 2014 年度计划生育工作“先进个人”；2017 年 3 月，被平邑县委宣传部、平邑县精神文明建设委员会办公室、平邑县妇联、平邑县广播电视台授予“平邑县好媳妇”荣誉称号。

李绪财，男，汉族，李继青次子，李如勤之孙，1964 年 4 月 7 日出生于孟家庄。1971 年春入学。1978 年辍学在家。1978 年秋重新入学，1981 年夏初中毕业于咸家庄联小初中部（驻孟家庄）。1981 年秋，就读仲村平邑二中高中部。1983 年夏，高中毕业。1983–1985 年，去西张庄姨家帮工，跟姨夫学习中医外科。1986 年 1 月 2 日结婚（妻张朝香，育二女，俱已成家）。

婚后去东营胜利油田建拦水坝，日薪 5 元。此后每年秋天外出打工。1990–2004 年，每年秋后 4 个月开春 1 个月，去淄博一煤矿做挖煤工。月薪从 600 元到 5000 元不等。2004–2012 年去北京跟着李绵永干房屋装修，日薪 60 元到 200 元不等。2013 年安装心脏支架，不再外出务工。2014 年开始干村工。

李绪财快人快语，结善乡邻。多年担任孟家庄红白公事襄礼，为孟家庄红白理事会成员。2018 年 1 月被选为孟家庄村民监督委员会主任。

域内居民

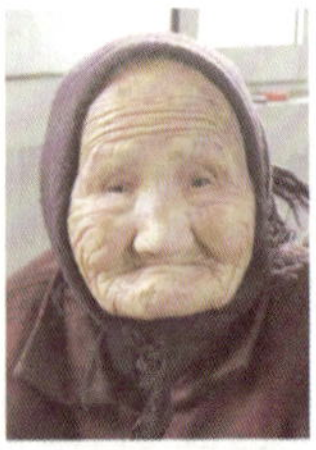

李孙氏，女，汉族。1917 年 4 月 8 日出生于孙家庄。1938 年 5 月 1 日嫁孟家庄李继武。夫家三代铁匠。养育四子二女，长子李绪训，次子李绪典，三子李绪刚，四子李绪德，长女李绪凤，次女李宗英。李孙氏为人宽厚善良，喜素食，为孟家庄历史上唯一一位年龄过百岁老人。

魏长乾，男，汉族，魏连玉之孙，魏太凤长子。1933 年 12 月出生于孟家庄。1951 年 2 月参军，1957 年 7 月退伍。退伍后参加王家庄水库建设，担任队长。1959 年 1 月加入中国共产党，并担任咸家庄管理区副书记。1959 年 11 月至 1984 年 3 月，担任孟家庄大队党支部书记。1984 年 3 月至 1985 年 2 月担任孟家庄党支部书记。

李继宝，男，汉族，1935 年 5 月 16 日出生于孟家庄。1941 年春天入玉皇山抗日小学读书。当时学校就安在玉皇庙里，共三个班，大殿里一个班，东西配殿各一个班。每个班 30 个学生。学生全部是男生，留着辫子。教师有东近台的张玉亮，穿长袍。孟家庄的学生有三位，分别是：李继宝、李继本、李继学。在玉皇庙上了不到半年，学校即迁到孟家庄，改为冬学，白天不上课，晚上上课，每天晚上学习两个小时。教师有东近台的张玉亮和本村的李绪谦，用的是油印课本，一直到1946年冬天。1946年4月13日，仲里区在武台召开“四八”遇难烈士追悼大会。

上完冬学后在家务农。1947年冬天，国民党军队向南撤退路过孟家庄。李继宝家紧挨大路，当时家里养了一头黄牛。国民党军人命李继宝牵着牛帮助拉装载物资的独轮木车。当时天已大黑，李继宝牵着牛拉车随行，送至仲村后方准返回。李继宝牵着牛返回时已是深夜，不敢在仲村过夜，行至仲村北边的西乐里村，在路边一户人家住了一夜。

1948年1月担任村儿童团长。当时孟家庄只有五六名儿童团员。儿童团员穿衣打扮和普通儿童没有差别，也没有红缨枪。主要任务是帮助本村困难户和参军、支前的家庭干力所能及的农活。

1952年9月担任民兵队长。当时村里有七八个民兵，有两杆枪。一杆汉阳造李继宝持有，另一杆三八大盖魏长法持有。民兵的主要任务是夜间在村里站岗、巡逻，防小偷。

1982年，在自家院中养牛（三头，其中种牛一头）、羊、猪（其中种猪一头、母猪一头），1986年禁止放牧后不再养牛羊，养猪持续到1990年。1990年以后，肩挑茶叶在周边村庄走街串巷叫卖，每天可卖10多斤，获利30多元。2012年以后在家帮助儿子照应超市。

李绪京，男，汉族，李继营长子，李如桐之孙，1936年5月5日出生于孟家庄。未读过书。8岁开始放猪，上北山打柴。猪群（十几头）出栏后四处乱跑，8岁的绪京控制不住，急得直哭，不愿干。母咸氏为训练绪京干活，用长烟袋打绪京的屁股。绪京年轻时腿部受伤，落下微疾，做重体力活儿有困难。绪京自称最愁的农活儿是开春时推独轮车往大田里送土杂肥。17岁时本家叔祖李如积遗腹子（乳名东成）夭亡，绪京依乡俗出继。1958年时值困难时期，连杨树叶、榆树叶都当作粮食吃掉了。李绪京被选为孟家庄第三生产队副队长（队长是李绪恩），在副队长职位上一直干到1981年。第三生产队的主要领导是队长李绪恩、副队长李绪京、会计李绪运和保管员赵怀善。李绪京的主要职责是规划安排生产任务，带领劳力下地生产。因有腿疾，李绪京比较愁推粪车子。因为当队长，要带头干活儿，活紧时也努力推。好在社员除了本家就是邻居，相处友善，尽量不让他推沉车子、挑重担子。除了推、挑之外，其他农活如晃耩子、割麦子、锄地、刨地瓜、扬场、垛垛，李绪京都是好手，是样样过硬的庄稼把式。1981年实行家庭联产承包责任制分地到户后，与李绪恩等人合伙承包生产队的北岭苹果园，苹果品种以“红玉”“小国光”为主。四五年后开始种桃，初期的品种有“五月红子”“六月鲜”“黄金桃”等。干了十几年。李绪京性情温和，抽烟饮酒，但量皆小。晚年耳背懒语，喜欢听评书豫剧。娶妻张本娥，与绪京抚育三子三女，现孙辈13人，曾孙辈7人。

孟昭存，男，汉族，1936年12月出生于孟家庄。孟广信次子，孟继瑞之孙。

孟昭存祖父孟继瑞在自家林地一角靠路边建起房子，在里面打烧饼、炸油条售卖，当时村民称为北饭铺子。

孟昭存没上过学。从懂事起耳濡目染，就跟老人学习打烧饼、炸油条技艺。1947年，孟昭存12岁时，国民党重点进攻山东，为打破国民党对山东根据地的重点进攻，华东野战军于4月22日发动泰蒙战役，歼灭泰安守敌整编第七十二师。华野九纵某部第二营奉命在白马关阻击北上增援泰安的国民党整编第十一师。孟家庄因此沦为战场，村民纷纷逃避。孟昭存一家到孙家庄亲戚家躲避。1947年4月24日上午9时许，国民党飞机对孙家庄旁边的黑山实施轰炸，然后又炮击黑山阵地。炮弹落入孟昭存家躲避的亲戚家，孟昭存的一个姐姐、两个妹妹被炸死，姥娘被炸成重伤，被国民党军队送战地医院抢救几天后死亡。

孟昭存13岁开始赶集卖烧饼，因年幼无力挑担，老人挑着烧饼送到集上，孟昭存守摊儿卖。15岁开始自己挑担赶集。当地风俗春节期间，当年结婚的男子（俗谓“新亲”）必须隆重到老丈人家送年，叫作“走新亲”。走新亲时油条是必不可少的礼品，孟昭存16岁即于春节期间应邀到本村居民或亲戚家帮忙炸油条，常常通宵劳作，分文不取。

1956年底加入高级社后，不允许个人再开饭铺，饭铺停业。吃食堂时孟家开饭铺的用具被没收充公，全家人到南食堂吃饭，后来从食堂打饭回家吃。

1958年秋天结婚，结婚当天孟昭存被派到水沟，妻子被派到东近台深翻土地，半个月没见面。

1964年10月带着母亲和长子下东北投奔堂兄孟昭忠。1965年1月10日（农历1964年腊月初八），到东北去找长子要钱的孟广仁（系孟昭存亲大爷）和三子孟昭营煤气中毒死亡，孟昭存帮助料理完丧事后，因害怕煤气中毒返回孟家庄。不久又开始打烧饼，炸油条，朝生产队交钱买工分。1966–1970年，担任孟家庄毛泽东思想宣传队队长。

因孟昭存炸油条远近闻名，1978年，武台公社供销社向大队调孟昭存，因大队不答应作罢。1982年春天，供销社将孟昭存请到供销社炸油条，每公斤面给0.14元加工费，每天能加工100公斤面，炸的油条供不应求。1983年春天，供销社将孟昭存辞退，自己组织人炸油条。孟昭存在供销社门口摆摊儿，全家上阵炸油条，每天能卖150公斤油条，每公斤利润0.2元钱。同时到仲村、蒙阴县城、常马乡赶集卖油条、烧饼。结果供销社炸的油条卖不出去。

1990年，在武台街面路边买三分地，盖起四间沿街房，在里面卖油条、烧饼。2003年，孟昭存妻朱如英（出生于万山庄）患重病，因照应妻子撇业回家，其三子孟宪强又干了三年，此后也不再干。2005 年，沿街房屋以 9000 元价格卖给亲戚。

2005 年妻子去世后，孟昭存种植黄桃、将在刘家村的七分自留地开荒开到二亩多，种植丹参，养羊二三十只，每年收入二三万元。

李绪训，男，汉族，1937 年 12 月出生于孟家庄。其父李继武，铁木业社退休工人；祖父李如秀，与李继武、李绪训三代铁匠。其弟绪典、绪刚、绪德初亦从业。其母李孙氏今已 104 岁，犹健然，喜素食。惟于 2012 年失足跌伤，不能直立，扶凳而行。

李绪训 1944 年去咸家庄抗日小学读书，一年后转到玉皇山小学。教师是东近台的张玉亮。1947 年国民党进攻时学校停办，开始给打铁的父亲做帮手。家里雇着一位专门打锤的帮手，李绪训因为年幼，只能做些打水拉风箱的活儿。

李绪训父亲推着独轮车串乡。车上装载着砧锤炉炭，上坡时需要拉着。一开始是训父、雇工与训。后来是训父、训与训弟，再后来是训与训之二子。训祖如秀操此业时当亦如是。服务范围是附近的几个村：孟家庄、孙家庄、董家庄、东近台、咸家庄、前白马村、后白马村、西近台。主要业务是修理农具。伸锨伸锄不收现钱，不论次数件数，一律一家一升高粮，秋后兑现。如果是钢镢头，因为要补充钢铁，收现金，一把镢头几角钱。

1957 年，仲村镇实行手工业联合，李绪训被联合进去，主要工作是打制农具。1958 年去了仲村铁厂，一直干到 1963 年，工作仍是打制农具。

1963 年从仲村铁厂下放，回到孟家庄，带着儿子，推着独轮车串乡。每月以 0.7 元 / 工的价格买工分粮。挣的钱除买工分外，尚稍有余，生活比光在生产队里参加农业生产的人强一些。

1980 年农村改革分地后，李绪训办理了手工业营业执照，赶集打铁，缴纳摊子税后，每集能挣二三十元钱。李绪训在集上打铁打了 20 年，一直打到 2001 年，64 岁的李绪训打不动了，这个行业也日渐衰退，儿子不愿接班，出外务工，李家的打铁业宣告结束。

李绪省，男，汉族，李继汉长子，李如贵之孙，1939 年 4 月出生于孟家庄。未上过学。1955 年加入初级社。1958 年，被大队派工到平邑岐山煤矿挖煤，干了一年多。孟家庄同去的有李绪申、孟现保、李继如、李绪京等十几人。矿上只管食宿，无其他报酬。村里记工分。1960 年，任第二生产队副队长。1961 年 7 月，孟家庄大队拆分为四个生产队后，任第三生产队队长。1969–1976 年任孟家庄大队民兵连长。改革开放后，李绪省购买面条加工机一台，建立家庭面条加工点。几个女儿在家加工面条，自己（后来是儿子）推着独轮车走四乡以面条换麦子。每公斤面条兑换 1.5 公斤小麦。每天换面 25 公斤左右。1982 年建房时，不慎损伤右眼后停业。之后购买若干餐具，搞起“家什儿社”，出租给有红白公事的人家。饲养小尾寒羊、波尔山羊 5 头。孙李涛在临沂兰山经营企业。

孟宪章，男，汉族，1942 年 10 月 9 日出生于孟家庄。1951–1954 年在孟家庄读初小，地点在李继田家老宅。教师为周俊斌。同一时期的教师还有翟昌富、郭传忠、裴老师。同学有咸化智、咸光谦、李继亮、李绪存、李绪典、李绪运、孟宪运。1955–1956 年在天齐庙读高小，同学有李继亮、咸化智。1957 年参加生产队劳动，担任工分记录员。1958 年，担任北食堂会计。1959 年自春至秋，在平邑县城北郊莲花山前读工读师范。1959 年秋后，在平邑县唐村水库工地上，孟宪章任武台公社工地总会计。1960–1964 年，任孟家庄大队会计。1964–1972 年，任孟家庄大队副业会计。1972–1981 年，任孟家庄小学教师。孟宪章老师的数学课上得好，40 年后，他的学生李绵洪仍对当年的课堂记忆犹新。1976 年秋，孙福瑞调走后，孟宪章代理孟家庄小学负责人。1981–1985 年，孟宪章调入咸家庄联小初中部（在孟家庄）任教辅。1985 年结束民师生涯。在 1985 年结束民师生涯之前，孟宪章已开始经营一家小卖部，而今已迁到 335 省道西侧，由其子孟庆林经营。小卖部年营业额在 3 万至 10 万元之间，好年份利润曾达 3 万余元。

咸立英，1943 年 4 月 9 日出生于咸家庄，高宗运之妻。1965 年至 1966 年读两年夜校。每天晚饭后到咸家庄小学在汽灯下学习 2 小时。学习内容为识字唱歌。66 岁的咸立英仍能清楚响亮的哼唱“嘿啦啦啦啦嘿啦啦啦，嘿啦啦啦啦嘿啦啦啦，天空出彩霞呀，地下开红花呀……”“正月里来是正节，我郎抗战把家撇……”咸立英自 2003 年起担任孟家庄村丧葬礼上的“女执事客”。

咸立英与高宗运从小认识，未相亲。遵父母之命，于 1963 年订婚。订婚礼为价值 8 元红袄面儿，压契礼 10 元。1966 年嫁入孟家庄。

李绪廷，男，汉族，1943 年 5 月 26 日出生于孟家庄。李继田之侄。1950 年入孟家庄小学（李继田宅），1954 年后随校前往咸家庄联小。1954–1955 年到武台天齐庙读 2 年高小。1958 年任教于新建立的孟家庄小学（南社）。教学内容为语文、算术、音乐、美术。1968–1974 年间，任南社扫盲班教师。扫盲班有两个，一个是中午班，即午饭后的 1 小时，学生全是家庭妇女，人数保持在 20 个左右。另一个班是夜班，男女都有，成年人，多的时候有 30 余人，少的时候有 10 多人。教学内容为识字，算术，背诵毛主席语录。李绪廷的民师生涯一直持续到 1985 年，从教 28 年，为孟家庄子弟的启蒙教育事业立下了汗马功劳。

李绪坤，男，汉族，1943年11月28日出生于孟家庄，李继营之子，李如桐之孙。1954–1956年在李继田宅子读1~2年级，1956–1958年到咸家庄读3~4年级，1958–1960年到武台读5~6年级。1960–1963年到仲村读初中3年。1963–1965年在南社村办小学任教师。1965年秋至1968年秋去平邑读工读师范3年。1968年起任咸家庄联中数学教师，1979年因身体健康问题辞教。李绪坤先后从教13年，其中2年在孟家庄小学，11年在咸家庄联中，武台北山区早期的初中生多是他的学生。

李绪坤任教期间，潜心钻研，提升技能，业务精湛，教出了一批又一批的优秀学生。咸立水、崔金波等因考学改变命运的学生，至今感念他当年教育之恩，每年春节期间都来家探望。李绪坤还写得一手好毛笔字，至今仍常为乡邻写春联喜联。李绪坤任教师期间生产队每日记8分工，学校每月补贴8元。由于人口多，挣工分少，经济极为困难。有一年年终结算欠生产队口粮款9元，家里拿不出钱支付，粮食本不够吃，更不情愿拿，于是用被生产队借走的一盘石磨顶账。李绪坤有2兄2弟，婚后多年住老宅西屋、南屋。人口渐增，迫于住房逼仄，在老宅过道搭出2层，李与长子绵洪晚上爬上2层“阁楼”睡觉。

为走出经济困境，李绪坤于1982–1997年间去辽宁抚顺荒地沟矿区收购废品，也替人整菜地、挖菜窖，只在春节期间回家小住。1997年9月返回孟家庄，凭借在东北务工积攒的收入修了新屋。

李绪坤少年聪敏，老壮练达；心性坚韧，执事果决；为人谦和而少言语，性格表面软弱，但骨子里有一种常人不可企及的执拗和坚强。

李绪坤与妻子王玉珍养育二子一女，两个儿子均成功升学，毕业后从事教育事业。

咸光谦，男，汉族，1944年12月8日出生于孟家庄，1959年读了2个月的夜校扫盲班，每天晚上学习约2个小时。地点在李如茂的东屋里。教师是李继田，教识字，主要是农具名称。有时候也教歌曲，至今能零星记起的歌曲有“崖畔上开花……”“我们两只手……”“轮船嘟嘟海上漂……”

曾经担任孟家庄大队贫协主任。1963年12月至1966年9月担任孟家庄大队四清工作组组长。1965年8月15日加入中国共产党。1966年10月至1968年10月担任孟家庄大队革命委员会主任。

咸光谦和李绪清是武台公社第一任拖拉机手。

李继恒，男，汉族，1944年12月15日出生于孟家庄。李如茂子。1960年春至1960年冬在仲村中学读初中。1961年，代理生产队保管员一年。之后一直参加生产队田间劳动。1967年，去东山看山一年。下山后继续参加生产队田间劳动。1977–1980年，任第四生产队队长。其间李绪仁、李绵友、李绪班先后任副队长，会计为李继友。第四生产队当时有40户计200余口人，土地200余亩，壮劳力不足20人，半老力10人。麦子亩产150公斤，鲜地瓜亩产500公斤，花生总产1000公斤。发展副业养牛7头，养猪8头，豆腐坊粉坊各一。工值0.35元左右。1983–2013年间，去辽宁抚顺打工。初期主要从事下煤窑底背煤工作，每趟100斤，背出窑井，挣1.2元。一天4小时，背七八趟，获酬10元左右。后期从事挖菜窖、建油库及其他农活，到20世纪90年代，日薪20~30元。俱重体力活，异常辛苦。

王玉珍，汉族，1945年2月3日出生于大王庄，李绪坤之妻。十三四岁时（1957年农历2月至1958年2月）修大王庄水库。王玉珍个性坚强，修水库时她的工作是与另一同龄女性合作抬土。当时的规定每抬400筐土可挣得3分工。由于刨土的本家三叔营养不良体力不济，影响了抬土进度。她和三婶在午休时跑回村里给三叔攒煎饼（就是挨家要，一家要一个，近于乞讨）。攒了两大包袱煎饼，又从自己家里带了母亲炒的杨树叶豆沫。本家三叔吃饱了煎饼，身上有了力气，她的工分开始挣得多了。她没上过全日制学校，年轻时进过几天扫盲班，认识几个字。1958年8月，到南武沟深翻地，每天的工作就是将土地深翻约60厘米，并且将翻过的土地整平，不记工分，吃食堂。1960年春天，修西王家庄水库，在工地上干了七八个月。后来又参加过东近台水库的修建。18岁时经人介绍，与李绪坤在集上相亲，当时李送给她的礼物是一盒蛤蜊油。之后订婚，礼物是一件小红袄。之后一直未见过面，直到21岁结婚。小红袄舍不得穿，留着结婚时穿。由于夫家人口众多，经济基础差，结婚后生活极其艰难。她操持家务的同时，坚持参加生产队劳动挣工分。为了挣工分，王玉珍曾经带着自己才十几岁的女儿李绵霞，钻山沟爬地垄，给生产队的耕牛割牛草。1980年至1982年，带领全家做豆腐，卖豆腐，早起晚睡，辛苦异常。1982年，李绪坤远走辽宁打工，三个孩子的抚养教育重任落在了王玉珍一个人身上。每年初春给自家麦地浇水，由于麦地地势不平，总有一大片浇不上水。王玉珍带着十几岁的三个孩子，用脸盆、瓦罐将水渠里的水舀到麦田里去，这样的高强度劳动常常要干好几个夜晚。三个孩子后来俱有所成，当与早年养成的吃苦耐劳精神密切相关。1983年以后，王玉珍带领孩子先后做过豆腐，种过苹果、黄桃，养过羊……生活虽然困难，但是对美好生活的向往坚定而执着。其性格热情开朗，乐于助人。晚年生活富足，心情愉快，热心公益事业，很受尊敬。

李绪乾，男，汉族，李继营四子，李如桐之孙，1946年7月23日出生于孟家庄。1958–1962年在玉皇山小学上学。16岁起在生产队干活，看坡、放羊、喂牛。成年后身强力壮，推车子，挣10分工，曾经到汶南推炭一年多。1981年实行家庭联产承包责任制分地后先后种植过苹果、桃。一生节俭，烦恶铺张浪费。娶孙家庄孙述莲为妻，养育一子一女，子绵国；女绵荣，嫁北武台。

高宗运，男，汉族，高汉仓之子，1947年1月10日生于孟家庄。1956年入学，1962年高小（武台天齐庙）毕业。虽成绩优异，却因出身成分（反动富农）过高不得升学。其父汗仓，1908年生，1995年卒。抗战时期为八路军做过许多事情。曾利用自家棺木为八路军武工队藏过枪支。中华人民共和国成立后，因得罪乡文书，被错划成分，成了反动富农。宗运因不得升学，耿耿于怀，走上了漫长的上诉之路。小学文化的高宗运，勉强执笔，诉说冤屈。1967年底，高宗运拎着生产队刚刚分配的全部5斤花生油，又去县城找人。由于案情久远，涉及面又广，当事人多已离开岗位，无人接案。高宗运不得不一级一级往上写上诉信，一直上诉到国务院。国务院回信称已批复责令省政府调查解决，省政府回信称已批复责令行署调查解决，行署回信称已批复责令县政府调查解决，县政府回信称已批复责令人民公社调查解决，这样一级一级批复下来，到了人民公社这一级的时候，“文化大革命”开始了，政府工作已无法正常开展，高宗运的案子不了了之，直到1977年7月5日，平邑县政府下文恢复高汗仓中农成分，恢复高汗仓家属革命家属名誉，由县、公社干部代表上级到孟家庄宣布。此后不长时间，中共中央作出《关于地主、富农分子摘帽问题和地、富子女成分问题的决定》，取消成分论，地主富农全部摘帽。

由于不能升学，高宗运16岁那一年（1963）开始参加农业劳动，来到大王庄水库工地记分管账，并借机学当石匠。1967年开始，高宗运先后以石匠身份参与了柏林固城大桥工程、白彦0909公路工程、农田水利基本建设工程、通天沟水库工程。高宗运逐渐成长为小有名气的石匠。1972–1978年，高宗运辗转平邑蒙阴新泰三县交界山区，给人建民房，也给人打磨盘，修钢磨。在附近几个村干活儿，1.5元/工，外出2.0至3.0元/工，然后用挣来的钱买工分（0.7元/工），余钱改善生活。1984–1985年，去东北牡丹江干活儿，10元/工。此后先后在仲村镇驿头村、黑龙江省林口县石材厂、平邑县余粮店石材厂、山东荣成、牟平、文登等地做石匠活儿，2011年收工。收入从1991年每日20元一直涨到2011年的每日110元。高宗运以劈石为生，以弦乐为趣。板胡、二胡、京胡均可上手。1965–1972 年间，出工之余，参加村宣传队。

咸立孝，男，汉族，1947 年 4 月 17 日出生于孟家庄。文化程度初中。曾经担任苹果园会计，在毛泽东思想宣传队担任演员，饰演过李玉和、郭建光、杨子荣、刁德一等角色；在第二生产队卖过豆腐，咸立孝购买的摩托车、电视机是孟家庄历史上第一辆摩托车、第一台电视机。现从事绿化树苗贸易经营等。

李绪宝，男，汉族，李继文长子，李如杨孙。1947 年 10 月 21 日出生于孟家庄。1955–1959 年读咸家庄小学。1960–1961 年在武台读高小。1962 年开始在生产队干农活。一开始记 6 分工，逐渐涨到 8 分，最后涨到 10 分。耕地、耙地、扬场……诸如此类的农活，李绪宝样样拿得起。1977 年开始担任第三生产队队长，直到 1981 年生产队解体后，仍担任第三村民小组组长。李绪宝担任第三生产队长后，继续大力发展副业，发展的副业有制粉皮、做豆腐、豆腐皮、做挂面、榨油、畜牧饲养（六七头牛、一头驴、八九头猪）等。从事三队副业劳动的有李绪栋、李绪省、李绪民（卖豆腐）、李绪永（外出售粉皮）、赵怀善（保管兼饲养）、李绪连、李绪荣、李绪云、李元爱等。日产粉皮 20~25 公斤，最远卖到山后的常马庄。当时一公斤粉皮卖 1 元，或者兑换 2 公斤薯干。由于三队的副业搞得好，经济收入较高，所以三队的工值在多数年份都超过 0.60 元 / 工，1974 年、1975 年两年的工值达到了 1 元左右。而兄弟生产队的工值一般在 0.30 元 / 工。李绪宝是孟家庄大队预备役民兵。李绪宝多年担任孟家庄丧葬仪式的大总管，现为红白理事会成员，主要参加白事。

李绪民，男，汉族，李继本之子，李如杨之孙，1947 年 11 月 10 日出生于孟家庄。1955–1961 年，在天齐庙读小学。1961 年，虚龄 15 岁的李绪民开始进入所属第三生产队下地干活挣工分。不久，被生产队安排进入副业小组，担任副业会计，当时也是事实上的副业主管。

1964 年，虚龄 18 岁的李绪民在老人的安排下去武台集上相亲。对方是董家庄同龄的姑娘赵怀美。李绪民送给赵怀美的礼物是 2.4 米红布（棉袄皮）、2.4 米蓝布（棉袄里子）和 0.5 公斤棉花，价值 4 元。虽然两人因为害羞都未敢认真地看对方一眼，以致后来两人异口同声地说结婚前见面也不认识；但这次相亲却是事实上的订亲，并且彼此都坚守了婚约，直到 1968 年结婚。

1981 年，土地承包到户。李绪民承包了生产队的 6 亩机动地。两年后，李绪民在这 6 亩地上种植葡萄，直到 1995 年前后才陆续伐掉。1983 年的葡萄收入为 1000 元 / 亩。此后每年的葡萄收入约4000元。随着葡萄树的老龄化坏死，李绪民开始伐掉死树补种桃树（主要是黄桃），1996年后，桃开始有收入，年收入在1万~2万元之间。李绪民在种植葡萄时，在葡萄架下养蛋鸡2000只，2002–2009年间改养肉鸡8000只，2009–2013年间改养肉鸭。2013年后种姜，种蒜，种丹参，种国槐等绿化树苗，油桃等果树苗。年收入约4万元/6亩。

在实行家庭联产承包责任制之初的1982–1985年，李绪民兄弟四人承包生产队的油坊，后来又改包为买。1999年，李绪民个人买断油坊，在原有3股油榨的基础上，以4000元价格添购2台气榨。油坊经营至2009年。油坊收入约10000元/年。

孟家庄地处白马关下，李绪民的家就在335省道侧，在经济困难、交通困难的岁月里，经常遇到因为各种各样的原因陷入困境的外地人，李绪民总是尽己所能地提供帮助。许多年前的一个大雪天，一蒙阴县常马乡南芦山村人在路上摔伤，李绪民找人联手冒着风雪将他送回家。有一年一位军人回家探亲后返回部队，吉普车在白马关下断了油。在汽车尚未普及的岁月里，附近找不到加油站。李绪民托人从很远的地方给他弄来汽油。至于劝回吵架离家的夫妻、劝和赌气打架的路人，更是不计其数。虚龄72岁的李绪民回忆自己的一生，很欣慰的认为自己的一生活儿干得多，好事儿做得多，所以好报多。自己的一生基本是顺利的，“年年顺”。

孟庆存，男，汉族，孟宪昌长子，1948年7月2日出生于孟家庄。1959–1960年在南社上过夜校。当时教师是李继田，教识字，教唱歌，曾经教唱歌曲《崖畔上开花》。1962年14岁时到大望山看山护林，1970年回村东参加苹果园建设，李继德负责，孟庆存担任技术员，到平邑南、铜石西小关路大队学习过嫁接技术，有林业技术员证书。苹果园建设初期主要任务是栽植、嫁接树苗。1972年冬天加入大队毛泽东思想宣传队，咸化乾担任宣传队队长。当时请李宗勤边教边演，演唱豫剧《智取威虎山》《红灯记》《沙家浜》等，孟庆存曾经扮演过座山雕、鸠山等角色。1976年冬天毛泽东思想宣传队解散，1976年冬至1981年春担任第二生产队队长，1977年开始发展副业，开办豆腐坊、皮匠铺，养猪（最多时达12头）。1981年秋天实行家庭联产承包责任制，主持分完生产队土地及所有财物后，与李继德、魏长乾、李继川、咸化川、咸化乾、李继坤、李绪排、李绪华、李绪班、孟宪成、孟照厚一起承包苹果园（咸化乾挑头）。苹果园管理依然延续生产队模式。平时上工记工分，干一天记10分，最后决算时算出一个工日价值，根据每人出工天数分钱。初期苹果每斤一毛多钱，每个工日价值5元左右，年底每人收入千元左右。1985年冬至2014年在李绪班建筑队打工。曾经照顾本族爷爷孟昭贤12年，为其养老送终。

李继伦，男，汉族，1949年10月5日出生于孟家庄。1963年小学毕业后在孟家庄大队第四生产队务农。1971年1月1日参加中国人民解放军东海舰队，系司令部航保处航标组战士。1975年5月加入中国共产党，同年6月担任航标组副组长。曾两次受嘉奖。1976年3月16日退伍。同年4月，担任孟家庄大队革委会成员、民兵连长，1978年春天，担任孟家庄大队副大队长、革委会（当年12月改称管理委员会）成员、民兵连长，包第四生产队。1978年底，调产区计划生育网长，后来孟家庄产区并入武台小乡，最多时管理14个村的计划生育工作。1980年3月，孟家庄大队民兵连长由李绪排接任。1988年3月，经公社党委研究决定、孟家庄大队全体党员选举，全票当选孟家庄大队党支部书记。当时正值大队排房规划，李继伦和村委会主任咸立合带领党支部和村委会成员坚持高起点、高规格规划，办成了许多大事、难事。1990年春天将村前大汪填平，在其北部划出大片宅基地。1990年秋天在村西南角打直径9米，深9米的大口井一眼，1991年春天又打直径1.5至2米，深5至6米的小井3眼。1991年夏天改造电路主线700余米，电线杆全部由8米换成12米。1992年春天在村前白马河中修建两个长15米、底宽3米、顶宽1.2米、高2.5米的“河磡”，有效解决了汛期河水冲刷土地的问题。1992年秋天修建烈士陵园前水渠（宽、高各60厘米）300余米。另外在公路西修建大队办公室12间（现于孝恩居住处），并且协调置换现村委院、乡农场办公室及土地。1992年12月后不再担任领导职务。

孟庆良，男，汉族，孟现成之子，孟昭祥之孙，1950年2月5日出生于孟家庄。1958-1961年读孟家庄小学（南社1至4年级），1962至963年，读武台天齐庙高小5至6年级。1964年参加生产队劳动。1965-1966年在武台天齐庙读农中。“文化大革命”开始后，课就上不成了。1968年春，与李绪谦一起干养路员。每月除生产队记工分外，有0.69元的茶水费。1971年正月初三出工铜石水库，干了65天。回村后任第一生产队会计。1974年春任大队会计。1982年5月加入中国共产党。1984年11月，成立孟家庄村民委员会，任村民委员会主任。1985年3月，任支部书记兼任村主任。1988年，改任村支部副书记。1985-1988年间，带领孟家庄村民修建了西沟子桥，修通了孟家庄至大王庄的路，启动了村宅布局规划改造。1994年复任支部书记，至2001年退休。孟庆良担任村两委领导期间，经历了村宅布局规划改造的整个过程，由于牵涉家家户户的重大利益，引发出不少矛盾。为化解矛盾，推进宅改，以孟庆良为首的村两委班子成员反复开会研究，平衡利益，并做了大量的说服工作，付出了艰辛的劳动。

1988年2月，被平邑县委、县政

府授予计划生育先进工作者称号。1993年2月，被中共武台镇党委、政府表彰为1992年农村工作先进工作者。1999年3月，被中共武台镇党委、政府表彰为1998年度社会治安综合治理先进个人。

李绪排，男，汉族，李继正三子，李如杨之孙。1950年3月出生于孟家庄。1972年12月入伍，1976年6月加入中国共产党。1976年1月至1980年1月，赴老挝参加抗越援老战争。1980年1月退伍返乡。1980年3月至1994年3月，担任孟家庄民兵连长。李绪排当兵时的兵种是工兵，经常训练地雷、爆破项目，射击、投弹水平也高，百米之外放一酒瓶，瓶口处贴一红纸条儿，实弹射击两发之内必定击中。李绪排因此获得临沂地区武装部颁发的“四会教练员”证书，经常被武台乡武装部请去帮助训练各村民兵连长。

1984年起，历任孟家庄党支部、村委委员。1994年3月至2001年3月，任孟家庄村民委员会主任，2001年3月至2013年1月，任孟家庄党支部书记兼村主任。2007年12月，当选平邑县第十六届人大代表。

李绪排担任孟家庄党支部书记兼村主任期间，团结村两委班子，带领乡亲发展奋斗。1997年，对全村土地重新分配，实现了土地平均。1998年，规划335省道沿路住房30余户，完成新村规划。2002年，修建至东岭生产桥，2004年，硬化至清河、东近台、西近台道路。2007年，改造扬水站，购置潜水泵并铺设供水管道1000余米，修建北岭、西岭蓄水池各一处。2010年，完成村内两条主街硬化；2012年，完成村内南北副街硬化。其间，两次改造提升村内低压电网。李绪排主持村两委工作期间，孟家庄在各项评比中多次被上级评为先进单位。多次获得“平安建设先进村”“计划生育先进村”“信访工作先进村”“科学发展先进村”等荣誉称号。

孙述清，男，汉族，1950年11月29日出生于孟家庄，1958年入孟家庄小学，1962年小学毕业后在孟家庄第二生产队劳动。起初因为年龄小，生产队安排其喂牛、割草，每天挣3至5分。1966年生产队政治队长咸化东安排其到副业组工作，主要任务是卖豆腐，每天担着豆腐挑子在本村及周边村庄走街串巷，敲着梆子卖豆腐。一般中午时分卖完，下午帮着做豆腐，周而复始。1970年春天起，和咸立孝一起在生产队修鞋，制造凉鞋。原料是从废品站买回的废旧汽车、拖拉机轮胎（每个四五十元），每个大轮胎制造30双凉鞋，小轮胎（拖拉机前轮）制造5至6双，每双凉鞋售价5元，儿童凉鞋每双3元。同时承担生产队里的小推车轮胎修理任务。1975年秋天，调入武台公社铁木业社，主要任务是为汽车、拖拉机补轮胎，采取气补方式。1979年秋回村务农。1980年春至1983年底，和咸立孝、咸会德、孙述运合作在孟家庄西南公路边盖起两间草房，继续补轮胎，每年每人可得2000元左右。1984–1990年，独自在孟家庄村西公路边盖起两间瓦房，依旧补轮胎，每年可获利四五千元左右。1990年以后，专心料理自家果园，栽植黄桃四亩，行情好时可获利万元左右，行情不好时仅得二三千元。

李绪仁，男，汉族，1950年出生于孟家庄。1958至1960在孟家庄小学（南社）读初小，1961–1964年在咸家庄小学（驻咸家庄）读高小。1965–1967年去武台天齐庙读农中。1970–1975年，李绪仁接受村里安排任村医。1970–1971年间，李绪仁上午到武台镇医院学习，下午回孟家庄行医。卫生室用房为一间小堂屋（正堂屋的东耳房），约10余平方米。口服药品有四五种，针剂有十几种。有两三个针管子，十几个针头。1998年，李绪仁协助长子李绵忠（李绵伟）成立了自己的卫生所。李绵忠的卫生所现已成为孟家庄红十字卫生站。1999年，李绪仁再次出任乡村医生，但一开始被分配到大王家庄工作。之后由镇卫生院安排，辗转在附近几个村之间工作。

李绪明，男，汉族，1951年4月3日出生于孟家庄。李绪廷之弟。1974年7月任孟家庄小学教师。1980–1987年，学校由泉子北迁到李家林，学制由四年制初小改为3年制初小，李绪明任孟家庄小学校长至1987年。李绪明早期是民办教师身份，报酬极其微薄。但李绪明热爱教师这个岗位，珍惜教师这个荣誉，他坚持做了25年，不仅工作认真负责，还通过业余时间努力学习，不断提升业务能力，1998年3月，李绪明通过了民师转正考试，1999年元旦，成为国家在编教师。2000年，孟家庄小学并入咸家庄完小（驻孟家庄），李绪明调入咸家庄完小白马关分校任教，2001年调回本部任教，2002年退休，安享晚年。李绪明从教29年，桃李满天下，为武台人民的教育事业做出了巨大贡献。

赵怀闩，男，汉族，1951年11月11日出生于孟家庄。赵氏祖居保太卓家庄，1942年迁居董家庄，1944年顶支迁居咸家庄。1947年黑山阻击战期间，赵氏房屋被国民党炮火所毁，迁居孟家庄。赵氏数辈以为人牧羊为生。赵怀闩读了两年书（1959年秋至1961年秋），在11岁时开始跟着长兄为大队牧羊。当时的羊有七八十只。1964年，大队将羊分给了小队，赵怀闩与孟庆良一起牧羊。1965年，生产队不再保留羊群，将羊分给了个人，赵怀闩不再牧羊，开始参加生产队田间农业劳动。1967年，赵怀闩在孟家庄苹果园干大队工。1971年，去平邑县铜石公社昌里大队修红旗水库，推了100天的车子。1972–1976年给生产队看坡（守护庄稼）。当时每生产队安排一人看坡，一队孟庆才，二队赵怀闩，三队李绪宝，四队李绵富。1977年，赵怀闩去国营云台寺林场打工（看山，挖树窝），每日工钱1元1角。1979年订亲，1980年结婚。1983–1987年，赵怀闩夫妻在大舅哥的果园里打工。1987年回村看山。原属孟家庄山林收归国有林场后，仍交由孟家庄负责护理，赵怀闩担任孟家庄护林员至今。赵怀闩常年居住山里，养鸡种菜，与青山白云相伴，今虽已68岁高龄，仍强健矍铄。赵怀闩人事通达，富有口才，其结合孟家庄生活实际创作的许多歇后语（当地村民称“侃子”）生动有趣，极富生活趣味，为当地村民所津津乐道。

李继富，男，汉族，1955年2月17日出生于孟家庄。李如芝长子，李照凤之孙。1963年春上小学。启蒙老师是李绪坤。曾经两次跳级，1966年上初中。1968年初中毕业后回村务农。1971年，在第三生产队副业组卖豆腐、豆腐皮（当时生产队长是李绪恩），豆腐、豆腐皮可以用豆子、地瓜干换，0.5公斤豆子换1公斤豆腐，1公斤地瓜干换0.5公斤豆腐，也可以用现金买。1975年7月，和李建超一起被701矿招工，在选矿厂粗选车间选矿（李建超在首选车间），月工资35.1元。1987年，回孟家庄。曾经参与玉皇庙重建，建成后经常参与庙会筹备、主持等工作，也参与主持白事工作。

李继春，男，汉族，1955年4月23日出生于孟家庄，1963–1967年在孟家庄小学（南社）读初小，1968–1970年在咸家庄读高小，1970年至1971年在咸家庄读农中。1971年秋至1973年1月在武台读高中。高中毕业后在生产队劳动。1977年，任孟家庄小学民办教师至1985年。1988年，任农村信用社孟家庄代办员。

李绪华，男，汉族，1955年4月12日出生于孟家庄，1962年入学孟家庄初小（南社），后转入咸家庄小学读高小和初中，1975年高中毕业于平邑十三中（武台中学）。高中毕业后，进入孟家庄小学（泉子北）任教师，1976年3月应征入伍。在广东边防部队历任勤务兵、上士、炊事班长，1980年退伍，进入孟家庄大队部，1983年10月至1998年12月任民兵连长，1984年10月至1989年10月任孟家庄村委委员。1984–2006年，先后养过数亩葡萄树、苹果树、桃树。现以看护孙辈为业，安享晚年。

咸立花，女，汉族，1956年2月26日出生于孟家庄，1964–1966年进入孟家庄小学（南社）读初小，1966–1969年在咸家庄小学读高小，1969–1972年在咸家庄联中（驻咸家庄）读初中，1972–1975年在

平邑十三中（武台中学）读高中。1975年高中毕业后，进入孟家庄小学（泉子）任语文教师。1976年7月，调入咸家庄完小（驻孟家庄）任教。1999年元旦，咸立花以小学高级教师的免试资格获得国家正式编制。2011年2月退休。现在家中看护孙子，安享晚年。

孟庆月，男，汉族，1956年8月10日出生于孟家庄。1963–1966年在孟家庄小学（南社）读初小，1967年到咸家庄小学（驻咸家庄）读高小，因“文化大革命”运动开始辍学。之后进入生产队从事田间劳动。1975年至1977年，去北仲村跟着舅舅学木工。1978–1980年间，在周边村庄为人做门窗，砍棒盖房，挣来的钱拿出一部分来买工分。1981年分地后不再买工，除受雇外也做家具卖，开始时的年收入有200余元。1993–2017年间经营带锯加工，收入较好的年份是1995–1997年，年收入万余元。孟庆月另种植黄桃100余株。

李绪班，男，汉族，李继军之子。1956年9月10日出生于孟家庄。未上过学。1972年3月参加工作，在孟家庄大队苹果园参加挖树窝、施肥、剪枝、卖苹果等劳动。1975年10月担任民兵排长后，主要任务改为在孟家庄第四生产队看坡，和民兵们白天黑夜轮番站岗、巡逻、防盗。1982年2月，发起成立孟家庄建筑队，担任建筑队长兼会计，同时担任村民兵排长。主要承揽本村居民建房及村内重要基础设施建设工程。1982年4月，担任孟家庄第四村民小组组长。1987年3月，当选孟家庄村民委员会委员，兼任民兵连长。1998年7月，加入中国共产党。2005年3月，当选孟家庄党支部委员，担任孟家庄村民委员会主任。2015年2月，建筑队因村内多年不划宅基，效益不佳解散。2018年1月27日后，不再担任孟家庄村民委员会主任职务。

担任村民委员会委员、党支部委员、村民委员会主任期间，团结带领孟家庄村民发展经济，改善生产、生活环境，进行美丽乡村建设，使孟家庄村容村貌、经济、文化等各项事业取得重要进展。

2002年2月，被中共武台镇委员会、武台镇人民政府评为“2001年度农村工作先进个人”。2003年4月，被中共武台镇委员会、武台镇人民政府授予“2002年度社会治安和信访工作先进个人”荣誉称号。2005年3月，被中共武台镇委员会、武台镇人民政府授予“2004年度平安武台建设先进个人”荣誉称号。

咸立和，男，汉族，1957年5月30日出生于孟家庄，1963年春上小学。1972年初中毕业。1974年高中毕业后在本村小学担任民办教师。1976年12月20日参加中国人民解放军，担任报话员。后担任团施工处保管员、车辆调度员，曾被口头嘉奖3次，被评为学习雷锋积极分子。1981年12月退伍。1982年4月10日，担任大队团支部书记、民兵副连长、孟家庄管理区计划生育工作组成员，主要任务是帮助孟家庄管理区计划生育工作组搞计划生育工作。1982年12月，担任孟家庄大队党支部成员、村管理委员会主任。1984年4月，被选为第一届村民委员会委员、党支部委员。1987年，当选村民委员会委员。1990年，当选第三届村民委员会主任、党支部委员。1993年1月，担任孟家庄党支部书记兼村民委员会主任。1995年2月，辞职外出打工。1995年9月起，担任村现金保管员（出纳）。曾经先后兼任二组（1995–1998年）、一组（1998–2003年春）组长。2003年春天开始同时兼任一组、二组组长。2010年1月退休。

1981年8月，被评为好团员。1991年2月20日，被武台乡党委、政府评为1990年度先进工作者。1993年2月11日，被武台乡党委评为1992年度优秀党员。

李绪亮，男，汉族，1958年3月8日出生于孟家庄。1965–1969年在孟家庄小学（南社）读初小。长大后参加生产队劳动。后来干大队工3年，看管磨面机。18岁那年进社办企业硫酸矿石厂，干工三四年。再后来与李绪宝、李绪增、李绵礼合伙投资400元购买柴油机、粉碎机，利用农闲时间磨石棉。挣了3000元/4人。1987年，李绪亮投资7000元添置榨油机、人造肉机，用黄豆制造植物肉。每年干两月余，每天200元的豆子，干了3年。1990年后，由于豆价上涨，税费也高，无利润，不再经营。几年后，人造肉机当作废铁卖掉了。1990年，投资4000元，添购2台粉碎机（分别加工粗粮、糠）、1台磨面机、1台磨糊机。一直干到1997年。孟家庄大半片庄子的人口吃煎饼依靠李绪亮的磨糊机。有时候停了电，依靠电机的磨糊机不能工作了，李绪亮的柴油机动力磨糊机就成了附近几个村庄唯一能工作的磨糊机，咸家庄、董家庄、万山庄的人纷纷挑着泡好的粮食往李绪亮家奔。

于孝恩，男，汉族，于汝宽长子，于逢俊长孙。1959年1月31日出生于临沂行政专署公安处。幼年随父亲生活在临沂，1967年2月返回孟家庄开始上学，直接从三年级上起。1970–1973年在咸家庄联中读初中。1973年2月至1975年7月在平邑一中读高中。1975年秋至1980年底，任孟家庄小学教师。1981年任大队电工。1981年，投资1.1万元购置二手50马力拖拉机一台，运输石棉、豆子、豆饼、花生饼等，是孟家庄村民个人购买的第一辆拖拉机。1982–1984年，先后购置二手解放牌拖挂汽车三辆，跑东北、上海等地，运送石棉、水果等物资。1985年，去广东汕头做专职客运司机，年薪2万余。1986年春至1990年底，辗转临朐、泰安、新泰、临沂、日照、泗水间，从事高频电路配电控制器（变频器前身）维修保养工作，5年间获酬12万元。1991年后购置车床，车钻刨铣，从事机电维修。1992–1997年，在平邑县城北李家白壤设维修点，1999–2007年，在平邑火车站西设维修点，2007年后蹲守孟家庄维修点，承揽电气维修，汽车维修，机械制造与维修，钢结构房等业务。年营业额十几万元，净利润三四万元。

于孝恩生性豪爽，为人仗义，多有欠账不收。曾有数次外出收账，了解对方困难后，不仅账未收，反倒贴数百慰问金而回。

李绪会，男，汉族，李继聚之子，1960年8月10日出生于孟家庄。1974年秋小学三年级在读时辍学，在第四生产队看坡。1975年8月，在生产队豆腐坊做豆腐、挑挑子游街串巷，手敲梆子卖豆腐。1976年在生产队务农，能推车子挣10分工。1978年春，生产队安排参与修建平邑至蒙阴公路，工钱每天1.25元，交生产队0.50元买10分工。1981年秋分地后开始做买卖，从泗水收购花生米卖到蒙阴，又从蒙阴收购花生油卖到泗水方便面生产厂家，赚取差价。1982年秋购买三环牌二手三轮车一辆（系孟家庄村民购买的第一辆三轮车），继续收购花生米、花生油。1986年春，投资万元购买泰山牌12马力方向盘式拖拉机一辆（系孟家庄村民购买的第二辆拖拉机），每天可赚取50至80元运费。1988年起在当地收购鹅、鸭，用拖拉机运送至南方售卖，每拖拉机可盈利千元左右。1992年春，被平邑县花岗石实业总公司招聘为销售员，月收入五六千元（底薪2000元，其余为绩效奖）。1994年底，在平邑县龙华罐头厂（驻西张庄）租赁场地2000平方米，从事石材荒料到工程板、异形材加工工作。1995年6月，到上海龙吴路租赁场地4000平方米，从平邑将大理石半成品运到上海打磨出售，年盈利五六十万元。至1996年，发展到年盈利百万左右。1997年12月，投入17万元，购买普通桑塔纳轿车一辆（系孟家庄村民购买的第一辆轿车）。2000年，投入28万元，购买帕萨特轿车一辆（系孟家庄村民购买的第一辆高档轿车）。2003年，承揽河北省廊坊市东方大学城工程时，因发包方不守信用出现巨大亏损，近乎倾家荡产。2007–2010年，依靠承揽上海世界博览会工程，盈利翻身。2014年12月，租赁济宁市泗水县泉林镇历山东村土地5300平方米，投资200余万元，成立磊霖石材有限公司，现有员工20人，年盈利50万元左右，年上缴利税20余万元。

咸立生，男，汉族，咸化川长子，咸光梅之孙，1960年10月7日出生于孟家庄。1970年春至1972冬，在孟家庄小学（南社）读初小（1至2年级）；1973年春至1975年冬，在咸家庄联小（驻

咸家庄）读高小（3至5年级）；1975年夏至1977年夏，在咸家庄联小（驻孟家庄）读初中；1977–1979年，在武台北平邑十三中读高中。1979–2017年担任村医，先后在孟家庄、咸家庄工作。

孟庆珠，男，汉族，1961年10月10日出生于孟家庄。1971年入孟家庄小学（南社），1976年小学毕业，1976–1978年咸家庄联中（驻孟家庄）读初中。初中毕业后，15岁的孟庆珠开始干养路工（临时工），生产队记工分，交通局每日补贴5分钱。养路工做到1980年，孟庆珠参军，在广州军区司令部做了一名通讯员。1983年11月退伍后，跟着兄长学做木工，从此以木工谋生至今。主要承揽房屋装修。最远曾做到河北廊坊，那是1998年，干了40多天，平均每天获酬近30元。

李绪如，男，汉族，李继本次子，李如杨之孙，1962年1月4日出生于孟家庄。1970年春至1971年冬，在孟家庄小学（南社）读初小（1~2年级）；1972年春至1975年夏，在咸家庄联小（驻咸家庄）读高小（3~5年级）；1975年夏至1977年夏，在咸家庄联小（驻孟家庄）读初中；1977年至1979年，在武台北平邑十三中读高中，1979年高中毕业。高中毕业后参加生产队劳动，出圈粪。1980年做了孟家庄的赤脚医生，与李继忠、李继先共事。不久，李继先调走。1981年底土地承包到户（俗称分地）后，合作医疗解体，李绪如与李继忠分家，分别经营自己的诊所。不久，李继忠远走辽宁，孟家庄仅存李绪如一家诊所。1989年，国家推行新合作医疗，每个村的诊所合并到一起，接受镇医院管理。再后来又分开了，再后来再次推行新合作医疗，推行农村医疗保险，为村民查体建档。李绪如在此期间先后被调到南武台、咸家庄、东近台，最后又回到孟家庄。2005年后，李绪如与亲友合资建起“平邑县金利种鸡场”后，逐渐退出医疗行业。2005年，李绪如出资10万元，与亲友合资建起养鸡场，占股2/9。2014年资本重组后占股2/5。平邑县金利种鸡场是国家级畜禽标准化示范场，位于兖石公路（335省道）平邑蒙阴交界处蒙山白马关下，是山东省畜牧局批准的（种畜禽生产经营合格证：鲁Q 090913）集蛋种鸡养殖、孵化、种蛋销售为一体的标准化父母代种鸡养殖场。该场建场标准高、起点高，先后投资600余万元，建起全封闭式自动管理的现代鸡舍。养殖场引进了电子部第41所高科技孵化设备，年存栏海兰褐父母代种鸡6万套，年向市场提供优质鸡苗300万只，合格种蛋500万枚。深受广大客户信赖。2007年，被市人民政府评为临沂市标准化畜禽养殖示范小区（场）、临沂市龙头企业。2008年被国家农业部确定为畜禽养殖监测信息统计点。2009年，通过了农业部“无公害鲜鸡蛋产地认定”和“无公害鲜鸡蛋产品认证”两项国家认证。2010年又顺利通过了“国家首批标准化示范场”验收。

李绵山，男，汉族，李绪恩三子，1964 年 10 月 12 日出生于孟家庄，1972–1973 年在孟家庄小学（南社）读初小，1973–1977 年在孟家庄小学（泉子）读高小，1977 至 1979 在咸家庄联小（驻孟家庄）读初中。1980–1983 年，经营家庭豆腐坊，0.3 元 / 公斤，或 0.5 公斤黄豆 / 公斤。1984–1986 年，在县果品公司干建筑工，1.25 元 / 工。1988–1989 年的两个秋后，外出务工，在砖厂推土。每天推 50 车土，每车 0.1 元，日酬 5 元。1997–2007 年，购买 12 马力拖拉机一台，运输土肥、砂子、石头、砖头等。1992 年，种桃 7 亩 200 余株，2010–2013 年间桃市大旺，年收入 5 万余元。平均年收入 3 万余元。1986 年结婚，娶同村孟现花为妻，育 2 女，长李欢，次李乐。

李绵忠，男，汉族，李绪京次子，李继营之孙，1968 年 1 月 11 日出生于孟家庄。1975–1980 年在孟家庄小学读书，1980–1983 年在咸家庄联中（驻孟家庄）读初中。初中毕业后到铁木业社学木工谋生，主要学做门窗家具。1987 年，李绵忠与白马庄的马叶花在亲戚家相亲订婚。1989 年结婚。靠在铁木社里的那点儿收入仅能勉强维持基本生活，李绵忠不满足过这种日子，心里开始有了外出打工的想法。1991 年，李绵忠离家远赴大连打工去了。

李绵忠在大连服务的公司是“大连渤海装饰装修工程公司”。工作虽然仍是木工，但与在铁木业社里的工作完全不一样，需要重新学习。不过，在对幸福生活的渴望面前，这些困难不算什么。重要的是，李绵忠们找到了在大山里找不到的劳动机会，至于需要付出多少汗水，是可以忽略不计的。工作很快就上手了，收入一开始是每日 33 元，月收入近千元，这在孟家庄是难以想象的。年假期间，李绵忠在公司外自己揽私活儿干，一天可以挣到 200 元，这已远远超过孟家庄人一个月的收入了。第一次拿到这笔收入的时候，李绵忠心底的激动难以言表，直到 27 年后的 2018 年，说起来仍然激动不已。李绵忠在大连的收获还不只是经济收入，还有打开了的眼界。李绵忠看到了更大的世界，看到了成群的高楼大厦，看到了整洁的街道、看到了衣着干净的人群，看到了与农村不一样的城市生活。

当然，李绵忠也付出了巨大的牺牲。婚后不久的他在大连不停地工作，只在秋天回孟家庄一趟，与妻子马叶花团聚一个月。在那时候的李绵忠的想象力里，还不可能敢有安家大连的奢望。李绵忠夫妇虽然仍然聚少离多，毕竟生活富裕了许多，家里有了欢乐祥和的气氛。1996 年，李绵忠所在的“大连渤海装饰装修工程公司”承揽了黑龙江省牡丹江市的镜泊湖疗养院改装工程。李绵忠一行三人在去牡丹江的火车上，因天冷睡着了，结果过了站，到了绥芬河。不得不买返程票回牡丹江。镜泊湖疗养院是中央领导夏天疗养的地方。有一次李绵忠带着几个闭门器去南楼，刚到门口就被便衣警卫给摁住了。后来知道，恰好那几天有中央领导在那里休养办公。那几天里，李绵忠见到了厨房大锅里煮给中央领导吃的茄子。李绵忠从此知道了“中央领导也吃茄子”。

2000 年，李绵忠辞去了在东北的工作，回到临沂组建了自己的装修团队。李绵忠认为，自己之所以能赢得生意，主要是因为自己有两个长处：一个是诚实可靠，言出必诺。一个是经验丰富，善于理解雇主要求。时至 2018 年春，李绵忠仍在临沂工作。

2002 年和 2006 年，李绵忠分两步建造完成了新房院，院落 200 平方米，房屋 180 平方米。李绵忠夫妇育有二女一子，长女生于 1994 年，次女生于 1999 年，儿子生于 2010 年。

李绪军，男，汉族，1968 年 2 月 24 日出生于孟家庄。1975 年入孟家庄小学读初小，1978 年入咸家庄联小读高小，1980 年在咸家庄联小入读初中部，1982 年辍学，帮家人经营小卖店。1984 年投资 3000 余元，购置机器，经营面粉加工、煎饼糊加工，日收入 40 元。1989 年，李绪军投资 7000 元，购买一台 12 马力拖拉机，为人送肥运粮打场耕地，每年的收入约有 6000 元。1996 年，投资 26000 元购置一黑豹车，在平邑与武台间拉客，每年有 20000 元左右的收入。1999 年，去淄博给人作专业货车司机，月收入 800 元。2000–2003 年，辗转北京、安徽、浙江，做建筑工，月收入 1000 左右。2004–2007 年，去淄博作大货司机，月收入 2000~5000 元不等。

李绵国，男，汉族，李绪乾之子，李继营之孙，1968 年 12 月 14 日出生于孟家庄。1975–1980 年在本村上小学，1980–1982 年在本村上初中。初中毕业后跟咸会录学做收废品生意。主要是骑自行车去山后（蒙阴）建材 701 矿区附近收废铁，卖到新泰或仲村的翻砂厂（价格高于收购站）赚取差价，平均日收入 10 元左右。两年后骑自行车到蒙阴县常马、联城、平邑县魏刘一带收金银花，卖给武台收购站，赚取差价，每斤差价在 1 至 2 元间，好时每天能挣二三百元。一季金银花（三四个月）收入七八千元。无金银花季节骑自行车在乡间收购羊皮、猪皮、兔皮等卖到皮革市场赚取差价，月收入 2000 元左右。1989 年，与本村孟宪宝之女孟庆娥结婚。结婚时新娘坐独轮木推车，嫁妆抬着送到男家，无吹鼓手。婚后夫妻一起赶四集卖苹果，后来从临沂批发市场批发鞋到武台、仲村、保太和蒙阴县常马赶集，逢三、八到临沂提货。秋天葡萄成熟时节，妻子孟庆娥赶集卖鞋，李绵国则与人合伙在当地收葡萄，租三轮车拉到临沂批发，每天下午装货，晚上赶到临沂，次日早 10 点前批发给零售商，然后赶回家乡收货、装货，赶往临沂，天天如此，连续月余，虽然辛苦，但收入可观，每天每人收入二三百元。1995年10月，因患病期间庸医错用药物造成汞中毒，先后辗转平邑、蒙阴、济宁、兖州、济南等地医院治疗，最后在济南省立医院住院治疗83天，备受病痛折磨，一度病势沉重，精神极度痛苦。其间花费巨大，用尽前期积蓄后依然需要巨额医药费。幸亏二大爷绪运、大叔绪生等帮助张罗告借筹资、族人亲戚慷慨资助，外出治疗期间二大爷绪运、堂兄绵华陪同照顾，方才渡过难关。康复后又骑自行车从泗水购买大米到蒙阴卖出赚取差价，经济条件好转后购买一辆三轮车，夫妻一起从平邑、仲村一带购买面粉卖给面点加工户，收购豆饼卖给养殖场，后来又买过一辆大三轮一辆五轮（五征）。家中母亲帮助照应孩子。2015年母亲不幸去世，孩子无人照料，不得已去临沂板厂打工，月收入五六千元。

李绵厚，男，汉族，李绪宝之子，李继文之孙，1970年7月25日出生于孟家庄。1977年8月在本村上小学，1981年8月进入咸家庄小学上五年级。1982年进入平邑县第十三中学（武台中学）读初中，1985年初中毕业后进入天齐庙联中复读。1987年进入武台电镀厂（有抛光、电镀两个车间）参加工作，历任工人、业务员、电镀车间班长职务，1992年5月被派往济南山东省电镀技术培训班学习半年，然后去武汉长江化工厂、上海缝纫机十四厂实习1个多月，1993年2月返厂担任副厂长，分管技术，管理车间。1993年5月被派往福建师范大学，跟随臭氧发生器发明专利拥有人池乃书教授学习臭氧发生器生产技术35天。返厂后带领平邑一中高三5位优秀学生在电镀厂设实验室（当时县领导许诺为5位学生转户口，招工），研究臭氧发生器二氧化铅阴极板制作技术。后因县配套资金未到位终止。1997年6月，电镀厂改制拍卖后，去往东营胜利油田工程处机修厂担任抛光车间主任。1997年9月返乡回家卖黄桃。1997年12月，筹资10万元，购买武台镇纸箱厂，经营至2004年5月因利润微薄停产。2004年6月，去往罗庄从事钢结构加工。2005年2月24日（农历正月十六），去往莱芜市铝制品厂担任抛光、氧化车间主任。2006年底回家，2007年在家盖房。2008年在家务农。2009年7月去往日照慧启电器公司从事室内装饰工作。2012年5月回家，在本地为莱芜朋友加工纸质及玻璃工艺品。2013年9月后在家务农、经商。2016年7月去青岛求实学院承包餐饮窗口一个。2017年3月承包平邑曾子学校特色餐厅一个（员工6名）至今。平日经常应朋友之约，为大连大欣食品厂地方分厂进行采购及车间管理工作。

李绵会，男，汉族，李绪京之三子，李继营之孙，1970年11月20日出生于孟家庄。1978–1984年在孟家庄读小学，

1984–1988 年在武台读初中，1988–1991 年先后在平邑二中（仲村）、平邑实验中学、平邑一中读高中。

绵会在平邑一中就读期间，次兄绵忠结婚分家单过，绵会与父母一起生活。1991 年，绵会开始学做青菜生意。以自行车为运输工具，去泗水县陈村买生姜或花菜，一般早 4 点钟出发，6 点前到。早饭后上货往回赶，中午回到孟家庄，下午休息。之后的两三天，或去仲村、武台；或去蒙阴常马、新泰盘车沟等地集市上零售。一次上货两集售出。后来去新汶沈家庄买洋葱或藕，卖到武台、常马。每车负载近 100 公斤，上坡时须下车，一手扶把，一手推车，极为辛苦。1992 年在乡间收购土鸡蛋，到平邑商场零售，一般早 5 点出发，傍晚回家。收入与做青菜生意差不多，但相对轻松一些。这一年，绵会为家里购买了一台 12 英寸黑白电视机。1993 年秋冬之交，绵会投资 1000 余元，借邻家废置老屋养殖了一季蘑菇，利润不厚而止。1994 年接手别人的袜子摊，开始赶四集卖袜子，从临沂批发市场上货，卖到仲村、武台、常马、保太、水沟、平邑，刚开始时年收入 5000 元左右，后逐年增长。1997 年购置一辆摩托车（金城 90），增加带货量，扩大摊面。1998 年，绵会拆掉三间老屋，建造了现住的新宅。仍与父母一起生活。

2000 年，李绵会与大王庄的王玉蕊相识结婚，与父母分家，父母迁到新建的老年房单过。婚后两人一起赶集做生意，由单做袜子生意逐渐过渡到以童装生意为主。生意最好的时候年收入 10 万余元。2003 年，绵会买了一辆“光明”牌二手三轮车；2007 年，买了第二辆三轮车，“时风”牌，也是二手，但要大一点儿；2014 年，购买了第三辆三轮车，这辆车更大一些，是辆新的，“五征”牌。

绵会很少饮酒，不吸烟。喜看电视节目。

李绵伟，本名李绵忠，男，汉族，李绪仁长子，李继周之孙，1972 年 10 月出生于孟家庄。至李绵伟，李家中医已传两代。1990 年起，李绵伟就跟随父亲学习认药、采药、制药，并开始研读中医基础理论、黄帝内经、伤寒、金匮、温病等古典著作中医知识。1994 年 9 月进入山东中医学院（1995 年更名山东中医药大学）进修中医专业，1997 年获得中医专业中专学历，并考取乡医合格证。1998 年开始执业。2012 年，通过函授学习，获得青岛大学医学专业大专学历。2014–2017 年间，先后赴北京、济南、贵州等地参加中医培训，掌握穴位透皮疗法、痔疮穴位疗法、推拿疗法、刮痧疗法、按摩疗法等。2015 年，考取中医执业助理医师资格并获证书。李绵伟现为主治医师，中医执业助理医师，中药执业药师，平邑县知名乡医，武台镇唯一中医执业助理医师。擅长内科、外科、妇科、儿科、公共卫生。李绵伟主持的孟家庄卫生室现为红十字会博爱卫生站，现有工作人员 6 人，接诊量日均 100 余人次，是武台镇最大的卫生室，武台镇开展绿色疗法的第一家卫生室，是平邑县知名卫生室，平邑县先进卫生室。在平邑县卫生局主持的历年评选中，孟家庄卫生室都是先进卫生室，李绵伟都是卫生先进个人。

李绵军，曾用名李绵平，男，汉族，李绪仁次子，李继周之孙，1975 年 12 月 12 日出生于孟家庄。李绵军在 2003 年结婚以前在武台兽医站干临时工，每月收入 280 元。2004 年，李绵军辞掉了兽医站的工作，开始经营自己的饲料批发零售店，当年收入 8000 余元。但不幸的是，李绵军在这一年遭遇了盗窃，案件虽然不久就破了，作案人也抓获了，但钱已被挥霍一空，追不回来了。2005 年，收入只有 4000 元左右；2006–2008 年间，年收入有 8 万余元。近年的年销售量约 800 吨，年收入 10 万元。饲料批发零售店的工作基本交由妻子打理。除此以外，李绵军在 2009 年加入泰安禾康源饲料集团，担任区域销售经理，月收入 3000 元左右。2010–2015 年间加入青岛大信饲料集团，月收入 6000 余元。2015–2017 年间，加入泰安农大饲料集团，月收入 15000 元。2018 年，加入山东久瑞农业集团（青岛）公司，任临沂饲料加工厂（费县上冶）销售总经理，年薪 20 万元。

李鑫，男，汉族，李绪国之子，李继亮之孙，1983 年 8 月 18 日出生于孟家庄。1990 年 8 月至 1995 年 7 月，在孟家庄读小学，1995 年 8 月至 1998 年 7 月，在武台中学读初中。1999 年投资 8 万元购买长安之星面包车一辆，搞出租。2003 年 2 月至 2010 年 11 月，在平邑县科技局工作。2003 年 5 月 10 日加入中国共产党。2010 年 12 月投资 120 万元，成立鑫明奇汽车租赁公司。2012–2016 年，在大连销售建筑模板。2016 年返回平邑，成立万居装饰公司。

李涛，男，汉族，李绵增之子，李绪省之孙。1984 年 11 月出生于孟家庄。2007 年 4 月成立山东双亚实业有限公司，任董事长；2012 年 3 月出资联合中国共产主义青年团平邑委员会成立平邑县青年书法家协会，任副主席；2012 年 6 月成立组建平邑县装饰装修商会，任会长；2013 年 8 月进入北京大学经济学院攻读 EMBA，于 2015 年 8 月结业；2014 年 7 月当选为平邑县工商联执委；2014 年 10 月参选成为山东儒商研究会会员；2017 年 4 月参与成立平邑县青年企业家联谊会，任副会长；2017 年 10 月当选平邑县第十届政协委员；2017 年 11 月联合山东科学院成立山东中卓环保能源科技有限公司，任董事长。

李绵彬，男，汉族，李绪同之子，李继周之孙，1990年出生于孟家庄，李绵平堂弟。任山东久瑞农业集团（青岛）公司之临沂饲料加工厂（费县上冶）的临沂区域销售经理。

在外工作人员

孟兆东，男，汉族，孟广信长子，孟广启嗣子，孟继瑞之孙，1935年1月10日出生于孟家庄，1947年4月23日，黑山阻击战前夜，孟兆东一家到孙家庄亲戚家躲避战争，24日上午9时许，国民党飞机对黑山实施轰炸，然后又炮击黑山阵地。炮弹落入孟兆东一家躲避的亲戚家，孟兆东的一个姐姐、两个妹妹被炸死，姥娘被炸成重伤，被国民党军队送战地医院抢救几天后死亡。和李继本、李继学、咸化川、孟兆厚、李绪谦等人一起在玉皇庙大殿上小学。孟兆东身材高大，十五六岁时开始推独轮车。1958年7月被孙村煤矿小车连连长保太人刘化邦招到孙村煤矿工作，系固定工，不转户口，每月交生产队18元换全家口粮。开始时在锅炉房推炉渣，一月后推沙回填采空的煤井，时间长达五六年，收入按车结算，推一车沙可得两毛多钱报酬，因为多劳多得，加班加点推沙，每月总计收入可得100余元。交矿15元，换得28公斤粮食定量，给家人留五六元零花钱，每月个人手头仅剩三四元钱。每周歇班一次，回家时从矿上买一车煤炭（1元左右），跋涉50余公里推回家。1964年春至1966年，打井灭煤矿煤堆自燃火。1976年7月，到刘家上旺红旗矿担任掘进工。1978年，去榆山支农打井抗旱三年。1983年后，担任回采工，主要任务是回收采空垫柱，使采空矿井冒顶塌陷。1988年秋退休。退休后在文化宫看门。1994年妻子患脑出血后卧床不起，孟兆东回孟家庄照顾妻子，直至2012年8月妻子去世。

魏长发，男，汉族，魏太凤次子，魏连玉之孙，1938年8月12日出生于孟家庄。1946–1948年任村儿童团员，1953年在白马乡由东近台人乡团总支书记赵吉良介绍加入中国新民主主义青年团，1955年3月担任白马乡武装副队长（队长是东近台人赵怀军）、白马乡中国新民主主义青年团总支副书记、白马乡公安员，同时担任孟家庄初级农业合作社社委会成员，分管治安工作。1956年12月，由孟家庄村党支部书记、孟家庄高级农业合作社社长孟宪璞和共产党员咸化玉介绍加入中国共产党。1958年2月，调入武台公社担任通信员，住公社，工人身份，每月工资24.5元，每天骑大国防自行车，背九九式大盖枪，往来于公社与各村间传递通知信息。1958年12月，调入山东省电业局送变电工程公司，在济南工作。1962年8月，下放回孟家庄务农。1963年3月，到咸家庄公社担任统计员。1964年4月，进入武台粮管所担任营业员。1966年冬，借调到平邑县粮食局参加备战库建设，先后参与郑城、蒙山（王家庄）、山神庙（卞桥）等备战库的建设，担任采购员、会计等工作。1971年7月，正式调入平邑县粮食局工作，担任采购员。1972年夏，调入平邑县粮食局面粉厂工作，担任支部成员、保管工作。1976年5月，调入平邑县粮食局粮油供应站（职工60余人）担任支部成员、保管工作。1977年11月，担任粮油供应站副主任。1983年4月，担任粮油供应站书记、主任。1989年4月，被评为经济师。1991年6月，平邑县粮食局粮油供应站改制为平邑县粮食局粮油供应公司后，担任粮油供应公司经理。1993年秋担任粮油供应公司书记。1994年4月调平邑县粮食局，担任工会主席。1998年9月退休。

1973–1982年连续10年被评为平邑县优秀共产党员。曾被评为临沂地区模范共产党员。1983年，被评为全国优秀工会积极分子。1991年，被商业部授予全国抗灾救灾先进个人荣誉称号。

李绪章，男，汉族，李继正次子，李如杨之孙，中共党员，1945年出生于孟家庄，高小毕业后考入平邑二中，不久后退学参加生产队劳动。1963年11月应征入伍。在新兵连经三个月训练后分配到该团三营八连当战士、连部通信员。1965年10月加入中国共产党。1982年3月，转业到山东省烟台市中级人民法院工作，先后任刑事审判庭审判员、副庭长、庭长、审判委员会委员（副县级）。1984年初，参加山东大学在职学习，经三年半学习取得山东大学颁发的大学法律专业专科文凭。在部队工作时受团嘉奖一次，在烟台市中级人民法院工作期间，先后被评为山东省法院系统先进工作者、烟台市模范军队转业干部，获嘉奖三次，先后荣立三等功一次、二等功两次、大功一次、一等功一次。2001年退居二线，2006年初退休。

高宗玉，男，汉族，高汗祥长子，高丕槐之孙，1945年11月15日出生于孟家庄。1954–1960年在武台完小就读，1960–1962年在仲村中学读初中。1962年7月至1965年4月在孟家庄务农，先后任大队四清工作组副组长、农业学大寨专业队队长。1965年4月20日经推荐参加平邑县水利技术培训班，结业后留水利工程队工作。1966年4月至12月参加仲村马家峪水库群建设（实习）。1966年12月至1971年2月参加蒋里水库及灌区配套工程施工。1971年2月至9月参加县红旗水库（位于铜石镇）施工。1971年9月至1974年12月参加武台公社通天沟水库建设，担任技术总工。1975–1979年武台公社成立战山河基建营，被借调到基建营任技术负责人，其间先后完成了浚河上游改造及白马关小一型水库的勘察、规划、设计施工。1979年至1986年12月在县水利局参与全县人畜吃水工程施工。1965-1986年，多次被评为先进工作者、技术骨干。

1986年12月因病退休，返回孟家庄居住。康复后，1989年4月20日至1996年1月被聘到平邑县中德粮援项目办公室工作，先后参与张里、天宝流域治理工作。1996年1月以后在孟家庄居住，先后参与西岭扬水站、村西大口井及石砌渠、街道硬化、神墨连心桥等工作的规划、设计、施工等工作。

李绪孝，男，汉族，李继川长子，李如增长孙，1956年3月出生于孟家庄。1976年10月至1978年7月在临沂卫校医士专业学习。1978年7月至1980年4月在保太医院西医内科工作。1980年4月至1988年4月在仲村医院西医内科工作。1988年4月至1997年10月在岐山医院西医内科工作。1988年6月晋升医师。1997年3月加入中国共产党。多次被评为先进工作者。2016年3月退休。

李绵华，男，汉族，李绪京长子，李继营之孙，1956年7月29日出生于孟家庄。1963年就读孟家庄小学，后转入咸家庄小学。1968年就读咸家庄联中（初中）。1970年辍学后打猪草，放猪。稍长后开始参加生产队农业劳动。身体强壮，17岁时已挣10分工，18岁时100公斤的担子能挑行10公里。生产队的各种农活基本都干过，也做过油坊、粉坊等副业工，还当过2个月的山林看护工。1976年，20岁的李绵华进入位于仲村的平邑县钢铁联合厂干临时工（时称亦工亦农），从事煤炭炼焦工作，每月从厂里领取40元工资，其中12元交到村里，购买口粮。1979年钢铁联合厂解体，李绵华转到新成立的平邑县瓷瓦厂任职，从任计件工做到车间主任、销售主任。月收入70元左右。1986年平邑县瓷瓦厂改建为平邑县种鸡场，1988年开始投产，李绵华任后勤工，月收入60元左右。1992年，转为国家正式产业工人编制，任种鸡场出纳员。1994年种鸡场倒闭，按当时规定，李绵华和他这个年龄段的工友们转到平邑县劳动服务公司待业，享受20个月的待业补贴（每月105元）后自谋职业。李绵华先在种鸡场留守处任会计，协助处理完种鸡场的事务后，于1997年到位于平邑县火车站西的石膏粉厂做工，任出纳员，做了10年。月收入由每月200元左右逐渐增加到700元左右。2007年去济南，在妻弟创办的理财投资公司做工，月收入600元左右。2014年，公司因经营不善破产。其间李绵华投入公司的资金损失20余万元。回孟家庄后不再外出务工，专心经营土地。先前李绵华在外务工时，土地里的活儿主要是妻子王明爱承担，李绵华抽空帮忙。用王明爱的话说，是“你当工人俺出力。”李绵华近年种植桃树3亩，花生2亩，丹参2亩，金银花近1亩。来自土地的年收入两三万元不等。2017

年办理退休手续，退休金每月 2800 元。

1977 年，李绵华花费 120 元，购买一辆“长征”牌自行车。1980 年秋与大王庄人王明爱结婚。婚房是父亲李绪京给建的，三间带院土夯墙草顶房，一间牛栏（猪圈），大门口影壁墙后搭棚安锅灶，这已是那个年月年轻人的高配置婚房了。室内东暗间摆放婚床一张，三匣橱、木衣柜各一；明间大小餐桌各一，太师椅、马杌子各一对；西暗间摆放缸瓮囤等储粮器皿。陶器与床为父母添置，其余木器为妻子嫁妆。婚后，李绵华陪伴王明爱在仲村花费 20 元买了一块布，深绿色，柔软厚实挺阔，王明爱极是喜欢，放到裁缝店里做褂子，结果让裁缝店给熨坏了；他们拿赔偿的 20 元钱重新去买布时，那种绿布却已脱销，再也买不到了，让王明爱好生遗憾；他们只好重新买了一件成品褂子，王明爱觉得也还不错，很爱惜地穿了好多年。1981 年 4 月，生子李彦青。1982 年春节，花费 18 元购买一台收音机。本家邻居（绪生、绪运等）每日晚饭后聚到李绵华家收听评书《杨家将》，李绵华夫妇颇有自豪感。1983 年，花费 40 元买了一个座钟。1985 年，购买 14 英寸飞跃牌黑白电视机一台。本家邻居每日晚饭后聚到李绵华家收看《霍元甲》。1988 年春，生女李荣。秋，迁回老宅。老宅西邻二叔绪运家，有 4 间堂屋，2 间南屋，1 间牛栏，1 间过道。俱泥墙草顶。1990 年，李绵华耗资万余元拆屋重建，根据村里规划，宅基在原基础上向西扩出一间（二叔绪运的房子因被道路占用，调整到东边另建）。李绵华现住房有正房 4 间，配房 4 间。王明爱回忆新房落成时的喜悦：“宽敞明亮，有月亮时不用开灯，高兴得什么似的”。2003 年，购买一辆摩托车。后来又购置了一辆农用三轮车。

崔金波，曾用名李绪志，男，汉族，出生于 1962 年 10 月。1982 年参加工作，本科学历，中学高级教师。1969 年 7 月至 975 年 7 月在武台公社咸家庄联小读小学，1975 年 7 月至 1977 年 1 月在武台公社咸家庄联中读初中，1977 年 2 月至 1977 年 7 月在平邑二中（原仲村中学）读初中，1977 年 8 月至 1978 年 7 月在武台中学读高中，1978 年 10 月至 1979 年 7 月在原平邑二中读高中，1979 年 9 月至 1980 年 7 月在武台中学读高中，1980 年 8 月至 1982 年 7 月在临沂师范专科学校化学系读书，1982 年 7 月至 1991 年 7 月在原平邑三中工作，1984 年 8 月至 1987 年 7 月曲阜师范大学进修，1991 年 9 月至 1993 年 7 月在平邑实验中学工作，1993 年 8 月至 2002 年 7 月在平邑一中工作，2002 年 8 月在平邑曾子学校工作至今。

曾多次开设县级公开课、举行临沂市示范公开课，多次获平邑县高中教学一等奖、临沂市优秀教学成绩奖，先后被评为临沂市骨干教师、临沂市优秀教研组长，发表教育、教学论文 30 余篇，担任《梯度学练》高一化学分册 2000 年主编。

咸立水，男，汉族，咸化川之子，1964年3月出生于孟家庄，中学高级教师，山东省骨干教师。1986年7月毕业于临沂师范专科学校，1995年取得曲阜师范大学政治教育专业函授本科文凭。先后在平邑二中、平邑实验中学、平邑一中任教，历任教研组长、联合备课组长等职。多次获临沂市优秀教学成绩奖。被评为平邑县优秀教师、平邑县优秀班主任、临沂市先进教研组长。发表论文若干，其中《思想透视德育对策》在《思想政治课教学》上刊出。

高西峰，男，汉族，高宗玉长子，1968年5月出生，孟家庄人，1984-1986年就读于平邑县第一农校。高中文化。1986年12月参加工作。现供职于平邑县水利局，担任杨庄水库管理所副所长。

1989-1993年连续5年被平邑县水利局评为“先进工作者”。2015-2016年被评为市级规范管理工程先进个人。2017年其家庭被临沂市水利局评为“最美家庭”。

李绵玉，男，汉族，李绪生之子、李继荣之孙，1970年6月22日出生于孟家庄。自幼爱好数学，1993-1995就读于临沂师专数学系。毕业后一直在平邑县武台中学从事数学教学工作，对初中数学有较深透研究，多年带毕业班，在培养学生能力、培养尖子生方面有独到方法。曾多次被评为优秀教师、先进工作者。爱好书法、乒乓球，春节对联自撰自书。心地善良，以助人为乐；好客，喜与友人饮酒聊天。

李绵洪，男，汉族，李绪坤长子，李继营之孙，1970年9月20日出生于孟家庄，中共党员，中学化学高级教师。1978年9月至1983年7月在孟家庄小学读小学。1983年9月至1985年7月在孟家庄联中读至初二，因学校停办初中教育，当年的初中学生全部降级为五年级重新考武台中学。1985年9月至1988年7月在武台中学读初中。1988年9月至1990年7月在仲村中学读高一高二，因仲村中学停办高中教育，暑假后转入平邑县实验中学读高三。1990年9月至1992年7月在平邑县实验中学读高三。1992年9月至1997年7月在聊城师范学院化学教育专业读大学。1997年9月通过参加大学毕业生讲课比赛，以第一名的成绩被临沂第二中学录用。参加工作后，热爱教育，潜心钻研，擅于激发学生学习潜能，注重教育教学创新，创新设计的化学仪器曾获国家专利，多次在国家级权威杂志发表教育论文，所教学生有众多考入名校。多次获市级优秀教学成绩奖、市级骨干教师、市级优秀班主任、省级优秀辅导教师等荣誉称号。参与了北京神墨教育集团不同时期不同阶段的发展与管理工作。

李绵利，男，汉族，李绪林之子，1970年11月出生于孟家庄，中共党员。1978–1980年在孟家庄小学读小学，1981–1983年在保太乡中心小学读小学，1983–1986年在武台乡中学读初中，1986–1991年在平邑一中读高中，1991–1996年在滨州医学院附属医院读大学，1996年7月至2006年7月在滨州医学院附属医院任住院医师，2012年7月任主治医师，2012年7月任肿瘤科主任、副主任医师。1999年5至10月到新疆农十师北屯医院执行援疆任务。2012年，到奥地利多瑙医院进修学习3个月，多次被评为医院优秀共产党员。

李强，男，汉族，1970年12月出生于孟家庄，1988年高中毕业于平邑十六中，1989年3月至1992年12月，武警北京市总队十六支队十一中队战士，1992年12月至1994年7月待业，1994年7月至2000年8月在日照市公安局巡警支队工作。2000年8月以后，在东港公安分局工作。中共中央党校函授学院法律本科毕业。1992年7月加入中国共产党。

咸立华，男，汉族，1972年8月出生于孟家庄。1986年9月至1989年7月在武台中学读初中，1989年9月至1992年7月在平邑实验中学读高中，1992年12月参加中国人民解放军。1995年9月至1999年6月在海军广州舰艇学院读舰艇指挥专业本科，本科毕业获学士学位。1996年加入中国共产党。2008年12月转业到上海市公安局水上公安局外滩水上派出所工作，现就职于徐浦水上派出所。在部队工作期间，通过自学考试获得中国人民解放军西安政治学院律师专业本科学历。

在服义务兵役期间，两次荣获嘉奖；2004年荣立三等功；在公安局工作期间，荣获嘉奖一次，并先后被评为优秀共产党员、优秀公务员。

李伟，男，汉族，中共党员，1973年10月26日出生，1994年7月毕业于临沂农业学校，现就职于山东省鲁南监狱，任二监区副教导员。爱岗敬业，积极肯干，两次被评为优秀共产党员，七次被嘉奖，荣获个人三等功两次，先后被授予十佳个别教育能手、十佳分监区长、十佳侦查员、十佳警察等荣誉称号。在监管改造方面创新管理方法，提炼总结了“柬、激、带、感、冀”限减罪犯五字管理法，成功教育转化危险罪犯四人。喜欢文学创作，系山东省散文学会会员、日照市作家协会会员，创作发表大量散文、小说作品、理论文章。

高西志，男，汉族，高宗运次子，1973年12月出生于孟家庄，中共党员，1997年毕业于曲阜师范大学物理系教育技术专业，理学学士。1997年就职于平邑一中，从事电教工作。平邑县骨干教师，平邑县优秀教师，山东省教育学会科技教育研究专业委员会理事，山东省优秀电化教学研究员，山东省教育技术骨干教师。

李绵军，男，汉族，李绪坤次子，李继营之孙，1974年3月出生于孟家庄。1982–1987年在咸家庄完小（驻孟家庄）读小学。1987–1990年在平邑十三中（武台中学）读初中。1990年9月以全县数学、英语第一名的成绩被临沂供销学校会计专业录取。李绵军自幼爱好数学并天赋突出，刻苦钻研珠算领域，在临沂供销学校学习期间展现了珠心算方面的卓越才能，自17岁起连续多次荣获市级、省级和国家级珠算技术比赛第一名，被评为全国珠算技术能手及能手一级。1995年起，担任专业珠算教师，两年后担任珠算集训教练，所训队员曾囊括市级比赛所有奖项以及全省比赛一等奖，多次评为省市级优秀教练。1998年创办神墨教育机构，以珠心算教育为根基，逐渐将其打造成为一个涵盖少儿演讲与口才、英语、儿童绘画、练字、6F全脑训练、注意力训练等二十余门课程的素质教育培训体系，并将传承中华经典文化与智慧融于教育实践之中。经过近20年的努力，探索出一条适合当今少年儿童成长的素质教育培训之路，个人先后荣获“中国教育系统杰出校长”“北京教育年度人物”“中国改革开放30年全国教育培训管理杰出人物”等称号。到2018年4月，加盟神墨的分校已多达6000多家，校址遍布海内外各地。2014年，因其在“传承先进的教育理念文化，建立庞大教育网络，独创‘教育连锁’管理模式，以及促进国际教育文化交流”四个方面的贡献，获得“美国政府奖”。曾经被选为临沂市政协委员，现为山东省政协委员。

高西波，男，汉族，高宗玉次子，1974年4月出生，孟家庄人，大学本科文化，中共党员，中级工程师。1991年9月至1994年7月就读于平邑县第一中学，1994年9月至1997年7月就读于天津市中国民用航空学院（现为中国民航大学）航空机械电气系飞机电气设备维修专业。在校期间多次获学校三等奖学金、二等奖学金，顺利通过大学英语四级考试，毕业时顺利考取《民用航空器维修人员执照管理规则》规定的民用航空器维修人员基础执照。1997年7月进入临沂国际机场工作，之后作为专业技术人才多次被派往北京、上海、天津、济南、青岛、海口等地学习培训，先后取得了B737–300、B737–700、

B737-800、CRJ-200飞机的I类整机放行权。先后获得山东航空公司“先进工作者”、临沂机场2006年度“特殊贡献奖”及临沂市总工会“振兴沂蒙劳动奖章”“临沂民航2010年度先进个人”“优秀共产党员”“党员服务标兵”“临沂民航优秀党支部书记”“富民兴临先锋个人”等荣誉称号。历任机务队副队长、队长、机务处副处长兼生产计划室主任、机务党支部书记兼机务处副处长，2016年10月任机务党支部书记兼机务处处长。2008年6月加入中国共产党。高西波酷爱摄影，现为临沂市摄影家协会会员，临沂市青年摄影家协会会员。其摄影作品曾多次获奖。

李静，女，汉族，李绪松之女，李继信之孙女，1975年10月9日出生于孟家庄。1993年7月在武台中学毕业后考入山东省威海市卫生学校，1996年7月毕业后分配到平邑县人民医院工作。2004年7月通过成人高等教育获得山东广播电视大学专科学历，2005年6月通过自学获得潍坊医学院本科学历。2005年加入中国共产党。2009年任产科护士长。2014年12月加入临沂市护理学会护理技能专业委员会，2015年6月至9月，参加山东省护理学会举办的产科护理专业护士培训，成为产科专科护士，2017年10月21日成为第一届盆底康复专业委员会委员。工作认真，长期坚持学习，多次到省、市级医院进行学习进修。多次被评为先进工作者。

李竟，男，汉族，李绪章之子，李继正之孙，中共党员，1978年出生于孟家庄，研究生学历，毕业于西南科技大学，学习专业为刑法学，毕业后取得法学硕士学位，在校期间通过国家司法考试，取得法律职业资格证，毕业后从事律师工作。现任山东乾元律师事务所专职律师，工作单位在山东烟台。

李彦青，男，汉族，李绵华之子，李绪京之孙，1981年4月5日出生于孟家庄。1994年8月至1997年6月在武台镇中学读初中，1997年9月至2000年6月在平邑二中读高中，2001年9月至2004年6月在济南市技术学院学习。2004年6月至2006年4月在济南玉泉森信酒店集团从事营销管理工作。2006年4月进入北京神墨教育集团，担任行政管理工作。

李扬，男，汉族，李继春之子，1982年6月11日出生于孟家庄。1989-1995年在孟家庄读小学，1995-1998年在平邑一中初中部读初中，1999-2002年在平邑一中高中部读高中，2002-2006年在山东农业大学读本科，2006-2009年在中国林业科学研究院读硕士，2011年参加工作。现在就职于临沂市林业局。

咸会春，男，汉族，1983年2月生于孟家庄，2005年4月参加工作。1991年9月至1995年7月在咸家庄联小上小学；1995年9月至1998年7月在武台中学上初中；1998年9月至2001年7月在平邑二中读高中。2002年9月至2005年7月在曲阜师范大学电气工程及其自动化专业学习，被评为优秀团员。2005年7月曲阜师范大学毕业后，一直工作于鲁南制药集团山东新时代药业有限公司。连续多年获得集团公司先进工作者称号，在2017年被评为中级工程师（设备管理）。在工作业余时间积极学习，于2013年考取国家一级建造师，2017年7月获得济南大学电气工程及其自动化专业学士学位。现任山东新时代药业有限公司设备工程部变电站负责人。主要负责新时代公司高压供电管理，包含110千伏变电站管理、厂区高压设备的试验、检修等工作。

孟飞，男，汉族，孟宪学次子，孟兆东之孙，1982年5月13日出生于孟家庄。1989年9月至1992年7月在孟家庄小学读小学1至3年级。1992年9月至1994年7月在咸庄联小读小学4至5年级。1994年9月至1997年7月在武台中学读初中，1997年9月至2001年6月在平邑二中读高中，2001年9月至2005年7月在西安翻译学院英语教育专业读本科，2005年至2009年8月在延安自主创业，建立少儿英语培训学校，2009年9月进入北京神墨教育集团，担任英语研究院主管。

咸洪鹏，男，汉族，咸会德之子，1984年10月10日出生于孟家庄。1992–1994年就读于孟家庄小学，1994–1997年就读于咸家庄联小（驻孟家庄），1997–2000年就读于平邑县武台中学，2000–2003年就读于平邑二中，2004–2008年就读于山东建筑大学电气工程与自动化专业，2008–2012年在中国电建集团核电工程有限公司工作，2012年起在平邑冠鲁集团工作。

孟庆峰，男，汉族，孟宪明长子，孟兆存长孙，1985年7月出生于孟家庄。大专学历。2010年，成立山东航标装饰工程有限公司；2016年成立山东运时通商贸有限公司。担任两个公司的总经理。公司主要经营大型项目设计施工。代理国际一线品牌家具、床垫，生产全屋定制家具、板式办公家具，参与进出口贸易。2015年10月，山东航标装饰成为临沂市红十字会会员单位。2016年9月，山东航标装饰被临沂市委宣传部、临沂日报评为“最具创新力企业”，孟庆峰事迹在《临沂日报》刊登。2018年6月，成为临沂市质量协会会员单位。

李振，男，汉族，李绪水之子，李继正之孙，1988年5月13日出生于孟家庄。本科学历，2012年毕业于中国海洋大学，2012–2014年任职于临商银行，2014年4月至2017年7月任职于平安银行临沂分行，2017年7月以后任职于太平养老保险股份有限公司山东分公司。

李青，女，汉族，李绪秋之女，李继现之孙女，1990年6月出生于孟家庄。2010–2014年在枣庄学院政治专业学习。其间担任班组织委员，连续三年获得校级“三好学生”并获得“优秀班干部”称号，连续三年获得优秀学生二等奖学金；担任校礼仪团副团长，获得“优秀青年志愿者”称号。2012年通过大学英语六级考试，同年获全国大学生英语竞赛三等奖。2014–2017年在中国政法大学攻读法律硕士学位，先后担任班级组织委员、班级团支书，获得“优秀团干部”、“优秀学生干部”称号。2015年10月至2015年12月就职于北京市中信公证处，主要帮助公证员办理公证事项，接待当事人，做人脸识别，录入公证词，并独自承担帮当事人办理公证的一系列事项。2016年3月至2016年5月就职于北京市海淀区人民检察院，主要负责整理卷宗并归档，随检察官提讯犯罪嫌疑人，询问当事人，宣布取保候审，开庭等。2016年6月至2017年12月就职于北京市京师律师事务所，担任商事犯罪事务部实习律师，随律师接见委托人，开庭及针对具体案件到各省进行调查取证等工作。2018年2月，进入国家知识产权局专利复审委员会工作。

高文韬，男，汉族，高西峰之子，高宗玉之孙，1991年8月出生于平邑，大学本科学历，中共党员。1998年9月至2003年7月就读于平邑县实验小学；2003年9月至2006年7月就读于平邑县赛博初中；2006年9月至2010年7月就读于平邑一中；2010年9月至2013年7月就读于广州民航职业技术学院；2013年7月就职于河北航空有限公司，现为飞机维修工程部航线一处维修技师。

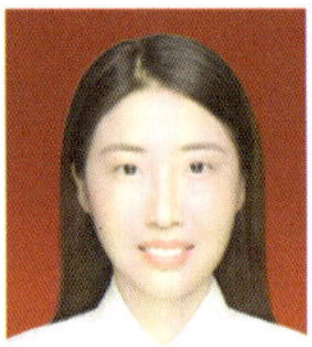

李铮，女，汉族，李绪伦之三女，李继尧之孙女，1991年12月1日出生于孟家庄。1999年9月至2005年6月在孟家庄小学读小学。2005年9月至2007年7月在平邑赛博中学实验班（两年制）读初中，2007年9月至2010年6月在平邑一中实验班读高中，2010年6月以平邑县全县第八名的成绩考入中南大学湘雅口腔医学院口腔七年制本硕连读专业，在校期间获得国家级奖励1次，校级奖励5次，参与创新科研项目3项。2017年6月毕业后留校，在中南大学湘雅口腔医院参加规范化培训一年，

2018 年 7 月进入苏州大学附属口腔医院工作。与上海交通大学第九人民医院合作致力于颞下颌关节的研究。

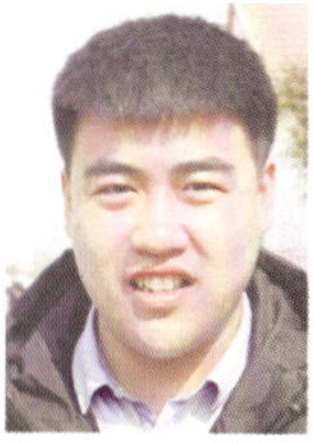

李彦超，男，汉族，李绵国之子，李绪乾之孙，1990 年 9 月 20 日出生于孟家庄。2003 年 7 月至 2006 年 6 月在平邑县圣翔学校读初中，2006 年 9 月至 2009 年 6 月在平邑第二中学读高中，2009 年 9 月至 2012 年 7 月在潍坊学院学习，2012 年 8 月至 2013 年 10 月在威海三角集团工作。2013 年 11 月进入北京神墨教育集团临沂本部工作。

咸红林，男，汉族，咸会军之子，1991 年 5 月 10 日出生于孟家庄。2000–2005 年就读于咸家庄联小（驻孟家庄），2005–2008 年就读于平邑县圣翔学校，2008–2011 年就读于平邑县曾子学校，2011–2014 年就读于烟台职业学院工程造价专业，2014 年起在临沂天元集团工作。

第十三章　家族世系

第一节　孟氏家族

据《沂蒙孟氏支谱》记载：孟子第53代孙缘迹（之迹）于元末明初自邹峄山头村迁徙至今平邑县西张庄定居。其后66代孙衍长于清乾隆年间（约1770年）由西张庄迁居武台孟家庄。孟家庄因孟氏首先入住建村得名。后来，又有69代孙孟传琚、孟传扬兄弟于清道光年间（约1830年）由西张庄迁居武台孟家庄。

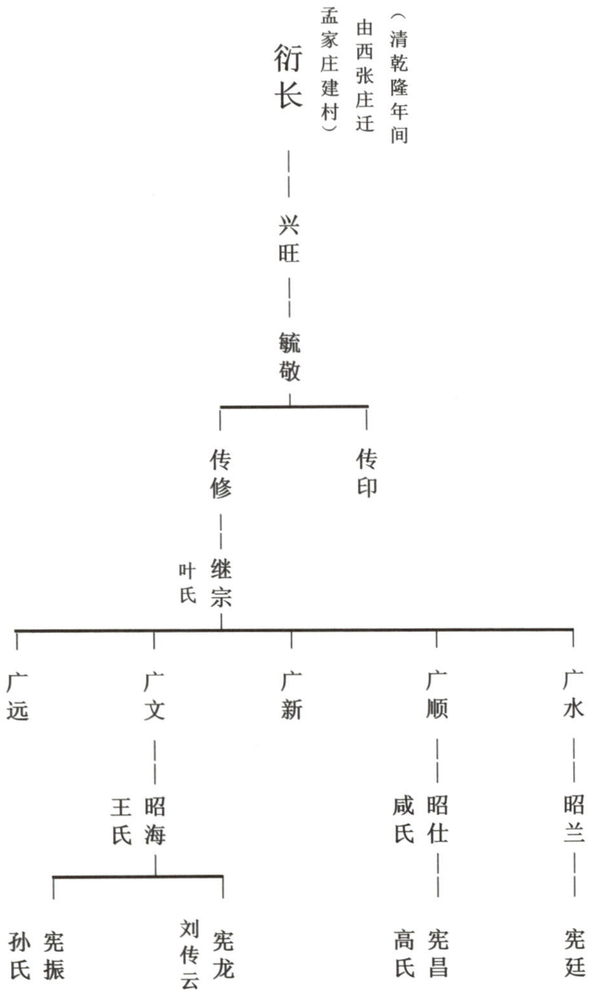

宪廷（昭兰子）
- 庆顺
  - 繁林
    - 长子祥义
    - 次子祥连
    - 女祥英

宪昌（昭仕子） 高氏
- 庆存 咸化凤
  - 繁富 李绪叶
    - 祥博 孙娟
      - 令浩
      - 令生
  - 繁强 刘兆娥
    - 祥琪
    - 祥彦
  - 女繁英
- 庆水 于泽英
  - 繁伟 高玉芬
    - 祥硕
    - 祥好
- 庆合 王中英
  - 长女繁英
  - 次女繁美
  - 繁永 王丽
    - 祥义

宪龙（昭海长子）
刘传云

- 长子庆国　于静
  - 爱文
- 次子庆民　刁秀兰
  - 女繁月
- 女庆军
- 三子庆东

宪振（昭海次子）
孙氏

- 长女庆芳
- 次女庆华
- 长子庆度　张维梅
  - 长女繁林
  - 次女繁华
  - 繁章
- 次子敬文
- 三女庆云
- 三子庆山　魏慧春
  - 繁成

毓秀（孟氏六十八世）

- 长子传信 —— 继尧
- 次子传伦 —— 继舜
- 三子传琚 魏氏（道光年间自西张庄迁孟家庄）—— 继珍 李氏
  - 广玉 刘氏 —— 昭坤 王氏
  - 广田 马氏
    - 昭祥 曹氏
    - 昭胜 王氏
- 四子传扬 王氏（道光年间自西张庄迁孟家庄）—— 继瑞 孙氏
  - 广浚
  - 广修 咸氏
    - 昭法
    - 昭金 郑氏
    - 昭全
  - 广仁 孙氏 —— 照厚 朱本兰
  - 广启 —— 昭东（嗣子） 马氏
  - 广如
    - 昭兵 赵京荣
    - 昭富 高现英
  - 广信
    - 昭东（出嗣）
    - 昭存 朱如英

昭坤（广玉子） 王氏

- 长子宪保 咸氏
  - 长子庆申 李宗花 —— 繁磊 马艳会 —— 祥宇
  - 次子庆伟 李殿爱 —— 繁帅
- 次子宪文 朱本香
  - 长子庆勇 王爱芳
    - 长女繁璐
    - 次女繁璇
  - 女庆云
  - 次子庆光
- 三子宪章 王忠爱
  - 庆林 马兴英
    - 繁樾
    - 女繁芝
  - 长女庆芬
  - 次女庆红
- 四子宪增 高宗莲
  - 长女庆瑞
  - 庆洋 张绍花 —— 繁锋 王青 —— 祥福
  - 次女庆凤
- 五子宪君 赵吉花
  - 长子庆民 马业荣
    - 女繁晓
    - 繁康
  - 次子庆珂 孙运娟 —— 繁煜

- 昭祥（广田长子） 曹氏
  - 长子宪伦 咸立英
    - 长女庆香
    - 长子庆才 于如花
      - 长子繁新
        - 女祥文
      - 次子繁辉
        - 女祥征
        - 子昊
    - 次女庆爱
    - 三女庆贞
    - 次子庆平 魏昌英
      - 长女繁芹
      - 次女繁雪
    - 四女庆珍
    - 三子庆礼 王晶
      - 繁瑶
      - 一繁
    - 五女庆霞
  - 次子宪成 宋段英
    - 长女庆兰
    - 长子庆良 王永美
      - 女繁英
      - 繁清 胡现兰
        - 祥斌
    - 次子庆华 韩运花
      - 繁松 李辉
        - 祥贺
    - 三子庆龙 郝永爱
      - 繁新
    - 次女庆娥
    - 三女庆凤

- 昭胜（广田次子） 王氏
  - 宪奎 季氏
    - 长子庆月 高希芬
      - 女繁杰
      - 繁刚 胡明会
        - 女祥然
    - 次子庆明 高宗芬
      - 繁友 咸会花
        - 祥瑞
      - 女繁荣
    - 三子庆珠 王胜芳
      - 长女繁飞
      - 次女繁田
    - 四子庆亮 王秀英
      - 繁贞 郑彦贵
        - 祥义
        - 祥由

昭法（广修长子）

—— 宪运（嗣子） 刘光兰

- 长女庆云
- 长子庆锁 咸红花
  - 女繁晶
  - 繁斌
- 次女庆荣
- 三女庆娟
- 次子子庆海 张彩
  - —— 女繁雨

昭金（广修次子） 郑氏

- 长子宪运（出嗣）
- 次子宪良 王树芝
  - —— 庆玉
- 三子宪永 王二妮
  - —— 庆贞

昭厚（广仁子） 朱本兰

- 长女宪爱
- 长子宪春 魏益花
  - 长女庆丽
  - 次女庆姣
- 次子宪秋 孙述荣
  - 女庆娟
  - 庆强
- 三子宪东 张本蕊
  - 长女庆梅
  - 次女庆燕
- 次女宪英
- 三女宪玲
- 四子宪泗 叶开芹
  - 长女庆慧
  - 次女庆荣
- 四女宪芬

昭东（广启嗣子） 马氏

- 长子宪学 马叶花
  - 长子庆涛 张维芳
    - 长子繁轩
    - 次子博然
  - 次子庆飞 阮雪妮
    - 繁一
- 长女宪荣
- 次女宪花
- 次子宪理 孙绍玲
  - 长女庆娇
  - 次女庆瑷
  - 庆丰
- 三子宪秀 徐泽厚
  - 长女庆华
  - 次女庆瑶
- 四子宪伟 路霞
  - 庆浩

昭兵（广如长子）　赵京荣

- 女宪珍
- 宪甫　高银芝
  - 庆龙

昭富（广如次子）　高现英

- 宪虎　管国霞
  - 长女庆纳
  - 次女庆笑
  - 庆旺
- 女宪香

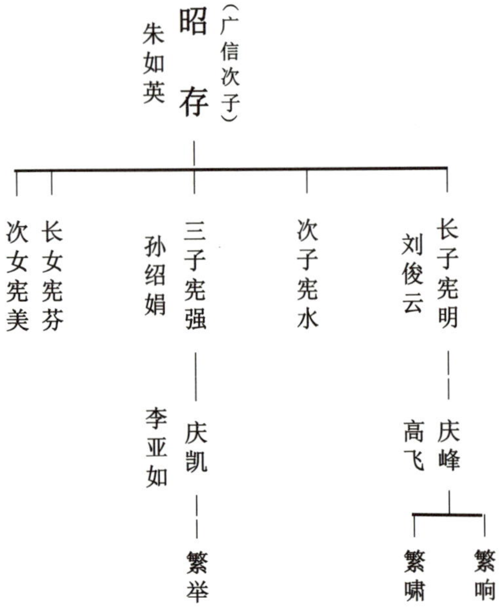

第二节 李氏家族

清乾隆年间（约1790年）李姓人李復宝妻携李万言、李万语二子由今平邑县武台镇西武沟村迁居孟家庄。据李姓族人讲，西武沟村的李姓系从德埠庄迁徙而来，德埠庄的李姓从何而来，则语焉不详。

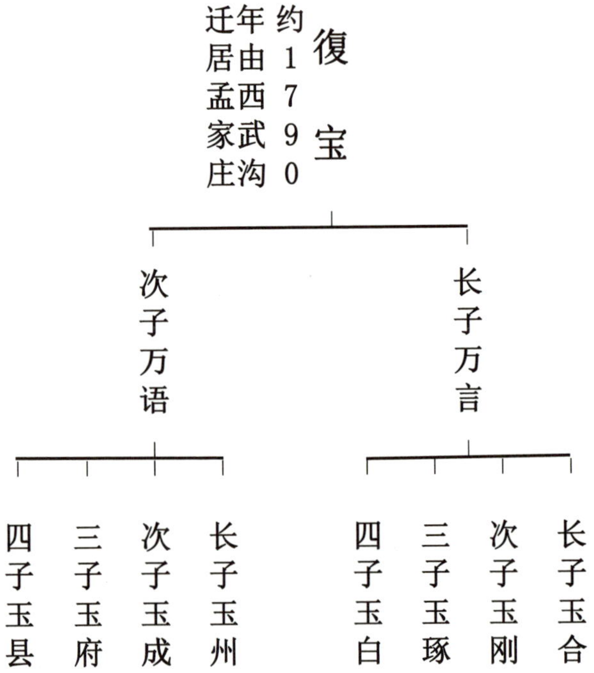

万言（復宝长子）

- 长子玉合——兴才——清顺
  - 长子照平 温氏
    - 长子如桐
    - 次子如楷
    - 长女如梅
    - 次女如兰
    - 三女如竹
  - 次子照谦
    - 如堂
  - 三子照启
    - 长子如杨
    - 次子如槐
  - 四子照化
    - 如积
    - 长女
    - 次女
    - 三女
    - 四女
    - 五女
    - 六女
- 次子玉刚——兴科——清祥
  - 长子照忠
    - 长子如标
    - 次子如良
  - 次子照贤
    - 长子如桓
    - 次子如朴
- 三子玉琢——兴盛——清杰
  - 长子照宣
    - 如会
  - 次子照方
    - 如海
  - 三子照元
    - 长子如红
    - 次子如秀
    - 三子如香
- 四子玉白——兴儒——清俊——照机
  - 长子如楼
  - 次子如东

万语（復宝次子）

- 长子玉州——兴仁——清安——照春——如林
- 次子玉成——兴义——清魁——照松
  - 长子如梅
  - 次子如早
  - 三子如勤
- 三子玉府——兴文——清连
  - 长子照远
    - 长子如山
    - 次子如昆
    - 三子如仑
  - 次子照明
    - 长子如讳
    - 次子如增
  - 三子照亮
    - 长子如贵
    - 次子如德
    - 三子如相
    - 四子如彬
  - 四子照凤
    - 长子如灵
    - 次子如梓
    - 三子如江
    - 四子如发
    - 五子如财
    - 六子如茂
    - 七子如芝
- 四子玉县

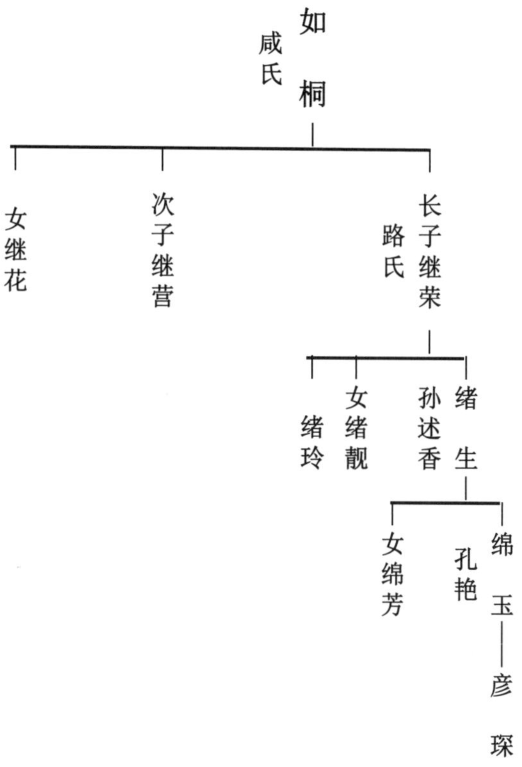
如桐
咸氏
长子继荣
路氏
次子继营
女继花
绪生
孙述香
女绪靓
绪玲
绵玉
孔艳
女绵芳
彦琛

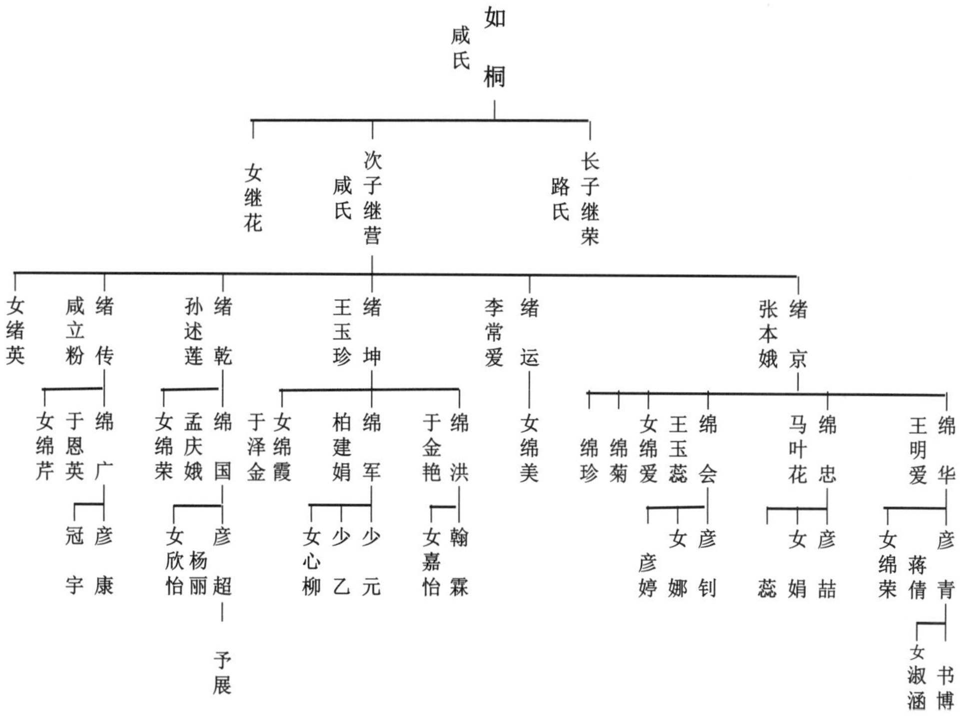
如桐
咸氏
长子继荣
路氏
次子继营
咸氏
女继花
绪传
咸立粉
女绪英
绪乾
孙述莲
绪坤
王玉珍
绪运
李常爱
绪京
张本娥
绵广
于恩英
女绵芹
彦康
冠宇
绵国
孟庆娥
女绵荣
彦超
杨丽
女欣怡
予展
绵军
柏建娟
女绵霞
于泽金
少元
少乙
女心柳
绵洪
于金艳
翰霖
女嘉怡
女绵美
绵会
王玉蕊
女绵爱
绵菊
绵珍
彦钊
女娜
彦婷
绵忠
马叶花
彦喆
女娟
蕊
绵华
王明爱
彦青
蒋倩
女绵荣
书博
女淑涵

- 如杨　马氏
  - 长子继正　孙敬兰
    - 长子绪合　王兴英
      - 长女绵凤
      - 次女绵娥
      - 三女绵香
      - 四女绵香
      - 五女绵红
    - 次子绪章　王彩娟
      - 李竟
        - 子则弢
    - 三子绪排　刘怀英
      - 长子锋　李绵霞
        - 子佳朔
        - 女佳芮
      - 次子帅　丁晴晴
        - 女雨桐
    - 四子绪水　魏桂苓
      - 李振
      - 女李慧
    - 长女绪莲
    - 次女绪英
  - 次子继文　张朝英
  - 三子继本　魏氏　咸立凤
  - 长女继珍
  - 次女继爱

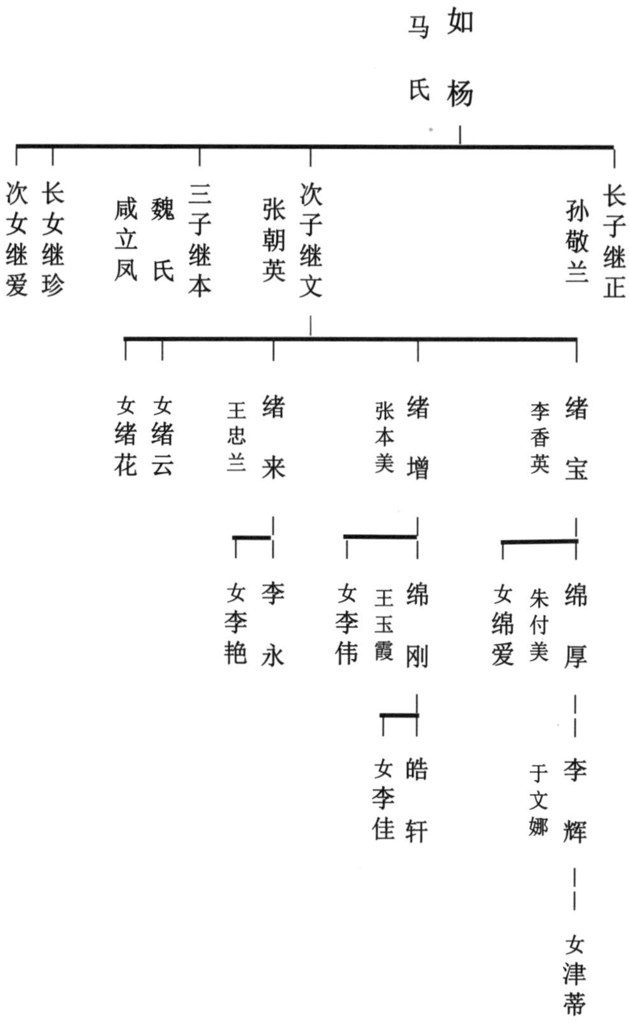
杨如
马氏
长子继正
孙敬兰
次子继文
张朝英
三子继本
魏氏
咸立凤
长女继珍
次女继爱
绪宝
李香英
绪增
张本美
绪来
王忠兰
女绪云
女绪花
绵厚
朱付美
女绵爱
绵刚
王玉霞
女李伟
李永
女李艳
李辉
于文娜
皓轩
女李佳
女津蒂

- 如杨（马氏）
  - 长子继正（孙敬兰）
  - 次子继文（张朝英）
  - 三子继本（魏氏、咸立凤）
    - 绪民（赵怀美）
      - 绵印（霍宗燕）
        - 浩然
        - 女安冉
      - 女绵玲
      - 女绵瑞
      - 女绵芝
    - 绪如（寇成娥）
      - 李波（尤昆昆）
        - 女李优
    - 绪海（孟现玉）
      - 文龙
      - 女丽萍
    - 绪伟（高西芳）
      - 李军
      - 女李丽
    - 女绪菊
    - 女绪娥
    - 女绪娥
    - 女绪英
  - 长女继珍
  - 次女继爱

- 如槐（朱氏）
  - 继学（郝仕珍）
    - 绪财（咸会兰）
      - 绵东（咸会芝）
        - 衍权
        - 女衍琪
      - 绵亮（孙明霞）
        - 豪
        - 女涵瑞
      - 女绵霞
    - 女绪莲
    - 绪英
  - 女继爱
  - 继英
  - 继兰
  - 继苗
  - 继凤

- 如标（戚氏）
  - 继
  - 女继
  - 继东（刘平香）
    - 女绪芝
    - 绪怀（戚会芝）
      - 女李婷
      - 李丽
    - 绪水（蒋传花）
      - 女海云
      - 海霞
    - 绪秀（孙付英）
      - 绵清（郑小妮）
        - 鑫哲
        - 鑫宇
    - 绪文（赵吉娥）
      - 绵朋（孟庆美）
        - 圣杰
      - 女绵英

- 如桓（王氏）
  - 继英
  - 继
  - 女继春
  - 继林（程明兰）
    - 李波（李艳）
      - 李硕
      - 女春雨
    - 女李霞
  - 继华
  - 继如（张英美）
    - 绪言（于泽花）
      - 李源
      - 女文雪
    - 绪孟（高现芳）
      - 女李阳
      - 昕芮
    - 绪孔（孙绍英）
      - 李浩
      - 女李敏
  - 继德（冯氏、李振娥）
    - 绪亮（孙少英）
      - 李贝
      - 女李静
    - 女绪锁
    - 李芳

- 如朴（朱氏）
  - 继兰
  - 继彩
  - 继香
  - 女继凤
  - 继春（刘平香）
    - 李扬（刘芮宁）
    - 女红岩
  - 继安（叶朝娥）
    - 绪强（孙申英）——李肖
    - 宗永——晨曦

- 如会（吕氏）
  - 继
  - 继
  - 继
  - 女继
  - 继信（王氏）
    - 绪美
    - 女绪荣
    - 绪柏（郑现荣）
      - 绵峰（郑翠）——女心雨
      - 女绵凤
    - 绪松（高氏）
      - 海涛（殷氏）——女秋实
      - 女李静
    - 绪林（王德月）
      - 贵华（王雪）
        - 骏飞
        - 女李燕
      - 绵利（董艳）——女宇涵
    - 绪春
  - 继存（孙氏）
    - 绪千（赵氏）
      - 绵会（张绍花）
        - 文博
        - 女衍华
      - 女绵香
      - 李丽
    - 绪奎（王忠叶）
      - 海生（蒋桂荣）——女李燕
      - 海洋（邹力）——壹舟
      - 女海英
  - 继康（孙氏）
    - 绪学（张氏）——绵富——女燕云

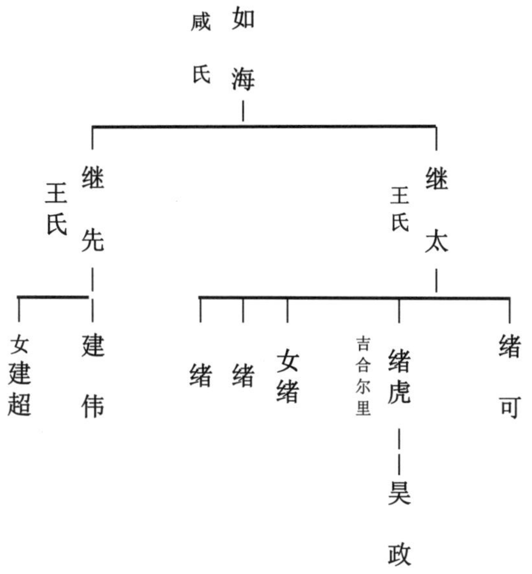
如海
咸氏
继先
王氏
继太
王氏
建伟
女建超
绪可
绪虎
吉合尔里
昊政
女绪
绪
绪

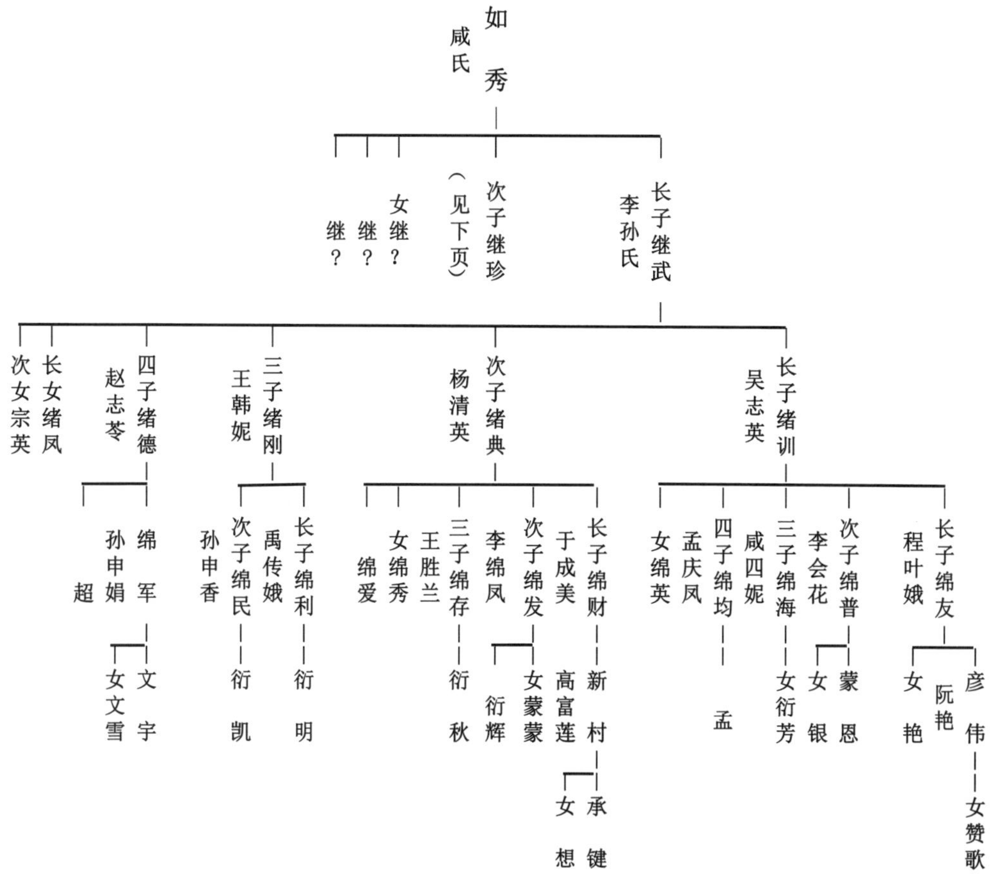
如秀
咸氏
长子继武
李孙氏
次子继珍
（见下页）
女继？
继？
继？
长子绪训
吴志英
次子绪典
杨清英
三子绪刚
王韩妮
四子绪德
赵志苓
长女绪凤
次女宗英
长子绵友
程叶娥
彦伟
女赞歌
阮艳
女艳
次子绵普
李会花
蒙恩
女银
三子绵海
咸四妮
女衍芳
四子绵均
孟庆凤
孟
女绵英
长子绵财
于成美
新村
高富莲
承键
女想
次子绵发
李绵凤
女蒙蒙
衍辉
三子绵存
王胜兰
衍秋
女绵秀
绵爱
长子绵利
禹传娥
衍明
次子绵民
孙申香
衍凯
绵军
孙申娟
文宇
女文雪
超

如秀（咸氏）
——继珍
——绪营（刘明花）
- 绵荣（张兴娟）
  ——衍杰
- 女绵？
- 绵？
- 绵？

如香
- 继聚（咸会兰）
  - 绪会（张相洪）
    - 伟（杨梅）
      ——晨毓
    - 鹏飞
    - 女翠
    - 海英
    - 静
  - 绪永（孙付花）
    ——海朋（刘艳）
    ——晟硕
  - 女绪荣
- 女继？
- 继花
- 继莲

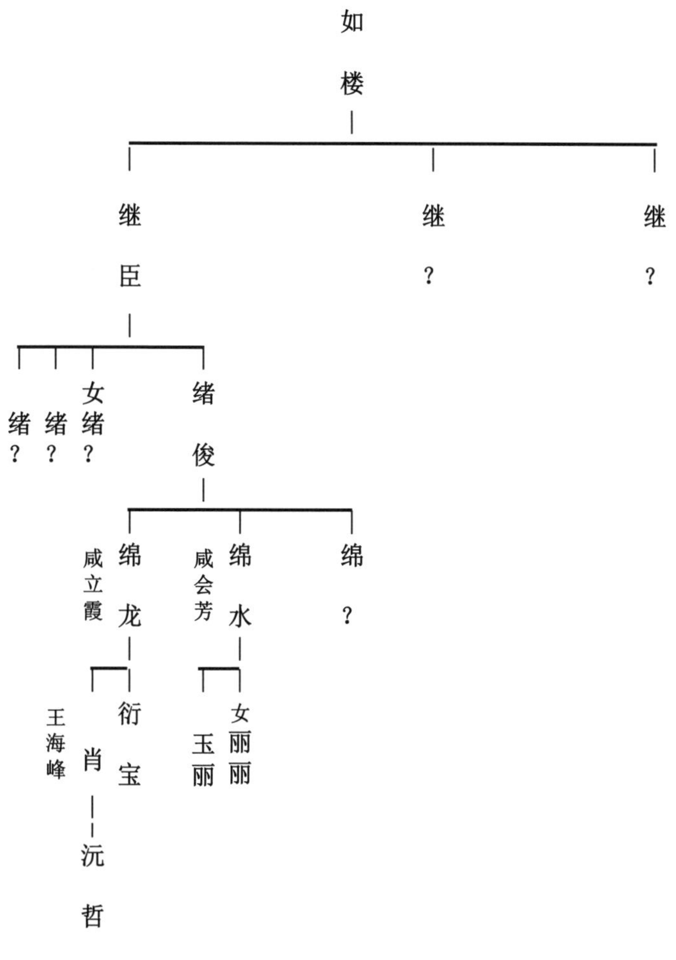
如楼
继臣
继?
继?
绪?
绪?
女绪?
绪俊
咸立霞
绵龙
咸会芳
绵水
绵?
王海峰
肖
沅哲
衍宝
玉丽
女丽丽

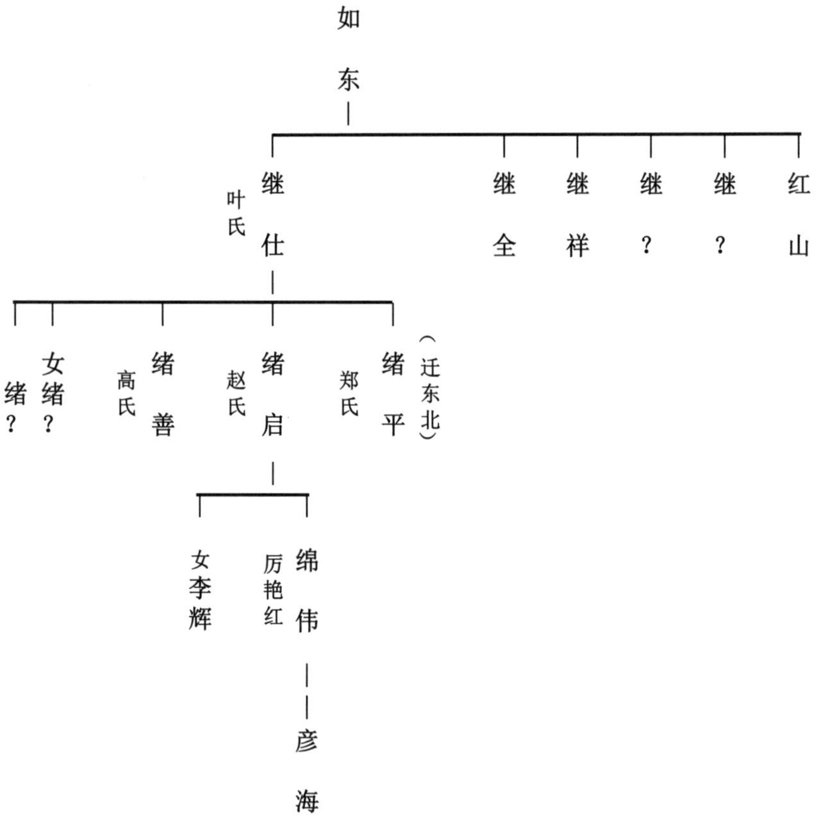

如东
继仕
叶氏
继全
继祥
继？
继？
红山
绪？
女绪？
高氏
绪善
赵氏
绪启
郑氏
绪平
（迁东北）
女李辉
厉艳红
绵伟
彦海

万语（復宝次子）

- 长子玉州——兴仁——清安——照春——如林
- 次子玉成——兴义——清魁——照松
  - 长子如梅
  - 次子如早
  - 三子如勤
- 三子玉府——兴文——清连
  - 长子照远
    - 长子如山
    - 次子如昆
    - 三子如仑
  - 次子照明
    - 长子如讳
    - 次子如增
  - 三子照亮
    - 长子如贵
    - 次子如德
    - 三子如相
    - 四子如彬
  - 四子照凤
    - 长子如灵
    - 次子如梓
    - 三子如江
    - 四子如发
    - 五子如财
    - 六子如茂
    - 七子如芝
- 四子玉县

- **如梅**（照松长子） 于氏
  - 嗣子 继青 季恒莲
    - 长子 绪川 张小让
      - 绵金 刘圆圆
        - 家根
    - 次子 绪才 张超香
      - 长女 嫚
      - 次女 梅
    - 三子 绪胜 冯在香
      - 长女 瑶
      - 次女 媛
    - 四子 绪峰 孟凡荣
      - 丹 张维燕
        - 女 美玲
    - 五子 绪响 马叶芹
      - 浩营
      - 女 欢
    - 女 绪云
  - 女 继花

（照松次子）
如早
咸氏

继叶
赵京英

长子绪富
咸光爱

次子绪路
张绍娥

女
绪秀

长子绵信
孙绍美

次子绵春
霍立娟

绵增
李静

衍孝

女
文静

衍涛

长子衍新

次子衍磊

如勤（照松三子） 高氏

- 长子继青（出嗣） 季恒莲
- 次子继坤 孙仕美
  - 长子绪怀 咸立霞
    - 海洋 韩娟娟
      - 浚熙
      - 浚宣
  - 次子绪明 马叶凤
    - 超 王群群
      - 浚豪
  - 长女宗香
  - 次女 艳
- 长女继英
- 次女继兰

- 如山（照远长子） 刘氏
  - 继田（嗣子） 路氏
    - 长子绪申 王新君
      - 长子绵桐 王小焕
        - 彦国 孙相凤
      - 次子绵志 张朝凤
        - 彦峰 魏统艳
      - 长女绵娟
      - 次女绵香
    - 次子绪庆 孟现莲
      - 长子绵民 孙少荣
        - 彦军 高洪娟
      - 次子绵群 于苓
        - 衍朋
        - 子墨
      - 长女绵苓
      - 次女绵兰
    - 三子绪栋 张绍香
      - 绵运 咸桂香
        - 女衍如
        - 贞贞
      - 长女绵娇
      - 次女绵爱
      - 三女绵燕
    - 四子绪启 邵仕香
      - 绵孝
      - 长女绵玲
      - 次女绵花
      - 三女绵霞 朱本金
        - 彦春
        - 女涵

- 如昆（照远次子）
  - 继汉　邵氏
    - 长子绪恩　王守花
      - 长子绵生　王加凤
        - 小月　高帮荣
          - 浩雨
        - 女萍萍
        - 女倩
      - 次子绵礼　于泽花
        - 彬　刘晓梅
          - 浩然
        - 女彦花
      - 三子绵山　咸立玲
        - 女欢
        - 女乐
      - 长女绵娥
      - 次女绵英
    - 次子绪胜　李芹
      - 補　李楠
        - 昌达
    - 长女绪荣
    - 次女绪彩
    - 三女绪兰
  - 长女
  - 次女

- 如仑（照远三子） 咸氏
  - 长子继田（出嗣）
  - 次子继耕 赵连兰
    - 长子绪廷 陈文香
      - 长子绵德 王桂香
        - 朋 咸雪燕
          - 慧宇
      - 次子绵滨 高大妮
        - 衍蒙
        - 衍芹
      - 三子辉 咸会芳
        - 衍凯
        - 凯鑫
      - 长女绵花
      - 次女绵霞
    - 次子绪青 魏恒香
      - 长子强 刘照娟
        - 女翔燕
      - 次子刚 项艳
        - 衍祥
        - 女雨轩
      - 女绵兰
    - 三子绪明
      - 伟 张美玲
        - 女珂欣
      - 女霞
    - 长女
    - 次女
    - 三女绪美
  - 三子继读 赵连玉
    - 长子绪等 王玉凤
      - 绵勇 咸红英
        - 振
      - 女芳
    - 次子绪加 王胜香
      - 永波 王辛
        - 长女雨萌
        - 次女雨默
      - 女云
    - 三子绪忠 于天兰
      - 康
      - 女翠云
    - 长女宗英
    - 次女小妮
    - 三女绪芬
  - 长女
  - 次女
  - 三女继英

- 如讳（照明长子） 王氏
  - 长子继财 孙氏
    - （嗣子）绪芹 咸桂莲
      - 长子绵柱 高西香
        - 海瑞
        - 女海亮
      - 次子绵坤 高二妮
        - 女姣
        - 腾
      - 三子绵怀 吴起花
        - 辉
      - 四子绵朋 孟庆英
        - 豪
      - 女绵英
  - 次子失讳
  - 三子继周 咸光兰
    - 长子绪芹（出嗣）
    - 次子绪仁 咸会兰
      - 长子绵忠 于成凤
        - 晟玉
        - 女佳颖
      - 次子绵军 刘会
        - 长女汶珊
        - 次女昕瑶
    - 三子绪同 王永玲
      - 绵宾 赵芳
        - 康洁
        - 女晓洁
      - 女绵芳
    - 长女绪兰
    - 次女绪娥
    - 三女宗香
    - 四女绪瑞

如增（照明次子）
刘氏

- 长子继川　姜化兰
  - 长子绪孝　侯琳
    - 女　青
  - 次子绪东　咸化芝　高宗荣
    - 飞　胡秀秀
      - 雨泽
  - 三子绪光　于来妮
    - 宁　于倩倩
      - 雨芯
  - 四子绪道　闫瑞兰
    - 杰
  - 长女绪爱
  - 次女绪芳
- 次子继美　孙兆香
  - 长子绪良　刘明荣
    - 豪
    - 女圆圆
  - 次子绪营　咸　娟
    - 永超
    - 女萍
  - 长女绪莲
  - 次女绪霞
- 三子继友　咸光兰
  - 长子绪军　高现花
    - 绵彬　卜祥倩
      - 长女亚轩
      - 次女依珊
  - 次子绪臣　于天红
    - 长女玲玉
    - 次女　丽
  - 长女绪秀
  - 次女宗兰
- 长女继娥
- 次女继英

- 如贵（照亮长子） 张氏
  - 继仓 张氏
    - 长子绪省 李增爱
      - 长子绵增 李绵花
        - 涛 孙娜
      - 次子绵宝
      - 三子绵武 高玉兰
        - 健
        - 女馨楹
      - 长女绵粉
      - 次女绵玲
      - 三女绵美
    - 次子绪存 崔继连
      - 绵京
      - 长女绵英
      - 次女绵花
    - 三子绪永 马兴兰
      - 长子绵林 王泽花
        - 赛
      - 次子绵青 赵志芹
        - 康
        - 女珍
      - 三子绵银 陈传花
        - 彦超
        - 女文钰
      - 女绵荣
    - 女宗兰
  - 长女
  - 次女
  - 三女
  - 四女

如德（照亮次子）

- 继雨（嗣子）（刘氏）
  - 长子绪代（崔继爱）
    - 长子绵忠（冯成英）
      - 长女慧
      - 次女雪
    - 次子绵和
    - 三子绵义（咸红云）
      - 彦超
  - 次子绪顿（孙常娥）
    - 平（李成成）
      - 女佳诺
    - 女绵霞
  - 长女绪芳
  - 次女绪香
  - 三女绪兰
- 长女

- 如相（照亮三子） 王氏
  - 长子继雨（出嗣）
  - 次子继尧 咸光荣
    - 长子绪奇 高西朵
      - 志 魏友兰
        - 长子金贵
        - 次子金亮
      - 女绵玲
    - 次子绪根 孙申叶
      - 建 曾柳娟
        - 俊熙
        - 女嘟嘟
      - 女燕
    - 三子绪伦 王明兰
      - 长女霞
      - 次女敏
        - 女佳诺
      - 三女铮
    - 长女绪美
    - 次女绪香
    - 三女绪英
  - 长女
  - 次女

如彬（照亮四子） 刘氏

- 长子继新 于氏 王英宣
  - 长子绪合 咸会娥
    - 绵光 孙付莲
      - 彦昌
      - 女春怡
    - 女绵美
  - 次子宗海 郑现玲
    - 绵亮 刘娜
      - 彦宇
      - 女嘉琪
  - 长女绪珍
  - 次女绪娥
  - 三女绪银
  - 四女宗艳
- 次子继宝 王永娥
  - 绪财 朱如爱
    - 金辉
    - 长女海月
    - 次女明珠
  - 长女宗凤
  - 次女绪彩
  - 三女宗美
  - 四女宗霞
- 长女
- 次女
- 三女

如灵（照凤长子）　王氏

- 长子继军　赵京兰
  - 长子绪班　王玉花
    - 刚　闵德兰
    - 长女绵芳
    - 次女绵巧
  - 次子宗行　王兴荣
    - 志强　明妇娟
    - 女姣
  - 长女绪英
  - 次女绪丽
  - 三女绪瑞
  - 四女绪叶
- 次子继现（出嗣）
- 女继英

如梓（照凤次子）

- 继现（嗣子）　崔发英
  - 长子绪银　刘平荣
    - 长女娟
    - 次女丽
    - 三女绵芹
  - 次子绪金　高爱花
    - 绵朋
    - 女绵萍
  - 三子绪同　孙常英
    - 勇
    - 女绵荣
  - 四子绪秋　杜开娥
    - 女青
    - 鑫
  - 五子绪伍　咸红粉
    - 绵强
  - 六子绪礼
  - 七子绪臣
    - 绍源
  - 于成业
  - 女绪珍

如江（照凤三子） 王氏

- 继昌（嗣子） 咸瑞连
  - 长子绪宾 王明花
    - 长子森 郭妮
      - 嘉琨
    - 次子富志 刘运花
      - 彦浩
  - 次子绪华 咸立花
    - 建波 刘芳
      - 明硕
  - 三子绪沂 魏常英
    - 永峰 于瑶瑶
      - 浩铖
  - 长女绪霞
  - 次女娟
  - 三女艳
- 长女
- 次女

如发（照凤四子） 赵氏

- 长女继英
- 次女继爱
- 三女继粉

- 如财（照凤五子）（王氏）
  - 长子继昌（出嗣）
  - 次子继运（叶青美）
    - 绪伟（咸桂兰）
      - 长女阳阳
      - 次女方圆
    - 长女绪爱
    - 次女绪英
    - 三女宗凤
  - 三子继亮（咸俊英）
    - 绪国（孟现花）
      - 鑫（王琳琳）
        - 长子汶朔
        - 长女雨桐
        - 次女汶诺
    - 长女绪丽
    - 次女绪兰
    - 三女丽
  - 四子继和（魏恒香）
    - 建军（张维荣）
      - 宜檬
      - 女春雨
    - 长女绪连
    - 次女绪秋
    - 三女洁
  - 五子继伦（李加英）
    - 春阳（杨燕）
      - 响
    - 女海玲

如茂（照凤六子） 孙氏

- 长子继恒 于逢连
  - 长子绪贵 郑宗粉
    - 岩
    - 女 敏
  - 次子建民 马叶兰
    - 绵强 刘春玲
  - 三子 华 孙海燕
    - 凯瑞
  - 女绪香
- 次子继忠 孙敬珍
  - 绪洋 王成云
    - 鹏飞
  - 女建荣
- 长女继英
- 次女继兰
- 三女继花

如芝（照凤七子） 高西常

- 长子继富 马兴莲 郑仕兰
  - 长女娜
  - 次女芸
- 次子继贵 孟庆爱
  - 建伟 宋江英
    - 女若水
- 三子继奎 赵志娥
  - 磊 于兰兰
    - 星
- 长女继粉
- 次女继双

第三节　戚氏家族

孟家庄的戚姓有两支。清光绪年间（约1886年），戚姓人戚士爱由戚家庄迁居孟家庄。1958年，戚光全由武台戚家巷迁居孟家庄。据戚氏族人讲，戚家庄的戚姓也是由武台戚家巷迁居过去的。

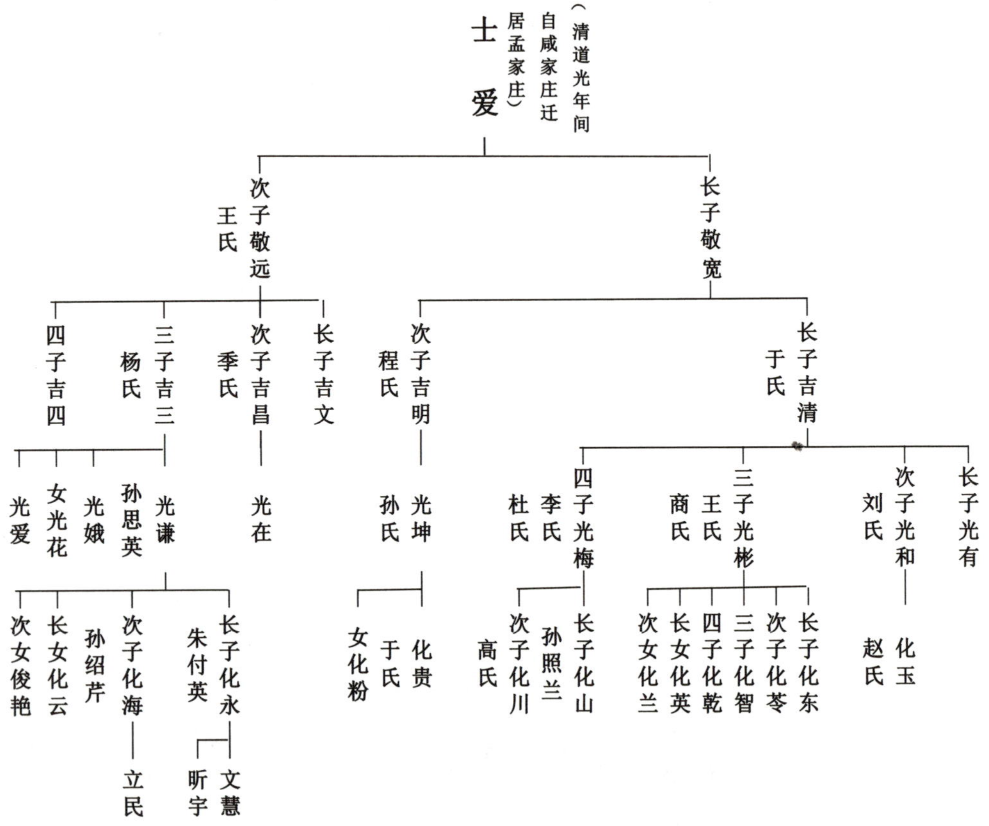

化玉（光和子）
赵氏

- 立宝
  李绪荣
  - 会强
    王学霞
    - 洪昌
    - 欣然
    - 欣芮
- 女立杏

化东（光彬长子）
李氏

- 长子立金
  王氏
  - 上海
    孟飞
    - 宏俊
- 次子立银
  王加英
  - 会春
    孔静
    - 新扬
    - 新悦
- 三子立同
- 四子立启
  孟庆云
  - 会峰
    李绵芳
    - 雨婷
    - 雨轩
- 五子立营
  孟庆瑞
  - 会新
- 六子立海
  王玉花
  - 会强
- 七子立伟
  朱付静
  - 森
- 女立香

化苓（光彬次子）
李氏

- 立龙
- 长女立兰
- 次女桂香
- 三女三妮
- 四女桂芹
- 五女五妮

化智（光彬三子）
李常英

- 长子立国　王明香
  - 会永　李绵荣
    - 红皓
    - 姝羽
- 次子立强　崔连玉
  - 会杰
  - 会美
- 长女立霞
- 次女立珍
- 三女立兰

- 化乾（光彬四子）　高西花
  - 立华　杨彬
    - 会利
    - 志利
  - 长女立霞
  - 次女立雨

- 化山（光梅长子）　孙照兰
  - 长子立平　张维爱
    - 会群　王中爱
      - 亿康
      - 红宇
    - 女群群
  - 次子立和　程祥爱
    - 会朋　于天花
      - 春铭
      - 嘉亿
      - 嘉虎
  - 三子立水　李绵美
    - 会龙
  - 长女大妮
  - 次女立芳
  - 三女立苓

- 化川（光梅次子） 高氏
  - 长子立生 赵志杏
    - 会元
  - 次子立水 孔昭兰
    - 耀耀
  - 长女立瑞
  - 次女立菊
  - 三女立粉
  - 四女立云
  - 五女立荣
  - 六女立美

- 化贵（光坤子） 于氏
  - 长子立忠 王氏
    - 长子会德 孙绍苓
      - 洪鹏 王代英
        - 姝雯
    - 次子会收 魏电芝
      - 红蕾
    - 三子会军 李加英
      - 红林
    - 长女会英
    - 次女会苓
    - 三女会凤
  - 次子立孝 王玉芹
    - 咸华 赵志芳
      - 梦园
    - 长女会荣
    - 次女会英
    - 三女会利
  - 长女立荣
  - 次女立娥
  - 三女立兰
  - 四女立美
  - 五女立花

咸光全

一九三八年从武台咸家巷迁居孟家庄

- 长子化太
  - 长子立才
  - 次子立军（出嗣）
  - 三子立华
  - 四子立正
  - 五子立武
- 次子化本
  - 立军（嗣子）　朱林英
    - 会涛

立贵　赵吉英

- 长子会才
- 次子会路　高西凤
  - 长女红
  - 次女红秀
- 三子会安

第四节　高氏家族

清道光年间（约 1845 年），高姓人高明德率三子由今平邑县武台镇万山庄迁入孟家庄。万山庄高姓从何而来，高氏族人自己也说不清楚。

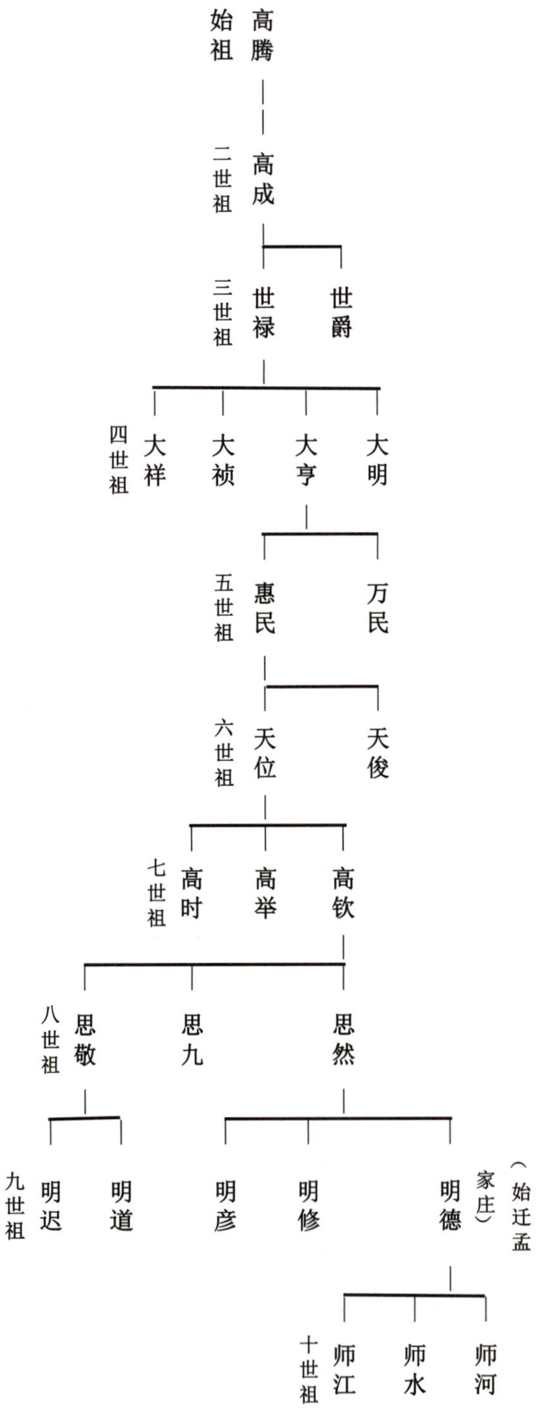

- 师河（明德长子）
  - 振奎
    - 丕松（迁往东北）
    - 丕槐
      - 汗祥
        - 宗孝
          - 西利
            - 高征
            - 女高盈
        - 宗月
          - 西强
            - 高梓宁
        - 宗玉
          - 西波
            - 女高源
          - 西峰
            - 文韬
      - 汗杰
        - 四女宗茹 魏昌柱
        - 三女宗花 刘光学
        - 次女宗莲 孟宪增
        - 长女宗富 于恩可
      - 汗武
      - 汗文

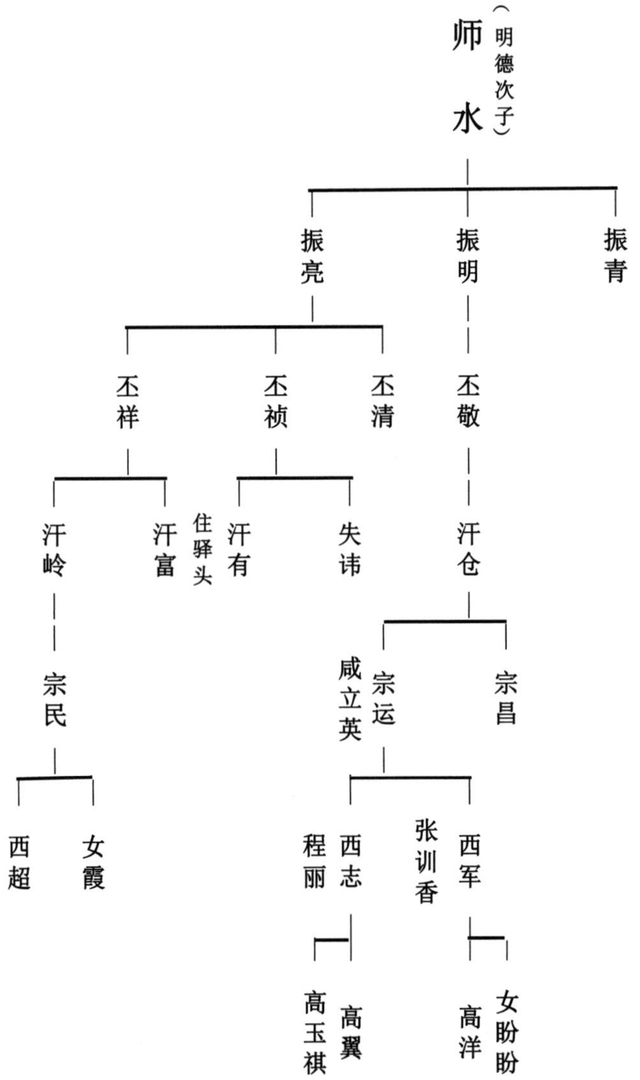
师水（明德次子）
振亮
振明
振青
丕祥
丕祯
丕清
丕敬
汗岭
汗富
住驿头
汗有
失讳
汗仓
宗民
咸立英
宗运
宗昌
西超
女霞
程丽
西志
张训香
西军
高玉祺
高翼
高洋
女盼盼

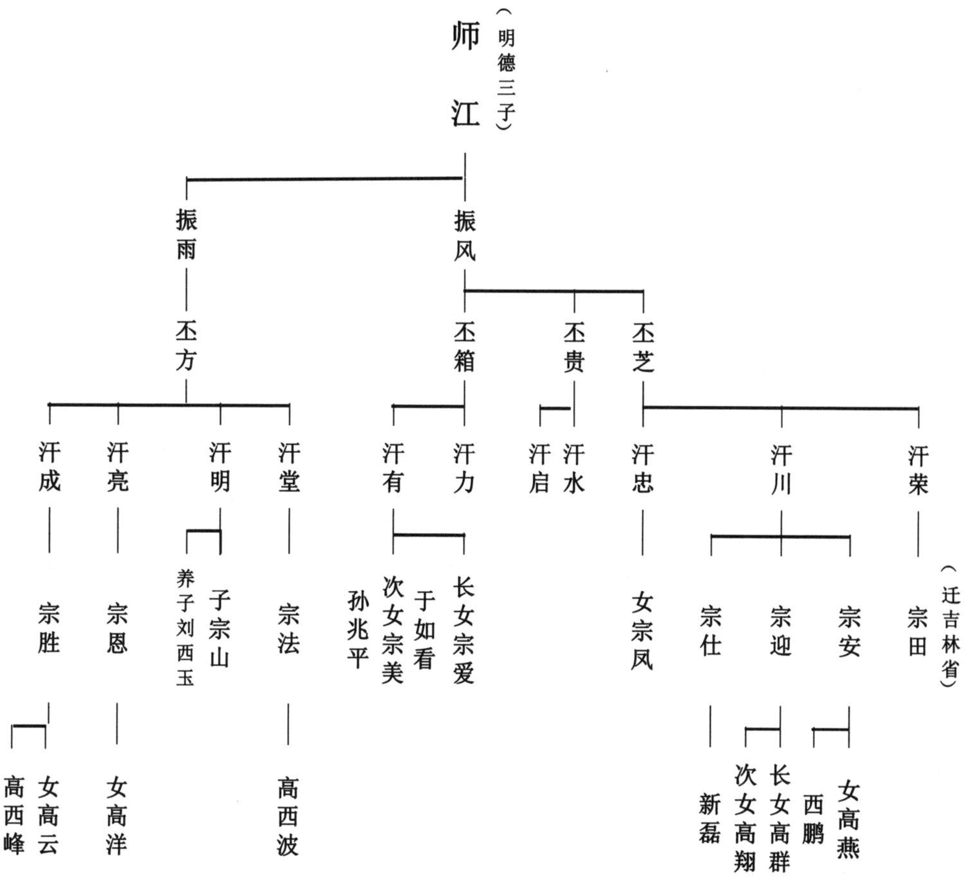
师江
（明德三子）
振雨
振风
丕方
丕箱
丕贵
丕芝
汗成
汗亮
汗明
汗堂
汗有
汗力
汗启
汗水
汗忠
汗川
汗荣
宗胜
宗恩
子宗山
养子刘西玉
宗法
长女宗爱
于如看
次女宗美
孙兆平
女宗凤
宗仕
宗迎
宗安
宗田
（迁吉林省）
女高云
高西峰
女高洋
高西波
新磊
长女高群
次女高翔
西鹏
女高燕

第五节　魏氏家族

1913 年，魏姓人魏太凤由今平邑县武台镇北武台村迁入孟家庄。

- 连玉　行三　配于氏　住武台
  - 太凤　配李氏　住孟家庄
    - 长乾　王明花
      - 长女桂莲　刘民仁
      - 次女桂苓　李绪水
      - 长子有宽　张芹
        - 益强
      - 次子有才　郑现美
        - 益刚
      - 三女桂霞　高西峰
    - 长发　王永兰
      - 长子有富　朱月花
        - 益勇
      - 次子有森　米淑惠
        - 益航
      - 三子有民　续红岩
        - 益正
      - 女儿魏丽　咸红伟

第六节 赵氏家族

1947年4月26日，咸家庄村民赵述芹家房子被国民党军队炮弹炸为废墟，因赵家当时正为孟家庄李如桂家放羊，经过协商，赵述芹一家于当年6月22日迁至孟家庄居住。

- 述芹（一九四七年四月自咸家庄迁居孟家庄）
  - 长子怀本 咸立荣
    - 长子志军 孙兆英
      - 赵明
      - 女丽
    - 次子志玉
  - 次子怀善 李增香
    - 长子志才 王氏
      - 赵伟 李海云
    - 次子志臣 李绪连
      - 赵强
        - 女恩绮
  - 三子怀闩 朱光叶
    - 赵永 李绵美
      - 仁源
      - 女鑫玥
  - 四子怀民

第七节　于氏家族

1932 年，武台于逢俊在孟家庄村北大路西至村西河边购买土地 18 亩，并在紧邻大路处建北屋四间，后又盖起东屋四间，开起烧饼果子铺，村民称西饭铺子。于家自此迁入孟家庄。

1935 年，于逢俊在西饭铺子西紧挨着建起三大间北屋，建成后其胞弟于逢明来此居住，杀猪为业。自此于逢明一家也迁入孟家庄。

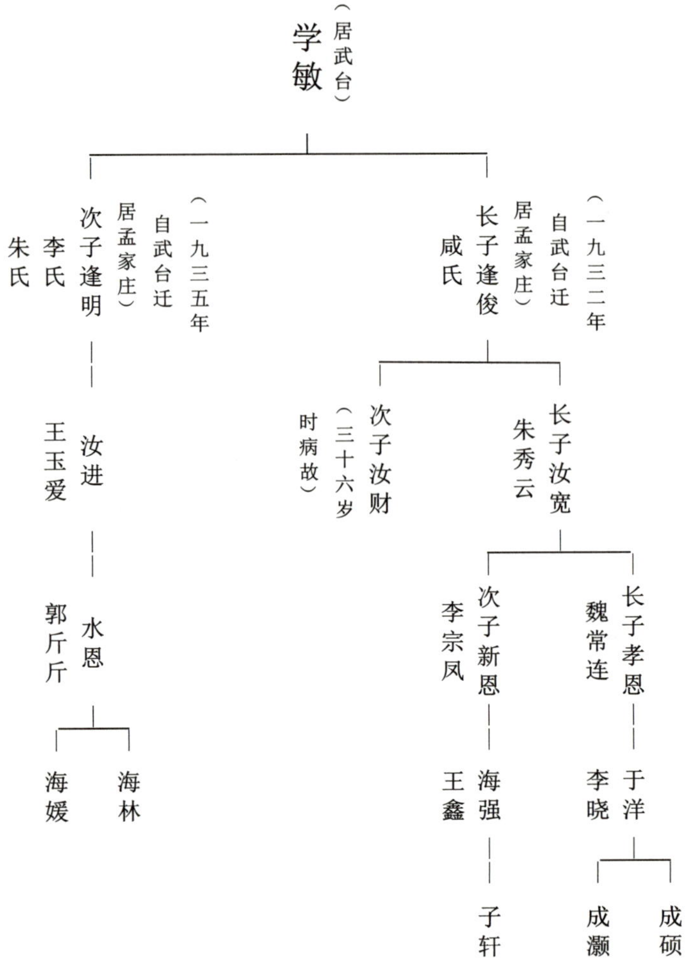

第八节 孙氏家族

1930年，孙敬宝自孙家庄迁入孟家庄。

- 敬宝（一九三0年自孙家庄迁居孟家庄）
  - 长子述祥　刘继连
    - 少刚　马文文
      - 浩宇
      - 浩研
  - 次子述清　咸化香
    - 金刚　于燕
      - 孙硕
  - 三子述运　咸化兰
  - 四子述明　赵吉娥
    - 少俊　咸红
      - 浩源

文献辑存

重修玉皇庙记

盖玄穹彼苍无极无上玄妙真境紫金阙至尊玉皇上帝威统三界万灵之神祇，鉴十方万灵之正邪，察苍生善恶之行为，唯天好生，恩泽浩荡，德布于庶民，诚信有加矣，受四海之香火，万劫而不衰也。

夫庙存焉，神则在焉，民则以敬矣。守道循规，顺师而至孝者，谓贤德者也。君子之举则天必佑之，其祺祐何以弗厚乎？而父不慈子不孝者，品劣匪夷而不规者，为恶人也，天必憎之，神鬼必害之，圣贤难喻之辈，唯以神威以警之，神力化之。顽而不化者，雷击电灼必降其身矣。善乃人生之本也。

蒙山西麓大顶山白马关前浚河之源武台镇玉皇山旧有玉皇庙，考始创于大明永乐年间，迄今已五百余年矣，因年深日远，失理破之，殿颓壁塌，面目全非也。咸家庄善士咸君会议、立生、立伦倡其始，奔波邻村，商诸于众，酝酿重建之举。周匝兆民纷纷拥戴。辛巳春鸠工庀材，各界有识之士尽其自力纳资输工，历时一年，殿堂、山门、神像金身皆然落成，面貌焕然矣。再见暮鼓晨钟之景，了一方民众之愿矣。举废兴颓，克继前功之盛举甚是可嘉也。志此善举，爰镌石志之以垂千古，谨为序云。

邑北刘学英浩然氏撰文　邑人魏福宪德公氏书丹

首事人：

咸会议　咸立生　咸立伦　咸立贞　李继富　咸会良　王永富　李绪运　咸立堂

公元二〇〇二年岁次壬午孟春上浣之吉

中国红十字基金会碑记

为支持中国红十字基金会倡导实施的“红十字天使计划”，帮助农村改善医疗卫生条件，上汽通用五菱集团捐赠15万元人民币，在山东省平邑县武台镇孟家庄村援建一所“红十字博爱卫生站”。该项目于二〇一五年十月动工，二〇一五年十二月竣工。为铭载捐方善举，特立碑记，以昭后人。

平邑县人民政府立
二〇一六年一月

神墨源（碑文）

神墨，源于中国、走向世界的教育品牌。公元1998年6月，始创于山东临沂。

沂蒙大地，算圣故里，历史悠久，人杰地灵，传统儒家文化与当代沂蒙精神相互交融于斯。沃土孕育的神墨人，开创珠算教育，续写算道传奇。人皆赞曰：一把小算盘，拨开大世界。

神墨，致力心智教育，兴国利民。创建以来，树立“厚德明智”之校训，阔展“以道以慧以能成己，用心用情用爱育人”之情怀，承担“助亿万人进步”之使命，禀赋“平等、尊重、信任、赏识、关注、激励”之理念，开拓“惟真惟实，创展精进”之精神，阐明“创、展、理、引、领、觉”之规律，述发“器、技、术、法、道”之义理，明晰“会、熟、精、绝、化”之以恒，立定“神、行、意、事、恒，真、实、德、智、能”之能态，践行“正直、智慧、活力”之标准。引以“草、树、林、山、海”之目标，追随“大、好、美、强、贵”之愿景，历二十载风雨，奠百年发展之基。

神墨人志在传承中华文化，倾心全球教育，推进神墨大业，繁荣于神州大地，拓展至世界各国与地区。今日引颈四顾，美、英、法、俄、非洲及东南亚各地，早已是风生水起，尽为我神墨而“开疆拓土”！

神墨人遵“十年树木，百年树人”之古训，兹选址蒙山，植树于山巅，造林于丘壑，使之接神墨源地慧脉，铭神墨创业之初心，以坚神墨“助亿万学子成才”之初心，固神墨百年基业之永续！

神墨（国际）教育集团
公元二零一八年六月六日立

编后记

《孟家庄村志》的编写工作启动于2017年10月下旬。因为时间紧，任务重，我们自进入孟家庄前，就开始查阅相关资料，自第一次进入孟家庄的那一刻，就开始进入高度紧张的工作状态。现在我们回顾这7个多月的经历，最深刻的感受就是时间过得快，时间总是不够用，感觉过得非常充实。

其实在孟家庄的每一天，我们都在悉心感受孟家庄，分析研判孟家庄。孟家庄就像一部博大精深的大书，我们怀着崇敬之心，仔细品味，反复研读，用心感悟，试图读细读懂。村庄最重要、也最生动的元素是人。我们走遍孟家庄的家家户户、沟沟坎坎、角角落落，其实研究的是孟家庄的村民，是一代代孟家庄人战天斗地、发展生产、改造社会、追求富裕文明新生活的生动实践。孟家庄民风淳朴，村民热情好客，开朗乐观，待人友善，处事大方，识大体，顾大局，知进退，明得失，有古君子之风。孟家庄村民吃苦耐劳，善于学习，灵活务实，敢为人先。孟家庄村民品质坚韧，对事业发展中的难和烦有清醒认识，能从容应对，认准的事情不轻易放弃，不轻易言败，能艰苦创业，能干成大事。这使得整个孟家庄洋溢着一种积极向上的良好氛围，一种不怕困难挑战困难战胜困难的氛围。这是孟家庄最宝贵的精神财富，具有鼓舞人心的强大力量。只可惜孟家庄地处深山一隅，狭小逼仄，经济基础虽然较前有较大改善，但依然显得单薄脆弱，尚待志士能人精心设计合作开发。

从一开始的时候，我们就考虑一个问题：怎么样才能更加全面、准确地反映一个村庄的自然、政治、经济、文化及其发展变化的全貌。我们希望能够做得好一些，具体而言就是更切合村庄的实际一些，同时使读者读起来有趣一些。细心的读者会发现这部村志其实有一些和社会上经常见到的村志不一样的地方。

编修一部村志，其实是对中国农业、农村、农民问题做了一次深刻的调查研究和个案分析。我们基于对孟家庄的调查和分析研判，编写出了《孟家庄村志》，我们认为她是独特的。我们希望她充满正能量，希望她不仅是一部方志著作，还希望她能对孟家庄下一步的发展发挥作用。

由于时间仓促，资料缺乏，加之采编人员水平有限，志中遗珠缺漏之憾在所难免。衷心期望专家、学者和读者诸君批评指正。

编　者

二〇一八年六月